JN071312

二十訂版

租税法入門

川田　剛　著

一般財団法人　大蔵財務協会

二十訂にあたって

　本書が世に出てから20年が経過し、今回二十訂版を発行する運びとなりました。この間、所得税及び個人住民税の分野では、給与所得控除の見直しを中心とした控除制度の見直しが、相続税の分野では、課税最低限の大幅引下げや民法改正をふまえた改正に加え、相続開始前贈与に係る加算期間の延長（3年→7年）の見直しが、法人税の分野においては、税率の引下げ、グループ法人税制の導入、連結納税制度の見直し（グループ通算制度への移行）などが行われています。また、消費税の分野においても、税率の引上げやインボイス制度の創設が行われています。さらに、国際課税の分野においても、（BEPS）プロジェクトの提言等を踏まえ、いくつかの重要な改正が行われています。

　そこで、今回の改訂版においては、これらの新しい動きについても、必要に応じ、簡単にではありますが触れるようにしています。

　なお、本書は、入門書としての性格上、できるだけ幅広い分野をカバーするため、各税についての詳細な記述は省略しています。

　したがって、より深く勉強したい人達は、本書に加えそれぞれの分野の専門書にも目を通されるようおすすめします。

　本書が初学者の皆さんの入門書として若干でもお役に立つことがあれば幸いです。なお、今回の改訂にあたっても、一般財団法人大蔵財務協会編集局の皆さんに大変お世話になりました。

　この場を借りて厚く御礼申し上げます。

令和6年4月

　　　　　　　　　　　　　　　　　　　川　田　　　剛

は し が き

「税法はむずかしい。」、誰もが一度は耳にする言葉です。

しかし、国や地方公共団体が国民や住民のために行う公共サービスの費用は、基本的には税金によってまかなわれそれ以外の費用調達の手段がないことも事実です。

そして、改めて言うまでもないことですが、「税法」は、それらの税金を誰にどのような方法で負担してもらうかを決める法律です。かつて、租税は王様や領主などが自己のために領民に一方的に課すものとされてきました。

しかし、民主主義制度の下においては、租税は、国民によって選ばれた代表を通じ、国民自らがその負担を決定することとされています。その意味でいえば、まさに「租税」こそ民主主義の基本です。

それであれば、「租税」を誰に負担してもらうかとか、いつまでに納めてもらうかということについて規定した「租税法」は、誰にでもわかるような形でやさしく書かれていなければなりません。

しかし、実際には、租税法は、おかねの計算に関することであり、しかも、公平に負担してもらうため、できるだけ抜け穴を少なくしなければならないというような要請もあります。そのため「租税法」がある程度複雑になることは避けられません。

本書は、このような「租税法」を初めて学ぶ人達を対象に書かれたものです。そのため、通常のテキストと異なり、税法の中で使われる基本用語を最初にもってきています。

また、租税法全体の理解に資するため、できるだけ幅広い分野を取り込んだつもりです。

したがって、より深く勉強したい人達には、本書だけでなくそれぞれの分野の専門書についてもあわせて目を通されることをおすすめします。

本書が若干なりとも読者の期待に応えることができれば幸いです。

平成15年3月

川 田 　 剛

〔凡　　例〕

1　かっこ内の法令等のうち、頻出するものについては、それぞれ
　次の略語を用いました。

　　　　通………………国税通則法
　　　　通令……………国税通則法施行令
　　　　徴………………国税徴収法
　　　　徴令……………国税徴収法施行令
　　　　所………………所得税法
　　　　所令……………所得税法施行令
　　　　所規……………所得税法施行規則
　　　　法………………法人税法
　　　　法令……………法人税法施行令
　　　　法規……………法人税法施行規則
　　　　相………………相続税法
　　　　相令……………相続税法施行令
　　　　消………………消費税法
　　　　消令……………消費税法施行令
　　　　酒………………酒税法
　　　　地………………地方税法
　　　　地附……………地方税法附則
　　　　印………………印紙税法
　　　　客………………国際観光旅客税法
　　　　措………………租税特別措置法
　　　　措令……………租税特別措置法施行令
　　　　憲法……………日本国憲法
　　　　行審……………行政審査法
　　　　行訴……………行政事件訴訟法
　　　　行手……………行政手続法
　　　　民………………民法

2　通達の略語
　　　　通基通……国税通則法基本通達
　　　　徴基通……国税徴収法基本通達

所基通……所得税基本通達

法基通……法人税基本通達

相基通……相続税法基本通達

評基通……財産評価基本通達

消基通……消費税法基本通達

租基通……租税特別措置法基本通達

3　裁判例集

民集………………最高裁判所民事判例集

刑集………………最高裁判所刑事判例集

行集………………行政事件裁判例集

行録………………行政裁判所判決録

下級民集…………下級裁判所民事裁判例集

税資………………税務訴訟資料

4　符号

1、2……条番号

③、④……項番号

五、六……号番号

（例：所22②一……所得税法第22条第 2 項第一号）

〔第Ⅰ部　租税法の基本原則〕

第1章　税に関する基本事項

第1節　「税」とは何か …………………………………………… 3

§1　「税」の意義 ………………………………………………… 3

　　1　財政学上の定義 ………………………………………… 3

　　2　法令上の定義 …………………………………………… 4

　　3　わが国の一般的定義 …………………………………… 5

　　4　過去の税、現在の税、将来の税 ……………………… 6

　　5　税と社会保障 …………………………………………… 7

§2　歳入・歳出・予算 ………………………………………… 7

§3　租税体系 …………………………………………………… 9

　　1　国税と地方税 …………………………………………… 9

　　2　内国税と関税 ……………………………………………10

　　3　直接税と間接税 …………………………………………10

　　4　普通税と目的税 …………………………………………14

　　5　収得税・財産税・消費税・流通税 ……………………14

　　6　従量税と従価税 …………………………………………15

　　7　人税と物税 ………………………………………………16

　　8　独立税と付加税 …………………………………………16

　　9　永久税と期間（限定）税 ………………………………16

　　10　まとめ……………………………………………………17

第2節　税に関する基本原則……………………………………19

§1　租税の基本原則 ……………………………………………19

　1　アダム・スミスの4原則……………………………………19

　2　ワグナーの4大原則と9原則………………………………20

　3　マスグレイブの6条件………………………………………20

　4　スティグリッツの5特徴……………………………………20

§2　税の機能（財源調達、富の再分配、景気安定化）………24

§3　税の特色………………………………………………………25

　1　一般的特色—独自性…………………………………………25

　2　共通化傾向……………………………………………………25

　3　執行の重要性…………………………………………………26

§4　わが国の租税制度の歴史 …………………………………27

§5　租税法の立法プロセス ……………………………………29

　1　原　　則………………………………………………………29

　2　租税条約の場合………………………………………………33

第3節　租税法と隣接科学との関係 ……………………………34

　§1　行政法等との関係 …………………………………………34

　§2　私法との関係 ………………………………………………34

　§3　財政学、会計学等との関係 ………………………………35

　§4　刑法等との関係 ……………………………………………36

第2章　租税法律主義と租税法の法源等

第1節　租税法律主義 ……………………………………………38

　§1　租税法律主義の意義 ………………………………………38

　§2　租税法律主義と罪刑法定主義 ……………………………40

　§3　租税法律主義の具体的内容 ………………………………41

　　1　法律で規定されるべき事項……………………………………41

　　2　租税法律主義と政省令等との関係…………………………43

　§4　租税公平主義との関係 …………………………………………45

第2節　租税法の法源 ……………………………………………………48

　§1　憲　法 …………………………………………………………………48

　§2　法　令 …………………………………………………………………51

　　1　租税法 …………………………………………………………………51

　　2　政令・省令 …………………………………………………………53

　§3　条　例 …………………………………………………………………58

　§4　租税条約 …………………………………………………………………59

　§5　告　示 …………………………………………………………………59

　§6　訓令・通達 ……………………………………………………………60

　　1　訓令と通達の差………………………………………………………61

　　2　通　達…………………………………………………………………62

　　3　通達の特色……………………………………………………………64

　§7　判例、裁決例 …………………………………………………………66

　　1　判　例…………………………………………………………………66

　　2　裁決例…………………………………………………………………68

第3節　法令の間の矛盾抵触とその調整 ……………………………69

　§1　法令の間の矛盾抵触とそれを解決する原則 ………………69

　　1　所管法令優先の原則（法令の所管事項の原則）………………70

　　2　上位法令優先の原則（形式的効力の原則）……………………71

　　3　後法優先の原則（後法は前法を破る）…………………………72

　　4　特別法優先の原則……………………………………………………73

　　5　2以上の原則が競合する場合………………………………………74

第4節　租税法の効力の及ぶ範囲 ……………………………………75

§1　地理的範囲 ……………………………………………75

§2　人的適用範囲 …………………………………………75

§3　時間的適用範囲 ………………………………………75

第5節　租税法の解釈 …………………………………………77

§1　解釈の必要性 …………………………………………77

　　1　借用概念と固有概念 ………………………………78

§2　解釈の方法 ……………………………………………81

　　1　法令解釈（Interpretation of Law）の一般原則 …………81

　　2　法規的解釈 …………………………………………83

　　3　学理的解釈 …………………………………………87

　　4　論理解釈の具体的方法 ……………………………92

　　5　解釈の相違を埋めるための工夫 …………………98

§3　税法解釈の最終決定権 ………………………………99

　　1　実質課税の原則（Substance over Form Doctrine 又は

　　　Economic Substance Doctrine） ……………………101

　　2　実質課税の原則の徴収面への適用 ………………102

第6節　租税法の適用 …………………………………………103

§1　信義則・禁反言の原則 ………………………………103

　　1　民法上の規定 ………………………………………103

　　2　租税法の分野への適用 ……………………………103

　　3　判例の立場 …………………………………………104

§2　仮装行為・租税回避行為 ……………………………104

§3　「権利の濫用」との関係 ……………………………106

　　1　納税者による権利の濫用 …………………………106

　　2　当局サイドによる権利の濫用 ……………………107

〔第Ⅱ部　各税のあらまし〕

第３章　所得税

第1節　所得税の基本的仕組み ………………………………112

　§1　「所得」の意義 ………………………………………115

　　1　所　得 ………………………………………………115

　　2　帰属所得 ……………………………………………116

　　3　経済的利益 …………………………………………117

　　4　非課税所得、免税所得 ……………………………117

　§2　所得課税に対する考え方 …………………………118

　§3　わが国の所得税の特色……………………………118

　　1　所得の種類別計算 …………………………………118

　　2　所得の総合（通算）と超過累進税率 ……………119

　　3　稼得者個人に着目した課税（課税単位）………119

　　4　個人的事情（家族構成の事情等を含みます。）の考慮………119

第2節　納税義務者と課税所得の範囲等……………………122

　§1　納税義務者と課税所得の範囲・課税方法等 ……………122

　　1　納税義務者 …………………………………………122

　　2　課税所得の範囲と計算 ……………………………124

　　3　課税方式 ……………………………………………125

　§2　源泉徴収義務者 ……………………………………125

　§3　非課税所得と免税所得……………………………126

　§4　所得の帰属（実質所得者課税の原則）………127

§5 納税地 ……………………………………………………128

第3節 所得税の課税標準及び所得税額の計算 ……………130

§1 各種所得と税額の計算……………………………………130

§2 特別な税額計算 ……………………………………………142

1 山林所得に係る5分5乗 ………………………………142

2 変動所得及び臨時所得の平均課税 …………………142

§3 税額控除 ……………………………………………………142

第4節 所得税の申告と納付 …………………………………144

§1 予定納税 ……………………………………………………144

§2 確定申告 ……………………………………………………144

第5節 課税の特例制度 ………………………………………145

§1 源泉分離課税：利子所得 ………………………………146

§2 申告分離課税 ………………………………………………146

1 株式等の譲渡 ……………………………………………146

2 土地などを譲渡した場合の申告分離課税 ……………147

3 先物取引に係る雑所得等の申告分離課税 ……………148

§3 株式等に係る配当所得の源泉課税と確定申告不要制度 …148

第6節 源泉徴収制度 …………………………………………150

§1 概 要 ………………………………………………………150

§2 源泉徴収された側の対応 ………………………………151

第7節 その他（帳簿書類の備付け等）……………………152

第8節 まとめ …………………………………………………153

第4章 法人税

第1節 法人税に対する基本的な考え方……………………157

§1　法人税の性格 ……………………………………………158

§2　所得税法との対比でみる法人税法の特色 ……………159

§3　法人組織に対する課税方法 …………………………160

§4　法人税の種類 ……………………………………………165

第2節　法人税の納税義務者 ………………………………166

§1　納税義務者 ………………………………………………166

§2　法人税の納税義務の範囲…課税所得の範囲 …………167

第3節　法人税の課税対象及び課税標準 …………………169

§1　益金と損金 ………………………………………………172

　　1　益　金 …………………………………………………172

　　2　損　金 …………………………………………………173

§2　申告調整と決算調整 ……………………………………174

§3　税効果会計との関係 ……………………………………179

第4節　税額の計算 …………………………………………180

§1　法人税額の計算 …………………………………………182

§2　要納付法人税額の計算 …………………………………183

第5節　法人税の申告と納付、還付 ………………………186

§1　確定申告 …………………………………………………186

§2　中間申告 …………………………………………………188

第5章　相続税と贈与税

第1節　相続税の特質と機能 ………………………………190

§1　相続税の機能 ……………………………………………191

§2　相続税の課税方式 ………………………………………192

§3　相続税と贈与税 …………………………………………195

第2節　相続税 ……………………………………………………197

　§1　納税義務者 …………………………………………………197

　§2　課税財産の範囲と課税価格の計算 ………………………199

　　1　課税財産（課税客体）……………………………………199

　　2　非課税財産 ………………………………………………199

　§3　課税価格の計算 ……………………………………………199

　§4　相続税額の計算 ……………………………………………200

　§5　相続税の申告と納付…………………………………………204

　　1　申　告 ……………………………………………………204

　　2　納　付 ……………………………………………………204

　§6　相続時精算課税制度…………………………………………205

　§7　まとめ ………………………………………………………206

第3節　贈与税 ……………………………………………………208

　§1　納税義務者 …………………………………………………208

　§2　課税財産 ……………………………………………………209

　§3　贈与税の課税価格及び税額の計算 ………………………209

　　1　通常の場合 ………………………………………………209

　　2　相続時精算課税制度を選択した場合 …………………210

　§4　贈与税の申告・納付 ………………………………………211

　§5　贈与税の特例 ………………………………………………211

　　1　配偶者控除の特例 ………………………………………211

　　2　その他の特例 ……………………………………………212

第4節　財産の評価 ………………………………………………213

第6章　消費税

第1節　わが国の消費税の特色 ……………………………………215

第2節　消費税法の概要 ……………………………………………220

　§1　課税対象取引と納税義務者 …………………………………220

　　1　課税対象となる取引 ………………………………………220

　　2　納税義務者 …………………………………………………222

　　3　小規模事業者の納税義務の免除 …………………………223

　§2　不課税取引と非課税取引 ……………………………………224

　　1　不課税取引 …………………………………………………224

　　2　非課税取引 …………………………………………………225

　§3　免税取引 ………………………………………………………226

　§4　課税標準、税率と税額の計算 ………………………………227

　　1　課税標準額 …………………………………………………227

　　2　消費税の税率 ………………………………………………228

　　3　仕入税額控除 ………………………………………………228

　　4　適格請求書等保存方式への移行 …………………………230

　§5　簡易課税制度 …………………………………………………231

　§6　申告と納付 ……………………………………………………231

　　1　国内取引 ……………………………………………………231

　　2　輸入取引 ……………………………………………………232

　§7　その他 …………………………………………………………232

第 7 章　国際課税

第 1 節　概　要 ……………………………………………………234

第 2 節　インバウンド取引（非居住者・外国法人）に対する課税 …237

　§ 1　非居住者に対する課税 ……………………………………237

　§ 2　非永住者に対する規定 ……………………………………240

　§ 3　外国法人に対する課税 ……………………………………240

第 3 節　アウトバウンド取引に対する課税 ………………………243

　§ 1　外国税額控除 ………………………………………………243

第 4 節　租税条約 …………………………………………………247

　§ 1　租税条約の役割 ……………………………………………247

　§ 2　租税条約の歴史 ……………………………………………247

　§ 3　わが国が締結した租税条約 ………………………………249

第 5 節　国際的租税回避規制税制 ………………………………251

　§ 1　外国子会社等合算税制…CFC 税制（タックス・ヘイブン
　　　対策税制）……………………………………………………251

　　 1　制度の概要 ………………………………………………251

　　 2　企業単位の合算課税（特定外国関係会社）………………252

　　 3　受動的所得の合算課税（部分対象外国関係会社）………253

　　 4　合算金額の計算 …………………………………………254

　　 5　二重課税の調整 …………………………………………254

　§ 2　移転価格税制 ………………………………………………255

　　 1　制度の概要 ………………………………………………256

　　 2　文書化 ……………………………………………………259

　　 3　相互協議 …………………………………………………260

        4　事前確認 ……………………………………………………260
　§3　過少資本税制（国外支配株主等に係る負債の利子等の
　　　課税の特例）………………………………………………260
　§4　過大支払利子税制 ……………………………………………261
　§5　恒久的施設（PE）の見直し ………………………………262
第6節　国際相続・贈与に係る課税 ………………………………263
第7節　国際取引に伴う消費税 ……………………………………265
第8節　国際取引等に係る適正申告確保のための施策 ……………267
　§1　租税条約、国外送金等調書、国外財産調書制度 …………267
　§2　国外転出者に対するみなし譲渡益課税（いわゆる出国税）
　　　制度 ………………………………………………………268
　§3　税源浸食と利益移転（BEPS）プロジェクト行動計画 ……269
　§4　その他 …………………………………………………………272

第8章　その他の国税

第1節　酒　　税 ……………………………………………………274
第2節　印紙税 ………………………………………………………276
第3節　地価税 ………………………………………………………277
第4節　揮発油税（及び地方揮発油税）……………………………277
第5節　石油ガス税 …………………………………………………278
第6節　航空機燃料税 ………………………………………………279
第7節　石油石炭税 …………………………………………………279
第8節　電源開発促進税 ……………………………………………280
第9節　自動車重量税 ………………………………………………281
第10節　関　　税 ……………………………………………………281

第11節　とん税及び特別とん税 ……………………………………282

第12節　登録免許税 …………………………………………………282

第13節　たばこ税 ……………………………………………………283

第14節　地方法人税 …………………………………………………283

第15節　国際観光旅客税 ……………………………………………284

第16節　特別法人事業税 ……………………………………………284

第17節　森林環境税 …………………………………………………285

第9章　地方税

第1節　地方税の概要 ………………………………………………286

　§1　関係する法令 …………………………………………………286

　§2　標準税率と制限税率 …………………………………………288

　§3　東日本大震災被災地に係る負担軽減措置 …………………288

第2節　道府県税 ……………………………………………………289

　§1　道府県民税 ……………………………………………………289

　　1　個人住民税 ……………………………………………………291

　　2　法人住民税 ……………………………………………………292

　§2　事業税 …………………………………………………………293

　　1　個人事業税 ……………………………………………………293

　　2　法人事業税 ……………………………………………………293

　　3　申告・納付 ……………………………………………………295

　§3　その他の税 ……………………………………………………295

第3節　市町村税 ……………………………………………………298

　§1　市町村民税 ……………………………………………………298

　§2　固定資産税 ……………………………………………………299

　§3　その他の市町村税 ……………………………………………301

第4節　地方消費税 ……………………………………………………304

　§1　納税義務者等 …………………………………………………304

　§2　課税標準 ………………………………………………………304

　§3　税　率 …………………………………………………………305

　§4　申告納付等 ……………………………………………………305

　§5　道府県間の清算 ………………………………………………305

　§6　市町村に対する交付 …………………………………………305

〔第Ⅲ部　租税の確定と徴収〕

第10章　租税の確定（租税債権の成立、確定）

第1節　納税義務の成立と確定 ………………………………………309

　§1　納税義務の成立 ………………………………………………309

　§2　納税義務の確定 ………………………………………………311

　　1　申告納税方式 …………………………………………………311

　　2　賦課課税方式 …………………………………………………312

　　3　課税標準申告 …………………………………………………313

第2節　納税申告と当局による確定 …………………………………314

　§1　納税申告による確定（第一義的確定）…………………………314

　　1　期限内申告 ……………………………………………………315

　　2　期限後申告 ……………………………………………………315

　　3　修正申告 ………………………………………………………315

　　4　申告期限内における申告内容の変更（訂正申告）……………316

　　　5　納税申告の性格 ……………………………………………316

　　　6　更正の請求 ………………………………………………317

　　　7　電子申告 …………………………………………………318

　§2　当局による確定（税務署長の処分）………………………319

　　　1　更正・決定 ………………………………………………319

　　　2　推計課税 …………………………………………………322

　　　3　除斥期間 …………………………………………………323

　§3　税務調査 ……………………………………………………324

　　　1　質問検査権（任意調査）………………………………324

　　　2　査察調査（犯則調査）…………………………………328

　　　3　納税者のプライバシー保護に対する配慮 …………330

第3節　附帯税 ……………………………………………………331

　§1　附帯税の概要 ………………………………………………331

　§2　附帯税の種類 ………………………………………………331

　§3　延滞税 ………………………………………………………332

　　　1　延滞税とは ………………………………………………332

　　　2　延滞税が課される税 …………………………………333

　　　3　延滞税の計算 …………………………………………333

　　　4　延滞税の計算の特例 …………………………………334

　　　5　まとめ …………………………………………………335

　§4　利子税 ………………………………………………………336

　§5　還付加算金 …………………………………………………336

　§6　加算税 ………………………………………………………336

　　　1　概　要 ……………………………………………………336

　　　2　加算税の種類 …………………………………………337

　　　3　過少申告加算税 ………………………………………339

　　4　無申告加算税 ································· 340

　　5　不納付加算税 ································· 341

　　6　重加算税 ····································· 342

　　7　過怠税 ······································ 344

第 4 節　罰　　則 ····································· 345

　§ 1　概　　要 ····································· 345

　§ 2　罰則の内容 ··································· 345

　　1　ほ脱犯（脱税犯）に対する罰則 ··········· 346

　　2　租税法の適正な執行を妨げる行為をした者（秩序犯）に

　　　対する罰則 ································· 346

　　3　両罰規定 ··································· 347

第11章　租税の徴収（租税債権の徴収）

第 1 節　納　　付 ····································· 348

　§ 1　納付の方法 ··································· 349

　§ 2　納期限 ······································ 349

　§ 3　納付手段 ····································· 349

　§ 4　納付場所 ····································· 350

第 2 節　源泉徴収 ····································· 351

　§ 1　制度の概要 ··································· 351

　§ 2　源泉徴収制度の長所と短所 ··············· 351

　§ 3　源泉徴収義務者 ······························ 352

　§ 4　源泉徴収の対象となる所得等 ··············· 352

　§ 5　納　　付 ····································· 352

第 3 節　租税の徴収 ··································· 354

§1　徴収の繰上げ ……………………………………354

§2　納税の緩和 ………………………………………355

§3　滞納処分 …………………………………………355

　1　滞納処分の概要 ………………………………355

　2　国税の徴収に関する法律（国税徴収法）……357

§4　徴収面における納税者の保護 …………………359

〔第Ⅳ部　税の執行〕

第12章　税務行政組織

第1節　国税庁の組織の概要 ……………………………366

第2節　国税庁（本庁）…………………………………368

　§1　内部部局 ……………………………………368

　§2　特別の機関等 ………………………………370

第3節　国税局 ……………………………………………371

第4節　税務署 ……………………………………………373

　§1　配置状況 ……………………………………373

　§2　税務署の機構 ………………………………373

第5節　税理士制度 ………………………………………374

　§1　沿革 …………………………………………374

　§2　現行制度 ……………………………………375

　§3　税理士の役割 ………………………………375

　§4　税理士法改正 ………………………………376

第6節　青色申告 …………………………………………377

§1　青色申告とは　……………………………………………377

§2　青色申告の要件　…………………………………………377

第7節　電子帳簿保存法　………………………………………379

〔第Ⅴ部　納税者の権利救済〕

第13章　納税者の権利保護・救済

第1節　納税者の権利保護・救済制度の概要　………………383

§1　行政争訟と税務争訟………………………………………383

§2　税務争訟の特異性…………………………………………384

第2節　行政上の救済　…………………………………………385

§1　不服申立て　………………………………………………385

1　不服申立てができる者　………………………………385

2　再調査の請求　…………………………………………385

3　審査請求　………………………………………………386

4　不服申立てに係る新旧対照　…………………………387

§2　不服申立てに係る審理手続等　…………………………388

1　審理手続　………………………………………………388

2　不服申立て事案に対する結論　………………………389

§3　不服申立てと原処分の執行　……………………………390

§4　地方税に関する不服申立制度　…………………………390

第3節　訴　訟　…………………………………………………392

§1　行政訴訟の概要　…………………………………………392

§2　税務訴訟　…………………………………………………393

§3　税務訴訟の特色 ……………………………………………393

　　1　不服申立ての前置 …………………………………393

　　2　執行停止との関係 …………………………………394

　　3　立証責任（挙証責任）……………………………394

　　4　課税処分の取消を求める訴訟に係る判決 …………395

　　5　判決になお不満がある場合 ………………………395

〔参考資料〕

〔参考資料1〕　米国の「納税者権利章典（Your Rights as
　　　　　　　　a Taxpayer）2017年第7次改正」の概要 …399

〔参考資料2〕　米国における納税者権利救済制度の概要 …402

〔参考資料3〕　租税に関する基本用語と法令、通達上の慣
　　　　　　　　用語 ……………………………………………403

　Ⅰ　租税に関する基本用語 …………………………………403

　　1　税　源 ………………………………………………403

　　2　課税物件、課税客体、課税対象 …………………403

　　3　課税標準 ……………………………………………403

　　4　税　率 ………………………………………………404

　　5　納税主体 ……………………………………………404

　　6　担税者 ………………………………………………405

　　7　申告（納税申告）…………………………………405

　　8　修正申告 ……………………………………………406

　　9　更正、再更正 ………………………………………406

10 決　定 ………………………………………………………407

11 更正の請求 …………………………………………………407

12 不服申立て …………………………………………………408

13 訴　訟 ………………………………………………………408

II　法令上の慣用語 …………………………………………409

1 「訓示規定」、「取締規定」と「効力規定」…………………409

2 「みなす」と「推定する」………………………………………410

3 「する」と「とする」……………………………………………412

4 「適用する」、「準用する」と「読み替える」…………………413

5 「例による」、「同様とする」…………………………………414

6 「従前の例による」……………………………………………415

7 「ものとする」、「しなければならない」……………………415

8 「することができる」…………………………………………417

9 「この限りでない」、「ただし」………………………………418

10 「妨げない」……………………………………………………419

11 「及び」、「並びに」……………………………………………419

12 「かつ」、「…と…と」…………………………………………420

13 「又は」、「若しくは」…………………………………………420

14 「者」、「物」、「もの」…………………………………………421

15 「場合」、「とき」、「時」、「……の際」………………………421

16 「科する」と「課する」…………………………………………422

17 「控除する」、「減算する」……………………………………422

18 「以上」と「以下」、「未満」と「超える」……………………423

19 「以前」と「以後」、「前」と「後」、「以内」…………………423

20 「以外」、「その他」、「その他の」……………………………423

21 「遅滞なく」、「直ちに」、「速やかに」………………………424

　22　「正当な理由」、「やむを得ない理由」、「相当の理由」……………425

　23　「公布」、「施行」、「適用」………………………………………426

　24　「係る」と「関する」…………………………………………427

　25　「期　　間」………………………………………………………427

　26　「期限」と「期日」……………………………………………429

　27　「時効」と「除斥期間」………………………………………429

　28　時効の「中断」と「停止」……………………………………430

Ⅲ　通達上の慣用語 ………………………………………………431

　1　「……とする」……………………………………………………431

　2　「……をいう」……………………………………………………432

　3　「……による」……………………………………………………433

　4　「……ものとする」………………………………………………433

　5　「……ものとすることができる」………………………………434

　6　「……ことができる」……………………………………………435

　7　「……ことができるものとする」、「……できないものとする」…436

　8　「これを認める」…………………………………………………437

　9　「留意する」………………………………………………………437

　10　「取り扱う」、「ことに取り扱う」、「取り扱うことに留意する」…438

　11　「該当する」………………………………………………………439

　12　「……した金額による」、「……価額による」……………………439

　13　「課税しなくて差し支えない」…………………………………440

索　　引

〔五十音索引〕……………………………………………………444

〔アルファベット索引〕…………………………………………475

〔判例・裁決例索引〕……………………………………………478

第 **I** 部

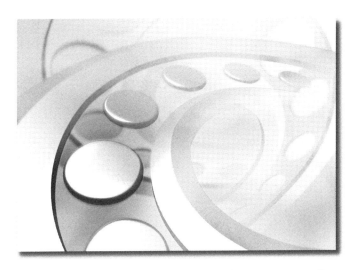

租税法の基本原則

第1章　税に関する基本事項

第1節　「税」とは何か

§1　「税」の意義

　「税」（租税）とは何か。この点については、古くからいろいろなことがいわれてきました。

1　財政学上の定義

　例えば、著名な財政学者セリグマン（注1）は、国家の収入を、次の三つに区分したうえで、それらの収入のうち③のハ「課税権に基づき国が強制的に徴収するもの」が「租税」であるとしています。

①　特別の対価を得ることなく自発的に提供されることによる収入……寄附金

②　契約に基づいて得られる収入……官業収入、国有財産売却等

③　国が強制的に徴収するもの

　イ．国権の発動として収奪

　ロ．刑罰権に基づく強制的収入……罰金、科料

　ハ．租税権に基づく徴収……提供者の同意不要

　また、租税が、自発的なものでなく強制的に徴収されなければならない理由として、ノーベル経済学賞受賞者のJ. E. スティグリッツは、「フリーライ

（注1）　Edwin R. A Seligman は19世紀末から20世紀初めにかけて活躍した米国の財政学者（コロンビア大学教授）"The Shiftings and Incidence of Taxation"井出文雄訳「租税転嫁論」実業之日本社、昭和25年

ダー（ただ乗り）」の問題をあげています（注2）。すなわち、

　「もし公共財のための資金供給が強制的になされないならば、誰も自発的に資金を出そうというインセンティブを持たないであろう。」という点です。

2　法令上の定義

　法律的には、米国の著名な租税法学者クーリー（T. M. Cooley）により、次のような定義がなされています。「租税」とは、「国又は地方公共団体が、自己の提供するサービスを維持するため人格（persons）又は財産等の貢献度に応じて、国家又は地方公共団体によって、その権限（sovereignty）に基づき、課されるものである。」（注3）。

　また、旧ドイツ租税通則法（Reichsabgabenordnung）第1条では「租税」について次のように定義していました。

　「租税とは、特別の給付に対する反対給付ではなく、給付義務につき法律

（注2）　Joseph E. Stiglitz, Economics of the Public Sector, 2nd Ed.
　　　　邦訳は「公共経済学（下）」（東洋経済新報社、平成15年）349頁
（注3）　Thomas M. Cooley, The Law of Taxation §1, at 61-63 (Clark A. Nichols ed, 4th ed. 1924)
　　　　ただし、Blacks Law Dictionary（第9版）では、もう少しその範囲を広げ、人、財産、特権、職業、娯楽、通関、輸入、消費等に対して国家又は地方公共団体によって課される全ての賦課金（imposition）も租税に含めています（West Group, st, Paul, Minn, 2009, P1594）。
　　　　ちなみに、そこでは租税について次のように定義されています。
　　　　「個人、法人若しくはトラストの所得に対し又は遺産（estate）若しくは贈与（gift）に対し政府（government）によって課される負担金（charge）である。」
　　　　「租税賦課の目的は、公共の需要（needs）に供するために必要な資金収入を得る（generate revenue）ことにある。」
　　　　「それらの負担を個人等又は財産等にいかなる基準で負わすべきか及びその納付方法等については、法律上の権限（legislative authority）に基づいてなされなければならない。」

が定める要件に該当するすべての者に対し、収入を得る目的をもって公法上の団体が課する一回限り又は継続的な金銭給付（注4）をいう。」

　なお、わが国の国税庁に相当する米国内国歳入庁（I.R.S）の建物には、次のような銘が刻まれています。

　「税とは、文明の対価として我々が支払うものである。」（注5）

3　わが国の一般的定義

　「租税」について、わが国では一般に次のような定義付けがなされています。

　「（筆者注：租税とは）国家及び地方公共団体がその一般的経費を支弁する目的で、強制的に私人の手から国家の手に移される富の呼称である。」（注6）

　このような考え方は、サラリーマンの給与所得控除について争われた有名な大島訴訟において、昭和60年3月27日の最高裁大法廷判決（昭55（行ツ）第15号、所得税決定処分取消訴訟、民集39巻2号247頁）でも採用されています。ちなみにそこでは、次のような判示がなされています（注7）。

　「租税は、国家が、その課税権に基づき、特別の給付に対する反対給付と

（注4）　租税の支払いが金銭でなされるようになったのは近代税制の特色です。古くは軍役免除の対価として金銭納付がなされていましたが、基本は軍役サービスでした（例えば、英国の権利章典；Bill of Rights）。
　　　　　わが国でも、明治初期に、徴兵制について「血税」という言葉が用いられたことがあります。
（注5）　「Tax is the money what we pay for our Civilization.」
　　　　　ちなみに、この言葉は、税に関する訴訟において米国連邦最高裁判決文からの引用です。
（注6）　例えば、金子宏著「租税法（第24版）」（弘文堂、令和3年）1頁
　　　　　したがって、租税は手数料や使用料などのように利益を与える代償としてのものではないとされています（租税法研究会編「租税法総論」（有斐閣、昭和40年）4頁）。

してでなく、その経費に充てるための資金を調達する目的をもって、一定の要件に該当するすべての者に課する金銭給付である。」

4　過去の税、現在の税、将来の税

　税は、それが課される（又は課された）時期により、次の3つのタイプに区分されます。

①　現在の税

　国や地方公共団体の一般経費を支弁する目的で課される税は、原則として現在の税によってまかなわれます。

　一般に「税」又は「租税及び印紙収入」という名で呼ばれているのが、この税です。

②　将来の税（国債、公債）

　しかし、場合によっては、現在課されている租税だけでは歳出を支弁できない場合も生じてきます。その場合には、国債や地方債等の発行によって必要な資金を調達することになります。

　これらは、国や地方公共団体にとっては借金ですが最終的には、将来における税金から返済しなければなりません。したがって、国債や公債はいわば「将来の租税」すなわち、後世代の人々が負担する税として認識しておくべ

（注7）　なお、納税者が26％の税率を任意に選択してガーンジー島政府に納付した税が「法人税」に当たるか否かが争われた事件で、最高裁（第一小法廷）は、平成21年12月3日付の判決で、「法人税」に当たるとした納税者の主張を認めています（平成20年（行ツ）43号）。

　　　　ちなみに、ガーンジー島では一定の要件を充足する会社は、税率を自由に選択できることとされています。

きでしょう。

③　過去の税

　これに対し、国有財産や地方公共団体が有する財産の売却等による収入は、過去において財産税や相続税の物納などの形で国家の手に移され国有財産又は地方公共団体の財産となったものが大部分です。その意味でいえば、これらは「過去の税」ということができるでしょう。

　このように、国や地方公共団体の歳入は、いずれにせよ最終的には「税金」によってまかなわれることとなります。

5　税と社会保障

　最近では、税だけでなく、社会保障の財源としての社会保険料負担も問題になっています。この収入は原則としてコスト負担的性格の強いものではありますが、収支差額にマイナスが生じた場合などには最終的に租税によって穴埋めされています。

　その意味でいえば、社会保険料負担も広義の税に含まれると考えても良いでしょう。

　このようなことから、最近では税と社会保障とは一体のものとして議論がなされています (注8)。

§2　歳入・歳出・予算

　国や地方公共団体が提供する各種の行政サービスの費用は、究極的には、

(注8)　例えば平成26年 4 月 1 日から税率が引き上げられた（5 ％→ 8 ％）消費税
　　　　の収入については、年金、医療及び介護の社会保障等に充てる旨が明記され
　　　　ています（財源確保等のための消費税法等改正法 2 ）。

租税収入（現在の税、将来の税（国債や地方債）及び過去の税（国有財産等の売却収入））によって、まかなわれることになります。

　そのため、国や地方が歳出予算を策定するに当たっては、それに見合う歳入についてどのような財源から調達するのかについても明らかにする必要があります。

【第1－1図】令和6年度一般会計歳出予算（単位：兆円、千億円未満切捨て）

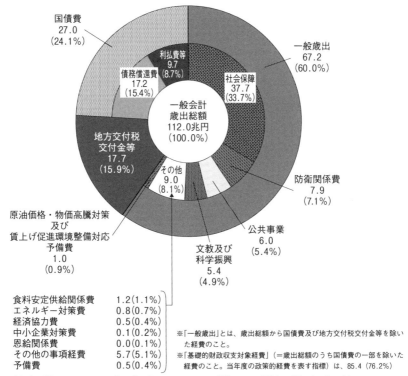

食料安定供給関係費　1.2(1.1%)
エネルギー対策費　0.8(0.7%)
経済協力費　0.5(0.4%)
中小企業対策費　0.1(0.2%)
恩給関係費　0.0(0.1%)
その他の事項経費　5.7(5.1%)
予備費　0.5(0.4%)

※「一般歳出」とは、歳出総額から国債費及び地方交付税交付金等を除いた経費のこと。
※「基礎的財政収支対象経費」（＝歳出総額のうち国債費の一部を除いた経費のこと。当年度の政策的経費を表す指標）は、85.4（76.2%）。

（注1）　計数については、それぞれ四捨五入によっているので、端数において合計とは合致しないものがある。
（注2）　一般歳出における社会保障関係費の割合は56.1%。

【第1－2図】令和6年度一般会計歳入予算（単位：兆円、千億円未満切捨て）

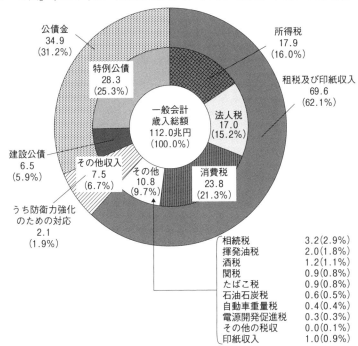

相続税　　　　3.2(2.9%)
揮発油税　　　2.0(1.8%)
酒税　　　　　1.2(1.1%)
関税　　　　　0.9(0.8%)
たばこ税　　　0.9(0.8%)
石油石炭税　　0.6(0.5%)
自動車重量税　0.4(0.4%)
電源開発促進税 0.3(0.3%)
その他の税収　0.0(0.1%)
印紙収入　　　1.0(0.9%)

§3　租税体系

　租税は、その税を課しているのが誰か（課税主体が誰か）、何を対象にして課税するのか（課税客体は何か）、負担者が誰か、どのような事実をとらえて課税しているかなどにより、いくつかの区分方法があります。

　一般的に行われているのは、次のような分類方法です。

1　国税と地方税

　これは、租税を賦課徴収する課税権の主体が誰であるかによる分類方法です。この分類方法の下では、課税権の主体が国である国税（所得税、法人税、消費税など）と、それが地方公共団体である地方税とに分類されます（注9）。地方税は更に、その課税主体により道府県税（道府県民税、事業税など）と市

町村税（市町村民税、固定資産税など）とに分かれます。

　ちなみに、令和4年度予算における国税及び地方税の主要税目の税収見積りと構成比は次のようになっています。

2　内国税と関税 （注10）

　この区分は、国内取引と国際取引に着目した分類方法です。

　広い意味の国税は、更に内国税と関税との二つに分けられます。このうち関税（customs duty）は、外国から輸入される貨物に対して課税されるものです。それに対し、内国税は、国内の人又は物に対し課税するものです。

　なお、内国消費税（酒税等）は、外国から輸入される貨物に対しても課税されますが、これは、関税ではなく内国税として区分されています。

3　直接税と間接税

　この区分方法は、税金を実際に負担しているのが誰かによる分類方法です。

　税金を負担する者が、直接にその税金を納めることを予定して立法されたものを直接税といい、税金を負担する者が、直接に税金を納める者と異なる

（注9）　平成26年度の税制改正で、地方法人課税の偏在是正措置として、地方法人税が国税の形で創設されました。この税は、法人税の基準法人税額（課税標準）に4.4％の税率を乗じて計算されるものであり、申告及び納付も国税と同じく税務署に対して行われることとなっていますので、ここでの区分でいえば国税ということになります。

（注10）　わが国では税収に占める関税のシェアは明治時代においてもわずか数％（明治3年度（1870年）で7.0％）にすぎませんでした。それはわが国が不平等条約によって関税率を自由に設定できなかったためです。（この点について言及したものとして増井良啓「日本における国際租税法」（ジュリストNo1387、98頁））ちなみに、関税自主権が完全に回復された後の明治40年度（1907年）以降は10％台まで上昇しています（宇波弘貴「図説日本の税制」（平25年度版）、33頁、35頁）。なお、米国では南北戦争当時まで歳入の約9割が関税から得られていました。

【第 1 － 3 図】主要税目別税収見積りと構成比（国税）（令和 6 年度予算）

（千億円未満切捨て）

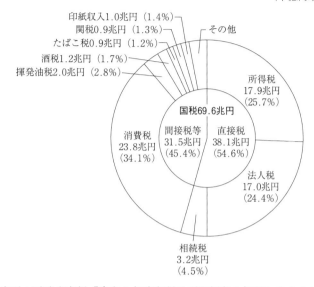

〔資料出所：財務省資料「令和 6 年度租税及び印紙収入概算」をもとに作成〕

【第 1 － 4 図】地方税収の構成

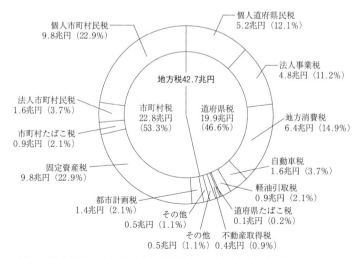

注1　各税目の％は、それぞれの合計を100％とした場合の構成比である。
　2　道府県税及び市町村税は超過課税、法定外税等を含まない。
　3　法人事業税は特別法人事業譲与税を含まない。
　4　計数はそれぞれ四捨五入によっているので、計とは一致しない場合がある。

〔資料出所：令和 6 年度地方財政計画額〕

ことを予定して立法されたものを間接税と称しています（注11）。例えば所得税は直接税の代表的なものであり、消費税・酒税は間接税の代表的なものです。

　ちなみに、主要国における国民負担率（対国民所得比）及び直接税と間接税の比率は次のようになっています。

【第1－5図】国民負担率（対国民所得比）の国際比較

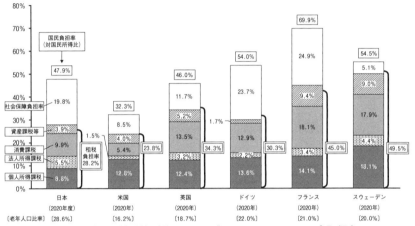

（注1） 日本は令和2年度（2020年度）実績。諸外国は、OECD "Revenue Statistics 1965-2021" 及び同 "National Accounts" による。
（注2） 租税負担率は国税及び地方税の合計の数値である。また個人所得課税には資産性所得に対する課税を含む。
（注3） 老年人口比率は、日本は総務省「人口推計」、諸外国は国際連合 "World Population Prospects" による。
（注4） 四捨五入の関係上、各項目の計数の和が合計値と一致しないことがある。

〔資料出所：財務省ホームページ〕

（注11）　しかし、直接税か間接税かの限界は必ずしも明らかではありません。例えば、米国で1794年に成立した連邦馬車税（累進性）に対し、これを直接税であり連邦憲法に違反するとした納税者の主張に対し、連邦最高裁は同税は間接税たる消費税に当たると判示しています（Hylton V. US）。
　　　　また1861年に連邦所得税が導入された際、連邦議会は国税は直接に動産に課税しないので「直接税」ではないと判断しています。

【第1−1表】主要国における直間比率（国税＋地方税）の比較

日本	米国	英国	ドイツ	フランス
65:35	77:23	58:42	55:45	55:45

㊟　日本は令和2年度（2020年度）実績額。諸外国はOECD "Revenue Statistics 1965-2021" による2020年の計数（推定による暫定値）。
　　OECD "Revenue Statistics" の分類に従って作成しており、所得課税、給与労働力課税及び資産課税のうち流通課税を除いたものを直接税、それ以外の消費課税等を間接税等とし、両者の比率を直間比率として計算しています。

〔資料出所：財務省ホームページ〕

(1)　転　嫁（shifting）

　直接税と間接税の区分は、一般に「転嫁」の有無によって説明されます。直接税については、一般に転嫁はないとされています。それに対し、間接税では、例えば、製造業者が国へ納めた税が、いわば製造業者の背負った荷物が移るように、取引価額を通じて製造業者から卸売業者に、更に卸売業者から小売業者へ、小売業者から消費者へと順々に移っていきます。このような現象を「税が製造業者から卸売業者へ転嫁され、卸売業者から小売業者へ、更に小売業者から消費者へ転嫁（前転…forward shifting）された」といいます。それに対し、税が取引の前段階の者（例えば仕入先等）に転嫁される現象は「後転（backward shifting）」と呼ばれています。

　しかし、直接税であっても、ときには、その税金を支払う法律上の納税者が経済的にその税金を負担しない場合（例えば、製品価格にその会社の法人税分を含めて販売する場合）があります（注12）。反対に、間接税であっても、法律上の納税者がこれを法律上予定された担税者に転嫁することができなくて、納税義務者自身が負担してしまう場合もあります。

(2)　帰　着（incidence）

　こうした転嫁の結果、結局、税が最終的に誰の負担となったかを重視し、最終的な負担者をいう場合、「税が○○に帰着した」といういい方をします（注13）。

　また、このように最終的に税を負担する者は、「担税者」という名で呼ばれています。

4　普通税と目的税

　この分類方法は、税金の使途に着目した区分方法です。

　例えば、一般の経費に充てる目的をもって課される租税が普通税です。所得税や法人税、相続税など主要税目のほとんどは普通税です。

　これに対し、特定の経費に充てる目的をもって課される税は目的税と呼ばれています。ちなみに、現在のわが国の税制においては、発電用施設の設置を促進するために国税である電源開発促進税が設けられています。また、地方税の中には目的税として都市計画税等が定められています。

5　収得税・財産税・消費税・流通税

　この区分方法は、どのような事実に着目して課税するかということによる

（注12）　例えば、クルチザニアック、マスグレイブ両教授の古典的研究によれば、1935〜42年と1948〜59年には、100％以上が転嫁しているという研究報告もなされています（Marian Krzyzaniak and Richard A. Musgrave 'The shifting of the Corporation Income Tax' Baltimore, Johns Hopkins Press, 1963）。

（注13）　法人税の帰着については、①長期的に投資家一般によって負担されているという説（例えば、A. C. Harberger）、②賃金所得の上昇を抑制し法人の従業員に負担されているという説（例えば、Martin Ferdstein）、③影響はないという説（例えば、Joseph E. Stiglitz）など説が分かれています。

分類方法です。

　例えば、人が収入又は所得を得ている事実を捉えて課税する方法は一般に収得税という名で呼ばれています。収得税の中心は、個人及び法人の所得に対して課される個人所得税と法人税です。これに対し、人が財産を所有している事実を捉えて課税するのを財産税（又は資産税）、人が消費しつつある事実を捉えて課税する方法は一般に消費税と呼ばれています。また、財物の移転を生じつつある事実を捉えて課税するのは流通税と呼ばれています。

　収得税と財産税は直接税に当たり、一般総称としての消費税は間接税に当たります。流通税は、直接税と間接税の中間に位置するものということができますが、税の種類によって直接税に近いものと、反対に間接税に近いものとがあります。

6　従量税と従価税

　これは、課税標準を数量とするか金額とするかによる区分方法です。例えば、課税標準をキログラムごととかキロリットルごと、又は個数ごとというように重量や体積、個数などを単位に課される税が従量税です。

　それに対し、価格を課税標準として課される税が従価税です。

　例えば、販売高等を課税ベースとする現在の消費税などがその代表例です（注14）。

　また、従量税の代表例としては揮発油税のほか軽油引取税や酒税、たばこ税などがあります。

（注14）　酒税は、かつては高級品に対して高負担を求めるため、従価税制度が採用されていました。しかし、GATTなどから、このような課税方法が非関税障壁になっているとの批判があったため、昭和63年に原則として全て従量税制度に改められました。

7　人税と物税

　この区分方法は、税金が何に着目して課税されるかにより分類するというやり方です。

　「人税」とは、人に着目して課税される税です。人税の例としては、人頭税が代表的なものですが、それ以外でも、例えば、所得や財産が帰属している個人を中心に考えて賦課される直接税がこれに該当するとされています。それに対し、「物税」とは、個人を離れて客観的に財産や収益を捉えて賦課する税です。酒税や揮発油税などがその典型例です。

8　独立税と付加税

　これは、ある税金と他の税金との関係に着目した区分方法です。すなわち、国又は地方公共団体が、他の租税とは関係なく、個別に課税する税が「独立税」です。これに対し、他の団体の課税した租税を基準として、その上に付加して課税する租税を「付加税」といいます。ただし、課税標準を同一のものとするものであっても、それぞれ個別の租税として課税されるものは付加税ではありません。一般的にいえば、付加税を課される基準となる税が本税です。通常の場合、付加税は本税に対する一定の制限率を定めて課されます。

　わが国では、古くは（昭和25年度より前の）地方税の多くは付加税として課されていました。しかし、シャウプ勧告に基づく昭和25年度の税制改革により、独立税主義が徹底して採用されました。

　その結果、現在ある税金のほとんどは独立税という形になっています。

9　永久税と期間(限定)税

　このほか、永久税と期間税という分け方もあります。

　ちなみに、わが国の税は、いったん制定されるとその改廃がない限り永久にその制度が維持されることを基本としています（注15）。

　それに対し、英国やベルギーなどにおいては、税の賦課・徴収権限及び税率は、基本的に毎年更新とされ、その手当てがなされない場合には旧来の税法は原則として失効することとされています。

　民主主義の大原則（「代表なければ課税なし」）からすれば、英国式の方が望ましいことは事実です。

　しかし、実際には、それによって議会開催が毎年一定時期に必ず必要になるなど事務的にも大変です。このようなことから、多くの国では永久税主義が採用されています。

10　まとめ

　ちなみに、現行の租税体系を一覧表の形で示すと次のようになっています。

（注15）　ただし、なかには期間を限定し、その期間内に限って追加負担を求めたり軽減したりしているものがあります。租税特別措置法に規定する各種の期間限定型特例制度がその典型です。

　　　　例えば負担を軽減する例としては、各種の準備金（措55〜61の3）や特別償却（措42の5〜53）、圧縮記帳（措61の3、64、65〜66、67の4、5）などがあります。

　　　　また、追加負担を求める例としては、交際費の損金不算入制度（措61の4）や使途秘匿金の支出がある場合の課税の特例制度（措62）などがあります。

　　　　ただ、これらの特別措置の多くはその期限が到来する都度延長され、実質的には永久措置に近いものとなっています。

【第1－2表】現行租税体系

		普通税・目的税等の区分	租税の分類	税　　　　目
国税		普通税	収得税	所得税（一部地方交付税）・法人税（一部地方交付税）・地方法人税（地方交付税）・地方法人特別税（地方譲与税）・特別法人事業税（地方譲与税）・森林環境税㊟
			財産税	相続税・贈与税・地価税・自動車重量税（一部地方譲与税）
			(一般的総称としての)消費税	消費税（一部地方交付税）・酒税（一部地方交付税）・揮発油税・石油ガス税（一部地方譲与税）・航空機燃料税（一部地方譲与税）・石油石炭税・たばこ税・たばこ特別税・国際観光旅客税・関税・地方揮発油税（地方譲与税）
		目的税		電源開発促進税・復興特別所得税・森林環境税（地方譲与税）㊟
		普通税	流通税	登録免許税・印紙税・とん税・特別とん税（地方譲与税）
地方税	都道府県税	直接課税形態(都道府県が直接課税するもの)	普通税	収得税	都道府県民税・事業税・法定外普通税
				財産税	固定資産税・自動車税種別割・鉱区税・法定外普通税
				(一般的総称としての)消費税	地方消費税・道府県たばこ税・ゴルフ場利用税・軽油引取税・法定外普通税
				流通税	不動産取得税・法定外普通税・自動車税環境性能割
			目的税		水利地益税・狩猟税・法定外目的税
		間接課税形態(国が課税して都道府県に譲与等するもの)	交付税		所得税の一部・法人税の一部・消費税の一部・酒税の一部
			譲与税		地方揮発油税の一部・石油ガス税の一部・自動車重量税の一部・航空機燃料税の一部・特別法人事業税の全部・森林環境税の一部
	市町村税	直接課税形態(市町村が直接課税するもの)	普通税	収得税	市町村民税・鉱産税・法定外普通税
				財産税	固定資産税・軽自動車税種別割・特別土地保有税・法定外普通税
				(一般的総称としての)消費税	市町村たばこ税・法定外普通税
				流通税	法定外普通税・軽自動車税環境性能割
			目的税		水利地益税・共同施設税・国民健康保険税・都市計画税・入湯税・宅地開発税・事業所税・法定外目的税
		間接課税形態(国が課税して市町村に譲与等するもの)	交付税		所得税の一部・法人税の一部・消費税の一部・酒税の一部
			譲与税		地方揮発油税の一部・石油ガス税の一部・自動車重量税の一部・特別とん税・航空機燃料税の一部・森林環境税の一部

㊟　平成31年度改正により創設され、令和6年度から施行。

〔資料出所：税務大学校基礎編「税法入門」令和5年度　9頁より抜すい〕

第2節　税に関する基本原則

§1　租税の基本原則

　租税を賦課する場合、どのような原理、原則に基づいてこれを行えば良いのかについては、古くからいろいろなことがいわれてきました。

1　アダム・スミスの4原則

　そのうち代表的なものに、経済学者アダム・スミス（1723～1790）がその著書「国富論（An Inquiry into the Nature and Causes of the Wealth of Nations）（1776）」（注16）において主張した次の4原則があります。

① **公平の原則**（equality）

　　この原則は、「人民は、その政府を支持するために各人の能力に比例して、換言すれば、国家の保護によって各人の獲得する所得に比例して租税を納めねばならない。」とする原則です。

② **明確の原則**（certain and not arbitrary）

　　この原則は、「各人の納付すべき租税は、明確なものでなければならず、徴税者が勝手気ままに変更し得るものであってはならない。」「租税納付の形式、方式並びに税額は、納税者その他のすべての人にとって簡単明瞭なものでなければならない。」とするものです。

③ **便宜の原則**（levied at the time, in the manner, most likely to be convenient）

　　この原則は、租税は、「納税者によって最も便宜な時期において、かつ、

（注16）　詳細については、同名書（「国富論」）の Book V. Chapter 2. Part 2, of Taxes を参照してください。

便宜な方法によってこれを課し、徴収しなければならない。」という原則
です。

④　**最少徴税費の原則**（contriveds as little as possible）

　この原則は、「租税は、それが国庫にもたらす純収入と人民の給付する
額との差額が最も少ないのがよい。徴税費が最も少なくて、多くの収入を
あげるようなものが良税である。」とするものです。

　彼は、経済は国等が介入することなく市場に任せればうまくいく（レッ
セ・フェール）ということを最初に主張した学者としても知られていますが、
この原則にも彼の考え方が反映されています。

2　ワグナーの4大原則と9原則

　その後、ドイツ流の国家主義を背景としたアドルフ・ワグナー（Adolf H.
Wagner 1835〜1917）によって主張された①財政政策上の原則、②国民経済
上の原則、③公正の原則、及び、④税務行政上の原則（いわゆる4大原則）
とそれをさらに細分化した課税の明確性、最少徴税費への努力など9原則が
あります。

　彼は財政学者ではありますが、議員を務めるなど政治家でもあり、当時の
ドイツ流の考え方が良く反映されています。

3　マスグレイブの6条件

　さらに、時代が下って、第2次大戦後まもなく米国の財政学者リチャー
ド・マスグレイブによって主張された①公平、②中立、③明確性、④最少徴
税費など、6原則（6条件）があります。

4　スティグリッツの5特徴

　最近では、ジョゼフ・E.スティグリッツによって唱えられている「よい

税制であるための５つの特徴」があります（注17）。

　そしてそこでも公平性と並んで行政上の簡潔さが強調されています。

　このように、論者によって若干の差はありますが、公平性、中立性と最少コスト（徴税コスト）については共通していることがみてとれます。

　ちなみにそれらを一覧表の形で表したものが次の表です。

（注17）　Joseph E. Stiglitz 前掲書（注２）353頁
　　　　なお、このほかにもいろいろな人達が各種の持論を展開しています。

【第1—3表】課税原則比較表

	原　則	内　容
ア ダ ム ・ ス ミ ス の 4 原 則	①公平の原則	税負担は各人の能力に比例すべきこと。言い換えれば、国家の保護の下に享受する利益に比例すべきこと。
	②明確の原則	租税は恣意的であってはならないこと。支払時期、方法、金額が明白で、平易なものであること。
	③便宜の原則	租税は、納税者が支払うのに最も便宜なる時期と方法によって徴収されるべきこと。
	④最少徴税費の原則	国庫に帰する純収入額と人民の給付する額との差はなるべく少なくすること。
ワ グ ナ ー の 4 大 原 則 と 9 原 則	①財政政策上の原則	1　課税の十分性…財政需要を満たすのに十分な租税収入があげられること。 2　課税の弾力性…財政需要の変化に応じて租税収入を弾力的に操作できること。
	②国民経済上の原則	3　正しい税源の選択…国民経済の発展を阻害しないよう正しく税源の選択をすべきこと。 4　正しい税種の選択…租税の種類の選択に際しては、納税者への影響や転嫁を見極め、国民経済の発展を阻害しないで、租税負担が公平に配分されるよう努力すべきこと。
	③公正の原則	5　課税の普遍性…負担は普遍的に配分されるべきこと（ただし、最低生活費は免除）。特権階級の免除は廃止すべきこと。 6　課税の公平…負担は公平に配分されるべきこと。すなわち、各人の負担能力に応じて課税されるべきこと。負担能力は所得増加の割合以上に高まるため、累進課税をすべきこと。なお、所得の種類等に応じ担税力の相違などからむしろ異なった取扱いをすべきであること。
	④税務行政上の原則	7　課税の明確性…課税は明確であるべきこと。恣意的課税であってはならないこと。 8　課税の便宜性…納税手続は便利であるべきこと。 9　最少徴税費への努力…徴税費が最少となるよう努力すべきこと。

マスグレイブの6条件

マスグレイブの6条件	①公平	税負担の配分は公平であるべきこと。
	②中立性（効率性）	租税は、効率的な市場における経済上の決定に対する干渉を最小にするよう選択されるべきこと。
	③政策手段としての租税政策と公平性との調整	租税が投資促進のような他の政策目的を達成するために用いられる場合には、公平をできるだけ阻害しないようにすべきこと。
	④経済の安定と成長	租税構造は経済安定と成長のための財政政策を容易に実行できるものであるべきこと。
	⑤明確性	租税制度は、公正でありかつ恣意的でない執行を可能とし、また納税者にとって理解しやすいものであるべきこと。
	⑥費用最小	税務当局及び納税者の双方にとっての費用を他の目的と両立する限り、できるだけ小さくすべきこと。

〔資料出所：国税庁税務大学校講本「税法入門」より〕

スティグリッツの5特徴

	原　則	内　容
スティグリッツの5特徴	①経済効率	租税制度は効率的な資源配分に干渉すべきでない。
	②行政上の簡潔さ	租税制度は、管理するのが容易であり、かつ相対的に費用が安くあるべきである。
	③伸縮性	租税制度は、経済環境の変化に対して容易に（ある場合には自動的に）反応できるようにすべきである。
	④政治的責任	政治体制が個人の選好をより正確に反映できるように、租税制度は個人が自分たちの支払っている額を確認できるように計画されるべきである。
	⑤公正	租税制度は、いろいろな人の相対的取扱いにおいて公正であるべきである。

〔資料出所：Joseph E. Stiglitz "Economic of the Public Sector" 2nd Ed. 邦訳「公共経済学（下）」（東洋経済新報社）353頁より〕

§2　税の機能（財源調達、富の再分配、景気安定化）

　前述したように、国や地方団体が税を徴収する主たる目的は、公共サービスを提供するために必要な財源の調達（raise revenue）です。

　しかし、税は、それ以外の機能も有しています。例えば、所得税や相続税などのように累進税率が採用されている場合には、課税によって富裕層からそれ以外の層への「富の再分配」が行われることになります（注18）。

　また、所得税や法人税については、景気変動の幅以上に税収が変動することから、好況期には総需要を抑制する方向に傾きます。反対に不況期には、税収の伸びが鈍化して景気の下支えをする役割を果たすことになります。

　ワグナーの主張する 4 大原則のうち 3 番目（公正の原則）と 9 原則のうち 6 番目（課税の公平）、マスグレイブの主張する 6 原則のうち 3 番目と 4 番目、スティグリッツの主張する 5 原則のうち 3 番目と 5 番目の原則がこれに該当すると考えられます。

　このようなことから、「税」には「景気安定効果」もあるとされています。

　なお、税に関するこれらの機能や効果については、財政学の研究分野となっていますので、ここではこれ以上は立ち入らないことにします。

（注18）　いわゆる公平性と公正性（equity）の原則がそれに当たります。それに対し、消費税など比例税率で課される税や従量税については、その機能はないと考えられています。

　　　そのため、これらの税においては、公平性、公正性については若干劣るものの、税の他の要請である効率性（efficiency）や簡便性（simplicity）という点で優れているといわれています。

§3　税の特色

1　一般的特色─独自性

　税は、それぞれの国の歴史、経済、社会の反映であるといわれています。

　その結果、それぞれの国の歴史的背景により、税に対する考え方も異なっています。

　例えば、米国では、連邦制が採用されており、基本的課税権は州レベルが、これを保有することとされています。その結果、連邦政府が課税できるのは、連邦憲法によって課税権を与えられた「所得に対する税」、「関税」、「個別物品税」等に限られています。

　このような背景もあって、米国では、連邦レベルにおける税収の大部分は直接税となっています。

　また、フランスやドイツなどでは、伝統的に所得よりは消費に着目した税が好まれる傾向があります。

2　共通化傾向

　税のもうひとつの特色は国際間の共通化です。特に最近のように経済活動が国際化してきますと、他国との税制があまりに大きく異なっていたのでは、複数の国で事業を行う企業、個人等に不便なだけでなく、脱税や租税回避の機会も増加してしまいます。

　このようなことから、最近では、所得税、法人税、消費税などを中心に各国間で税の共通化傾向がみられるようになってきています（注19）。

（注19）　周知のように、関税の世界では、GATT、GATS、WTO 等を通じ、かなりの程度まで共通化傾向がみられます。
　　　　　また、内国税の分野でも、例えば OECD の「有害な税の競争」や「税源流出と利益移転（B. E. P. S）」に関する議論などを通じ、共通化への努力が払われています。

3　執行の重要性

　税法は議会で決定された内容を執行し、所要の財源を調達することによっ
て初めてその目的とするところが達成されます。このようなことから、税に
おいては、執行（税務行政）が極めて大きな機能を果たしています。

　そのため、各国とも、立法プロセスの明確化とともに、その適正な執行の
確保に努めています（注20）。

（注20）　発展途上国などでは、制度面では先進国と同等のものができていても、執
　　　　　行が追いつかないということも稀ではありません。そこで、最近ではこれら
　　　　　の国でもわが国や米国などの協力を得て執行面の強化に努めています。

§4　わが国の租税制度の歴史

　租税の歴史自体は極めて古く、紀元前3000年ごろにエジプトに古代王朝が成立した時代から存在していたといわれています。

　わが国の場合でみてみますと、大和朝廷成立時には、すでに「みつぎ（現物税）」や「えだち（労役税）」という形でその原形ができあがっていたといわれています。

　その後、大化の改新によって律令制度が導入され、「租・庸・調」という形で整備されました。そのうち、現代にも共通しているのは「租」で、「租税」という名称も「租」からきています。

　また、税を納付する方法は、「年貢」などに代表されるように、古代以降明治維新に至るまでは米など、現物で納付するいわゆる現物納付制度（いわゆる「物納」）が採用されていました（注21）。

　しかし、現物での納付は「運搬」なども必要となり大変です。

　そこで、明治維新により新たにスタートした中央政府は、明治6年（1873年）の地租改正にあわせ、近代的な制度である金納制度を導入しました（第1－4表参照）。

　なお、現行税制は、太平洋戦争後の昭和24年に出されたシャウプ勧告をベースにしています。

　ちなみにわが国の租税の歴史は次の表のようになっています。

（注21）　現在でも、一定の制限付きではありますが、相続税においては、現金ではなく土地や株式等といった現物による納付（いわゆる「物納」）が認められています（相41）。

【第1－4表】日本の租税の歴史

時代 世紀	歴史上の事件	社会経済情勢等	租税制度
			労役提供 みつぎ・えだち（労役）
7	大化の改新	律令制度導入	租・庸・調
8	平城京遷都	墾田永年私財の法 荘園の拡大	
	平安京遷都	律令制度の解体	年貢・公事・夫役
12	鎌倉幕府の成立	封建制の成立 地頭と荘園領主の対立	年貢（田地の所有関係が錯綜しており、税負担が二重三重となっていった。）
13	元寇	農業生産力の上昇	棟別銭（家一棟毎に課税）
14	室町幕府の成立	貨幣経済の浸透、商工業の発達	倉役、酒屋役、関銭 有徳銭（富裕な者に課税）
16	戦国時代 織田信長の統一事業 豊臣秀吉、天下統一	太閤検地→土地の耕作者の登録（一地一作者の原則） 度量衡の統一	楽市・楽座の制 租税負担の責任者が確定
17	江戸幕府成立 鎖国	田畑永代売買禁止令、分地制限令	(1)　農民に対する税 　本年貢（四公六民） 　小物成、助郷役 (2)　商工業者に対する税 　運上、冥加 　年貢の納入は村請制
18			年貢の決定方法を検見法から定免法へ
19	明治維新	地租改正（明6）	年貢（物納）から金納へ 近代租税制度の確立
20	太平洋戦争	シャウプ勧告(昭24、25)	現行税制の基本型確立

〔資料出所：「図説　日本の税制」(財経詳報社、令和4年)33頁より抜すい一部修正〕

§5　租税法の立法プロセス

1　原　則

　租税法は、国民の多くに関係する法律です。

　したがって、それがどのような形で成立していくのかによって国民の権利義務に大きな影響を及ぼしてきます。

　現在、租税法の立法は、わが国をはじめほとんどの国で、国民によって選出された国民の代表で構成される議会の専権事項となっています（注22）（例えば憲法41）。

　しかし、租税法の詳細な規定等についてまで議会で立案作業をするということは実際上不可能です。

　そのため、わが国では、それらの原案の立案作業は、原則として財務省主税局が与党や政府税制調査会の答申等を踏まえたうえで行うこととされています。そして、それらの法律案（原案）は、閣議の了解を経た後、政府案という形で議会に提出されます（注23）。

　議会での審議においては、予算関連法案であるところから、原則として衆議院先議とされています（憲法60①）。

　そして、衆議院と参議院との間で議決を異にするときは、両院協議会で協議のうえ調整が図られます。しかし、両院協議会で意見の一致をみない場合には、衆議院で「3分の2以上」の多数による可決があれば、衆議院での議決内容がそのまま法律として成立することとされています（注24）（憲法59②、

（注22）　憲法41条では、「国会は、国権の最高機関であり、<u>国の唯一の立法機関である</u>。」と規定されています。（下線筆者強調）

（注23）　ちなみに、憲法72条では、「内閣総理大臣は、内閣を代表して議案を国会に提出」することがその義務とされています。

　　　　なお、内閣提出の法案については、事前に内閣法制局の審査を経ることとされています。

60②)。

　ちなみに、わが国の租税法の立法プロセスは次のようになっています（注25）。

【第1－6図】日本における租税法の立法の流れ
　　【政府提案の場合】

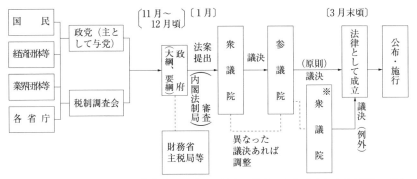

　※　両院の調整不調のときは、衆議院で3分の2以上の賛成により成立します（憲法59②)。
〔資料出所：著者作成〕

(注24)　衆議院で可決した法案を受け取ってから60日以内に参議院で議決がない場合には、衆議院は、参議院がこれを否決したものとみなすこととされています（憲法59④)。

　　　なお、予算自体については、参議院が衆議院と異なった議決をした場合又は衆議院で可決された予算を受領後30日以内に議決しないときは、衆議院での議決が国会の議決とされます（憲法60②)。

(注25)　なお、予算については、例年大略次のようなプロセスを経て成立します。

【予算編成の流れ】

7月末頃	概算要求基準公表
8月末頃	概算要求
9月～12月下旬	政府予算案を決定
1月	予算案を議会（衆議院）に提出
	衆参両院で予算案を審議
3月頃	両院での議決を経て予算成立

（米国における租税法の立法過程）

　ちなみに米国では、税に関する法の立法は、原則として連邦議会の専権事項とされています（連邦修正（1913年確定）憲法第16条）（※1）。

　また、租税法の立法プロセスは、第1－7図のようになっています。法案の審議は、下院歳入委員会（House Ways and Means Committee）に付託され、公聴会（Public Hearing）を経て同委員会のレポートが下院総会に提出されます（※2）。

　その後、法案は上院に送られ、そこで修正があった場合には両院協議会（Conference Committee）を経て再度両院で議決がなされ、大統領に送られそのサインを経たうえで正式な法律になります（※3）。

※1　連邦修正憲法（1913年（確定））第16条（The Constitution of the United States of America., Amendment XVI）
　　　ちなみに、そこでは次のように規定されています。
　　　"The Congress shall have power to lay and collect taxes on incomes, from whatever source derived, without apportionment among the several States, and without regard to any census or enumeration."
　　　ただし、わが国の場合と異なり、財務省は、税制改正意見書という形で政府としての包括的な意見書を提出するにとどまり、具体的な法案については、一般に議員提案（法案の作成自体は下院の権限とされています。）という形が採用されています。

※2　ただし、下院総会では、法案全体を認めるか否かといういわゆるclosed ruleの原則に従って行われるため、法案自体の修正はありません。

※3　議会の議決があった場合であっても、大統領には拒否権（Veto）の発動が認められています。ただし、議会（両院）が3分の2以上の議決で再度決定したときは、議会での議決が優先します。いわゆるoverrideという制度です。

【第1－7図】米国における租税法の立法過程

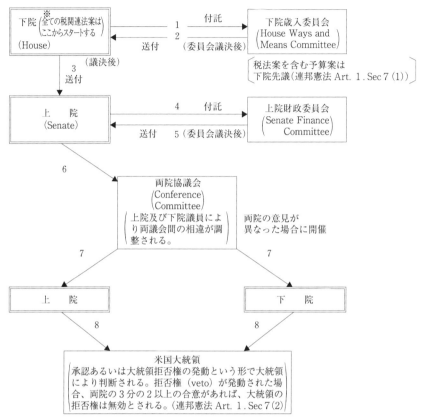

〔資料出所：Myron Scholes, Mark A. Wolfson, Merle Erickson, Edward L. Maydew, Terry Shevlin.「Taxes and Business Strategy」〕
　A Planning Approach. Second Edition　p31を一部修正

2　租税条約の場合

　わが国が締結する租税条約の締結交渉及び署名は内閣の職務とされています（憲法73三）が、条約として効力を有する（いわゆる「発効」）ためには、国会の承認（批准）が必要とされています（憲法61）。その審議は、衆議院先議とされていますが、衆議院と参議院で異なった議決となった場合には、衆議院での議決が優先することになります（憲法61で60②を準用）（ちなみに、米国では、条約の承認など外交に関する分野において上下両院で異なった議決となった場合には、上院の議決が優先することとされています（連邦憲法12条2(2)）。

第3節　租税法と隣接科学との関係

§1　行政法等との関係

　明治期にドイツ流の公法概念が導入されたわが国では、租税法は伝統的に行政法の一部として位置付けられてきました。また、租税手続法や租税争訟関連法も、それぞれ行政手続法および行政訴訟法の一部と考えられています。国税については、例えば、「訴願前置主義」(注26)や行政手続法における国税関係の特例取扱いにみられるように、伝統的行政法の理論を一部修正したり、新しい行政理論の形成を促すような動きもみられますが、その基本となっているのは行政法の考え方です。その点でも、租税法を学ぶうえで行政法に関する理解が是非とも必要とされています。

　また、最近では、税務をめぐる訴訟、特に課税処分の取消しを求める訴訟が増加してきています。

　しかも、税理士が補佐人としてそれに関与することが認められたことから、今後税理士等が訴訟に関与する事例も徐々に増加するものと思われます。

　課税処分取消訴訟は行政事件訴訟ですが、それらの手続は、基本的に民事訴訟法の手続によることとされています。したがって、最近では民事訴訟法の基本に関する知識等も求められるようになってきています。

§2　私法との関係

　租税は、私人間の各種の経済取引活動を前提としつつ、それらの成果を対

(注26)　国税通則法では、訴訟による救済（いわゆる司法救済）を受ける前に、行政上の救済手続を経なければならないとしています（同法115①）。
　　　　これがいわゆる「訴願前置主義」と称されている（「不服申立前置主義」とも称されています。）制度です。

象として賦課・徴収されます。したがって、租税法の研究に当たっては、民法や会社法など私法の分野に関する理解が不可欠です。

　例えば、契約（民521以下）・譲渡・売買（民555以下）、相続、会社の設立、決算など、租税法の基本をなす用語の多くは、私人間の経済取引活動を規制する法令である民法、会社法や商法の規定に基づいています。そのため、租税法においても、私人間の取引について規定している私法関係の法令上の用語がそのまま用いられているのが通例です。

　また、近年、ストック・オプション、株式交換、合併・分割など私法分野の改正がひんぱんに行われています。それに伴って、税法の取扱いも変化してきています。

　そのため、租税法の研究に当たっては、私法（特に民法や商法、会社法など）に関する理解が不可欠となっています(注27)。

§3　財政学、会計学等との関係

　租税法は、租税に関する研究の一分野です。この点で、同様の分野を研究対象とする財政学や会計学などと密接な関係を有しています。財政学や会計学は、それ自体としては、租税法の法源としての効力等を有しているものではありません。しかし、税の実務面においてはかなり大きな影響力を有しています。

(注27)　民法との関係では、信義誠実の原則及び権利の濫用（民1）、法人の能力（民34）、公序良俗（民90）、虚偽表示（民94）、錯誤（民95）が代表例ですが、物権、債権や相続、贈与についても深い関係があります。
　　また、商法、会社法との関係では、法人税法で商法、会社法の考え方が数多く取り入れられています。
　　最近の事例でも、例えば、租税回避との関連で注目されている「任意組合（民667）」や「匿名組合（商法535）」などを利用した取引については、民法や商法、会社法に関する知識が不可欠となっています。

　例えば、財政学やその一分野である租税政策学では、租税の経済学的側面から研究が行われています。そのため、租税法の理解を深めるためには、これらの学問の研究が不可欠となっています。

　また、会計学においては、個人又は法人の利益計算のあり方や計算方法という側面から研究がなされています。そして、それらによって計算された利益をもとにして、それに一定の調整を加えた形で、個人所得税や法人税の課税標準たる所得の金額が計算され、課税されています。

　特に、法人税法においては、別段の定めがある場合を除き、基本的には会計学に基づいて算出された利益を課税対象として課税がなされています（例えば法22④）。その意味で、会計学は租税法と密接な関係を有しています。

　ちなみに、会計学のうち、租税と関係の深い会計分野は、一般に「税務会計」と称され、税務実務に大きな影響力を有しています(注28)。

　近年、会計学の分野では、税効果会計、減損会計など新しい流れが次々と生じてきています。それらのうちには税務と直接関係のないものもありますが、デリバティブ取引、リース取引など税務にも大きな影響のある変更等が数多く含まれています。

　このようなことから、租税法を学んでいく際には、会計学の分野に対しても不断の目くばりが必要です。

§4　刑法等との関係

　偽り、その他不正の行為により税を免れた者（いわゆる「ほ脱犯」）に対しては、税法上のペナルティである重加算税（通68）に加え、各税法に規定す

(注28)　税理士試験でも、税法科目と並んで会計科目（簿記論と財務諸表論）が試験科目とされています。このようなことから、実務（特に法人税）においては、会計学の分野である税務会計は税法と同じくらい重要視されています。

るところに基づき、懲役刑若しくは罰金刑が科され、又はそれらが併科され
ます（例えば、所238、法159ほか）（注29）。

　これらの罰則規定は、刑法における刑罰規定の延長線上にある規定で、一
般法たる刑法の特別法としての立場で規定されています。

　したがって、各税法における罰則規定は、刑法総則の規定を受ける租税犯
としての特別構成要件を規定するものと解することができます。

　また、ほ脱犯に対して行われる犯則調査（いわゆる査察調査）については、
刑事訴訟法上の手続きによることなく、国税通則法により独自に調査を行う
ことができることとされていますが、その考え方のベースとなっているのは
刑事訴訟法上の手続規定です（刑訴法 1 参照）（注30）。

　このようなことから、租税法を学ぶためには、刑法や刑事訴訟法について
も、その基本を理解しておかれることが望ましいでしょう。

（注29）　各税法に定める罰則は、すべて刑罰を科するものであり、軽い法令違反に
　　　　対して課される過料のような行政罰とは異なります。このようなことから米
　　　　国では、脱税は Felony（重罪）として位置付けられています（例えば内国
　　　　歳入法7201条）。
（注30）　例えば、強制調査の時刻の制限等について、刑事訴訟法116条と同じ制限
　　　　が設けられています。
　　　　　ただし、犯則嫌疑者に対して供述拒否権がある旨の告知をしなかったとし
　　　　ても、憲法38条（供述拒否権の保護）には違反しないとされています（最高
　　　　裁（三小）、昭和59年 3 月27日判決、昭和58年（お）180号、刑集35巻 5 号
　　　　2037頁）。
　　　　　なお、平成29年度の税制改正で国税の犯則調査手続について、電磁的記録
　　　　の証拠収集手続等の整備等が図られるとともに、その規定が国税通則法に編
　　　　入され、国税犯則取締法は廃止されることとなりました。

第2章　租税法律主義と租税法の法源等

第1節　租税法律主義

§1　租税法律主義の意義

　歴史の教科書でも必ず紹介されているように、米国独立運動の契機となったのは、ボストン茶会事件（Boston Tea Party 1773年12月）です（注1）。そして、その際、運動のスローガンとされたのが、英国の権利請願（Petition of Rights 1628年）及び権利章典（Bill of Rights 1689年）にあった「代表なければ課税なし（no tax without representation）」という基本原則です。すなわち、当時、英国の植民地であったため英国議会に代表を送れない米国民は、英国政府に対する納税義務を負わないという考え方です。

　歴史的にみても、1215年の英国の大憲章（マグナ・カルタ）にみられるように、専制君主の恣意的な課税を抑え自分達の代表を通じてのみ自分達に課される税を決定するといういわゆる「課税自主権」は、その確立に至るまでに、多くの国々で多数の人々の尊い血が流されてきました。その結果、現在ではほとんどの国で「課税自主権」及びその具体的表われである「租税法律主義」は、憲法の基本原則の一つとされています。

（注1）　この事件は、1767年に英国が紙や紅茶等に6ペンスの関税をかけたことが発端となって生じたものです。住民の反対等で他の税は廃止されたものの、紅茶については3ペンスに引き下げられただけで存続しました。さらに、1772年に植民地に対する茶の独占販売権を英東インド会社に付与したことから、アメリカ市民が反発し、インディアンに扮装して紅茶342箱（当時の金額で約1万ポンド）を海に投げ入れたことで紛争が本格化しました。

　およそ民主主義国家にあっては、国家の維持及び活動に必要な経費は、主権者たる国民が共同の費用として代表者を通じて定めるところにより自ら負担すべきものです。わが国の憲法も、かかる見地の下に、国民が納税の義務を負うことを定める（憲法30）とともに、新たに租税を課し又は現行の租税を変更するには、法律又は法律の定める条件によることを必要としています（憲法84）。

　しかし、課税の具体的内容については憲法自体で定めることをせず、これを法律の定めるところに委ねています（注 2 ）。

（注 2 ）　この点について、最高裁大法廷、昭60．3．27判決（昭55（行ツ）第15号民集39巻 2 号247頁、税資144号936頁、所得税決定処分取消請求事件）では、次のような判示がなされています。

　　「租税は、今日では、国家の財政需要を充足するという本来の機能に加え、所得の再分配、資源の適正配分、景気の調整等の諸機能をも有しており、国民の租税負担を定めるについて、財政・経済・社会政策等の国政全般から総合的な政策判断を必要とするばかりでなく、課税要件等を定めるについて、極めて専門技術的な判断を必要とすることも明らかである。したがって、租税法の定立については、国家財政、社会経済、国民所得、国民生活等の実態についての正確な資料を基礎とする立法府の政策的、技術的な判断にゆだねるほかはなく、裁判所は、基本的にはその裁量的判断を尊重せざるを得ないものというべきである。」

§2　租税法律主義と罪刑法定主義

　「租税法律主義」と似た概念として、「罪刑法定主義」という概念があります。

　「罪刑法定主義」とは、「ある行為を罰するには、その行為がなされた当時成文の法律によってその行為を罰する旨が定められていなければならない。」とする原則です（注3）。

　この考え方は、フランス革命の際、国民の基本権のひとつとして人権宣言にうたわれ、1948年の国連世界人権宣言でもその旨が明記されているなど、現在では広く普及した考え方となっています。

　「罪刑法定主義」の考え方は、英国のマグナ・カルタ（大憲章、1215年）にまで遡るといわれています。そこでは、国王の専権を抑制するため、「自由人（より正確には貴族等）は、合法的裁判又は国法によるのでなければ逮捕、差押、追放等を受けない。」という原則が明確にされました。また、そこには、「代表（正式には当時の貴族等の同意）なければ課税なし。」という原則もうたわれています。その意味でいえば、これら2つの考え方は、同じルーツに属しているということができます。

　特に、課税を私人の財産権に対する侵害規範であるとする考え方に立てば、両者は同列に考えるべきだということになります。

　近年、租税回避が大きな問題として浮上してきていますが、それらをめぐる争いの多くは、税法で明確に規定されていない分野をめぐって生じています。租税法律主義を罪刑法定主義と同様に厳格に解すべしという立場に立てば、この種の租税回避行為に対しては、法令解釈によってではなく原則として立法的措置により対処すべきだということになります（注4）。

（注3）　例えば、曽根威彦「刑法総論（第三版）」（弘文堂、平成12年）12頁、及び藤木英雄「刑法（全）」（有斐閣双書、昭和46年）8頁ほか

　他方、租税法律主義をよりゆるやかなものとして解するという立場に立てば、法令の解釈でこれに対処することが可能ということになります。

§3　租税法律主義の具体的内容

1　法律で規定されるべき事項

　「租税法律主義」とは、具体的にどのような内容のものをいうのでしょうか。論者によってその主張するところは異なります。しかし、納税者の予測可能性を確保するという観点から、税法は、少なくとも次のような内容を含んだものでなければならないといわれています(注5)。

① 　課税要件法定主義……課税作用が国民の財産権に対する侵害であることから課税要件の全てと租税の賦課徴収手続は法律によって規定されるべしという原則（例えば、最高裁(大法廷)、昭30．3．23判決、民集 9 巻 3 号336頁）

② 　課税要件明確主義……法律での規定が不明確だと結果的に白紙委任になってしまうことを防止するために必要不可欠な原則

③ 　合法性原則……租税法が強行法であることから、租税の賦課徴収にあたっては、課税要件が充足されている限り、租税行政庁に租税の減免を

（注4）　ただし、刑法の分野においても解釈の余地が全くないわけではありません。例えば、電気が旧刑法でいう「他人の所有物」に含まれるとした明治36年 5 月21日付の大審院判例（刑録 9 輯874頁）やガソリンカーが刑法第129条の過失往来危険罪の対象となる汽車に該当するとした昭和15年 8 月22日付の判決（大審院・刑集19巻540頁）などがあります。
（注5）　例えば、金子宏著「租税法（第24版）」（弘文堂、令和 3 年）77、78頁
　　　ちなみに、昭和60年 3 月27日付の最高裁判決では、次のような判示がなされています。
　　　「課税要件及び租税の賦課徴収の手続は、法律で明確に定めることが必要である」

する自由はないという原則。具体的には租税行政庁には租税を徴収しない自由もなく、法律で定められたとおりの税額を徴収しなければならないとする租税法律主義の手続面からくる原則

④　手続充足原則……租税法の行使形態である賦課・徴収行為は適正な手続（due process）で行われなければならず、これに対して訴訟を提起された場合も、当局は公正な手続をふんだうえでその処理を行わなければならないとする原則

⑤　遡及立法禁止の原則……納税者に予測可能性を与え、法的安定性を保証するため、納税者に不利益となる変更を公布の日より前に遡って適用する立法は許されないとする原則(注6、7)

　これらの原則に反した場合、直ちに租税法律主義違反になるのかどうかという問題も生じてきます。

　この点に関し、例えば租税法律主義の具体的内容について争われた裁判において、次のような判示がなされています。

①　同族会社の行為計算否認規定について

　（最高裁（二小）、昭53.4.21判決、昭51（行ツ）345号、税務訴訟資料24巻8号694頁）

　「（筆者注：同族会社の行為計算否認について規定した）法人税法132条の規定の趣旨、目的に照らせば、右規定は客観的、合理的基準に従って同族会社の行為計算を否認すべき権限を税務署長に与えているものと解す

(注6)　これに対し、「納税者の利益に変更する場合には、過去に遡及して立法することも許される。」と解されています（例えば、東京高裁、昭55.6.16判決、税資113号645頁）。

(注7)　実務上においては、従来非課税として取り扱われてきたものを通達制定又は改正などにより新たに課税するということが行われることがあります。これらの変更は、通達レベルの話ではありますが、予測可能性という趣旨からいえば、好ましいこととはいえないでしょう。

ることができるので、右規定が税務署長に包括的、一般的、白地的に課税処分権を与えたものであることを前提に憲法84条に違反するとする（納税者の）主張は採用できない。」

② 相続財産の評価方法について

イ．（東京高裁、昭48．3．12判決、昭45（行コ）25号、税務訴訟資料69号634頁）

「相続財産の時価算定方法が法定されていないことをもって憲法84条に違反するとはいえない。」

ロ．（最高裁（三小）、昭49．6．28判決、昭48（行ツ）69号、税務訴訟資料75号1123頁）

「相続税法22条は、時価の算定を課税庁に一任し、または一任したと同視すべきものではなく、憲法84条に違反しない。」

2 租税法律主義と政省令等との関係

　租税について、最低限どのような内容が規定されていれば「租税法律主義」ということができるのでしょうか。一般的には、少なくとも次のような要件については、法律で明確に規定することが必要と考えられています。

① 国又は地方公共団体との間の租税法律関係に関する次のような規定
・租税法律関係の当事者（例えば課税主体、納税義務者など）
・租税債権・債務関係の成立・確定など（例えば申告など）
② 租税の賦課・徴収及び租税債権の実現のための手続などに関する規定（例えば調査、更正、決定など）
③ 租税の賦課・徴収などに対する不服申立・訴訟などといった納税者の権利救済制度に関する規定
④ これらの法律に違反した者に対する処罰に関する規定

しかし、法律のみで複雑多岐にわたる経済事象に対処し、かつ、事態の変

化に応じて適時、的確に課税の目的を達成することには自ずから限界があります。

　そのため、わが国のみならず各国においても、基本的事項、例えば「納税義務者」、「課税物件」、「課税標準」、「税率」及び「納付の方法」などといった根幹部分については法律で規定するものの、細かい手続や申告書の様式などについては政令や省令によって規定するというやり方がとられています（注8）。

　「租税法律主義」は、国民の財産権を保障し、国民生活の安定を図るというだけでなく、経済活動にあたり、課税の有無について予測可能性を与えるという見地からも必要不可欠の原則とされています（注9）。

（注8）　例えば米国では、基本的事項については内国歳入法（Internal Revenue Code）で規定されていますが、法律の公的解釈や補足については財務省規則（Treasury Regulation）、歳入通達（Revenue Ruling）、歳入手続（Revenue Procedure）等で規定されています。
　　　　　そして、財務省規則については、規則案（Proposed Regulation）の段階で公表され、各界のコメントを踏まえたうえで最終規則となります。
　　　　　これらの解釈等は課税庁のものにすぎませんので、納税者が争うことは可能ですが、裁判では、たいていの場合課税庁の解釈が維持されています（Joseph Bankman, Thomas D. Griffith, Katherine Pratt Aspen Publishers. "Federal Income Tax 5th Edition" Wolters Kluwer p24）。
　　　　　また、租税関係法令を具体的事例に適用するに当たって、担当者の判断、すなわち担当者による法令の解釈の如何で結果が異なってくるようなことがあったのでは租税法律主義が結果的に実現されないことになってしまいます。そのため、多くの国で、法令解釈の統一が図られています（わが国でいえば、国税庁長官通達（法令解釈通達））。
（注9）　なお、法の執行に際して、例えば同族会社等の行為計算否認規定（所157、法132ほか）の「不当に減少させる」、役員給与及び使用人給与の「不相当に高額」（法34、36）などその内容があいまいな概念（いわゆる不確定概念）が用いられることがあります。法的明確性という観点からすれば望ましいことではないかも知れませんが、ある程度は不可避であり、また必要でもあるとされています（例えば、前掲（注5）金子宏著「租税法」78頁）。

　もっとも、今日では、租税は、国家の財政需要をまかなうという本来の機能に加え、所得の再分配、資源の適正配分、景気の調整等の諸機能も有しています。そのため、国民の租税負担を定めるについて、財政・経済・社会政策等の国政全般からの総合的な政策判断を必要とするばかりでなく、課税要件等を定めるについて、極めて専門的な判断を必要とされることも事実です。

　したがって、租税法の具体的内容としてどのようなものを法律上規定するかについては、基本的には立法府の政策的、技術的な判断に委ねるほかはなく、裁判所は基本的にその裁量的判断を尊重しなければならない面があることも事実です。

　そのため、議会によって制定された法律の立法目的が正当なものである限り、裁判所はその合理性を否定しないとするのが基本的スタンスとなっています（注10）。

§4　租税公平主義との関係

　租税法律主義を論じる際に問題となる事項として、租税公平主義との関係があります。

　「等しい状況下にある者は等しい負担をすべし。」という租税公平主義の原則は、租税法律主義と並ぶ租税法のもう一つの基本原則です。

（注10）　この点について、例えば、前述（注5）した昭和60年3月27日の最高裁大法廷判決では、次のように述べられています。「およそ民主主義国家にあっては、国家の維持及び活動に必要な経費は、主権者たる国民が共同の費用として代表者を通じて定めるところにより自己負担すべきものであり、……。それゆえ、課税要件及び租税の賦課徴収の手続は法律で明確に定めることが必要であるが憲法自体は、その内容について特に定めることをせず……。したがって、租税法の立法については……立法府の政策的、技術的な判断にゆだねるほかはなく、裁判所は、基本的にはその裁量的判断を尊重せざるを得ないものというべきである。」

　しかし、これが行き過ぎると、結果的に租税法律主義がねじまげられてしまう場合もあります。

　近代以前においては、王様や貴族など特定の社会的・経済的階級に属する人たちに免税特権が与えられることがありました。そして、それらの不公平が大きな政治変革の引き金になったこともあります。例えば、フランス革命の原因のひとつとして、農民のみが課税され、貴族や僧侶などが課税されていなかったという課税の不公平があったとの指摘もあります（注11）。このようなことから、現在では、特別の場合を除き特定の人に対する非課税（いわゆる人的非課税）は認められていません。

　そして、特別に非課税を認める場合、非課税となる人については法律で規定されています（注12）。

　わが国の憲法（第14条第1項）では、「すべて国民は、法の下に平等であつて、人種、信条、性別、社会的身分又は門地により、政治的、経済的又は社会的関係において、差別されない。」ということが明確に規定されています。すなわち、国民は、法の下に平等であり、法の定めるところによって等しく自由を持ち、権利を持つとともに、等しく義務を負うという考え方です。

　このような考え方は、等しい状況下にある者の租税の負担は平等でなければならないという考え方にも通じるものです。もっともここでいう平等とは、各人の租税が同一の金額でなければならないという意味だけではなく、各人がその支払能力に応じて負担するという意味も含まれています。

　現代においては、租税の支払能力は、結局において各人の経済力に比例す

（注11）　例えば、租税法研究会編「租税法総論」（ジュリスト選書、有斐閣、昭和46年）34頁
（注12）　例えば、特定の人に対する非課税の例としては、文化勲章やノーベル賞の賞金などがあります。

ると考えられています。すなわち、公平な税とは、各人の経済力に応じた税、言いかえれば担税力に応じたものでなければならないという原則であると考えられるようになっています。

　そして、どのような状況下にある者にどのような負担を課すべきかについては、基本的に法律で規定することとしています。

　なお、特定の政策目的実現のため設けられている各種の租税特別措置については、租税公平主義の観点から問題にされることがあります。確かに、法の下の平等という観点からすれば、同様の状況下にあるにもかかわらず、租税特別措置により特定の要件に該当するか否かで課税上の取扱いが異なるという意味で公平性が若干犠牲にされている面があることは確かです。現在までのところ、判例などにおいて、租税特別措置法上の規定が法の下の平等に反するとされた事例はありません。しかし、時代遅れとなった規定が存続することのないよう、少なくともその必要性について不断の見直しをしていく必要があるでしょう(注13)。

(注13)　金子宏教授は、その著書前掲（注5）「租税法（第24版）」の中で、「租税特別措置法が憲法第14条第1項に反して無効になるかどうかの判断は、個別の優遇措置ごとになされるべきである。」としたうえで、次のような判断のメルクマールを示しています（同書94頁）。
　　①　その措置の政策目的が合理的であるかどうか
　　②　その目的を達成するのにその措置が有効であるかどうか
　　③　それによって公平負担がどの程度害されるか
　　そのうえで、「租税優遇措置の整理合理化を進めるため各優遇措置による減収見込額とその計算根拠を国会に提出させることが有効である。」と述べています。

第 2 節　租税法の法源

§1　憲　法

　憲法は、国の最高法規であって、租税法の出発点ともなっている最も重要な根拠法規です。したがって、租税法がこれに違反する規定を設けた場合にはそれらの規定は無効ということになります。ちなみに、憲法第30条は、「国民は、法律の定めるところにより、納税の義務を負ふ。」と規定しています。これを受けて、憲法第84条では、「あらたに租税を課し、又は現行の租税を変更するには、法律又は法律の定める条件によることを必要とする。」と規定して、租税法律主義による旨を明らかにしています（注14）。

　その他にも、「法の下の平等（第14条）」（注15）、「財産権の保障（第29条）」（注16）条項など、租税法の執行上においてたびたび問題とされる条文が沢山あります。また、実務上においても、憲法と関連した訴訟が多数提起されています。したがって、租税法の研究に当たっては、憲法上の規定についてもよく勉強しておくことが必要となっています。

(注14)　ちなみに各国憲法における租税に関する規定は次のようになっています。

○日本国憲法（抄）（1947年）
第30条　国民は、法律の定めるところにより、納税の義務を負ふ。
第84条　あらたに租税を課し、又は現行の租税を変更するには、法律又
　　　　は法律の定める条件によることを必要とする。

旧憲法（明治22年（1889年）に制定）にもほぼ同旨の規定が設けられてい
ました。
　　第21条　日本臣民ハ法律ノ定ムル所ニ従ヒ納税ノ義務ヲ有ス
　　第62条　新ニ租税ヲ課シ及税率ヲ変更スルハ法律ヲ以テ之ヲ定ムヘシ

○アメリカ（1788年）

・合衆国憲法第 1 条第 8 節①
　「連邦議会は、左の権限を有する。合衆国の債務の弁済、共同の防衛
及び一般の福祉のために、租税、関税、個別輸入税、消費税を賦課徴収
すること。」
・合衆国憲法第 1 条第10節②
　「州は、その（物品）検査法執行のために絶対必要な場合を除き、連
邦議会の同意なしに、輸入品または輸出品に対し、個別輸入税または関
税を賦課することはできない。」

・合衆国憲法修正第16条（1913年）
　「連邦議会はいかなる源泉から生じる所得に対しても、各州の間に配
分することなく、また国勢調査または人口算定に準拠することなしに、
所得税（※ 1 ）を賦課徴収する権限を有する。」

※ 1 　ここでいう「所得税」には、個人に対する所得税いわゆる「個人所得
　　税」だけでなく、法人の所得に対して課される税である「法人税」も含
　　まれます。

○イギリス

・法典化された憲法はない（※）

　　※　ただし、権利請願（Petition of Rights　1628年）に次のような
　　　　記述があります。
　　　　「何人といえども、今後法律による臣民（議会）の同意なくして
　　　　賦課された〜租税〜を納付することを要しない。」

○ドイツ（1949年）

・ドイツ連邦共和国基本法第105条第1項
　「連邦は、関税及び財政専売について専属的立法権を有する」
・ドイツ連邦共和国基本法第105条第2項
　「連邦は、その他の租税の収入の全部または一部が連邦に帰属する場
　合、または、第72条第2項（連邦の競合的立法権）の要件が存する場合
　には、これらの租税について（州との）競合的立法権を有する。」

○フランス（1958年）

・フランス第五共和国憲法第34条第2項（※2）
　「法律は、次の事項を定める。
－あらゆる性格の租税の基礎、税率及び徴収の態様」

※2　ちなみに、フランス革命時に制定された権利宣言には、次のような規
　　　定が設けられています。
　　　第13条　公の武力の維持のため、および行政の費用の支出のためには、
　　　　共同の租税が不可欠である。したがって、その租税は、すべての市民
　　　　の間で能力に応じて等しく配分されなければならない。
〔資料出所：藤井大輔、木原大策「図説 日本の税制」（財経詳報社、令和2
〜3年）5頁一部修正、及び宮澤俊義編「世界憲法集（第4版）」（岩波文庫、
昭和58年）〕
(注15)　憲法第14条第1項では、次のように規定しています。
　　　「すべて国民は、法の下に平等であつて、人種、信条、性別、社会的身分
　　又は門地により、政治的、経済的又は社会的関係において、差別されない。」
　　　また、給与所得について実額控除が認められていないのは憲法第14条に規
　　定する法の下の平等に反するか否かが争われた事例として、最高裁(大)、昭
　　60.3.27判決、民集39巻2号247頁があります。
(注16)　憲法第29条では、次のように規定しています。
　　　「　①　財産権は、これを侵してはならない。
　　　　②　財産権の内容は、公共の福祉に適合するやうに、法律でこれを定める。
　　　　③　私有財産は、正当な補償の下に、これを公共のために用ひることが
　　　　　できる。」

§2　法　令

1　租税法

(1)　現行租税法体系

「租税法律主義」の下においては、課税要件の決定、納税義務者、税率、税額の計算方法及び租税の賦課徴収等に関する重要な事項は、原則として法律によって規定されなければなりません。

租税に関する法律は、課税主体により、国税に関するものと地方税に関するものとに分けられています(注17)。

ところで、米国などでは、国税に関する法律及びこれに関係する政省令などは、内国歳入法典及び財務省規則（レギュレーション）という形で全ての税目が一本の法令で規定されています。すなわち、全税目に関する規定が一つの法令のなかに盛り込まれるという規定方法がとられているわけです。

また、地方税については、各州がそれぞれ独自に法令の制定権を有していることから、各州ごとに異なった法令となっています。

それは、米国が連邦制国家となっていることから、憲法によって連邦政府に委任されている事項は限定されており、残りの権限については、原則として全てその権利が各州に留保されることとなっているためです（注18）（連邦修正憲法第10条）。

それに対し、わが国では、地方税については、国会で制定された地方税法という一本の法律で全て規定されています。

他方、国税については、所得税、法人税、相続税、消費税など各税目についてそれぞれ別の法律で定められています。そして、各税に共通する納税義務の成立・確定、納付、徴収・納税の猶予、還付、税務調査手続、不服申立

（注17）　手続的な事項について規定した租税手続法と課税要件、納税義務者、税率等について規定した租税実体法に分けられることもあります。

などの事項については、これらとは別に「国税通則法」で規定されています（注19）。

　また、各税目において規定された法律の特別取扱いについて定めた「租税特別措置法」や納税が期限内に行われなかった場合に発動される「国税徴収法」、納税者が災害などを受けた場合における税の減免取扱いを定めた「災害減免法」などきわめて多岐にわたっています（注20）。

　ちなみに、現在制定されている税法を共通法と個別税法の形で整理したのが次の表になります。

（注18）　ちなみに、米国では、連邦憲法のなかでも１条〜10条までは合衆国憲法の権利章典（Bill of Rights）とされ、独立13州の権限を保障した憲法の根幹部分となっています。
　　　　　なお、米国憲法第16次修正第10条では、次のように規定されています（宮沢俊義編）「世界憲法集（第４版）」（岩波文庫）。
　　　　「本憲法によって合衆国に委任されず、また各州に対して禁止されなかった権限は、各州それぞれにまたは人民に留保（reserve）される。」
　　　　（原文）　Amendment X
　　　　"The powers not delegated to the United States by the Constitution, nor prohibited by it to the States, are reserved to the States respectively, or to the people."
（注19）　ただし、これらの各税法に違反したいわゆる租税犯に対する罰則は、各税法でそれぞれ定められています。
　　　　　なお、調査手続等については、従前は各税法で質問検査権という形で規定されていましたが、平成23年度の税制改正で、国税通則法の中でまとめて規定されています。
（注20）　また、脱税行為に対する調査手続を定めた「国税犯則取締法」も、平成29年度の税制改正で内容について一部見直しがなされたうえで国税通則法の一部に取り込まれています。

【第2－1表】現在制定されている税法の体系

〔各税に共通する税法〕

〔各税目共通〕
国税通則法(注21)
国税徴収法
災害減免法
租税特別措置法
（各税法に対する例外規定をこの法律の中で規定）

〔個別税法〕

〔直接税関係〕
所得税法
法人税法
相続税法（相続税と贈与税が規定されている）
地価税法（現在凍結中）

〔間接税関係〕
酒税法　　消費税法　　揮発油税法
地方揮発油税法　　石油石炭税法
石油ガス税法　　航空機燃料税法
電源開発促進税法　　たばこ税法
国際観光旅客税法

〔その他（流通税）の関係〕
登録免許税法
印紙税法
自動車重量税法

(2)　附　則

　租税法は、その本体である「本則」のほか、それらの法律をいつから適用するかに関する規定（施行日）、経過措置等が規定されています。これらは一般に附則と称されています。そして、附則は、法律だけでなく、政省令、条例等においても設けられているのが通例となっています。

2　政令・省令

　法律が国会で制定されるのに対し、政令、省令は行政府によって制定されるものです。

　「租税法律主義」の観点からいえば、税法の規定はできるだけ詳細になされるほうが望ましいことはいうまでもありません。しかし、経済社会は常に発展、変化していくものであり、これらを全て税法で規定することは実際問題として不可能です。それにも拘らず、それをあえて法律のみで規定しようとすれば、ただでさえ難解といわれる税法がさらに複雑になってしまう可能

性があります。しかし、それでは税制簡素化というもう一つの強い要請に反することにもなりかねません。

　そのため、わが国のみならず、各国においても、（法律レベルである）税法では基本的部分についてのみ規定し、細部については政令や省令へ委任するという形がとられています。

　ちなみに、わが国の場合は、法律の委任するところにより、または法律を実施する目的で、政令（施行令）(注22)および省令（施行規則）(注23)が制定されています。そして、これらの政令・省令は、法律と同じような形式で成文

(注21)　なお、平成29年度の税制改正により、それまであった国税犯則取締法の内容が一部改められたうえで国税通則法に取り込まれています。
　　　　また、国税通則法と個別税法との関係は次のようになっています。

国税通則法と各税法の規定配分（位置関係）

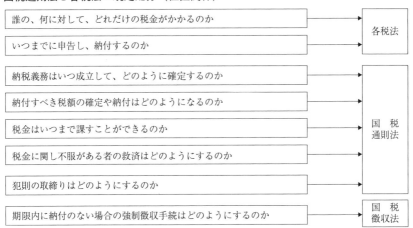

誰の、何に対して、どれだけの税金がかかるのか　→　各税法

いつまでに申告し、納付するのか　→

納税義務はいつ成立して、どのように確定するのか　→　国　税
通則法

納付すべき税額の確定や納付はどのようになるのか　→

税金はいつまで課すことができるのか　→

税金に関し不服がある者の救済はどのようにするのか　→

犯則の取締りはどのようにするのか　→

期限内に納付のない場合の強制徴収手続はどのようにするのか　→　国　税
徴収法

〔資料出所：国税庁税務大学校講本「国税通則法（令和2年度版）」3頁より抜すい〕
　　　このように、国税通則法は、租税法のなかでは一般法としての地位を占めています。
　　　しかし、行政不服審査法や行政事件訴訟法などといった行政一般に関する法律との関係については、国税に関する不服審査等については原則として国税通則法の定めによることとされており（通80）、国税通則法が特例法ということになります。

化されています。両者のちがいは、政令が内閣の制定するものを指すのに対
して、省令は各省大臣が定めるものをいうという点です。もちろん、これら
は国会で定めた法律とそのレベルは異なりますが、同じ国の機関である行政
府が定めたきまりであり、法律と同様に守らなければならないものです。

　税法をみてみますと、法律のなかに「……の規定の適用に関し必要な事項
は、政令で定める」とか、「……その他財務省令で定める事項を記載した
……」という文言が出てくることがあります。これは法律が政令又は省令で
定めることを委任しているものです。こうした場合には、必ず政令あるいは
省令でその事項が具体的に規定されています(注24)。

　このようなことから、通常の場合、法律・政令・省令の全部を総称して法
令という言葉が使われています。ちなみに、わが国における租税に関する法
律と政・省令との関係を示せば次のようになっています。

(注22)　「政令」の根拠は、憲法第73条第 6 号です。
　　　　ちなみに、そこでは、内閣の職務として、次のことが規定されています。
　　　　「六　この憲法及び法律の規定を実施するために、政令を制定すること。
　　　　　　但し、政令には、特にその法律の委任がある場合を除いては、罰則を
　　　　　　設けることができない。」
　　　　また、これを受けて内閣法第11条に次のような規定が設けられています。
　　　　「政令には、法律の委任がなければ、義務を課し、又は権利を制限する規
　　　　定を設けることができない。」
(注23)　「省令」の根拠は、国の組織について定めた国家行政組織法第12条です。
　　　　ちなみに、同条では次のように規定されています。
　　　　「①　各省大臣は、主任の行政事務について、法律若しくは政令を施行す
　　　　　　るため、又は法律若しくは政令の特別の委任に基づいて、それぞれそ
　　　　　　の機関の命令として省令を発することができる。」
　　　　（ 2 項省略）
　　　　「③　省令には、法律の委任がなければ、罰則を設け、又は義務を課し、
　　　　　　若しくは国民の権利を制限する規定を設けることができない。」

【第2－2表】法律・租税条約と政令・省令との関係（注25）

	法律又は租税条約	政　　令	省　　令
規定するもの	・課税物件 ・納税義務者 ・課税標準 ・税率 ・納付の方法 ・納期限	（法律の規定を実施するための）細目的事項及び技術的、専門的事項 ｛委任命令（法律の委任あり） 実施命令（法律の委任なし）｝	｛法律又は政令の施行 又は委任に基づく｝
名　称	［各税に共通するもの］ 国税通則法	国税通則法施行令	国税通則法施行規則
	（各税目） 所得税法ほか	所得税法施行令ほか	所得税法施行規則 減価償却資産の耐用年数等に関する省令（法人）
	［その他］ 租税特別措置法 国税徴収法	同施行令 同施行令	同施行規則 同施行規則

（注24）　例えば、棚卸資産の評価方法について規定した法人税法第29条第2項では次のように規定されています。

　　「（筆者注：棚卸資産の）評価の方法の特例、評価の方法の選定の手続、棚卸資産の評価額の計算の基礎となる棚卸資産の取得価額その他棚卸資産の評価に関し必要な事項は、政令で定める。」

　　これを受けて、法人税法施行令第28条で、評価方法として個別法、先入先出法など8種類が規定されていましたが、平成21年度の税制改正で、後入先出法、単純平均法については経過措置を講じたうえで廃止されましたので、経過措置終了後に存続するのは6種類となります。

　　同令第28条の2では、特別な評価方法を選定した場合の手続等について規定されています。

　　第29条では、評価対象のグルーピングの仕方、第30条では評価方法を変更する場合の手続についてそれぞれ具体的な規定がなされています。

| 租税条約※ | 租税条約等実施特例法施 | 同施行規則 |
| 租税条約等実施特例法 | 行令 | |

※　租税条約の署名は内閣が行いますが、発効のためには議会の承認が必要とされています（憲法73）。

(注25)　なお、米国ではわが国の政令に相当するものはなく、法律、規則、通達の3段階になっています。

米国の法律・規則・通達等

種　類	権　限	外部からのコメント等の有無	拘束を受ける者（対象者）	略号、略称等
内国歳入法 (Internal Revenue Code)	議会	No	全納税者	I.R.C. §
法律適用規則＊ (Legislative regulations*)	財務省	Yes	〃	Reg. §
法律解釈規則＊＊ (Interpretive regulations**)	〃	Yes	〃	Reg. §
暫定規則 (Temporary Regulations)	〃	No	〃	Temp. Reg. §
規則等 (Proposed Regulations)	〃	Yes	〃	Prop. Reg. §
内国歳入手続規則 (Procedural Regulations)	IRS	No	IRS (Sometimes)	26 C.P.R. §
内国歳入通達 (Revenue Rulings)	〃	No	全納税者	Rev. Rul.
内国歳入手続 (Revenue Procedures)	〃	No	〃	Rev. Proc
プライベート・レター・ルーリング (Private Letter Rulings)	〃	No	申請者	P.L.R.
テクニカル・アドバイス (Technical Advice Memoranda)	〃	No	原則申請者だが他にも適用	T.A.M.

＊　法律による委任あり（ただし、IRC §7805を除く。）

＊＊ IRC §7805（財務長官に IRC 執行上必要な解釈権を与える規定）による包括委任

〔資料出所：C.E. WATSON "Tax Procedure and Tax Fraud" Thomson West. 2006, P38一部修正〕

§3　条　例

　「租税法律主義」が、近代民主主義国家における基本原則であることに疑問を持つ人はいないと思います。

　それでは、国や地方公共団体が租税を賦課徴収できる法律的な根拠はどこにあるのでしょうか。

　その基本となっているのは、わが国では憲法ですが、イギリスなどのように憲法自体がなかったり、憲法はあったとしても、そのような趣旨の規定を設けていない国もあります。

　しかし、「租税法律主義」が憲法等で規定されていないイギリスにおいても、「租税法律主義」は租税の賦課徴収にあたっての根本原則とされています。

　租税に関する法律（いわゆる「租税法」）が憲法と並んで根拠規定となるのは当然ですが、地方税においては、条例によって租税の賦課徴収が行われています。

　条例は、都道府県及び市町村といった地方公共団体がその議会の承認を経て定めるもので、国の場合の法律に相当するものです（憲法94）（注26）。また、その基本は地方税法となっています。その意味で、条例による賦課徴収も租税法律主義にかなったものとなっています。

（注26）　憲法第94条では、次のように規定されています。
　　　　「地方公共団体は、その財産を管理し、事務を処理し、及び行政を執行する権能を有し、法律の範囲内で条例を制定することができる。」
　　　　ただし同条の規定は、地方公共団体の課税権を具体的に定めたものではありません。したがって、この規定から当然に地方公共団体に課税権が発生すると解することは困難と考えられています（前橋地裁、平8.9.10判決、平成6年（行ウ）5号、固定資産税評価決定取消事件、判例タイムズ937号129頁）。

§4　租税条約

　経済の国際化に伴い、わが国の企業が海外に進出したり、外国企業のわが国への進出が本格化してきています。これに伴い、租税の分野においても、国際法や条約との関連がますます重要になってきています。特に、制度の異なった国との間で生じる国際間の二重課税の問題は、進出企業にとって最大の問題として認識されるようになっています。

　この種の問題については、国内法で規定するほか、租税条約の締結によってこれを排除することも可能です。

　また、国際取引の拡大化に伴い、国際的な租税回避や脱税の機会も増えてきていますが、租税条約の締結は、当局がこれらに対処していくためにも必要です。

　次に、条約と国内法の関係についてですが、米国などでは、後日制定された法令が先行する条約と矛盾する場合、後日制定された法令の規定が優先適用されるという考え方（いわゆる「後法優先原則」）が採用されています。

　それに対し、わが国の場合は、条約上の規定が国内法に優先して適用されます（憲法98②、所162、法139）（注27）。

　また、条約の規定の一部については、国内法を制定することなくそれ自体が法律と同じく直接執行されることもありますが、一般的には別途法的措置（租税条約実施特例法）が講じられ、それによることとされています。

§5　告　示

　告示は、国家行政組織法（第14条第1項）（注28）に基づき、各省大臣又は各

（注27）　荒井勇著「税法解釈の常識」（税務研究会、平成6年）12頁
　　　　ちなみに、憲法第98条第2項では、次のように規定しています。
　　　　「② 日本国が締結した条約及び確立された国際法規は、これを誠実に遵守することを必要とする。」

庁の長官がその所掌事務に関する決定又は指定を公示する行為です。

　ちなみに、租税法においては、原則として財務大臣が、法令により規定されたところに基づき行うこととされています。

　例えば、専修学校又は各種学校の生徒が勤労学生控除の適用を受けるためには、その生徒が一定の要件を満たすだけでなく、その専修学校又は各種学校が「教育水準を維持するための教員の数その他の文部科学大臣が定める基準」を満たすことが必要とされています（所2①三十二、82、所令11の3①二）。そして、文部科学大臣はその基準を定めたときはこれを告示することとされています（所令11の3③)。

　また、公益法人等に対する寄附金で財務大臣が指定したものについては総所得金額から控除することが認められていますが、その場合においても指定された公益法人等について告示することとされています（所78②、所令215、216)。

　これらの告示は、法律又はその委任を受けた政令の指示するところに基づいて行われるものです。そして、その性質上、法規を定立する行為であり、租税法の法源の一種であるとされています(注29)。

§6　訓令・通達

　税法の分野では、法律・政令・省令という形で膨大な規定が置かれています。しかし、これらの規定も、その解釈の仕方や運用如何によって、結果が

（注28）　国家行政組織法第14条第1項では、次のように規定されています。
　　　　「①　各省大臣、各委員会及び各庁の長官は、その機関の所掌事務について、公示を必要とする場合においては、告示を発することができる。」
（注29）　例えば、金子宏前掲書（注5）112頁
　　　　なお、そこでは、告示は一種の委任立法ではあるとされていますが、財務大臣の自由裁量ではなく法律の定める要件に拘束された行為であるとされています。

大きく異なってくる可能性があります。

　そして、その差は国民である納税者の負担の差となって、その人の財産状況に大きな差を及ぼすことになります。

　このようなことから、税に関する法令を適正に執行する立場にある国税庁では、訓令・通達という形で職務上の命令を発してその解釈及び運用の統一化を図っています。訓令・通達は行政組織内部の命令であり、国民に対して拘束力を持つものではありませんし、裁判所もそれに拘束されません（注30）。したがって、通達は租税法の法源ではありません（最高裁、昭38.12.24判決、訟務月報10巻2号381頁）。しかし、実務面においては、税務職員はこれらに従って仕事をすることを義務付けられています。その意味で、訓令・通達を理解することは、法令の理解と同じくらい重要なものとされています。したがって、税法を学ぶ場合には、法令のみでなく訓令・通達についても十分な理解が必要となってきます。

1　訓令と通達の差

　国税庁長官の命令は、訓令と通達の2種類に分かれています。しかし訓令と通達との相違は、形式上のものであって職務命令という本質的な点からいえば変わりはありません。一般的には、法律解釈は通達で規定され、執行命令で定型化されたものは訓令で規定されるものが多いようです。

(1)　訓　令

　訓令は、基本的事項について定められるもので、法令と同じように条文形式で定められています。そして、その全てが一般的・基本的な先例になるものと考えられています。

（注30）　例えば、金子宏前掲書（注5）115頁及び、大阪高裁、昭43.6.28判決、高民19巻6号1130頁。大阪地裁、平11.2.26判決、訟務月報47巻5号977頁

⑵　通　達

　通達は、法令や訓令と異なった形式で、国税庁長官が下部機関である国税局長に対し（又は国税局長が税務署長に対して）、それぞれ宛名を明示して行う職務上の命令であり、国税局長を通じて税務職員全員に対する命令となる重要なものです(注31)。

　これらの通達のうち、「例規通達」は、先例準則となるもので、一度定められるとそれが改廃されるまでは効力を持つこととなります。

　また、これらの通達は、その内容に応じ、「法令解釈通達」、「執行通達」及び「一般通達」という三つに分けられます。

2　通　達

⑴　法令解釈通達

　法律の解釈については、原則として各人がそれぞれ自己の判断により行うことが可能です。しかし、租税法のような公法の分野において担当者によって解釈がまちまちであったのでは混乱を起こすことにもなりかねません。特に、税務のように何よりも公平性が重視される分野において、担当者によって解釈が異なるというのでは課税の公平が保たれなくなってしまいます。したがって、その解釈は税務職員個々の見解であってはならず組織全体として公正で妥当な法律解釈が統一的に行われなければなりません。そのため、国税庁では、組織のトップである国税庁長官が税法解釈の統一を行い、それを下部機関である国税局長への命令という形で示すことにより職員が行う税法解釈の統一を図っています。これがいわゆる「法令解釈通達」です。

(注31)　通達の根拠は国家行政組織法第14条です。ちなみに同条は第2項で次のように規定しています。
　　　　「各省大臣、……各庁の長官は、その機関の所掌事務について……示達するため、所管の諸機関及び職員に対し、……通達を発することができる。」

　「法令解釈通達」は税法の解釈ですから、法令に違反する解釈をすることはできませんし、法令の意図する範囲を超えることも許されません。また、これらの解釈は納税者を拘束するものでもありません。したがって、課税当局による解釈通達の適用により更正などの処分を受けた納税者は、通達による解釈上の取扱いが法令解釈からみて誤りだと考えれば、その解釈について不服申立てをしたり、訴訟を起こしたりすることが認められています。なお、このように法令の解釈をめぐって争いになった場合には、最終的には裁判所の判断によって当局又は納税者の解釈の是非が決定されることになります（注32）。

　なお、国税庁の「法令解釈通達」は、その内容により例規通達である「基本通達」（注33）と「個別通達」の二つに分けられています。このうち、「基本通達」は、重要な事柄を網羅的に定めたものです。これに対し、「個別通達」は、その時々の事例の取扱いや税法改正時における取扱いを個々に定めたものです。「個別通達」は各税法ごとに非常にたくさんのものが出されています。

⑵　執行通達（事務運営指針）

　「法令解釈通達」が法令の解釈を示すものであるのに対し、「執行通達」は、

（注32）　裁判所は通達の解釈には拘束されません。したがって、裁判で課税当局と別の解釈がなされることも少なくありません。
　　　　しかし、実際問題としては、国税庁による法令解釈通達は、税の専門家が、税法立案の背景や立法趣旨、国会での審議等を踏まえ、全国的な税務の取扱いの統一と公正を期するため策定するものです。したがって、それなりの権威を持ち、事実上行政先例法的な地位を占めているものが多いことも事実です。
（注33）　ちなみに法令解釈に関する基本通達には次のようなものがあります。
　　　　国税通則法基本通達　所得税基本通達　法人税基本通達　相続税法基本通達　財産評価基本通達　消費税法基本通達　酒税法及び酒類行政関係法令等解釈通達　国税徴収法基本通達

国税庁長官が下部機関の職員に対し、事務運営、すなわち仕事のやり方を示した通達です。そのため、従来は外部には公開されませんでした(注34)。

しかし、最近ではそれらのうち基本的なものについて、「事務運営指針」（例規通達）などの形で公開されるものも増えてきています。

ただし、「事務運営指針」は仕事のやり方に対する指示ですので、状況に応じ随時見直しがなされます。したがって、例規通達とされるのは、基本的部分及び定型的部分に係るものが中心となります。

(3) 一般通達（指示）

これらは、一時的な取扱いを示すものや1年限りの執務要領を定めたものです。これらも原則として一般に公開されるものではありません。

3 通達の特色

「通達」は、租税関係法令そのものではなく、租税関係法令を解釈し、具体的事案に適用する場合に、同じような事案に対して、同じように処理し、異なった処理がなされるようなことがないように、全国的統一を図るために発せられるものです。

このような特性から、通達には次のような限界があるとされています。

(1) 通達に「法源性」なし

法令解釈通達は、本来課税当局による租税関係法令の解釈を公けにする形で示すものです。したがって、「法令解釈通達」には、「法源性」はありません。このことは、次の判例でも明らかにされています。

「通達は、単に、行政庁間の事務取扱についての指針ないし基準を示すものであるから、通達は法規として国民を拘束することはないものと解するを

(注34) ただし、情報公開法により、納税者はこれらの通達についても、原則として入手することが可能となっています。

相当とする。」（大阪地裁、昭36.3.16判決、32（行）14）

(2) 通達は創設的効力を有しない

通達は、原則として、当局による解釈、確認、宣言であり、創設的効力を有するものではありません。なお、通達の中には、従来の取扱いを改めるようなものがあります。そうした場合には、「今後処理するものから新通達により取り扱われたい。」という表現がされています。

(3) 通達の適否は訴訟で争うことができる

通達は、租税関係法令そのものではありません。したがって、納税者は、そうした通達に拘束されることなく自分独自の解釈によることとし、それが当局の解釈と異なる場合には、訴訟に訴えて、その是非を争うことができます。

(4) 実務における通達の重要性

国税の事務に従事する税務職員は、租税に関する法令に従うだけでなく、原則として通達に従って事務処理を行う義務を有しています。そして、通達に反する処理を行えば、命令違反となり国家公務員法の懲戒処分に処せられることもあり得ます。その反射的効果として、納税義務者は、当局の解釈に従っている限り更正処分等を受けることはないということになります。これに対し、納税者が当局の見解（通達）と別の見解をとり更正処分を受けた場合には、国税不服審判所に審査請求してその判断を求めるか、更に、裁判所に訴訟を提起して、通達の是非について裁判所の判断（判決）を得るということになります。しかし、納税者の見解が正しいと認められた場合であっても、通達が是正されるまでは、他の納税者は通達による事務処理の効果を受けざるを得ないことになります。このようなことから、通達は、租税関係法令のような効力は有しないといっても、税務実務においては事実上大きな影響力を有しています（注35）。

(5) 通達と慣習法の成立の問題

前述したように、通達は、それ自体として、租税法の法源性を有するもの

ではありません。しかし、通達によって示達された租税法規の解釈が長年にわたり税務行政官庁により実施され、相手方である納税者の側においてもその取扱いが異議なく諒承され、それが正しい法の解釈として法的確信にまで高められるようになった場合には、判例においても慣習法たる行政先例法として認められる場合が少なくありません。

§7　判例、裁決例

1　判　　例

　わが国の法体系は、ドイツやフランスなどと同じく、成文化された法律（いわゆる成文法）によることを基本としています。その意味でアメリカやイギリスなどのように判例の積み重ねによって徐々にそれが法としての機能を果たしていくいわゆる「コモンロー（慣習法）」の国と異なります。

　他方、租税法の分野においては、いずれの国においても「租税法律主義」の名の下に成文法主義の立場が強く意識されています。

　しかし、だからといって、常に変化し、かつ、多種多様な経済、法律現象を全て法律又は政令で規定することは不可能です。

　また、法令解釈にあたって当局が解釈通達を出しているとはいうものの、それはあくまで当局による（ある意味でいえば）一面的な解釈です。したがって、その解釈の是非をめぐっての最終的な判断は、裁判所によって行われることとされています。

（注35）　例えば、相続税における財産評価基本通達は、事実上法令と同じ程度にまで重要視され、その改正について国会で議論になることも少なくありません。しかし、これはあくまで通達ですので、例えば納税者が鑑定評価によりこれと異なった評価をすることは当然のことながら可能です。

　　　　現に、納税者の主張が認められた事例もあります（例えば、平成14年6月18日裁決—非公開　Tains コード：F0-3-043）。

　このようなことから、租税法においても判例は重要な役割を果たしています。

　租税法をめぐっては、これまでに多数の判決が出されてきました(注36)。

　このような裁判所の判決は、基本的には個別事案の解決を目的として出されるものです。したがって、それだけで先例になるというものではありません。

　しかし、個別の判決理由中に示された法の解釈が合理的である場合には、同種の事例においてもその理由が引用されるなど先例として尊重されることもあります。

　このようなことが何回か継続しますと、それが先例となり、やがて確立した解釈として一般に承認されることになります。

　特に、税務においては、最高裁判決を中心として、裁判所の判決の中にこのような一般的承認を受けるまでに至った判例が数多くあります。

　納税者の権利意識の高まりもあり、税務の世界において訴訟及び判例の占める役割は、今後さらに拡大していくものと予想されています。

　このようなことから、租税法を学ぶにあたっては、成文法のみならず租税判例についても常に気を配って新しい判例について目を通すようにしておくことが望まれます。

　特に、租税事件のうち重要なものについては、最近では新聞等でも大きく取りあげられるようになってきていますので、社会常識としても、どのような事件だったのか、その主要な論点は何か、などについて整理しておかれるようおすすめします。

（注36）　最近の例でみてみますと、国側を被告とした課税処分取消訴訟（いわゆる抗告訴訟）のみで年間400〜500件が提起され、ほぼ同数が終結しています。
　　　これらの数字は年によって若干の差がありますが、納税者の主張が認められているのは1割程度です（詳細については国税庁ホームページを参照してください。）。

　いずれにせよ、租税法を学ぶ場合には、成文法を学ぶとともにこれらの判例についての学習も極めて重要です。

2　裁決例

　租税法を学ぶ人達にとって、判例と並んで重要なものに国税不服審判所における判断例が示された「裁決例」があります。

　従来、これら行政庁の判断等についてはごく一部しか公開されていませんでした。しかし、最近では情報公開法の施行等もあって、「裁決事例集」等といった形でかなりの部分が公開されています。

　裁決例は裁判ではなく、行政庁である国税不服審判所の判断です。したがって判例のような先例性はありませんが、納税者と当局の見解の相違が争われたもののうちには、裁判まで行かずに結着をみているものも少なくありません(注37)。その意味で、裁決例の中にも、実際上先例として取り扱われているものが少なくありません。

　また、裁決例の中には、その後訴訟に移行するなど、いわば判例の先駆けとなっているものも多数含まれています。したがって、租税法を学ぶ場合には、判例だけでなく主要な裁決例についても目を通しておかれるようおすすめします。

(注37)　ちなみに、最近の傾向でみますと、申立て、処理とも年間3,000件程度となっています。これからみますと、裁決からなされたもののうち、訴訟まで行くのは6件に1件程度ということになります。
　　　　また、審査請求の前段階である再調査の請求は毎年4,000〜5,000件程度出されています。
　　　　なお、これらのうち納税者の主張が認められたのは、年によって差はありますが、一部認容分を含め10〜20%程度となっています。

第3節　法令の間の矛盾抵触とその調整

§1　法令の間の矛盾抵触とそれを解決する原則

　法令の解釈・適用を行う場合には、同一の事象に対して2以上の適用法令がある場合があります。そしてそれらが互いに矛盾抵触する場合、どちらの規定を優先的に適用すべきか、という点が問題となることがあります。

　例えば、譲渡所得については、所得税法第33条に規定されているほか、租税特別措置法第31条から第40条の3の2までにその特例が規定されています。その他にも、一般税法の規定と租税特別措置法に定めるその特例規定ではそれぞれ別途の規定がなされているのが通例です。また、国税通則法に定める更正の請求、更正又は修正申告に関する原則規定と所得税法、法人税法又は租税特別措置法などに定められているそれらの特例規定や税法改正の場合の本則の規定と附則で定められている経過規定の場合などにもそのような例がみられます。さらに、法形式の異なる法律と政令との間に矛盾抵触がある場合にどうするか、租税に関する条約と国内法との間に矛盾抵触がある場合にどうするかなどといった問題が生じます。

　このように、同一事象について2以上の適用法令の間に矛盾抵触がある場合、それをどのように解決すべきでしょうか。このような場合には、原則として次の四つの解決原理のうちのいずれかにより解決することとしています。

　①　所管法令優先の原則（法令の所管事項の原則ともいう。）
　②　上位法令優先の原則（法令の形式的効力の原則ともいう。）
　③　後法優先の原則
　④　特別法優先の原則

なお、条約と国内法との関係についてですが、わが国では租税条約において国内法と異なった規定がおかれている場合には、租税条約の規定が優先さ

れることとなっています。

　したがって、後日国内法で条約の規定と異なった規定を設けたとしても、条約との関係では条約の規定が優先的に適用されることとなります（注38）。

1　所管法令優先の原則（法令の所管事項の原則）

　法令は、その種類ごとにそれぞれ所管する分野が定められていることがあります。そのような場合には、それぞれの所管に属する事項については所管法令によって規定されたものが他に優先するというのが基本的原則です。法令の間の矛盾をあらかじめ防止するため、一般的にはその法令の専属的な所管事項は他の法令では規定できないこととされ、法令の間に矛盾抵触が生じないようになっています。

　例えば、国税徴収法に関連する法律に、「滞納処分と強制執行等との手続の調整に関する法律」があります。そこでは、滞納処分による差押えがされている財産に対しても民事の強制執行などができることとされています。また、その逆に、民事の強制執行などがされている財産に対しても滞納処分ができることとされています（注39）。そしてこの法律の実施のため必要な事項のうち、滞納処分執行機関側の手続などに関するものについては政令で、強

（注38）　これに対し、米国などでは後法優先の原則によっています。したがって、例えば租税条約締結後に国内法でそれと別の規定が設けられた場合には、租税条約よりも国内法が優先的に適用されることとなります（例えば在米支店に適用されることとなった支店利益税（Branch Profit Tax）などにその例がみられます）。

（注39）　ちなみに、「滞納処分と強制執行等との手続の調整に関する法律」第3条第1項及び第29条第1項では、次のように規定しています。
　　　　「第3条①　強制執行による差押えは、滞納処分による差押えがされている動産に対してもすることができる。」
　　　　「第29条①　滞納処分による差押えは、強制競売の開始決定があった不動産に対してもすることができる。」

制執行、仮差押えの執行及び競売に関する事項など裁判所側の手続などに関するものは最高裁判所規則で定めることとされています（同法37）(注40)。

　このように、法令の形式によっては、その法令により規定されるべき事項が区別され、法令の間には原則として矛盾抵触が生じないような工夫がなされています。したがって、もし解釈上疑問点が出てきても、上の原理で割り切れば、どの法令が優先適用されるべきかが明瞭にされるということになっています。

2　上位法令優先の原則（形式的効力の原則）

⑴　国税の場合

　上位法令優先の原則は、形式的効力の原則とも呼ばれています。具体的には、国税の分野において、上位の法令と下位の法令との間に矛盾抵触が生じたときには、上位の法令が優先的に適用されることとするという原則です。

　法令の形式的効力の上下については、他の法令の場合と同様に、税法においても、法律である税法が上位で、次に政令、その次に省令といった順序になります。ただし、条約は、一般的には法律よりさらに優先することとされています（例えば、憲法98②及び法139など(注41)）。

⑵　地方税の場合

　地方税については、国の法律（地方税法）の範囲内で条例が制定されています。したがって、地方税と条例との関係においては、地方税法が上位であ

(注40)　滞調法第37条では、次のように規定しています。
　　　「この法律の実施のため必要な事項は、政令で定める。ただし、強制執行、仮差押の執行及び競売に関する事項は、最高裁判所が定める。」
(注41)　ちなみに、憲法第98条第2項では、次のように規定されています。
　　　「②　日本国が締結した条約及び確立された国際法規は、これを誠実に遵守することを必要とする。」

り、次に条例、その次に地方公共団体の長の制定する規則といった順序になります。

　また、地方税の場合、委任命令である地方税法施行令や地方税法施行規則は、形式的効力は法律と同様の効果を有すると考えられています。したがって、地方税の分野においては、これら政省令の規定が、地方公共団体の定める条例に優先することになります。

(3)　委任命令

　なお、政省令等のなかには、上位法令の委任に基づいて規定されているものがあります。これらの政省令は、形式的には法律の下位の効力しかありません。しかし、そこで法律によって委任された事項は、本来は当該上位法令において規定すべき事項が政省令に委任されたものです(注42)。

　したがって、その範囲内においては、上位の法令と同様の効力を有することとされています。

3　後法優先の原則（後法は前法を破る）

　これは、同じ形式的効力を有する法令相互間で矛盾抵触を生じた場合、後に制定された法令が、それより前に制定された法令に優先して適用されるという原則です。いわゆる「後法は前法を破る」という原則です。

　新しい法律の制定に当たっては、既存の法律でこれと抵触する部分については改廃・削除されるのが通例です。しかし、場合によってはこれらが完全に行われず、矛盾する規定が残る可能性もあります。

　この原則は、そのような場合に適用されることになります。すなわち、こ

(注42)　例えば、法人税法では、棚卸資産の評価方法や減価償却資産の償却方法については、政令で定める方法のうちから選択適用することとされていますが、これなどは上位の法律によって政令に委任された典型例です。

の場合には、後法の規定が優先的に適用されるということになります(注43)。

4　特別法優先の原則

　これは、ある事柄について広く一般的に規定している「一般法」と同じ事柄のうち、特定の狭い事項に限って適用される「特別法」とがある場合には、その特定の狭い事項については特別法の規定が優先して適用されるという原則です。

　例えば、各税法に対する特別規定を設けている租税特別措置法の規定は、この原理により各税法の規定に優先して適用されることになります。

　例えば、所得税法上は総合課税（所21）によることとされている利子所得、配当所得ですが、租税特別措置法では分離課税となっています（措3、8の2～8の5）(注44)。したがって、これらの所得については総合課税ではなく分離課税となります。

　また、国税通則法は一般法であり、各税法は特別法に当たります。したがって、例えば、国税通則法に一般的な規定が設けられている修正申告、更正の請求などに関しても、所得税法、法人税法及び相続税などにおいて別途規定されているものがある場合には、各税法で規定されている特則が適用になります。その結果、例えば各種所得の金額に異動を生じたような場合には、国税通則法に規定する更正の請求期間の制限（同法では法定申告期限の翌日より5年以内とされています。）にかかわらず、その事実が生じた日から2月以

(注43)　なお、これはあくまで国内法の間だけの話です。したがって、租税条約にこれと異なった規定がある場合には、たとえ条約の規定の方が先法であったとしても条約上の規定が後法たる国内法によって破られることはありません。

(注44)　ただし、配当所得のうち分離課税によることができるのは、年10万円以下の少額配当及び上場会社の株式等に限られます。また、分離課税の適用を受けた配当については、所得税法第92条で規定する配当控除の適用は受けられません（措9、8の4③四、8の5②）。

内に更正の請求をすることができることとされています（所152）。同様に、相続税法でも、例えば「認知の訴え」が認められたことなどにより相続人に異動を生じた場合などにおいては、その事実を知った日から 4 月以内に更正の請求をすることができるとされています（相32）。また、法人税法でも、第82条で、納税申告をした法人が更正を受けたことなど一定の要件に該当する場合には、その修正申告書を提出した日の翌日から 2 月以内であれば国税通則法の規定のいかんにかかわらず更正の請求ができることとされています。このように、同種の内容について二つの法令で異なった規定が設けられている場合には、特別法の規定が優先して適用されます。

5　2 以上の原則が競合する場合

　それでは、これまでにみてきた原則が 2 つ以上あてはまり競合することとなった場合はどうすれば良いのでしょうか。

　例えば、特別法優先の原則と後法優先の原則が競合する場合などがこれにあたります。その場合には、同じ法律であれば後法優先ということになりますし、特別法の後に一般法が改正された場合であれば特別法優先の原則によることになります（例えば措 3 ）(注45)。

　また、特別法優先と上位法優先の原則が競合する場合、例えば特別法の委任に基づく規定と一般法の上位規定が競合する場合においては、特別法の委任は特別法と同じ効力を有するため特別法優先の原則が適用されることになります。

（注45）　その結果、利子所得の課税について一般法である所得税法が改正されたとしても、租税特別措置法が変らない場合に同法第 3 条により15％の源泉分離課税が適用されるということになります。

第4節　租税法の効力の及ぶ範囲

租税法の効力の及ぶ範囲には、地理的範囲と人的範囲及び時間的範囲があります。

§1　地理的範囲

租税法（政省令等を含みます。）の適用範囲は、国税にあっては、日本の法令が適用される領土全域、地方税にあっては、それぞれの地方団体の区域内となります(注46)。

なお、租税条約においては、それぞれの国についてその適用範囲（税目、地域、適用対象者など）が明らかにされているのが通例です。

§2　人的適用範囲

租税法は、国籍の別、自然人か法人かの別なく当該法が施行される地域内にある全ての者に対して適用されます(注47)。

§3　時間的適用範囲

わが国の場合、租税法は公布の日から起算して20日を経過した日から施行

(注46)　ただし、北方四島は日本の領土ではありますが、日本の法令が適用されないため、租税法も適用されません。また、外国又は国際機関が公の目的のために管理する区域（例えば、大使館内、領事館内など）については、租税法の効力は及ばないものと解されています。

　　　　なお、居住者、内国法人に対しては、日本国外で生じた所得についても課税されます。また、無制限納税義務者に対しては、日本国外に所在する財産についても、相続税、贈与税が課されます。

(注47)　ただし、日本国内に勤務する外国大使館の外交官等は例外とされています。

され（法の適用に関する通則法 2 ）（注48）、改正や時限立法などのような特段
の定めがない限り、原則として法適用日より将来に向かって永久にその効力
を有するとされています（注49）。

　なお、租税法で問題となるのは、公布の日より前に遡って適用することが
許されるのか否かという点です。

　この点について憲法上明文の定めはおかれていませんが、租税法律主義の
原則及び納税者の予測可能性や、法的安定性という観点から、原則として許
されないと解すべきでしょう（注50）。

（注48）　ただし、実際には附則の定めにより、公布の日から施行（公布即日施行）
　　　　されるのが一般的です。
（注49）　国によっては（例えば、英国）、適用の終了期限があるのが原則とされて
　　　　いることもあります。
（注50）　ただし、一律に禁止されるものではなく、そのような改正がなされること
　　　　が年度開始前に一般的に、しかも十分に予測できたかどうかによります（例
　　　　えば、金子宏「租税法（第20版）」（弘文堂、平成27年）112頁）。
　　　　　なお、平成16年の税制改正では、土地等の譲渡損に係る損益通算が廃止さ
　　　　れました。しかし、その適用は税制改正法案が成立した場合に通常施行とな
　　　　る16年 4 月 1 日以降の譲渡ではなく、平成16年 1 月 1 日以降の譲渡からとさ
　　　　れていました。そのため、一部には増税の遡及適用ではないかとの批判もあ
　　　　りました。
　　　　　この点については、相続税のような随時税については遡及適用は許されな
　　　　いものの、所得税や法人税のような期間税については許されるとする見解も
　　　　あります（例えば、水野忠恒「租税法（第 5 版）」（有斐閣、平成21年） 9
　　　　頁）。

第5節　租税法の解釈

§1　解釈の必要性

　租税法は、具体的事実にこれを適用することにより、課税権者と納税者との間に租税債権・債務関係を成立させるものとして用いられる法律です。このように、租税法を具体的事実に適用するためには、法の意味内容を明らかにする必要があります。これが租税法において法解釈が重要とされている原因です。

　租税法律主義といっても、その対象となる事実関係はきわめて多岐にわたっています。そのため、全てについて法令・通達で規定することは不可能であり、どうしても解釈の必要性が生じてきます(注51)。

　例えば、所得税法第33条では、譲渡所得とは「資産の譲渡による所得をいう」と定義されていますが、「棚卸資産の譲渡等」についてはこれから除くこととしています。

　そこで譲渡所得の対象となる「資産」及びそれから除かれる「棚卸資産」とはそれぞれどのようなものをいうのかという点が問題となってきます。

　また、法人税法第22条の益金を構成する「有償又は無償による資産の譲渡」という場合における「資産」の範囲をどの程度までのものと考えるか、及び「譲渡」の時期をどのようなタイミングで認識すべきかなどについても解釈の必要が生じてきます（法22②）(注52)。

　同様に、相続税法第22条では、財産の評価について、「相続、遺贈又は贈

(注51)　例えば、所33、161、法22、141など
(注52)　この認識のタイミングについて、法人税法では、別段の定めがある場合を除き、一般に公正妥当と認められる会計処理の基準によることとしています（法22④）。

与により取得した財産の価額は、当該財産の取得の時における時価により、評価する」という規定がおかれていますが、時価の具体的評価については一定のものを除き特に規定されていません。したがって、これらについても、解釈によりこれを補っていくことが必要となります。

1　借用概念と固有概念

　税法では、「借用概念」か「固有概念」かという議論がなされることがあります。

　このうち、「借用概念」とは、民法や商法、会社法などで使われている用語について、その考え方や確立された解釈を税法の分野にもそのまま活用するという考え方です（注53）。

　例えば、「相続」や「贈与」などについては、すでに民法で確立された概念があります。そこで用いられている用語を、税法でもそれをそのまま使用しています。

　しかし、民商法で用いられている用語を他の分野で解されている用語と同じ意味で用いるべきなのかそれとも税法独自の考え方に従って解決すべきなのかという点が問題となっています。

　これに対し、「固有概念」とは、税法固有の概念や他の分野で使われてはいても確立された概念となるまでに至っていないものについて用いられる概念です。これらについては、税法が独自にその解釈を行うことについて異論

（注53）　例えば、金子宏前掲書（注5）126頁
　　　　ちなみに、借用概念が問題とされた事例として「匿名組合」の解釈をめぐって争われた最高裁（二小）、昭36.10.27判決（昭和35年(オ)4号、源泉徴収所得税取消請求事件、民集15巻9号2357頁）などがあります。
　　　　また、最近の事例では、相続税法でいう「住所」が民法上の「住所」と同じとされた武富士事件判決があります（最高裁（二小）、平23.2.18判決、平成20年（行ヒ）139号）。

はないと思われますが、その場合であっても解釈が必要になってきます。

　例えば「所得」、「交際費」や「同族関係者」などについては、民法や商法、会社法などの分野でこのような用語がなく、かつ、他の法令等においても確立された概念は存在していません。そこで、この様な場合には、税法の中で独自の定義がなされたり考え方が規定されています。

　しかし、そのような場合であっても解釈が必要となります。

(1)　借用概念の解釈

　民法、商法、会社法などでひんぱんに用いられその用語の意味内容や概念が確立されている用語について、税法上他の法令で用いられている用語の意味と同一の意味内容を有するものとして解すべきか否かについては、次にみるようにいくつかの見解があります。

　①　統一説……この見解は、税法が民、商法等の用語をそのまま用いている以上、その解釈も民、商法等と同様に行うべきだという考え方で、判例等でも採用されている考え方です。

　②　独立説……この見解は、用語としては民、商法等私法上と同様のものを用いるとしても、その解釈は税法独自で行うべしという考え方です。

　③　立法趣旨説……この見解は、①と②の中間的な見解です。

　　　　すなわち、個別税法等各条文の立法趣旨に従い、ある場合には民、商法等と同様に解釈し、ある場合には独立して解釈すべしという見解です。

　ただし、これまでの判例をみてみますと、統一説によっているものがほとんどです。

　ちなみに、統一説によっている判例として次のようなものがあります。

　　　昭35.10. 7　　最高裁（第2小）、民集14巻12号2420頁「利益の配当」

　　　　36. 9.19　　大阪地裁、行集12巻9号180頁「配偶者」

36.10.27	最高裁（第2小）、昭35(オ)第4号、民集15巻9号2357頁「匿名組合」の意義
37. 3.29	最高裁（第2小）、民集16巻3号643頁「不動産」
39.10.15	最高裁（第1小）、民集18巻8号1671頁「人格のない社団等」
62.12.16	東京地裁、判時1268号22頁「親族」
平 2. 7.18	福岡高裁、昭59(行コ)第4号
	権利能力なき社団⇒「人格のない社団」

　ところで、税法やこれに関する政令・省令も、他の法令と同じように法令の一種です。したがって、その解釈も基本的には他の法令の解釈と同様の方法によって行われます。

　その意味からすれば、他の法令分野で用いられ、確立した概念を税法の分野で用いる場合には、他の分野におけるそれと統一した見解によるべしという統一説の考え方が相当と考えるべきでしょう。

⑵　固有概念の解釈

　税法固有の用語又は他の法令等の分野で確立されていない概念が税法で用いられている場合、これを税法上どのように解釈すべきかということが問題になってきます。

　そのため、税法では「定義規定」を置いてその概念を明らかにしています（例えば所2、法2）。また、所得税や法人税の課税標準である「所得」については、例えば「国民所得」など他の分野でも用いられていますが、税法上の概念はそれらとは別個の概念です。そこで、その意味をより明らかにするため、それぞれの法律においてその計算方法が明らかにされています（例えば法22、所21～35）。

　このように、「固有概念」については、その意味内容を税法の趣旨・目的に照らして独自に決定することが可能であるとされています(注54)。その意

味でいえば「借用概念」よりも解釈の余地を少なくすることは可能です。

　しかし、全てについてその意味内容を法律で規定することは不可能です。

　したがって、固有概念についても、これを解釈することが必要となってくる場合が生じてきます。

(3)　税法解釈の基本原則

　また、租税法の解釈原理として、「疑わしきは国庫の利益に」とか反対に、「疑わしきは納税者の有利に」といわれることがあります。特に後者については、刑法との関係から主張されることが多いようです。たしかに、課税要件事実についてはこのような見解が妥当するかも知れません。しかし、規定の意味内容が不分明だから「納税者に有利に」という主張は、疑わしきは「国庫に有利に」という主張と同様に成り立ち得ないと考えるべきではないでしょうか(注55)。

§2　解釈の方法

1　法令解釈（Interpretation of Law）の一般原則

　民法や商法などの通常の法令の場合、その解釈の仕方については、法令の規定（例えば、定義規定）をその文言どおりに解釈したり、立法者の意図に沿って解釈するいわゆる「法規的解釈」と、これを学理的に解釈するいわゆる「学理的解釈」とがあるとされています。税法の分野においても基本的にはこれらと同じ方法による解釈が必要となります(注56)。法規的解釈及び学理的解釈については、さらに次のように細分されています。

(注54)　金子宏前掲書（注6）129頁
(注55)　例えば、金子宏前掲書（注6）124・125頁
(注56)　例えば、泉美之松著「税法条文の読み方」（東京教育センター）86頁

(1) **法規的解釈（立法解釈又は法定解釈ともいう）**

① 定義規定

② みなし規定

③ 目的規定、趣旨規定、解釈規定

④ 確認規定

(2) **学理的解釈**

① 文理解釈（これが原則）

② 論理解釈（目的論的解釈又は条理解釈ともいう）

(a) 拡張解釈

(b) 縮小解釈（制限解釈ともいう）

(c) 反対解釈

(d) 類推解釈

(e) もちろん解釈

(f) 変更解釈

　租税法は、侵害規範であり、法的安定性の要請が強くはたらきます。

　したがって、その解釈は、原則として文理解釈によるべきであり、みだりに拡張解釈や類推解釈を行うべきではないというのが一般的な考え方です。

　そして、文理解釈によって規定の意味内容を明らかにすることが困難な場合には、規定の趣旨、目的に照らしてその内容を明らかにしなければなりません(注57)。

(注57)　例えば、一般道を通行することが予定されていない競争用自動車であっても、乗用で移動するという点で物品税法上の課税物品である普通乗用車に該当するとされた例があります。これなどは拡張解釈の一例といっても良いでしょう。

2　法規的解釈

(1)　定義規定（Interpretation Clause, Definition Clause）

定義規定の例としては、次のようなものがあります。

(イ)　一般の法令と同様に、法律の冒頭に第○条《定義》という条文（いわゆる定義規定）を置いて、その法令のなかに出てくる用語の多くについて「定義」を定めるやり方。

例えば、所得税法第2条では国内、国外、居住者など48について定義規定が設けられています(注58)。

(ロ)　その条項のみに適用される定義について、規定の最初に「ある用語」を用い、カッコ書で（以下……「○○○」という。）という形、あるいは、（○○○を含む。）、または、（×××を除く。）、（○○○を含まない。）などといった形で、規定の用語の内容を規定するやり方。

例えば、法人税法第24条《みなし配当》では、その対象となる法人について、かっこ書きで「公益法人等及び人格のない社団等を除く。以下この条において同じ。」と規定しています(注59)。

(2)　みなし規定（Deemed Clause）

「みなし規定」とは、ある事柄について、それとは別の事柄と同一視して取り扱うという意味で用いられる規定です。すなわち、その用語の意味を実質的に拡充したり、あるいは法文上断定的に決めつけて反論を許さないという規定です(注60)。

例えば、法人税法第3条《人格のない社団等に対するこの法律の適用》では、「人格のない社団等は、法人とみなして、この法律（別表第2を除く。）

(注58)　他にも例えば、法2、消2などがあります。
(注59)　他にも例えば、所7①二、通5①、法71①などがあります。
(注60)　他にも、例えば所4、相3、通3などがあります。

の規定を適用する。」となっていますので、人格のない社団等に該当すれば
自動的に法人税の適用対象となります。

　同じような規定の仕方で、「推定規定」というものもあります。この規定
の場合には、反証があればくつがえります。その点で「みなし規定」よりも
その効力が弱いとされています(注61)。

⑶　目的規定・趣旨規定・解釈規定

　「目的規定」、「趣旨規定」は、その法令の解釈の手掛かりになるものであ
り、法令の平明化に役立っています(注62)。また、解釈規定も、法令なり、
個々の条文の解釈の方法なりの態度が特に問題となるような場合に、その指
針を示すことになっています。例えば、質問検査権に関する規定の次に、
「質問又は検査の権限は、犯罪捜査のために認められたものと解してはなら
ない。」という規定が設けられています(注63)。こうした規定は、質問検査
権は、犯罪捜査、すなわち、納税義務者の租税に関する刑事事件の追及のた
めに認められているものではなく、課税標準額や税額を的確に把握するとい
う行政目的上の調査のために認められていることを明らかにしています。そ
の結果、質問検査権の行使の結果として、税のほ脱犯の嫌疑を生じた場合に
は、改めて国税通則法上の調査（いわゆる「犯則調査」）が必要となります。

⑷　確認規定

　確認規定とは、既存の規定により設定されている法律関係について、問題が
生じそうな部分を念のために補強し、確認的に規定するものです。これによ
り、解釈上の疑義を防止し、立法的解釈の方法として役立っています(注64)。

(注61)　例えば、所得税法施行令第14条及び第15条では国内に住所を有する者と有
　　　　しない者について推定規定が置かれています。この場合、反証があればその
　　　　推定はくつがえります。
(注62)　例えば、通１、徴１、所１や法１など
(注63)　通74の８

したがって、これらの規定が設けられたからといって、従来の課税関係に変更を生じるものではないと解されています。

(5)　創設規定

確認規定が既存の法令の不明確な部分を確認的に明らかにするために規定されるものであるのに対し、創設規定はその規定が設けられることによって初めて効力が生じる規定であるとされています。

したがって、創設規定により新たに課税関係が生じたり従来の課税関係を廃止したりした場合には、その規定発効前の課税関係がこれによって影響されることはありません（これがいわゆる「法令不遡及の原則」です。）。

租税法律主義という観点からすれば、全ての規定は原則として創設規定であると考えるべきでしょう。

(6)　例示と限定列挙

「例示」とは、該当するもののうちいくつかについて規定する場合に用いられる方法です。したがって、その対象は必ずしもそこで規定されているものに限定されません（注65）。

それに対し、「限定列挙」は、例えば所得税法第9条に規定する非課税所得などのように対象範囲を限定したいときに用いられる規定です。

したがって、そこで列挙されているもの以外は対象とはされないということになります（注66）。

（注64）　一般的には「適用があるものとする」、「……は、第○条の○○に該当するものとする」、「……は、○とする」などという形で表現されています。

　　　なお、平成22年の税制改正で100％グループ内法人の株式の発行法人に対する自己株式譲渡損益が繰り延べられることとなりましたが、それ以前の取引について損益計上が否認された事例があります（平成22年3月18日付朝日新聞）。

　　　これなどは、課税庁がこの規定を「確認規定」であると解しているのではないかとも考えられます。

（訓示規定と効力規定）

　なお、「確認規定」又は「創設規定」と似たような言葉に「訓示規定」又は「効力規定」というのがあります。しかし、これらは「確認規定」又は「創設規定」とは全く異なった意味、内容のものとなっています。

　このうち、「効力規定」とは、課税当局（及びその担当官）にあることをすべきであると義務付けそれがなされなければ効力自体の発生がないという意味で用いられる用語です。例えば、「納税告知」は賦課方式による国税の徴収を進めるための前提となっています。したがって、納税告知がなければ告知に係る国税の納税義務は発生せず、納税告知がないまま進められた徴収手続は無効となります(注67)。

　これに対し、「訓示規定」とは、規定の内容が「効力規定」ほど強いものでない場合に用いられます(注68)。したがって、担当者がこれらの規定に違反しても直ちに違法とはならず、その効力は維持されると解されています。

(注65)　例えば、所得税法第37条に規定する「必要経費」のうち、その年における販売費、一般管理費その他については、「所得を生ずべき業務について生じた費用」の額とするとされています。
　　　　　したがって、ここでは所得を生ずべき業務について生じた費用であれば、たとえ販売費、一般管理費でなくても必要経費として認められるということになります。
(注66)　例えば、非課税所得の範囲は、第9条～第11条に規定する所得に限定されています。
　　　　　したがって、それ以外の所得は原則として全て課税対象所得になるということです。
(注67)　例えば、国税通則法第36条第1項第1号では、賦課課税方式による国税については納税の告知を必要としています。したがって、これらの告知がないままされた徴収手続は無効となります。

3　学理的解釈

(1)　文理解釈（Literal Interpretation）

　「文理解釈」とは、法令の規定をその文字や文章の意味するところに即して解釈するという解釈の仕方です。一般的にいえば、税法の規定は法令の立案者が細心の注意を払ってその意図を正確に表現するのに最も適当なものとして選んで用いられています。したがって、税法の規定の解釈に当たっては、まず、忠実にその字句に即し文法に従ってその規定の意味を汲み取るよう努力すべきことは当然です。このような解釈方法が「文理解釈」といわれているものです。

　「文理解釈」では、まず文脈に従って法令の字句を正確に解釈することが大切です。その場合、次のような点に注意することが必要です。

　(イ)　長文の規定などを読む場合には、全体の文章の主語は何か、それがかかる述語は何かという文法的構成を見極めて読みます。

　　　なお、こうした長い条文を読む場合には、「カッコ書」はいったんとばして主文をつかむようにし、また「長い条件句」もとばして読むと理解しやすくなります。

　(ロ)　長い文章の場合には、途中に「、(読点)」があるので、「、」の打ち方に注意し、一息止めて読むと前後の関係が分かり易くなります（例えば、「甲または乙で、……のもの」という文章の場合には、「……のもの」という修飾語は、甲と乙との双方にかかることが分かります。しかし、「、」がないと乙にだけかかるのではないかと考えられるように、「、」の

（注68）　例えば、納税告知は原則として相手方に文書を送達して行うこととされていますが、納税者が担保として金銭を提供しているとき等においては、口頭でそれを告知した場合でも有効とされています（通36②、ただし書）。
　　　したがって、このような場合、口頭告知があれば、徴収手続に係る効力は維持されます。

打ち方一つで意味が異なってきます。）。

(ハ)　長い条文のなかには、複雑な計算を内容としているために読みにくい場合があります。そのような場合には、それらを計算式で表現してみますと、その中味を正確に理解できることがあります（注69）。

　ちなみに、文理解釈にあたって注意すべき点として次の点があげられています。

(イ)　税法を含めた法令の用語には、定義のあるものと定義のないものとがあります。まずこの点を知ることが大切です。法令は一般の人が読んで分かるという建前で作られています。したがって、既存の立法や制度を前提とした特別の用語や法令用語は別として、普通の字句・用語は、一般的な社会通念に従って理解されるべきです。すなわち、世間一般で理解されている意味に解して読むというのが原則です。しかし税法特有の用語については、それなりの解釈が必要となってきます。例えば、前述した「法人税法上の役員」とは、世間一般でいう役員の概念と異なり法人の経営に従事する者等も含む概念として捉えられています。そこでこ

（注69）　例えば、受取配当の益金不算入額を計算する場合において、当該受取配当から控除する負債利子の計算（法23①、法令19）などは、文章を読んだだけでは極めてわかりにくくなっています。しかし算式で表せば、次のように簡記できます。
　①　完全子法人株式等（100％株式等保有）の場合
　　　①の受取配当分（例えば100）
　②　関連法人株式等（3分の1超の株式等保有）の場合
　　　②に係る受取配当等（100）－②に係る負債利子（例えば20）＝80
　③　完全子法人株式等、関連法人株式等及び非支配目的株式等のいずれにも該当しない場合
　　　③の受取配当等（100）$\times \frac{50}{100}=50$
　④　非支配目的株式等（株式等保有割合5％以下）の場合
　　　④の受取配当等（100）$\times \frac{20}{100}=20$

の点を明らかにするため、税法では多くの定義規定が設けられています（注70）。

㈠　また、税法の規定・用語のなかには、それをそのまま解釈するのでなく実質によって解釈しなければならない場合もあります。例えば、所得税法第12条や法人税法第11条の「実質所得者課税の原則」に関する規定などにその例がみられます。

　　ちなみに、法人税法第11条では次のように規定されています。

　　「資産又は事業から生じる収益の法律上帰属するとみられる者が単なる名義人であって、その収益を享受せず、その者以外の法人がその収益を享受する場合には、その収益は、これを享受する法人に帰属するものとして、この法律の規定を適用する。」

㈢　さらに、一般的な原則の例外として、特別の用語や法令用語が用いられていることがあります。例えば、民法上の用語である「親族」、「配偶者」、「相続」、「遺贈」、「社団」、「財団」、「所有権」、「地上権」、「時効」、「連帯」などや、商法・会社法上の用語である「会社」、「解散」、「合併」、「清算」、「社債」、「株式」、「出資」などのように、既存の一般的法律において解釈が確立している用語については、税法でも特別の定義規定をおかずに、民法や商法・会社法上で解釈が確立されている用語がそのまま用いられています。したがって、その解釈にあたっても、原則として他の法令で確立された解釈によることとなります。

㈣　しかし、例えば、「処分」や「譲渡」などのように法律用語として多様な意味に用いられている用語があります。したがって、これらについ

(注70)　例えば、法人税法第2条第15号では、税法でいう「役員」には、法人の取締役、執行役、会計参与、監査役、理事、監事及び清算人並びにこれら以外の者で経営に従事している者も含むとしています。

ては、それぞれの文脈に応じ適宜その内容の解釈が異なってくる可能性
があります。

㈭　さらに、同じ「所得」といっても、法人税法上の「所得（＝益金－損
金）」と所得税法上の「所得（＝収入－必要経費）」とではその意味する
ところや計算方法が異なっています。

　このようなことから、税法上同一の表現となっている用語についても、定
義規定とともにその解釈が必要になってきます(注71)。

⑵　論理解釈（Logical Interpretation, Rational Interpretation）

　「論理解釈（目的論的解釈）」とは、文字や用語にとらわれず、条理や論理
的思考に基づいて解釈するという方法で、「文理解釈」と対立する解釈方法
であると考えられています。すなわち、「論理解釈」は、法令の制定された
目的・趣旨に重点を置き、これに適合するとともに、妥当な結果となるよう
配意しつつ解釈する仕方です。このようなことから「論理解釈」は、「目的
論的解釈」、「条理解釈」という名で呼ばれることもあります。

イ　論理解釈の指導原理

　「論理解釈」において注意すべきことは、まず第1に、立法の目的ないし
趣旨を重視し、これに適合するように解釈しなければならないということで
す。

　ちなみに、税法の基本となっている考え方は、「課税の公平」です。した
がって、税法の解釈に際しても、可能な限りこの理念にしたがって解釈して
いくべきであるということになります。

(注71)　例えば、所得税法では、政策的観点から所得の種類を分類し、各所得の種
　　　類ごとにその税負担の程度、内容を定めています。その結果、所得の分類を
　　　あいまいにし、課税要件、課税金額の算定方法等を実質的に変更するような
　　　解釈は厳につつしむべきであるということになります（例えば、最高裁（二
　　　小）、平3．4．11判決、平成2年（行ツ）191号、税務訴訟資料）。

　人によっては「租税法律主義」を刑法上の「罪刑法定主義」と同様に厳格に解釈すべしと主張する人もいますが、判例及び実務の考え方は、これらとは若干その立場を異にしているようです。

　税法の規定の対象となっている経済の実態は、きわめて複雑で多種多様で、絶えず変化するという性質をもっています(注72)。また、税法の用語には、前述したように民法・商法など他の法分野の規定又は用語をそのまま使用していることが少なくありませんが、税法の目的からして、必ずしも意義を同じくしないこともあります(注73)。

　それは、私法の規定が私的自治の原則を前提としているのに対し、税法は、課税の公平を基本的な指導理念としているためです。そのため、私法と同じ規定又は概念を用いている場合でも、常に同一の意味内容を有するものとは限らないことがあります。そのような場合には、税法上に定義規定を設け、その差異を明らかにするというのが理想ですが、全てについて立法的に処理することは実際問題として不可能です。

ロ　他の法令解釈との整合性

　税法の解釈において留意すべき第 2 の点は、税法が他の法令と無関係に存在しているものではなく、他の法令とともに国の法秩序の一環をなしているということです。したがって、税法の解釈においても、他の法令との関係に十分注意し、法秩序全体の調和を考慮しなければなりません。

　例えば、法人税と所得税の間で同一の事象に対し、合理的な理由もないの

(注72)　例えば、税法の制定・改廃に伴って、納税者側がこれに対処し、新しく合法的逋脱の手段を講じるようになるというような行為です。
(注73)　もちろん、税法のなかに私法上の規定又は概念を用いる場合、私法上のそれと異なる意味をもたせようとするときには、立法的にこれを明示することが望ましいことは当然です。なお、この点について、民商法で規定されている用語の税法への適用として三説があることは前述したとおりです。

に別の解釈をするというようなことは許されないと考えるべきでしょう。

　これは、国税と地方税の間における場合も同様です。

ハ　解釈結果の妥当性についての検討

　第3に、結果の「妥当性」について、常に検討・留意が必要だということです。検討の結果、特に問題がないということであれば、その妥当性が保持されることになります。

　その解釈が、果たして社会における正義・公平の観念に一致するかどうか、公共の福祉に適合するかどうか、租税法の本来の使命を果たすことができているかどうか、負担の公平適正が実現されているかどうか、といったようなことを常に考えて、結論を出すことが大切です。

4　論理解釈の具体的方法

　論理解釈には、次のような方法があるとされています。しかし、税法の規定を解釈する場合には、それらのうちのどれを採用するかによって、結論がまったく正反対に出ることもあり得ます。したがって税法の解釈にあたっては、他の解釈の可能性についても検討するなど十分な注意が必要です。

⑴　拡張解釈（拡大解釈）（Extensive Interpretation）

　「拡張解釈」とは、法令の規定の字句を、それが普通に用いられている意味よりも若干拡げて解釈するという解釈の方法です。「論理的に、そういう場合（又は事例）も含めて解釈しなければおかしいではないか。」という場合に用いられる方法です。

　例えば、租税特別措置法第63条第2項にいう「土地の取得」には、「購入のみならず、合併又は現物出資による土地の取得も含む。」とするような解釈です（例えば、高松高裁平11.4.12判決、平成10年（行コ）14号、税務訴訟資料242号114頁）（注74）。

　しかし、税法においては、「法律なければ課税なし」という租税法律主義

の大原則があります。したがって、むやみに拡張解釈をすることは、結果的に租税法律主義をあいまいにすることから、原則として許されないと解すべきです。例えば、旧物品税法などのように、法令で課税物品が規定されている場合において、後日、課税物品（普通乗用自動車）と類似の新製品（レーシング・カー）がでてきたときに、その新製品が課税物品として掲名されていないにもかかわらず、解釈によって拡張適用し、それに課税するというようなことをしますと、実務上においてもそれが大きな問題となってくることがあります（最高裁平 9 . 11 . 11判決）（注75）。

　他方、刑法第38条第 3 項にもあるように、「法律を知らない」ということは、無罪の理由にはならないものとして取り扱われています（注76）。

　したがって、納税者が税法を知らなかったという理由で無申告であったと

（注74）　また、納税者有利となる拡張解釈が認められた事例として次のような判決があります（東京地裁、平14. 7 . 11判決（平成 9 年（行ウ）第125号））。

措法69の 3
　　相続開始の直前において
　　「事業の用に供されていた土地」

（当局の主張）
　　措通69の 3 － 8 は本来本件特例に該当しない事案を例外的に救済したものにすぎず、一般化できない。

⇓

（判決要旨）
　　従前事業が行われていなかった土地であっても、相続開始時において当該土地上で外形上明らかな形で事業の準備が行われている場合はもとより、従来行われていた事業が相続開始時に一時中止されているものの、その再開が確実に予定されている場合もまた、当該土地は「事業の用に供されていた土地」に該当すると解するのが相当である。

（注75）　最高裁（三小）、平 9 . 11 . 11判決、平 6 （行ツ）151号、訟務月報45巻 2 号421頁。ちなみに、この事件では、多数意見は、レーシング・カーも「その性状、機能、使用目的等からすれば物品税の課税対象たる普通乗用車に該当する。」としていますが、少数意見では、「普通の乗用自動車とは著しく異なる特異の性状、機能を有しており、キャンピングカーが新たに掲名されたこととのバランスからいっても普通乗用自動車にはあたらないと解すべきである。」としています。

しても、本税が課されるのはもちろん、特別な事情がある場合を除き、原則として加算税や延滞税も課されることになります。

(2) 制限解釈（縮小解釈、限定解釈）

（Strict Interpretation, Restrictive Interpretation）

制限解釈（縮小解釈）とは、拡張解釈とは反対に、法令の規定中の字句を、それが普通意味するところよりも狭く限定的に解釈する方法です。

例えば、所得税法第33条の譲渡所得の対象となる「譲渡」には、形式的には譲渡に該当する「譲渡担保」や「買戻特約付の財産の譲渡」について、所得税法上譲渡に含まないとする解釈などです(注77)。

なお、「租税法律主義」の建前からいって、縮小解釈は認められるが国民の財産権の侵害となりかねない拡大解釈は認められないと主張する人もいます。しかし、租税法律主義の原則は、税法の基本理念の形式的な面を表したものであり、その狙いは、国民に将来の税負担の予測を可能ならしめ、経済生活の法的安定性を確保する点にあります。租税法律主義の原則はきわめて重要な原則ではありますが、これのみが絶対の原則であるというわけではなく、租税公平主義なども同じくらい重要な原則とされています。

特に、特則・例外規定である所得税の非課税要件規定（居住用財産）については、租税負担公平の原則から、不公平の拡大を防止するため、解釈の狭義性・厳格性を要するとする考え方が一般的です（例えば、大阪高裁昭63.10.26判決、昭和62年（行コ）19号、税務訴訟資料166号358頁ほか）。

(注76) ちなみに、刑法第38条第3項では、次のように規定しています。
　　　　「③ 法律を知らなかったとしても、そのことによって、罪を犯す意思がなかったとすることはできない。ただし、…（以下、省略）…。」
(注77) 例えば、譲渡担保について、東京地裁、昭49.11.15判決（訟務月報20巻10号139頁）。また、買戻特約付の財産の譲渡については、大阪高裁、昭63.6.30判決（税資164号1055頁）などの裁判例があります。

　また、国際的な二重課税を防止する目的で制定された外国税額控除の適用に当たり、その制度を濫用する取引について生じた所得について、外国の法令により課された法人税に相当する税を法人税法第69条の定める外国税額控除の対象とすることは許されないとした判決（例えば、最高裁第二小法廷、平17.12.19判決、平成15年（行ヒ）第215号及び最高裁第一小法廷、平18.2.23判決、平成16年（行ヒ）第326号）がありますが、これなども外国税額控除の適用範囲を限定的に解釈した事例です(注78)。

　このようなことから、税法の解釈に当たっては、類似のケースの取扱い、経済的実質において同様な納税者の負担状況などをも考えて、可能な限り解釈の技術を駆使して負担の公平・適正が確保されるような解釈をとることが必要となってきます。その結果、ケースによっては、納税者に有利になることもあれば、課税庁に有利になることも生じてきます。そして、それは、課税の公平を確保するという観点からしてもやむを得ないことと考えられています（注79）。

　ちなみに、「建物及びその附属設備」（昭和39年改正前の措65の4及び5）の意味について、建物から切り離された設備はここでいう設備には当たらないとした判決があります（東京高裁昭45.7.13判決）。これなどは「附属設備」をより狭く解釈した例のひとつです（注80）。

（注78）　ちなみに、旧法人税法第69条1項（平成13年改正前）では、次のように規定されていました。
　　　「内国法人が各事業年度において外国法人税を納付することとなる場合には……当該事業年度の所得でその源泉が国外にあるものに対応するものとして計算した金額を当該事業年度の所得の額から控除する。」
（注79）　また、法人税基本通達9－1－7及び11では、反対に、有価証券の評価損を計上できる要件として、法人税法施行令第68条第1項第2号で規定する著しい価額低下に加え、「近い将来回復の可能性のないこと」という条件を付し、評価損の計上により厳しい条件を付しています。

(3)　反対解釈

　「反対解釈」とは、「甲はＡである」という規定があったとした場合に、その規定の趣旨が「甲に限ってそうである」ということであれば、論理的に「甲でないもの（例えば、乙）はＡでない」という結論が裏に隠されているという読み方をする解釈方法です。例えば、民法では一定年齢未満の者の婚姻は禁じられています（民731）（注81）。ということは、「成年者であれば婚姻に関する制限はない。」という解釈がここでいう「反対解釈」です。

　例えば、法人税法第33条第１項では、法人の有する資産の評価損の損金不算入原則について規定し、同条第２項で、その例外として、災害による著しい損傷その他の「政令で定める事実」が生じたことにより評価減する場合には、時価までの評価減を認めています。そして、この「政令で定める事実」は、法人税法施行令第68条において資産の種類ごとに限定列挙されています。したがって、同条に列挙されていない事実については、評価損の計上は認められません。例えば、当該固定資産について償却を行わなかったために償却不足額が生じたといったようなことを理由にして評価損を計上しても、これを損金に算入することは認められないということになります。このように解釈するのが反対解釈です。

（注80）　また、法人税法第69条の外国税額控除制度のような租税減免規定について、「減免規定は、通常、政策的判断から設けられた規定であり、その趣旨、目的に合致しない場合を除外するとの解釈を取る余地もある。」とした大阪地裁の判示があります。これなども制限解釈の可能性を認めたもののひとつです。（大阪地裁、平13.5.18判決、平９（行ウ）47、48号）（外国税額控除をめぐる係争案件）

（注81）　ちなみに、平成30年度改正後の民法第731条（令和４年４月１日からの施行）では、次のように規定されています。
　　　「婚姻は、十八歳にならなければ、することができない。」

⑷　類推解釈（Comparative Interpretation）

　「類推解釈」とは、類似した事柄について、一方についてだけ規定がある場合に、明文の規定がない他の類似の事柄についても同じ趣旨の規定がなされているものと考えて解釈する方法です。「類推解釈」は、拡張解釈の一つの様態ともいわれています。したがって、前述した「反対解釈」の場合とまったく逆の結果を生ずることになります。

　このようなことから、法令の規定を読む場合には、「反対解釈」によるのか、それとも「類推解釈」によるのかについて、その趣旨や先例等についても十分な注意を払う必要性が生じてきます。

　税法における「類推解釈」の例としては、所得税法や法人税法で、国内源泉所得の対象となる「国内にある資産」（所161一、法138一）とは何をいうのかというケースなどが考えられます。この点については、法律上明確な規定は設けられていませんので解釈によることとならざるを得ません。しかし、相続税法第10条には、財産の所在について詳しい規定があります。したがって、税法は違っていても同様の考え方によるべきものと考えられます。このようなことから、相続税法の規定を所得税や法人税の解釈においても適用すべきと考えられています(注82)。このような取扱いが「類推解釈」の一例です。

　しかし、裁判等においては、基本的に類推解釈を適用する余地はないとされています。

（類推解釈の適用がないとされた裁判例）

　最高裁（二小）、平成 3 年 4 月11日判決、平成 2 年（行ツ）191号、新株引受権に係る利子収入。

(注82)　詳細については、例えば、国内源泉所得の範囲について規定した所得税基本通達161— 1 以下を参照してください。

　宇都宮地裁、平成 8 年10月 2 日判決、平成 8 年（行ウ） 4 号、住宅取得特別控除における居住用住宅ほか。

（類推解釈の適用があるとされた裁判例）

　東京地裁、平成 9 年12月25日判決、平成 8 年下民集11360号、土地差押における民法第94条 2 項の類推適用。

⑸　**もちろん解釈（Grammatical Interpretation）**

　「もちろん解釈」とは、類推解釈の一種ともいえるもので、類推解釈の方法をとるべきことが文句なしに当然であると誰もが考えるようなケースにおいてとられる解釈方法です。

⑹　**変更解釈（Unrestrictive Interpretation）**

　「変更解釈」とは、法令の規定のなかの字句を変更して、本来そこに規定されるべきであったのとは別の字句の意味に解釈する方法です。

　これは、法令の文理から明らかに離れた解釈です。このような解釈は、文法上の誤りがあることが明らかな場合などに限って許されるものです。したがって、特別の理由もないのにみだりに変更解釈をすることは許されないと解すべきでしょう(注83)。

5　解釈の相違を埋めるための工夫

　ところで、税法をある事実に適用して解釈するためには、その対象となる「事実関係」を明らかにすることから始めなければなりません。というのも、当局と納税者との間で「事実関係」に対する認識が異なれば、それに適用される税法の解釈も変わってくる可能性があるからです。

(注83)　したがって、実務上においてもこのような解釈がなされることはほとんどなく、例えば、法律改正の際において、それを引用していた他の法令改正を失念していたような場合などに適用された例があるのみといわれています。

　一般に、課税権者である国や地方団体の側の担当官は、どちらかといえば課税権者側に有利に解釈する傾向があります。それに対し納税者の側はその反対に解釈する傾向があります。そこで、担当官による解釈の差等をなくし、あわせて納税者の予測可能性を高めるため、「法令解釈通達」を発出、公表し解釈の統一化を図っています(注84)。

§3　税法解釈の最終決定権

　具体的な税法の規定の解釈に当たって、前述したいくつかの解釈方法のうちいずれの解釈方法によるかについては、その規定の立法の趣旨・目的を考え、その結論が租税負担の公平・適正、すなわち、租税正義の要請に合致するかどうかという基準に照らして適切な解釈方法を選ぶということになります。

　しかし、租税法の解釈においては、法的安定性の要請が強く求められています。そのため、その解釈は原則として「文理解釈」によるべきであり、みだりに「拡張解釈」や「類推解釈」を行うことは許されないというのが通説です。

　もちろん、「文理解釈」によって規定の意味内容を明らかにするのが困難な場合に、規定の趣旨・目的に照らしてその意味内容を明らかにしなければならないことは当然です。

─────────────

(注84)　しかし、前述したように、課税当局による解釈通達は部内職員を拘束するものですが、納税者はこれに拘束されません。そのため、当局と納税者との間で解釈をめぐって争いになった場合、どちらの解釈が正しいのかということが問題となります。このような事態が生じた場合には、最終的には、裁判所の判断（いわゆる判決）によって決定される仕組みになっています。
　　　　なお、裁判官は、納税者及び税務当局双方の主張を踏まえたうえで、自己が必要と認めた証拠や事実認定に基づき、判断を下すことができることとされています。これが、いわゆる「自由心証主義」といわれているものです。

　というのも、租税法規の意味内容が不分明であるなどの理由で解釈を停止
(注85)することは、租税法を適用する者の任務放棄になり許されないからで
す。

　ちなみに、法令解釈通達（法人税法関係）の効力に関し次のような判例が
あります。

　「被合併法人の欠損金の損金算入を認めないという解釈は通達により統一
されているので、他の会社を吸収合併した原告において被合併法人の欠損金
を原告のそれとして計上するような計算は税法上認められない。」（大阪地裁、
昭36.3.16判決、昭32(行)14）

　また、新通達の発出又は旧通達の改正があった場合に、その通達が発せら
れた前年の事件の処理に関し通達の効力が及ぶかどうかが問題となってきま
すが、この点に関しては次のような判例があります。

　「（筆者注：原告は、）係争年分経過後発せられた通達に照らして更正処分は
違法であると主張するが、右通達内容にも明らかなとおり、かかる措置は、
『今後処理するものからこれにより取り扱われたい。』とされており、行政上
の取扱いとしても右通達は同日以降の所得税の課税標準の算定にあたって適
用されることが予定されているし、右通達の存在は本件処分をなんら違法と
するものではない。」（佐賀地裁、昭39.12.27判決、昭38(行)4）

　しかし、場合によっては通達が慣習法的性格を有することとなる場合もあ
ります。例えば、昭和36年5月19日の長崎地裁判決では、「上級官庁から通

(注85)　例えば、金子宏前掲書（注6）130頁、植松守雄「税経通信」臨時増刊号
　　　「租税事実認定」9頁ほか
　　　　また、最高裁、昭和33年3月28日判決（民集12巻4号624頁）では、長い
　　　間物品税非課税とされてきたパチンコ球遊器について、通達改正により課税
　　　した事例が争いとなりました。ちなみに、この事例では、通達は従来の考え
　　　方を明らかにしたものすぎないとした課税庁の処分が認められています。

達が発せられると、下級行政庁等は、これに従って事務を処理することとなり、長期にわたってこれを繰り返していく場合には、この事実上の取扱いが一般の法的確信を得て慣習法たる行政先例法として認められるべき場合もあり得る。」との判示がなされています(長崎地裁、昭36.5.19判決、昭35(行) 5)(傍点－筆者)(同旨、福岡高裁、昭37.4.19判決、昭36(ネ)489)(注86)。

1　実質課税の原則（Substance over Form Doctrine 又は Economic Substance Doctrine）

ところで、租税法の解釈をする場合、法的側面のみでなく経済的実質についても考慮すべしということがいわれることがあります。わが国の租税法における「実質課税の原則」がそれに該当します。この原則は、所得税法や法人税法上も明確に規定されています（例えば、所12、法11など）（注87）。

かつて、国税通則法制定（昭和37年、1962年）に際し、同法に「税法の解釈及び課税要件事実の判断については、各税法の目的に従い租税負担の公平を図るため、これらの経済的意義及び実質に即して行うものとする。」という規定を設けるべしとの答申が示されたことがありました(注88)。

(注86)　この点については、学界も基本的には慣習法である行政先例法の成立を認めています（例えば、田中二郎著「租税法」（有斐閣、昭和56年）93〜94頁、金子宏前掲書（注 5 ）115頁など）。

(注87)　もっとも、実質課税の原則は、租税法の解釈適用上の一般原則であり、法律上規定がなくても実質課税原則による課税は可能であるというのが判例の立場です（例えば、最高裁、昭37.6.29判決、税資39号 1 頁）。

(注88)　税制調査会「国税通則法に関する答申（税制調査会第二次答申）及びその説明（昭和36年 7 月）」。ちなみにこれは、1977年改正前のドイツ旧租税調整法の、次のような規定をモデルにしたものといわれています（例えば、「注解所得税法（六訂版）」（大蔵財務協会）177頁）。

　　「租税法の解釈に当たっては、国民の通念、租税法の目的及び経済的意義並びに諸事情の発展を考慮しなければならない。事実認定についても同様である。」（同法 1 条 2 、 3 ）

　しかし、これについては「当局からの徴税強化をめざしたものではないか。」との強い批判があり、かつ、所得税法に同旨の規定（同法12条「実質所得者課税の原則」）があったことなどから法令化が見送られた経緯があります（注89）。

2　実質課税の原則の徴収面への適用

　なお、実質課税の原則は、税の賦課面だけでなく徴収面にも及ぶ制度です。

　例えば、税の徴収に関しては、「第二次納税義務」という制度が設けられていますが、この制度は、そもそも次のような理由で設けられた制度です。

　「形式的には第三者に財産が帰属している場合であっても、実質的には、納税者にその財産が帰属していると認めても公平を失しないようなときにおいて、形式的な権利の帰属を否認して、私法秩序を乱すことを避けつつ、その形式的に権利が帰属している者に対して補充的に納税義務を負担させることにより、徴税手続の合理化を図るために認められている制度である」（答申第三の一、吉国二郎ほか「国税徴収法精解」（大蔵財務協会、平成30年）318頁）

　これからも明らかなように、実質課税の原則は、賦課面だけでなく徴収面にも適用されると考えられています。

（注89）　なお、米国では2010年の税制改正で、わが国の「実質課税の原則」に類似した規定（Substance Over Form, Economic Substance）が導入されています。

第6節　租税法の適用

§1　信義則・禁反言の原則

1　民法上の規定

わが国の民法は、第1条第2項（第161国会改正後）で次のように述べています。「権利の行使及び義務の履行は、信義に従い誠実に行わなければならない。」。すなわち、法律生活において、人は相手方の合理的な期待や信頼を裏切ってはならないという原則です。これが、信義則又は信義誠実の原則と称されるものであり、私法と公法を通じる法の一般原則であるとされています(注90)。

2　租税法の分野への適用

信義則の原則が、公法の一部である租税法の分野にも適用されるか否かについては、積極説と消極説がありますが、通説は積極説となっています(注91)。

租税法の分野において租税法律主義を厳密に解するとすれば、法律の定める課税要件に該当しなければ課税することはできず、法律の定めるところによらなければその減免をすることも認められないということになります。その意味からいえば、納税者の個別事情を十分勘案したうえで課税すべしという視点を重視する立場からすれば、信義則の適用を消極に解すべきであるという考え方にも十分な根拠があると考えられます。

しかし、租税法には、納税者に予測可能性を与え、法的安定性を保つべし

(注90)　例えば、内田貴著「民法Ⅰ」（東京大学出版会）458頁
(注91)　例えば、金子宏前掲書（注5）143頁、水野勝著「租税法」（有斐閣）103頁

という要請もあります。例えば、行政庁が示した指針に納税者が従っていたにもかかわらず、後日、行政庁が法令によることなくその指針を変更するというようなことがあれば、納税者としては何を信頼すればよいのか途方にくれてしまうでしょう。このようなことから、信義則の原則は、租税法律関係にも適用があるとしてこれを積極的に解するのが一般的です。

　とはいえ、信義則が税法の分野にも無制限に認められるというものではありません。要は、具体的な法律関係において、「租税法律主義の要請」と「納税者が（それ）信頼したことに十分な理由がある場合における保護の必要性」とを比較衡量して判断されるべき問題でしょう。

3　判例の立場

　このような（比較衡量的）立場に立ち、厳密な要件の下に信義則の適用の可能性を認めた判例として、昭和62年10月30日付の最高裁判決があります（注92）。

§2　仮装行為・租税回避行為

　租税法の適用に当たっては、課税要件事実の認定が必要となります。そして、外見と実質が異なる場合には、実質に従って課税をすべきであることは当然です。

　ところで、課税要件事実の認定に当たって問題となるのが、意図的に真の事実や法律関係を隠蔽ないし秘匿し、表面上別の事実や法律関係があったようにみせかけるいわゆる「仮装行為」に対する取扱い（注93）と、所定の経済目的を達成しながら本来であれば課税となる行為を、租税法上の課税要件を充足しない形のものとすることにより租税負担を免れる行為（いわゆる「租税回避行為」）に対する取扱いです。

　このうち、特に「租税回避行為」については、どのような行為がそれ

（注92）　昭和62年10月30日付の最高裁判決（訟務月報34巻 4 号853頁）。ちなみに、同判決では次のように述べられています。

「租税法規に適合する課税処分について、法の一般原理である信義則の法理の適用により、右課税処分を違法なものとして取り消すことができる場合があるとしても、法律による行政の原理なかんずく租税法律主義の原則が貫かれるべき租税法律関係においては、右法理の適用については慎重でなければならず、租税法規の適用における納税者間の平等、公平という要請を犠牲にしてもなお当該課税処分に係る課税を免れしめて納税者の信頼を保護しなければ正義に反するといえるような特別の事情が存する場合に、初めて右法理の適用の是非を考えるべきものである。」としています。そのうえで、同判決は、特別の事情が存するかどうかの判断に当たっては、少なくとも、「税務官庁が納税者に対し信頼の対象となる公的見解を表示したことにより、納税者がその表示を信頼しその信頼に基づいて行動したところ、のちに右表示に反する課税処分が行われ、そのために納税者が経済的不利益を受けることになったものであるかどうか、また、納税者が税務官庁の右表示を信頼しその信頼に基づいて行動したことについて納税者の責めに帰すべき事由がないかどうかという点の考慮は不可欠のものであるといわなければならない。」としています（下線部分筆者強調）。

また、昭和40年 5 月26日付の東京地裁判決（行裁例集16巻 6 号1033頁）。昭和52年11月 4 日付の札幌地裁判決（訟務月報22巻 1 号1978頁）でも同趣旨の判示がなされています。

なお、West Group, "Black's Law Dictionary（7th edition）" 570ページによりますと、estoppel とは、「ある者が以前真実だといったことについて、後日それと反する主張をしたり権利の主張をすることを許さないとする原則である。"Party is prevented by his own acts from claiming a right to detriment of other party who was entitled to rely on such conduct and has acted accordingly."」とされています。

（注93）　仮装行為が存在する場合には、仮装された事実や法律関係ではなく、当然の論理的帰結として隠ぺいないし秘匿された事実や法律関係に従って課税が行われなければならないとされています（金子宏前掲書125頁）。

また、ドイツでは、旧租税通則法（Re : Steuerabgabenordnung）（第41条第 2 項）において、次のような規定が置かれていました。「虚偽表示その他の仮装的行為は課税について何らの意味をもたない。虚偽表示によって他の法律行為が隠蔽されている場合には、課税については、隠蔽されている真の法律行為が基準とされる。」

（「租税回避行為」）に該当するのかについて、法令上明確な規定がなく（注94）、かつ、租税回避行為の否認を認める規定もないことから、たとえ租税回避行為があったとしてもこれを否認し得ないとする見解があります（注95）。

§3　「権利の濫用」との関係

　租税法の適用において、もう一つ問題となってくるのが「権利の濫用」との関連です。民法第1条第3項では、「権利の濫用はこれを許さない。」と規定しています。この規定は私法上の規定ですが、公法たる租税法の分野にも適用される一般的な原則であるとされています。

1　納税者による権利の濫用

　租税法の分野においては、納税者サイドと当局サイドのいずれにとっても

（注94）　ちなみに、米国（IRC §6011、6111ほか）や英国（Disclosure of Tax Avoidance Scheme：DOTAS）では、当局が租税回避行為に当たると考えている取引をリストアップし、それらの取引について当局への開示を義務付けています。
　　　なお、わが国では、「実質課税の原則」を適用し、例えば、被相続人が秘匿していた財産に着目し、これを奇貨として相続財産に含めなかった場合にこれを相続財産とみなしたり（岐阜地裁、平2.7.16判決、税資180号58頁）、利益調整のみを目的として未払賞与を意図的に計上したケースについて、その賞与の支給がなかったもの（広島地裁平4.8.6判決、税資192号324頁）とみなして実態に即した課税をしている例などがあります。
（注95）　例えば、平成7年7月13日付の静岡地裁判決（昭和63年（行ウ）2号、税務訴訟資料213号20頁）では、「私的自治の原則の下、当事者が常に租税負担のより少ない法形式を選択したいというだけでは直ちに租税回避と評価することはできず、また、その行為が同一の経済目的を達成するために迂回的な場合であっても、そのことに合理的な理由が認められる限りは同様である。」として否認に否定的な立場をとっています。同旨判決、東京高裁、昭50.3.20判決（昭和49年（行コ）68号、訟務月報21巻6号1315頁）。

この原則の適用が問題となることがあります。

　このうち、納税者サイドによる権利の濫用が問題となる可能性があるのは、「租税回避行為」をめぐってです。

　しかし、これらの行為に対しては、課税庁による処分（「否認（更正、決定）」）という形で法的措置が講じられています。

　したがって、実際には納税者による「権利の濫用」という問題が生じる余地はほとんどありません(注96)。

2　当局サイドによる権利の濫用

　他方、当局サイドによる権利の濫用は、質問検査権等の行き過ぎた行使や滞納処分による納税者の権利の侵害などの場合に生じてきます(注97)。

　課税当局による権利の濫用は、結果として納税者の権利の侵害になります。

　そのため、多くの国で課税当局による権利の濫用を防止し、納税者の権利を守る措置が講じられています(注98)。

(注96)　なお、国税に関するものではありませんが、地方税に係る納税報奨金を得られなかったことを理由として納税者が起こした地方公共団体に対する損害賠償請求が、権利の濫用に当たり許されないとした判決例があります（東京地裁、昭和48年 5 月 1 日判決、昭和46年（レ）437号、判例時報721号43頁）。

(注97)　例えば、税務調査に協力しない納税者に対し、同業他者の所得等を参考にして当該納税者の所得を算定して課税するいわゆる推計課税や納税者の取引先等に対して質問検査権を行使して資料情報を収集する反面調査、調査対象者に対し事前予告をすることなくいきなり調査を実施するいわゆる無予告現況等が行き過ぎた場合、それに該当する可能性が考えられます。

　　また、滞納処分では、超過差押え等の場合において問題となった事例がいくつか出ています。

（注98）　詳細については、税制調査会納税環境整備小委員会（平成22年 5 月13日提
　　　　出）資料を参照して下さい。ちなみに、米国では、1996年ごろから、課税当
　　　　局である内国歳入庁（I. R. S）の仕事のやり方をめぐって議会で大きな議論
　　　　がありました。これらの議論をふまえて、1998年に「納税者の権利章典
　　　　（Taxpayer's Bill of Rights）」が制定されました。
　　　　　その重要部分については、パンフレット等の形で広く納税者に周知が図ら
　　　　れています（詳細については巻末資料 1 を参照してください）。

第 **II** 部

各税のあらまし

第3章　所得税

　所得税法の条文構成は次のようになっています。

【第3－1表】　所得税法の構成

【第1編】　総則

通則　　　　　　　　（1～4）
納税義務　　　　　　（5～6）
法人課税信託（6の2、3）
の受託者等に
関する通則
納税地　　　　　　（15～20）

課税所得の範囲
（7～11）

所得の帰属に関する
通則
（12～14）

【第2編】　居住者の納税義務

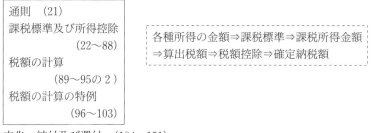

通則　（21）
課税標準及び所得控除
　　　　　　（22～88）
税額の計算
　　　　（89～95の2）
税額の計算の特例
　　　　（96～103）

各種所得の金額⇒課税標準⇒課税所得金額
⇒算出税額⇒税額控除⇒確定納税額

申告、納付及び還付　（104～151）
期限後申告及び修正申告等の特例（151の2～151の6）
更正の請求の特例　（152～153の6）
更正及び決定　（154～160）

【第3編】　非居住者及び法人の納税義務　（161～180の2）

【第4編】　源泉徴収

利子所得及び配当所得に係る源泉徴収　　　（181～182）
給与所得に係る源泉徴収　　　　　　　　　（183～198）
退職所得に係る源泉徴収　　　　　　　　　（199～203）
公的年金等に係る源泉徴収　　　　（203の2～203の7）
報酬、料金等に係る源泉徴収　　　　　　　（204～211）
非居住者又は法人の所得に係る源泉徴収　　（212～215）
源泉徴収に係る所得税の納期の特例　　　　（216～219）
源泉徴収に係る所得税の納付及び徴収　　　（220～223）

【第5編】　雑則（224～237）

【第6編】　罰則（238～243）

〔注：（　）内の数字は条文の番号です。〕

第1節　所得税の基本的仕組み

　所得税（注1）は、個人が1年間に得た所得に対して課税される税金です。この税は、法人税と同じく所得を課税対象とする直接税で、国税収入で最大のウェイト（約3分の1）をしめています（注2）。

　わが国の所得税は、明治20年（1887年）に創設されたものですが、創設当時の所得税制は、所得源泉説によっており、キャピタル・ゲインは非課税、利子は源泉分離課税となっていました。また、課税単位も、個人別課税ではなく、同居する親族の所得を合算したうえで課税する制度となっていました。それに対し、現行の所得税制は、昭和24年9月に発表されたシャウプ勧告（注3）をベースとした個人を単位とした包括所得説によっています。

　ちなみに、我が国の所得税の基本的な特徴は次のようになっています。

① 　包括所得説により原則として全ての所得を課税対象としていること（注4）

② 　所得を10種類に区分し、それぞれの所得を計算したうえでそれらを合計し、それに超過累進税率を乗じて税額を算出することとしていること。また、特定の所得についてのみ損益通算を認めていること

（注1）　所得税が世界で最初に導入されたのは、イギリス（1799年）ですが、導入の目的は、ナポレオン統治のフランスとの間での戦争の戦費調達手段としてであったとされています（小山廣和「税財政と憲法」平成15年有信堂410頁）。
　　　　しかし、それ以前にも似たような税があったという指摘もあります（Peter Harris "Income Tax in Common Law Districtions" pp180～192）。
　　　　なお、米国では、独立戦争（1775年～1783年）で生じた債務の返済資金調達のため所得税導入を提案したものの、連邦議会で否決され、1862年に再度導入されましたが連邦最高裁で違憲判決とされ、1913年に連邦憲法修正によってようやく正式に認められた制度となりました。

③　課税単位として個人別課税制度を採用していること（注5）

④　多種類の所得控除が存在すること

⑤　源泉徴収の対象が広範にわたっていること

（注2）　個人所得課税の国際比較（日・米・英・独・仏）

	日　本		米国	英国	ドイツ	フランス
	（昭和61年度）	（令和5年度）				
国税収入に占める個人所得課税（国税）収入の割合	39.3%	28.9%	（連邦）80.1%	38.8%	40.7%	39.7%
国民所得に占める個人所得課税（国税）負担割合［地方税を含めた場合］	6.3%［9.0%］	5.1%［8.4%］	10.2%［含む州・地方政府12.8%］	12.4%	5.5%［13.6%］	14.1%
税率　最低税率（所得税）	10.5%	5%	10%	20%	0%	0%
税率　最高税率（所得税）［地方税等を含めた場合］	70%［88%］	45%［55%］	37%［51.8%］	45%	45%［47.5%］	45%［54.7%］
税率の段階数［地方税等の税率の段階数］	15［14］	7［1］	7［9.4］	3	—	5［1］

（注）1．税率は小数点第二位を四捨五入している。

　　2．日本については、令和5年度（2023年度）の「個人所得課税収入の割合」及び「個人所得課税負担割合」は当初予算ベースである。なお、日本の所得税の最高税率については、復興特別所得税（基準所得税額の2.1%）により、実質的に45.95%となる。

　　3．「個人所得課税（国税）収入の割合」及び「個人所得課税（国税）負担割合」は、個人所得に課される租税に係るものであり、所得税の他、日本については復興特別所得税、ドイツについては連帯付加税（算出税額の0～5.5%）、フランスについては社会保障関連諸税（給与所得に対しては計9.7%）が含まれている。なお、ドイツについては連邦税、州税及び共有税（所得税、法人税及び付加価値税）のうち連邦及び州に配分されるものについての税収を国税収入として算出している。

　　4．「税率」・「税率の段階数」における地方税等については、米国はニューヨーク市の場合の州税・市税、ドイツは連帯付加税、フランスは社会保障関連諸税を含んでいる。また、税率の段階数における米国の地方税等の税率の段階数は、州税が9、市税が4である。なお、ドイツでは、税率表に従って税額が決定されるため、税率ブラケットは存在しない。

〔資料出所：財務省ホームページより抜すい、一部修正〕

（注3）　シャウプ勧告（昭和24年9月15日）の主な内容
    1　国税関係
      (1)　所得税の見直し
        ①　課税単位の変更（同居親族合算課税→所得稼得者単位課税）
        ②　包括的な課税ベースの構成（キャピタル・ゲインの全額課税、利子の源泉選択課税廃止）
        ③　最高税率の引下げ（20〜85％、14段階→20〜55％、8段階）
      (2)　法人税の見直し
        ①　単一税率の導入〔法人普通所得（35％）・超過所得（10〜20％）→35％単一税率〕
        ②　所得税との二重課税の調整の促進〔配当税額控除（15％→25％）、留保利益に利子付加税課税〕
      (3)　相続税・贈与税の見直し
        ①　両税の一本化（累積課税方式の採用、遺産取得課税への移行）
        ②　税率の引上げ（10〜60％、19段階→25〜90％、14段階）
      ※　なお、シャウプ勧告は2回にわたってなされていますが、いずれについても英文と日本文が作成されています。
（注4）　ただし、社会政策等の観点から非課税所得、免税所得等が存在しています。
（注5）　主要国における配偶者の存在を考慮した税制上の仕組み等の概要

（2023年1月現在）

	日本	米国	英国	ドイツ	フランス
配偶者の存在を考慮した税制上の仕組み	配偶者（特別）控除（最大38万円）	夫婦単位課税（実質的な二分二乗方式）の選択	婚姻控除(注1)（最大21万円）	夫婦単位課税（二分二乗方式）の選択	世帯単位課税（N分N乗方式）(注3)
課税単位	個人単位課税	個人単位課税と夫婦単位課税(実質的な二分二乗方式)の選択制	個人単位課税	個人単位課税と夫婦単位課税（二分二乗方式）の選択制	世帯単位課税（N分N乗方式）
（参考）私有財産制度	夫婦別産制	州により異なる	夫婦別産制	夫婦別産制(注2)	法定共通制(注4)

（注）1．英国では、自らの基礎控除（12,570ポンド（211万円）：高所得者については控除額が逓減・消失）を全額使い切れなかった場合、その残額（最大1,260ポンド（21万円））を配偶者（給与所得者の場合、給与所得が50,270ポンド（845万円）以下で所得税の基本税率である20％が適用される者が対象）の基礎控除額に移転することができる。
    2．ドイツでは、原則別産制。財産管理は独立に行うことができるが、財産全体の処分には他方の同意が必要。
    3．フランスでは、家族除数（N）は単身者の場合1、夫婦者の場合2、夫婦子1人の場合2.5、夫婦子2人の場合3、以降被扶養児童が1人増すごとに1を加算する。
    4．フランスでは、財産に関する特段の契約なく婚姻するときは法定共通制（夫婦の共通財産と夫又は妻の特有財産が並存する）。
（備考）　邦貨換算レートは、1ポンド＝168円（裁定外国為替相場：令和5年（2023年）1月中適用）。なお、端数は四捨五入している。

〔資料出所：財務省ホームページより抜すい、一部修正〕

　ちなみに、現行の所得税法における所得金額及び所得税額の計算をイメージ図の形で表すと次のようになっています。

【第 3 − 1 図】 所得金額及び所得税額計算のイメージ 　　　　（単位：万円）

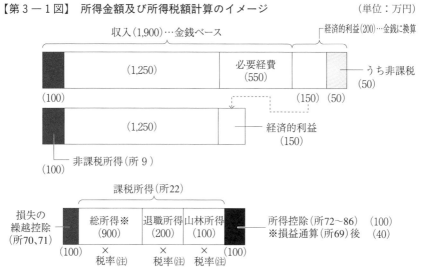

（注）　税率は、所得が多くなるにしたがって段階的に高くなる超過累進税率となっています。

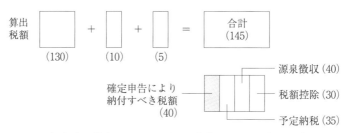

　　※　（　）内の数字は、イメージを具体化するための仮の数字ですので、必ずしも実際の数字とは一致しません。

§1　「所得」の意義

1　所　得

　所得税課税の前提となる「所得」とは、どのようなものをいうのかについては、古くから財政学の分野において多くの議論がなされてきました。理論

的には、金銭的に評価できないようなものも「所得」に含まれます(注6)。

　しかし、課税の公平性や徴税の便宜性なども考慮し、所得税法では、金銭的価値で表現されたもののみを「所得」としています。

　なお、「所得」については、これを「消費支出等」に着目してとらえるという考え方と収入等の形で「新たに取得する経済的価値」に着目してとらえる考え方がありますが、わが国を始め多くの国で採用されているのは、後者の考え方です（注7）。

2　帰属所得

　所得概念のひとつとして「帰属所得（imputed income）」があります。「帰属所得」とはどのようなものをいうのかについて明確な定義規定は存在していませんが、一般的には現金以外（non-cash）又は現物で「自己の財産の使

（注6）　例えば、著名な経済学者で財政学者としても知られている J. R. Hicks は、その著書「価値と資本（Value and Capital）」の中で、1776年に発刊されたアダム・スミスの「国富論（The Wealth of Nations）」に言及しつつ、個人の「所得」について次のような定義をしています。

　　「（個人の）所得とは、その者が自己の資本に喰い込むことなく消費できる部分である。」

　　J. R. Hicks "Value and Capital : An Inquiry into Some Fundamental Principles of Economic Theory, 2nd ed"（Oxford Univ. Press, 1946）p172

（注7）　例えば、金子宏前掲書（注5）、196頁

　　ちなみに、前者の考え方による代表的なものとして、Irving Fisher "The Nature of Capital and Income（London, Macmillan, 1906)" "Income" Encyclopedia of the Social Science（Macmillan, 1932）Volume7, p622-25があります。

　　また、後者によるものとして、Robert M. Haig "The Concept of Income Economic and Legal Aspects" in Haig ed. The Federal Income Tax（Columbia Univ. Press, 1921）p7 があげられます。

　　なお、前者については、かつてインドにおいてその導入が試みられたものの実現には至りませんでした。

用もしくは占有から生ずる利益（例えば帰属家賃）又は自己若しくは家族の
ためにする役務提供によって生まれる利益」であるとされています（注8）。

　わが国では、これらの所得には原則として課税していません。しかし、例
えば、イギリスなどのように古くから、土地家屋の所有者に対し、帰属地代、
家賃として課税してきた国（1963年に廃止）もありますし、オランダやノル
ウェーなどのように現在も帰属家賃に課税している国もあります（注9）。

3　経済的利益

　「所得」は、一般的には金銭の形で受領されますので課税及び納付も金銭
でなされます。

　しかし、金銭以外の形で受領されたものについても、「所得」に含めて課
税する場合があります。例えば、無料で会社の施設を利用するとか、懸賞と
して車や家電製品、無料旅行券等をもらった場合にも、それらが非課税所得
（所9）に該当するものでない限り、それらの経済的利益を金銭的価値に換
算したうえで所得に加算することとされています。

4　非課税所得、免税所得

　課税の公平という観点からすれば、全ての所得を課税対象とすべきです。

　しかし、実際には社会政策上の目的などから、ある種の所得について課税
対象から除外していることがあります。非課税所得（所9）又は免税所得と
称されているものがこれにあたります。

（注8）　例えば、Paul. Mcdaniel ほか "Federal Income Taxation" 5th Edit.
　　　　Foundation Press. p75.
（注9）　IBFD　"European Taxation Database 2003"

§2　所得課税に対する考え方

　所得課税に対する考え方としては、一般に、次の2つの考え方があるとされています。

① 「所得源泉説」

　　この考え方は、所得税の課税対象は、特定の所得源泉のもの（例えば、利子所得、配当所得など）に限定すべしという考え方です。

② 「純資産増加説（又は包括所得説）」(注10)

　　この考え方は、所得税の課税対象を、その源泉の如何にかかわらず、資産増加につながるものすべてとするという考え方です。

　かつての英国や戦前の日本は前者の考え方によっていました。それに対し、米国などでは後者の考え方がとられてきました。ただし、わが国はシャウプ勧告後米国流の考え方に移行していますし、英国も20世紀末頃から後者に移行してきています。その結果、現在ではほとんどの国で後者の考え方（包括所得説又は、純資産増加説）が採用されています。

§3　わが国の所得税の特色

1　所得の種類別計算

　所得の生ずる形態は、多種多様です。例えば、資産の運用による所得（預金の利子、株式投資の配当金など）、勤労による所得、事業経営による所得、資産（土地など）の譲渡による所得などです。

　そこで、わが国の所得税法では、原則として全ての源泉から生ずる所得を課税対象にする（いわゆる「包括所得説」）とともに、所得の種類により担

(注10)　この考え方は、シャンツによって提唱されたものです。詳細については、Georg von Schanz "Der Einkommensbegriff und die Einkommensteuergesetze" Finanz Archiv, Vol 13. No1 (1896) p1-87. を参照してください。

税力に差異があることも考慮し、所得の生ずる形態に応じてそれに最も適合した所得金額の計算を行い、その所得に応じた課税を行うために、所得を次の10種類に分類しています。

　①利子所得　②配当所得　③不動産所得　④事業所得　⑤給与所得

　⑥退職所得　⑦山林所得　⑧譲渡所得　　⑨一時所得　⑩雑所得

　（これらの所得は、収入の全額を所得の金額としている利子所得を除き、原則として収入金額から必要経費を控除することにより各種所得の金額が計算されます。）（注11）

2　所得の総合（通算）と超過累進税率

　次に、各種所得の金額を総合（通算）した所得金額（合計所得金額）から、各人の個人的事情を考慮して設けられている各種の控除金額を控除して課税所得金額を算出します（注12）。そのうえで、算出された課税所得金額に超過累進税率を適用して税額を計算することとされています（注13）。

3　稼得者個人に着目した課税（課税単位）

　所得税の課税のやり方としては、個人単位で課税するやり方と夫婦単位で課税するやり方（米国）、家族単位で課税するというやり方（フランス）がありますが、わが国では、個人単位に着目して課税するという方式が採用されています。

4　個人的事情（家族構成の事情等を含みます。）の考慮

　わが国の所得税では、その人の家族構成や個人的事情等も考慮し、種々の非課税措置や所得控除が認められています（所9、10、72〜86ほか）（注14）。

（注11）　ちなみに、米国では軽減課税となる長期キャピタル・ゲインを含め全ての所得を合算して総所得が計算されます。ただし、長期キャピタル・ゲインについては、他の所得と分離して15％又は20％の比例税率により課税されます。

　　　　　また、英国では、わが国と同様に、所得の種類ごとに区分するやり方（いわゆるスケジュール方式）が採用されています。ただし、利子、配当については必要経費の控除は認められていません。

　　　　　具体的には、それぞれ次のようなイメージです。

〔アメリカの個人所得税（連邦税）計算の仕組み〕（イメージ）

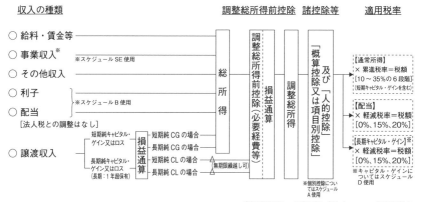

〔資料出所：財務省（抜すい、一部修正）〕

〔イギリスの個人所得税及びキャピタル・ゲイン税計算の仕組み〕（イメージ）

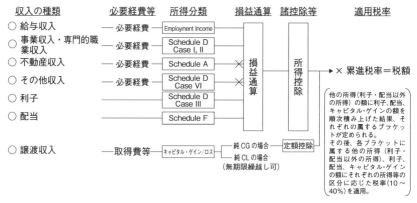

〔資料出所：財務省（抜すい、一部修正）〕

(注12)　その際、不動産所得、事業所得、山林所得及び譲渡所得がマイナスとなっ
　　　　ているときは、他の所得と通算することが認められています（所法69①）。
　　　　　ただし、土地等の譲渡及び株式等の譲渡により生じた損失を他の所得と通
　　　　算することはできません（措31①、37の10①）。
(注13)　その結果、例えば、課税所得金額が1,000万円の場合の税額は次のように
　　　　なります。

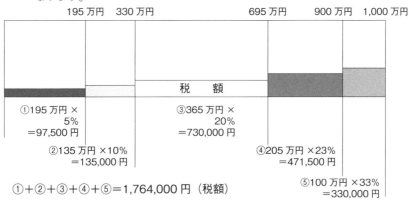

195 万円　　330 万円　　　　　　　　695 万円　　　900 万円　1,000 万円

税　　額

①195 万円 ×
5%
＝97,500 円

②135 万円 ×10%
＝135,000 円

③365 万円 ×
20%
＝730,000 円

④205 万円 ×23%
＝471,500 円

⑤100 万円 ×33%
＝330,000 円

①＋②＋③＋④＋⑤＝1,764,000 円（税額）

(注14)　ちなみに、非課税措置には次のようなものがあります。
　①　障害者等の保護及び貯蓄奨励策に基づくもの（所10、措 3 の 4 、4 、4 の 2 、
　　　4 の 3 ほか）
　②　実費弁償的性格に基づくもの（出張旅費等）（所 9 、所令20の 2 、21）
　③　社会政策的配慮に基づくもの（遺族年金等）（所 9 、所令20、25、30）
　④　公益的な目的に基づくもの（ノーベル賞等）（所 9 ）
　⑤　二重課税の防止に基づくもの（相続、個人からの贈与等）（所 9 ）
　⑥　個人の株式市場への参加を促進する観点に基づくもの（非課税口座内少額上
　　　場株式等に係る配当所得・譲渡所得等）（措 9 の 8 、37の14）
　⑦　その他（宝くじの当せん金等）

第2節　納税義務者と課税所得の範囲等

　所得税は、原則として個人の所得に対して課税されますが、次にみるように、その者が日本の居住者であるか否かにより、課税する所得の範囲に差が設けられています。

§1　納税義務者と課税所得の範囲・課税方法等（所2、5、7、161、164）

1　納税義務者

　所得税法では、納税義務者である個人を「居住者」、「非居住者」、「非永住者」に区分（注15）して、課税所得の範囲を定めています。

　ちなみに、個人納税者の区分と課税所得の範囲・課税方法の概要は次のようになっています。

【第3－2表】　納税義務者の区分と課税所得の範囲・課税方法の概要

納税義務者の区分		課税所得の範囲	課税方法
個人	居住者	非永住者以外の居住者（所法2①三）	国の内外で生じた全ての所得（所法5①、7①一）	申告納税又は源泉徴収
		非永住者（所法2①四）	国外源泉所得（国外にある有価証券の譲渡により生ずる所得として一定のものを含みます。）以外の所得及び国外源泉所得で国内において支払われ、又は国外から送金された所得（所法5①、7①二）	申告納税又は源泉徴収
	非居住者（所法2①五）		国内源泉所得（所法5②、7①三）	申告納税又は源泉徴収

法人	内国法人 （所法2①六）	国内において支払われる利子等、配当等、定期積金の給付補填金等、匿名組合契約等に基づく利益の分配及び賞金（所法5③、7①四）	源泉徴収
	外国法人 （所法2①七）	国内源泉所得のうち特定のもの（所法5④、7①五）	源泉徴収
	人格のない社団等 （所法2①八）	内国法人又は外国法人に同じ（所法4）	源泉徴収

〔資料出所：国税庁パンフ「源泉徴収のあらまし（令和5年版）」269頁〕

（注15）

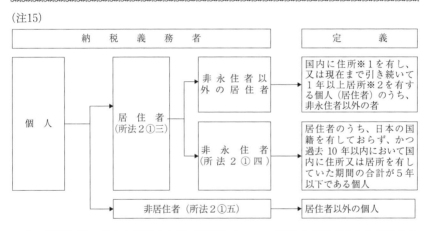

※1　住所とは、各人の生活の本拠（民22）をいい、生活の本拠であるかどうかは客観的事実により判定することとされています（所基通2-1）。

　　また、国内に居住することとなった個人が、国内において継続して1年以上居住することを通常必要とする職業を有する場合などは、国内に住所を有する者（居住者）と推定されます（所令14）。また、国外に居住することとなった個人が、国外において、継続して1年以上居住することを通常必要とする職業を有する場合などは、国内に住所を有しない者（非居住者）と推定されます（所令15）。

※2　居所とは、住所以外の場所において、人が相当期間継続して居住する場所であるが、生活の本拠という程度には至らないものと解されています。

〔資料出所：税務大学校講本「所得税法（令和4年度版）」第2章8頁より抜すい、一部修正〕

2　課税所得の範囲と計算

　また、納税義務者の区分別にみた課税所得の範囲と計算は次のようになります。

【第3－2図】　納税義務者区分別にみた課税所得の範囲に関する具体的イメージ

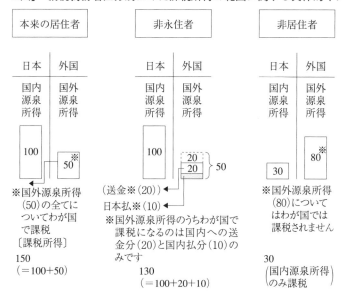

（法人等（所6①、7①四、五）の場合）

　所得税は、個人だけでなく法人や人格のない社団等も納税義務者とすることがあります（所4、5③④）。法人等が支払を受ける利子、配当金など特定の所得については、支払者に、その支払の際に所得税を源泉徴収すべき義務が課されています（所6①）。したがって、法人が納める所得税は、源泉徴収による所得税ということになります（所7①四、五）。これは、徴税を確保する目的のほかに、源泉徴収の技術上の理由等から、受取人が個人か法人か不明である場合に便宜的に所得税を徴収するという意味もあります。

3　課税方式

ちなみに、個人の納税義務者の課税方式は、次のようになっています。

<table>
<tr><th colspan="3">居 住 区 分 等</th><th>課　税　方　式</th></tr>
<tr><td rowspan="2">居 住 者</td><td colspan="2">非永住者以外の居住者</td><td rowspan="2">総合課税（申告納税方式）
（所法21、22）</td></tr>
<tr><td colspan="2">非永住者</td></tr>
<tr><td rowspan="3">非 居 住 者</td><td rowspan="2">ＰＥを
有する</td><td>ＰＥ帰属所得</td><td>総合課税（申告納税方式）
（所法164①）</td></tr>
<tr><td>ＰＥ帰属所得以外</td><td rowspan="2">総合課税（申告納税方式）
（所法164①、165～166）
又は
源泉分離課税方式
（所法164②、169～170）</td></tr>
<tr><td colspan="2">ＰＥを有しない</td></tr>
</table>

㊟１　ＰＥ（恒久的施設）とは、支店等、建設作業場、代理人等をいう（所法2①八の四）。

２　非居住者の所得控除は雑損控除、寄附金控除及び基礎控除のみ、また、税額控除は、配当控除及び外国税額控除のみが適用される（所法165、165の６）。

※　納税義務を決定するには、次の三つの原則となる考え方があるとされています。

①　国籍課税主義（属人主義）……法律の予定する国籍を有する者は、居住の場所のいかんに関わらず、納税義務者とする考え方。

②　住所地課税主義（属地主義）……一定の住所又は一定の期間の居所を有する者は、全て、その国籍を問わず、所得の源泉がどの国にあっても、納税義務者とする考え方。

③　所得源泉地課税主義（所得発生地課税主義）……一定の所得の発生する源泉を有する者は、居住の事実及び国籍のいかんを問わず、その所得発生地の納税義務者とする考え方。

なお、非居住者が、国内源泉所得についてのみ納税義務を負うとされているのは、我が国の所得税法が②の住所地課税主義を原則としながらも、非居住者については③の所得源泉地課税主義の考え方により補完し、納税義務者を把握する建前を採っているためです。

〔資料出所：前掲税大講本第２章９頁〕

§２　源泉徴収義務者

（所182、185、186、212、213、措３、８、９、37、41の９～12）

わが国の所得税は、「申告納税制度」を基本としています。しかし、徴税上の便宜等から、特定の所得について、その支払者（源泉徴収義務者）が、

支払の際、所得税額を計算し、徴収して納付するというシステムが採用されています。一般に「源泉徴収制度」と称されている制度です（注16）。

　したがって、ここでいう「源泉徴収義務者」には、個人のみでなく法人や人格のない社団等、さらには学校や官公庁など、それ自体は納税義務を負わないこととされている者も含まれます（所6）。

　所得税法では、「源泉徴収義務」を「納税義務」に準ずるものとしてとらえています（所6）。

　このようなことから、国税通則法（2五）及び国税徴収法（2六）では、源泉徴収に係る国税を徴収して国に納付しなければならない者を、「源泉納税義務者」ではなく、「納税者」の定義に含めています。

§3　非課税所得と免税所得
（所9〜11、所令18〜51の4）

　包括所得説によっているわが国の所得税の下では、個人の1年間のすべての所得に対して課税するというのが原則です。しかし、社会政策上その他の理由により課税しないこととしている所得があります。これには「非課税所得（所9〜11）」と「免税所得（措25）」とがあります。

　このうち、「非課税所得」については、一般に、特段の手続き等を取らなくても課税されることはありません。それに対し、「免税所得」の場合、一定の手続を行うことで初めて税が免除されることになります。この点で両者には明確な差があります（注17）。

（注16）　わが国で源泉徴収制度が導入されたのは、所得税制創設（明治20年（1987年））後12年経過した明治32年（1899年）のことです。ちなみに、そこでは、第2種所得である無記名の公社債利子に対し、2％の税率で支払者に納付が義務付けられました。その後しばらくたった昭和15年（1940年）からは、利子だけでなく、配当、給与にもその範囲が拡大されています。

　ちなみに、所得と「非課税所得」、「免税」との関係をイメージ図の形で示すと次のようになっています。

【第 3 ― 3 図】　所得、非課税所得、免税所得に関するイメージ図

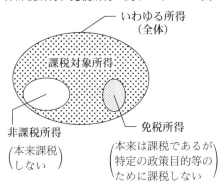

〔資料出所：国税庁税務大学校講本「所得税法」（令和 5 年版）　4 頁より抜すい、一部修正〕

§4　所得の帰属（実質所得者課税の原則）
　　（所12〜14、所令52）

　租税負担の公平を実現するためには、私法上の法律形式や名義にとらわれず、経済的実質に従って課税する必要があります。この原則が一般に「実質所得者課税の原則」といわれているものです。

　所得税や法人税のように、ある者の所得を課税標準として課される税においては、その所得が「誰のもの」かということが問題となってきます。

　特に、所得税においては、所得の金額が大きくなるにしたがって税負担額

（注17）　他に措 4 、 4 の 2 、 4 の 3 、 5 、 9 の 8 、29の 2 、37の14、37の15、40等租税特別措置法に基づく非課税もあります。なお、「非課税所得」については、そもそも所得の金額には算入されません。そのため、たとえ非課税所得の計算上損失が生じたとしても、それらの損失は所得税法上はなかったものとみなされます（所 9 ②）。

が累進的に増加する累進課税制度が採用されているため、所得の分散を図ろうとするインセンティブが働きます。

　そこで、所得税法では、次のような規定を設け、所得の分散（具体的には帰属の変更）による租税回避を防止することとしています（所12）。

　「資産又は事業から生ずる収益の法律上帰属するとみられる者が単なる名義人であって、その収益を享受せず、その者以外の者がその収益を享受する場合には、その収益は、これを享受する者に帰属するものとして、この法律の規定を適用する。」

　しかし、この文章にはあいまいな部分も含まれています。そのため、この規定の解釈をめぐって、学説上「法律的帰属説」と「経済的帰属説」という二つの見解が存在しています（注18）。

　このうち前者は、課税物件の法律上（税法上）の帰属につき、その形式と実質とが相違している場合には、法律効果が実質的に誰に帰属しているのかについて実質に即して帰属を判定すべしという考え方です。それに対し、後者は、課税物件の法律上の帰属と経済上の帰属とが、相違している場合には、経済上の帰属に即して課税物件の帰属を判定すべしという考え方です。

　いずれの解釈も可能ですが、判例等においては、法的安定性等も考慮のうえ、前者の「法律的帰属説」が採用されています（注19）。

§5　納税地
（所15〜20、所令53〜57）

　「納税地」とは、納税義務を履行する場所をいいます。所得税の場合、「納税地」は、原則としてその者の住所地とされています（所15一）。

（注18）　例えば、金子宏前掲書（注6）182頁・830頁、租税法研究会編「租税法総論」（有斐閣、昭和40年）163頁。

　ただし、住所地に代えて「居所地」又は「事業場等の所在地」を納税地として選択（ただし、「納税地の異動又は変更に関する申出書」の提出が必要）することも認められています（所16）（注20）。

(注19)　実質所得者課税の原則が適用される例としては、次のような場合が考えられます。
　　①　仮装売買の売主が、その売却したことを仮装した財産から生ずる収益を取得している場合
　　②　他人名義で事業を行っている者が、その事業から生ずる収益を取得している場合
　　③　会社が会社法その他の法令の規定により自己の株式を所有することが制限されているため、重役などの名義で所有し、配当金を取得している場合
　　④　登録その他一般に行われる財産権移転の手続未済の土地、家屋などの譲受人が、その土地、家屋などから生ずる収益を取得している場合
　　また、実質所得者課税を認めた判例として、「父親等が扶養親族の名義で行った預金及び利息の帰属について、反証のない限り父親等のものとなる」としたもの（東京地裁、昭和32年1月31日判決、行裁例集3巻1号108頁）、「企業組合の名による事業の収益が実質的に個人に帰属する」としたもの（京都地裁、昭和30年7月19日判決、行裁例集6巻7号1708頁）など多数あります。
(注20)　なお、納税者が住所地や事業所を転々と移動させることによる課税逃れ等を防止する必要性等から、納税地として不適当であると認められる場合には、その納税地の所轄国税局長又は国税庁長官は、納税地の指定をすることができることとされています（所18）。

第3節　所得税の課税標準及び所得税額の計算

$$\left(\begin{array}{l}所23〜25、36〜38、39〜71、72〜87、89〜103 \\ 所令58〜85、86〜204、205〜220、所規18〜38の13ほか\end{array}\right)$$

　所得税法では、まず所得を「利子所得」、「配当所得」、「不動産所得」、「事業所得」、「給与所得」、「退職所得」、「山林所得」、「譲渡所得」、「一時所得」、「雑所得」の10種類に分類の上、各種所得の担税力に応じた所得計算を行うこととしています（所23〜35）。その後、これらの所得を総合し、総合した所得の大きさに応じた超過累進税率を適用するなど一定の計算を行い、税額を算定することとしています。

　これをイメージ図の形で示すと次のようになります。

【第3−4図】　所得税の計算の順序

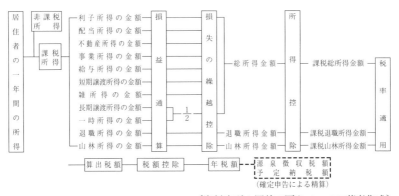

〔資料出所：同前53頁をベースに著者作成〕

§1　各種所得と税額の計算

　各種所得の計算及び税額の計算は次のようなステップを経て行われます。

【第3－5図】　各種所得の計算から税額計算までの流れ

第1ステップ	各種所得の金額の計算 （1年間に得た所得）[※1]	=	10種類[※2]の各種所得別に、それぞれの所得の金額を計算します。
第2ステップ	所得の総合と損益通算	=	「損益通算[※3]」を行うとともに10種類の所得を総所得、退職所得、山林所得に統合します。
第3ステップ	損失の繰越控除、繰戻し還付	=	ここで、「純損失又は雑損失の繰越控除」、「純損失の繰戻し還付」を行います。
第4ステップ	所　得　控　除	=	ここで、「所得控除[※4]」を求めます。
第5ステップ	税　額　の　計　算 （超過累進税率）	=	ここで「税率適用」を行うとともに「税額控除」を行って、所得税額を算出します。

※1　1年間に得たすべての所得（経済的な利益を含みます。）が対象になりますが、非課税所得、免税所得は除かれます。
※2　所得は次の10種類に分類されます。
　①利子、②配当、③不動産、④事業、⑤給与、⑥退職、⑦山林、⑧譲渡、⑨一時、⑩雑
※3　所得の金額にマイナスが生じた場合、他の所得から控除（通算）できます。ただし、不動産所得、事業所得、山林所得、譲渡所得に限られます（所法69①）。また、土地等又は株式等の譲渡損についても他の所得と通算することはできません（措法31①、37の10①）。
※4　所得控除として、雑損控除など15種類が認められています。具体的内訳等については139頁を参照してください。

〔資料出所：同前16頁より抜すい、一部修正〕

第1ステップ……所得の種類別に応じた所得金額の計算（所23～35）

　まず最初のステップは各種所得の計算です。

　各種所得の所得金額は、原則として、総収入金額（又は収入金額）（注21）から必要経費を控除して計算します（注22）。ここでいう総収入金額（又は

収入金額）とは、その年において収入すべき金額です（所36）。

　また、「必要経費」とは、総収入金額（又は収入金額）から控除できるものをいいます（注23）。ただし、給与所得や退職所得、公的年金所得などのように具体的な必要経費の計算が必ずしも容易でない所得については、概算的に必要経費相当額を差し引くこととしています（所24、26、27、28、30、32、33、34、35）（注24）。

　さらに、山林所得、譲渡所得、一時所得の計算に当たっては、上限50万円までの特別控除が認められています（所32③④、33③④、34②③）。なお、

（注21）　事業所得や不動産所得など6種類の所得については、その収益の内容が副収入や付随収入などを伴うなど複雑な場合が多いことから、「総収入金額」という用語が用いられています。他方、利子所得、配当所得、給与所得、退職所得の4種類の所得（及び公的年金等に係る所得）については、その収入の内容が比較的簡明であるところから、「収入金額」という用語が用いられています。

（注22）　ただし、利子所得については、収入金額がそのまま所得金額となります（所23②）。

（注23）　必要経費について、かつては収入を上げるうえで直接因果関係のある費用支出に限定されていたこともありましたが、その後徐々にその範囲が拡大されてきていました。しかし、平成24年度の税制改正で、給与所得控除について上限（給与収入1,500万円超の者に対し一律245万円）が設けられ、それとともに平成26年度及び平成30年度の改正でその上限の引下げがなされています。また、平成30年度の改正で控除額が10万円引き下げになっています。

　　　　具体的には、次のようになっています

給与等の収入金額	給与所得控除額	
	平成29、30、令和元年分	令和2年分以後
162.5万円以下	65万円	55万円
162.5万円超　180万円以下	その収入金額×40%	その収入金額×40%－10万円
180万円超　360万円以下	その収入金額×30%＋18万円	その収入金額×30%＋8万円
360万円超　660万円以下	その収入金額×20%＋54万円	その収入金額×20%＋44万円
660万円超　850万円以下	その収入金額×10%＋120万円	その収入金額×10%＋110万円
850万円超　1,000万円以下	その収入金額×10%＋120万円	195万円
1,000万円超	220万円	

退職所得については、収入金額から退職所得控除額を控除した残額の2分の1に相当する金額が退職所得となります（所30②）（注25）。

ちなみに、各種所得の金額は、次の要領で計算されます。

【第3－3表】各種所得の内容及び所得金額の計算

所得の種類 （根拠条文）	所 得 の 内 容	所得金額の計算方法
利 子 所 得 （所23①②）	公社債・預貯金の利子、合同運用信託（貸付信託など）・公社債投資信託の収益の分配などによる所得	収入金額（税込み）＝所得金額
配 当 所 得 （所24①②、25）	法人から受ける剰余金の配当など、投資信託（公社債投資信託を除く。）の収益の分配などによる所得	収入金額（税込み）－元本取得のために要した負債の利子＝所得金額
不 動 産 所 得 （所26①②）	土地・建物など不動産の貸付け、地上権など不動産上の権利の貸付け、船舶・航空機の貸付けによる所得	総収入金額－必要経費＝所得金額
事 業 所 得 （所27①②）	製造業・卸小売業・農漁業・サービス業などのいわゆる事業から生ずる所得	総収入金額－必要経費＝所得金額
給 与 所 得 （所28①②）	俸給・給料・賃金・歳費・賞与などの受給による所得	収入金額－給与所得控除額又は特定支出控除＝所得金額※1
退 職 所 得 （所30、所31①②）	退職手当・一時恩給・その他退職により一時に受ける給与などによる所得	{収入金額－退職所得控除額}×½＝所得金額
山 林 所 得 （所32①③）	山林を伐採して譲渡したり、立木のまま譲渡することによる所得（取得後5年以内に譲渡した所得は、事業所得又は雑所得）	総収入金額－山林の植林費・取得費・管理費・伐採費・その他必要経費－特別控除額（上限50万円）＝所得金額

(注24)　ただし、給与所得については、実際にかかった金額（特定支出）が給与所得控除額を超えるときは、その超える部分を控除することも認められています（所57の2）。

　　　また、平成24年度の税制改正で、特定支出控除について、給与所得控除額の2分の1を超える部分まで拡大されるとともに、その対象に新たに弁護士、公認会計士、税理士などの資格取得費や図書費、交際費等が追加されました。

(注25)　ただし、平成24年度の税制改正で、勤続年数5年以下の役員退職金については、2分の1合算に代えて全額合算となりました。

　　　さらに、令和3年度の税制改正で、勤続年数5年以下の一般使用人の退職金について、退職所得控除額を控除した残額の300万円を超える部分については全額合算となりました（所30②④）。

譲渡所得※２ （所33①③）	土地・借地権・建物・機械などの資産の譲渡による所得（棚卸資産等の譲渡による所得、山林の伐採・譲渡による所得を除く。）	総収入金額－資産の取得費・譲渡経費－特別控除額（上限50万円）＝所得金額※２
一時所得※２ （所34①②）	懸賞の賞金、競馬の払戻金、生命保険の満期返戻金等、営利を目的とする継続的行為から生じた所得以外の一時の所得で、労務その他の役務又は資産の譲渡の対価としての性質を有しないもの	総収入金額－収入を得るために支出した金額－特別控除額（上限50万円）＝所得金額※２
雑　所　得 （所35①②）	以上、９種の所得以外の所得、非事業用貸金の利子、作家以外の者の原稿料や印税、講演料、公的年金などによる所得	公的年金等の収入金額－公的年金等控除額※３＝Ⓐ 公的年金等以外総収入金額－必要経費＝Ⓑ Ⓐ＋Ⓑ＝所得金額

※１　給与等の収入金額が850万円を超える居住者で年齢23歳未満の扶養親族を有するものなどについては、総所得金額を計算する際、損益通算を行う前に、給与所得について所得金額調整控除が行われます（措41の３の３）。

※２　一時所得及び総合課税となる譲渡所得のうちの長期譲渡所得は、総所得金額を計算する際に２分の１の額にされます（所22②二）。

※３　平成30年度の税制改正で、公的年金控除額が一律10万円引き下げられるとともに公的年金等収入が1,000万円を超える場合の控除について上限（195.5万円）が設けられています。

〔資料出所：同前43頁より抜すい、一部修正〕

第２ステップ……所得の総合と損益通算（所22、69、所令198）

（所得の総合）

　　次のステップは、各所得金額の「総合」です。所得税法では、「総所得」、「退職所得」、「山林所得」の金額に対し累進税率を乗じて所得税額を計算することとしています（所22）。すなわち、「退職所得」と「山林所得」は、他の所得と区分して課税されるということです。その結果、所得税の課税標準は、「配当所得」、「不動産所得」、「事業所得」、「給与所得」、「譲渡所得」、「一時所得」、「雑所得」を合計したいわゆる「総所得金額」、「退職所得金額」及び「山林所得金額」の３つに区分されることになります（所22）。ただし、「総所得金額」を計算する際、譲渡所得のうち「長期

譲渡所得の金額」及び「一時所得の金額」については、所得金額の 2 分の
1 が合算対象金額とされています（所22②二）。

（損益通算）

　各種所得の計算においては、所得がマイナス（損失）になることもあり
ます。そこで、「不動産所得」、「事業所得」、「総合課税の対象となってい
る譲渡所得」及び「山林所得」の計算上生じた損失については、他の所得
から差し引くことができることとされています（注26）。このような所得種
類間の通算制度は損益通算という名で呼ばれています。

　ちなみに、損益通算できる損失とできない損失を一覧表の形で示すと次
のようになります。

（注26）　ただし、配当所得、一時所得、雑所得等で生じた損失及び生活に通常必要
　　　　でない資産に係る損失については、他の所得と通算することはできません。
　　　　　同様に、分離課税の対象となっている土地等の譲渡によって生じた損失に
　　　　ついても他の所得との通算は認められません。

【第3－6図】　損益通算できる損失とできない損失一覧表

区　　　　　分	内　　　　　容
損益通算のできる損失	次の所得の計算上生じた損失 ①　不動産所得 ②　事業所得 ③　譲渡所得※ ④　山林所得 下記の特殊な損失を除きます。
損益通算のできない損失	次の所得及び所得の計算上生じた損失 ①　利子所得 ②　配当所得 ③　給与所得 ④　退職所得 ⑤　一時所得 ⑥　雑　所　得 ⑦　個人に対する資産の低額譲渡により生じた損失（所59②、所令169） 特殊な損失 ①　競走馬（事業用は除く。）、別荘、ゴルフ会員権、書画、骨とう、貴金属などの生活に通常必要でない資産についての所得の計算上生じた損失（所69②、所令178①） ②　非課税所得の金額の計算上生じた損失（所9②一） ③　有限責任事業組合の事業から生ずる不動産所得、事業所得又は山林所得の損失の金額のうち調整出資金額を超える部分の金額（措27の2、措令18の2） ④　土地建物等の譲渡によるいわゆる分離課税の譲渡所得の金額の計算上生じた損失（措31①、32①） ⑤　株式等に係る譲渡所得等の金額の計算上生じた損失（措37の10①、37の11①） ⑥　不動産所得の計算上生じた損失の金額のうち、土地等の取得に係る借入金の利子の額に対応する部分の金額（措41の4） ⑦　特定組合員（組合の重要な業務の執行の決定に関与し、契約を締結するための交渉等自らその執行を行う個人組合員以外の個人組合員）又は特定受益者（信託の受益者（受益者とみなされる者を含む。）で一定の者）の組合事業又は信託から生じた不動産所得の損失の金額（措41の4の2） ⑧　国外中古建物から生ずる不動産所得の金額の計算上生じた損失（措41の4の3） ⑨　先物取引に係る雑所得等の金額の計算上生じた損失（措41の14①）

※　ただし、譲渡所得であっても、例えば、土地の譲渡損失等のように損益通算できないものがありますので注意してください（措31①、32①）。

〔資料出所：著者作成〕

（損益通算の順序）

　　所得の損益通算は、不動産所得、事業所得のように恒常的な所得で生じ
た損失については、給与所得などの恒常的所得と通算、譲渡所得のように
臨時的な所得について生じた損失については同じ性質を有する所得と通算
します。次いで、総所得の中で通算し、最後に山林所得、退職所得と通算
する形で行われます（所69①、所令198、199）（数字は仮のものです）。

【第3－7図】　損益通算の順序図

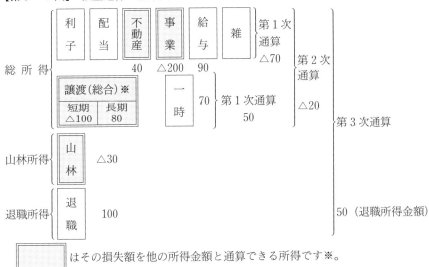

　　　　□　はその損失額を他の所得金額と通算できる所得です※。

※　　ただし、分離課税の対象とされている土地、建物等の譲渡所得及び株式等の譲
　　渡所得の計算上生じた損失の金額については、他の所得との通算及び翌年以降の
　　繰越しは原則として認められていません（措31、32、37の10①、37の11①）。
　　　また、土地、建物等の譲渡による譲渡所得以外の所得の金額の計算上生じた損
　　失の金額についても、他の所得との損益通算は認められていますが、土地、建物
　　等の譲渡による譲渡所得の金額との間の損益通算は認められません（措31、32、
　　平16改正法附27）。

〔資料出所：同前92頁をベースに著者作成〕

第3ステップ……損失の繰越控除、繰戻し（所70～71の2、140）

　損益通算により総合した所得が損失であったときや、災害により、家屋、家財などに多大の損失を受け、損失額がその年の所得から控除しきれなかったときは、翌年以降の担税力にも影響してきます。そこで「損益通算」によっても引き切れなかった損失（いわゆる純損失）の金額がある場合又は雑損控除の結果控除不足（いわゆる雑損失の金額）がある場合には、所得控除を行う前に、損失額を翌年以後3年以内（特定非常災害に係るものにあっては5年以内）の所得から控除し、又は前年に繰戻しすることができることとされています（所70～71の2、140）（注27）。

　これが第3のステップです。

　具体的には次のようなイメージです。

【第3－8図】　損失の繰越し、繰戻しに関するイメージ

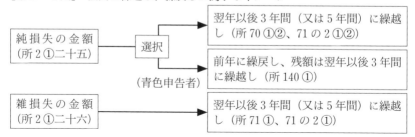

第4ステップ……所得控除（所72～84、86）

　所得税額を計算するための第4ステップは「所得控除」です。

　「所得控除」とは、納税者及びその扶養家族など個人と家族の事情等に適合した課税を行うために認められている制度です。

（注27）　ただし、青色申告者以外の者は、純損失の繰戻しの特典を享受することができません。また、純損失の繰越控除の適用についても制限があります。

「所得控除」として認められているのは、次の15種類（所72～84、86、所令205～219）です（注28）。

①雑損控除（原則として、災害等関連支出を含む損失の金額のうち総所得金額等の10％超部分、引き切れないときは、翌年以降 3 年間繰越可）、②医療費控除（保険でカバーされない分で、10万円か総所得金額等の 5 ％超部分、最高200万円）、③社会保険料控除（支払保険料全額）、④小規模企業共済等掛金控除（支払掛金額）、⑤生命保険料控除（上限12万円）、⑥地震保険料控除（上限 5 万円）、⑦寄附金控除（2,000円超部分、総所得金額等の40％上限）、⑧障害者控除（原則27万円、特別障害者は40万円、同居特別障害者にあっては75万円）、⑨寡婦控除（27万円）、⑩ひとり親控除（35万円）、⑪勤労学生控除（一定の要件充足を条件に27万円）、⑫配偶者控除（原則38万円、居住者の所得に応じ逓減し、所得1,000万円超はゼロ）、⑬配偶者特別控除（上限38万円、居住者及び配偶者の所得に応じ逓減し、所得1,000万円超はゼロ）、⑭扶養控除（原

（注28）　これらの控除項目は、次のような目的で制度化されたと言われています。

制度目的別にみた各種所得控除の分類

制度目的等		所得控除の種類
担税力の減殺を考慮するためのもの	→	雑損控除、医療費控除
社会政策上の要請によるもの	→	社会保険料控除、小規模企業共済等掛金控除、生命保険料控除、地震保険料控除、寄附金控除
個人的事情を考慮するためのもの	→	障害者控除、寡婦控除、ひとり親控除、勤労学生控除
課税最低限を保障するためのもの	→	配偶者控除、配偶者特別控除、扶養控除、基礎控除

則38万円）及び⑮基礎控除（原則48万円、居住者の所得に応じ逓減し、2,500万円超はゼロ）

「所得控除」は、課税所得金額を計算する際、損益通算後の総所得金額等からこれらの諸控除を差し引く形で行われます。

ただし、「雑損控除」、「医療費控除」、「社会保険料控除」、「小規模企業共済等掛金控除」、「生命保険料控除」、「地震保険料控除」又は「寄附金控除」を受けるためには、申告書への領収書等の添付又は提示が必要とされています（所120③④）。

第5ステップ……課税所得金額及び税額の計算（所89）

所得控除後の「課税総所得金額」、「課税退職所得金額」及び「課税山林所得金額」が具体的な税率を適用すべき金額、いわゆる課税所得金額となります。

所得税は、これらの所得金額に超過累進税率を乗じて計算されます（所89）。そして、そこから配当控除額、源泉徴収税額（注29）といった税額控除項目、及びすでに納付済みとなっている予定納税額等を差し引いた金額が、確定申告により納付すべき税額となります（所92、95、120、128）（注30）。

なお、外国で所得を得ているような場合には、それらの国で得られた所得も居住者の課税所得に加算のうえ、それらの所得に対して外国で所得税が課されている場合には、国際的二重課税を排除するという観点から、外

（注29）　ここでいう控除すべき源泉徴収税額には、源泉分離課税が適用される所得及び申告不要を選択した所得について徴収された源泉徴収税額は含まれません。
（注30）　実際に納付することになる税額には、そのほか、上場株式等に係る配当所得等の金額及び分離課税となる長、短期の譲渡所得金額、株式等に係る譲渡所得等の金額、先物取引に係る雑所得等の金額に係る税額があります。

国税額控除が認められています（所95）。

　ちなみに、所得税の税率表は、次にみるように5％～45％の7段階になっています。

【第3－4表】　所得税率表(注31)

課税所得金額	税率※
195万円以下	5％
195万円を超え　330万円以下	10％
330万円を超え　695万円以下	20％
695万円を超え　900万円以下	23％
900万円を超え1,800万円以下	33％
1,800万円を超え4,000万円以下	40％
4,000万円を超える金額	45％

※　ただし、平成25年以降、復興特別税として所得税額の2.1％相当分が上乗せとなっています。

　そして、それに一律10％の個人住民税が課されますので、最高税率は55％ということになります。

(注31)　超過累進税率による税額の計算は、実務上においては次のような速算表が利用されています。

所得税速算表

課税される所得金額	税　率	控除額
1,000円から　1,949,000円まで	5％	0円
1,950,000円から　3,299,000円まで	10％	97,500円
3,300,000円から　6,949,000円まで	20％	427,500円
6,950,000円から　8,999,000円まで	23％	636,000円
9,000,000円から17,999,000円まで	33％	1,536,000円
18,000,000円から39,999,000円まで	40％	2,796,000円
40,000,000円以上	45％	4,796,000円

(計算例)
　例えば、課税総所得金額600万円の人の場合における所得税額は次のように計算します。

　6,000,000円×20％－427,500円＝772,500円

§2　特別な税額計算

　所得税法では、担税力に見合った税金を課すために、所得の種類や内容等に応じ次のような特別な税額計算によって課税することとしています。

1　山林所得に係る5分5乗（所89）

　山林所得については、課税山林所得金額の5分の1相当額に税率を適用して計算した金額に、5を乗じて得た金額が要納付税額となります。これを5分5乗計算といいます（所89①）。これは、山林所得が他の所得と異なり、長い年月を経て実現するもので、譲渡の年に一度に多額の所得が生ずることから、超過累進税率をそのまま適用したのでは税負担が過重となってしまうことに配慮した税負担緩和措置です。

2　変動所得及び臨時所得の平均課税（所90）

　原稿料や漁業などのように所得金額がその年によって大きく変動する所得（変動所得）や、プロ野球選手の契約金などのように、たまたまある年に生じる臨時的な所得（臨時所得）については、超過累進税率をそのまま適用すると、多大な税負担となってしまう場合があります。そこでこのような所得（変動所得及び臨時所得）の合計額が総所得金額の20％以上となるときは、平均課税という特殊な方法により税額を計算し、税負担の緩和を図ることとしています（所2①二十三、二十四、90、令7、8）（注32）。

§3　税額控除

　所得税法では、個人的事情に適合する担税力に応じた課税を実現するため、さきに述べた所得控除のほかに、法人税及び外国の所得税との二重課税を調整する立場から、配当控除及び外国税額控除の規定が設けられています（所92、95）。

また、租税特別措置法でも、住宅借入金等特別控除（措41）、政党等寄附金特別控除（措41の18）などが認められています（注33）。

(注32)　ちなみに、これらの所得に該当するものとして取り扱われているのは、次のような所得です（所2①二十三、二十四、所令7の2、8）。
　　①　漁獲から生じる所得　②養殖から生じる所得　③のりの採取から生じる所得　④原稿、作曲の報酬　⑤著作権の使用料　⑥プロ野球選手の契約金　⑦3年以上にわたる不動産等の貸付けによる権利金　⑧一定の補償金

　　なお、平均課税の方法による税額の計算は次のような形で行われます。
　　①　（課税総所得金額－平均課税対象金額×4／5）＝調整所得金額（A）
　　　　ただし、課税総所得金額≦平均課税対象金額である場合には、課税総所得金額×1／5＝調整所得金額
　　②　課税総所得金額－調整所得金額＝特別所得金額（B）
　　③　調整所得金額（A）×税率(速算表)＝調整所得金額に対する税額（C）
　　　　特別所得金額（B）×平均税率$\frac{(C)}{(A)}$＝特別所得金額に対する税額（D）
　　④　調整所得金額に対する税額（C）＋特別所得金額に対する税額（D）
　　　　＝その年分の課税総所得金額に対する税額
(注33)　なお、税額控除は、次の順序で行うこととされています（所92②、95⑦）。
　　①課税総所得金額に係る税額から控除、②課税山林所得金額に係る税額及び③課税退職所得金額に係る税額から順次控除。

第4節　所得税の申告と納付
（所104〜142、所令260〜273、所規46〜54）

　わが国の所得税では、納税者自身が1年間の所得金額を計算し、所得金額に応じた所得税額を計算の上、確定申告を行い、その申告に基づき自主的に納付する申告納税方式を基本としています。

§1　予定納税（所104）

　確定申告時に一時に多額の税額を納付することは、納税者にとって負担です。他方、国としても、歳入を平準化する必要があります。そのため、「予定納税」という制度が設けられています。

§2　確定申告（所122）

　総所得金額、退職所得金額、山林所得金額の合計額が、所得控除の規定による雑損控除その他の控除の額の合計額を超える場合は、翌年の2月16日から3月15日までに所轄税務署長に確定申告書を提出しなければなりません（所120、措41の2の2④二）（注34）。

　ただし、その年中の源泉徴収税額又は予定納税額が、その年の総所得金額、退職所得金額、山林所得金額に対する税額の合計額を超える場合は、申告書を提出することにより還付を受けることができます（所122①、138、139）。

（注34）　なお、納税者が死亡若しくは出国をした場合には、所定の日までに、準確定申告が必要とされています。

| 死亡による準確定申告
（所124、125） | → | 相続の開始があったことを知った日の翌日から4か月以内 |
| 出国による準確定申告
（所126、127） | → | 出国の時まで |

第 5 節　課税の特例制度

$$\begin{pmatrix}\text{措 3 ～ 4 の 4 、29の 2 、31～40の 3}\\ \text{措令 2 ～ 2 の35、20～25の18の 2}\\ \text{措規 2 ～ 3 の15、13の 2 ～18の19}\end{pmatrix}$$

　所得税は、課税標準である総所得金額、退職所得金額及び山林所得金額に超過累進税率を適用して課するものですが、現行の所得税の課税に当たっては、社会政策上やその他の理由から、租税特別措置法によって分離課税の特例等が設けられています。

　分離課税の方法には、申告を要件として分離課税を認めるやり方（いわゆる「申告分離課税」）と一定税率による源泉徴収を行うことで課税が完了し、確定申告や納税の手続を行う必要のないやり方（いわゆる「源泉分離課税」）とがあります（注35）。

(注35)　申告分離課税の場合、所得控除や税額控除、源泉所得税等の控除は他の所得と同様に行われますが、源泉分離課税の場合にはそれもありません。

　　　なお、申告分離課税とされる土地建物等の分離長（短）期譲渡所得、一般株式等・上場株式等に係る譲渡所得等の金額、申告分離課税を選択した上場株式等に係る配当所得等の金額、先物取引に係る雑所得等の金額については損益通算や純損失の繰越控除等は認められていません（措31①③二、32①④、37の10①⑥四、41の 5 、41の 5 の 2 、41の14①②二、8 の 4 ）。

　　　ちなみに、主要国における利子課税制度は次のようになっています。

（2023年 1 月現在）

	日本	米国	英国	ドイツ	フランス(注7)
課税方式	源泉分離課税 20.3% 〔所得税：15%〕 ＋ 復興特別所得税：所得税額の2.1% ＋ 個人住民税：5%	総合課税 （連邦税） 10～37% ＋ 総合課税 （州・地方政府税） 〔ニューヨーク市の場合〕 7.1%～14.8%	申告分離課税 段階的課税 4段階 0、20、40、45%	申告不要 （源泉徴収） ※総合課税も選択可 26.4% 〔所得税：25%〕 ＋ 連帯付加税：税額の5.5%	申告分離課税と総合課税の選択 〔申告分離課税〕 30% 所得税：12.8% ＋ 社会保障関連諸税：17.2%〕 又は 〔総合課税〕 17.2%～62.2% 所得税：0～45%〕 ＋ 社会保障関連諸税：17.2%

資料出所：財務省

　分離課税の対象となるもののうち主なものとして、次のようなものがあります（なお、これらについても、平成25年以降、復興特別所得税として2.1％が上乗せとなります。）。

§1　源泉分離課税：利子所得（措3ほか）

　源泉分離課税とは、他の所得と分離して一定の税率で源泉徴収された所得税だけで課税が完結し、申告等も必要ないという簡便な制度です。このような課税方式が適用されるものとして「利子所得」があります（所181、182、地23①十四、71の6、措3など）（注36）。

　預貯金等の懸賞金等及び金融類似商品等についても、これと同じ扱いとなっています（措41の9、10、12）。

§2　申告分離課税

1　株式等の譲渡（措37の10ほか）

　居住者が、株式等（ただし、ゴルフ会員権は除かれます（注37）。）の譲渡をした場合には、申告時に他の所得と分離し、原則として20.315％（国税15.315％、地方税5％）の税率により課税されます（措37の10、37の11）（注38）。

　なお、一定の要件を充足するストック・オプションについては、権利付与時と行使時の段階では課税せず、オプション権を行使して取得した株式を売

（注36）　国外で発行された公社債等の利子等についても、国内における支払の取扱者を通じて支払われるものは同様に扱われます（措3の3）。

　その際、外国で所得税が課されている場合には、源泉徴収の段階で調整されますので、税引手取額は変わりません。

　なお、平成25年度税制改正により、特定公社債等（国債、地方債、上場会社の社債など）の利子等については、源泉分離課税ではなく、申告分離課税（所得税15.315％、住民税5％）の対象とされています（措8の4）。

（注37）　ただし、ゴルフ会員権等の譲渡については総合課税となります（措37の10、16ほか）。

却した時点で株式売却益として課税することとされています（措29の2）。

2　土地などを譲渡した場合の申告分離課税（措法31、32ほか）

　個人の長期保有土地などの供給の促進ないし投機的な土地取得の抑制など土地政策の観点から、土地、建物などを譲渡した場合の譲渡所得については、他の所得と分離して課税することとされています（措31、32）。

　なお、譲渡損が生じた場合には、他の所得との損益通算だけでなく、総合課税となる譲渡所得との間の損益通算も認められませんので注意が必要です（所69、措41の4）。

(注38)　ちなみに、主要国における株式譲渡益課税は次のようになっています。

（2023年1月現在）

		日本	米国	英国	ドイツ	フランス
課税方式		申告分離課税 20.3%　〔所得税：15%＋復興特別所得税：所得税額の2.1%＋個人住民税：5%〕　※　特定口座において源泉徴収（20.3%）を行う場合には申告不要を選択することも可能	申告分離課税 段階的課税（連邦税）　3段階　0、15、20%　＋　総合課税（州・地方政府税）〔ニューヨーク市の場合 7.1%〜14.8%〕　※　12ヶ月以下保有の場合、総合課税〔連邦税：10〜37%＋ニューヨーク市の場合(注3) 7.1%〜14.8%〕	申告分離課税 段階的課税　2段階　10、20%	申告不要（源泉徴収）　※総合課税も選択可 26.4%　〔所得税：25%＋連帯付加税：税額の5.5%〕	申告分離課税と総合課税の選択　〔申告分離課税〕 30%　〔所得税：12.8%＋社会保障関連諸税：17.2%〕　又は〔総合課税〕17.2%〜62.2%　〔所得税：0〜45%＋社会保障関連諸税：17.2%〕　※　総合課税の場合は2018年1月1日以前に取得した有価証券については、保有期間に応じた控除の適用後、他の所得と合算
非課税限度等		―	―	土地等の譲渡益と合わせて年間12,300ポンド（207万円）が非課税	利子・配当を含む資本所得については年間合計1,000ユーロ（15万円）が非課税	―

3　先物取引に係る雑所得等の申告分離課税

　先物取引（暗号資産に係る先物取引を含む）に係る所得等には事業所得、譲渡所得と雑所得の3種類がありますが、これも15.315%（他に地方税5%）の申告分離課税となっています（措41の14①）。

　なお、ここで生じた損失はなかったものとされ、他の所得と通算することはできません（措41の14①）。

§3　株式等に係る配当所得の源泉課税と確定申告不要制度（措8の4、8の5、9の3）

　少額な配当（年間10万円以下）や上場株式等の小口の株主が受ける配当（持株比率3%以上の大口株主が受けるものを除きます。）については、納税者の選択により、総所得金額に算入しないことができることとされています（所181、182、措8の5、9の2⑤、9の3）。また、上場株式等では15.315%（他に地方税5%）、一般株式等では20.42%の税率により源泉徴収された税額だけで所得税の課税が完結することになります（ただし、一般株式等の場合には少額な配当であっても住民税に関する申告が必要です。）（所182、措8の4、9の3、措令4の2）（注39）。

　また、上場株式等の譲渡損失がある場合には、上場株式等に係る配当所得について申告分離課税を選択することにより、その損失と配当所得とを通算することができます（ただし、申告分離課税を選択した場合には、配当控除の適用は受けられません。）（措37の12の2）。

(注39)　なお、課税所得金額が少額であるなどの場合においては、配当控除が認められない申告分離課税や申告不要制度によるよりも、総合課税方式を選択し、配当控除を受けたほうが有利なこともあります。そのような場合には、確定申告をすることにより源泉徴収された税額の還付を受けることができます（所92）。

　　ちなみに、主要国における配当課税の概要は次のようになっています。

(2023年1月現在)

	日本	米国	英国	ドイツ	フランス
課税方式	申告分離と総合課税の選択〔申告分離〕20.3%〔所得税：15%＋復興特別所得税：所得税額の2.1%＋個人住民税：5％〕又は〔総合課税〕10~55.9%　※　源泉徴収（20.3％）のみで申告不要を選択することも可能。	申告分離課税段階的課税（連邦税）3段階0、15、20%＋総合課税（州・地方政府税）〔ニューヨーク市の場合〕7.1%~14.8%	申告分離課税段階的課税3段階　8.8、33.8、39.4%	申告不要（源泉徴収）※総合課税も選択可26.4%〔所得税：25%＋連帯付加税：税額の5.5%〕	申告分離課税と総合課税の選択〔申告分離課税〕30%〔所得税：12.8%＋社会保障関連諸税：17.2%〕又は〔総合課税〕17.2%~62.2%〔所得税：0~45%＋社会保障関連諸税：17.2%〕
法人税との調整	配当所得税額控除方式（総合課税選択の場合）	調整措置なし	配当所得一部控除方式（配当所得を2,000ポンド（34万円）控除）	調整措置なし	配当所得一部控除方式（受取配当の60%を株主の課税所得に算入）※　総合課税選択の場合

第6節　源泉徴収制度

$$\left(\begin{array}{l}\text{所6、第四編源泉徴収及び措3～3の3、8の2～3、}\\\text{37の11、41の2、41の9、41の12ほか}\end{array}\right)$$

§1　概　　要

1　制度の概要

　源泉徴収制度は、利子・配当や給与など特定の所得を支払う際に、その支払いを行う者（源泉徴収義務者）が、所定の方法により所得税額を税務当局に代わって計算して徴収し、それを国に納付するという仕組みです。所得税の納税方法としては、申告納税制度と並ぶ基本的な納税方法ですが、所得税収の約8割は源泉徴収制度によるものです。しかもその約7割は給与所得で占められています。

2　沿　　革

　わが国で最初に源泉徴収制度が導入されたのは明治32年（1899年）のことです。

　当初は公社債の利子（第二種所得）だけを対象としていました（注40）が、現在では、「利子、配当所得（所181）」、「給与所得（所183）」、「退職所得（所

（注40）　その後、大正9年（1920年）には、銀行預金の利子にもその範囲が拡大されました。

　　　　さらに、昭和15年（1940年）には給与所得も源泉徴収の対象とされ、戦時下の昭和19年（1944年）には大工、左官、外交員、集金人等もあわせて対象とされました。戦後になってもその範囲の拡大傾向は継続し、弁護士や芸能人などへの報酬も対象とされ現在に至っています。

　　　　なお、源泉徴収制度の沿革など詳細については「注解所得税法（五訂版）」（第23章　源泉徴収制度）（大蔵財務協会）及び国税庁パンフ「源泉徴収のあらまし（令和6年版）」を参照してください。

199)」、「報酬等（所204）」など広範な所得が対象となっています（注41）。

3　源泉徴収と納付

　源泉徴収義務者は、源泉徴収の対象となる所得の支払をする際、源泉徴収をする（所6）とともに、原則として翌月10日までに、これを国に納付しなければならないこととされています。

§2　源泉徴収された側の対応

　他方、源泉徴収された側では、源泉徴収された分を確定申告によって本来の税額と精算することになります。

　しかし、例えば給与所得の大部分、一定の公的年金等、さらには前節でみてきたような利子所得等に対する特別な課税制度などにより、かなりの部分については源泉徴収のみで課税が終了することになります。

　その意味で、源泉徴収制度は所得税の中で非常に重要な役割を果たしています。

　なお、源泉徴収制度の具体的な内容については、第11章（租税の徴収）の第2節源泉徴収を参照してください。

（注41）　源泉徴収義務者には、個人のみでなく法人や学校、官公庁なども含まれます。また、利子、配当については、受取人が法人の場合であっても源泉徴収がなされます。
　　　　なお、源泉徴収制度の効果としては、①支払われる金額を課税対象とするから、課税標準等の把握が正確であること、②徴税が確実であること、③徴税費が少なくてすむこと、④金額が支払われる段階で徴税されるので、納税に対する苦痛が比較的小さいことが挙げられます。他方、短所としては、①徴収義務者に負担を強いる結果となること、②申告納税制度と比較して所得税の前取りであり、納税者に不公平感をいだかせる等が挙げられます。（堺澤良「源泉徴収制度の基本的構造と関係当事者の救済」税務大学校論叢10号79頁）

第7節　その他（帳簿書類の備付け等）

$$\left(\begin{array}{l}\text{所143〜151、231の2〜232}\\\text{所規55〜66、101〜105}\end{array}\right)$$

　不動産所得、事業所得、山林所得を生ずべき業務を行う者（白色申告者を含みます。）は、それらの業務に係る総収入金額及び必要経費に関する事項を記録した帳簿その他の書類の作成と、その保存が義務付けられています（所231の2、電子帳簿保存法2、4、5）（注42）。

　また、申告納税制度を円滑に実施するための手段として、青色申告制度が設けられています。この制度は、シャウプ勧告に基づき昭和25年（1950年）に導入された制度です。

　青色申告をすることができる納税者は、事業所得、不動産所得又は山林所得を生ずべき業務を行っている者です（所143）。税務署長の承認（所144）、一定の帳簿の備付け及び保存（所148）等が必要とされています。

　他方、青色申告者には、青色専従者給与の必要経費算入（所57）、純損失の繰越控除（所70）、更正の理由附記と更正の制限（所155）、引当金の必要経費算入（所52〜54）等の特典が認められています。

（注42）　令和4年度税制改正により、白色申告者であっても不動産所得、事業所得又は山林所得のある方には同様の義務が課されています（所法120、148、232、電子帳簿保存法2、4、5）（同年改正法附則8）。

第8節　まとめ

　これまでにみてきた各種所得の金額の計算、所得の総合と通算、所得控除及び税額計算等並びに源泉徴収、予定納税等を経て最終的な納税又は還付に至るプロセスをフローチャートの形で一覧表にまとめると次ページの表のようになります（注43）。

（注43）　これらに加え、所得税法では、その適正な履行を担保するため、支払調書の提出等の義務、財産債務調書の提出、さらには所得税をほ脱したり正当な理由がなく所得税の申告、納付義務を怠った者に対する罰則等の規定が設けられています（同法第五編及び第六編）。

【第3－9図】所得税額の計算の仕組み

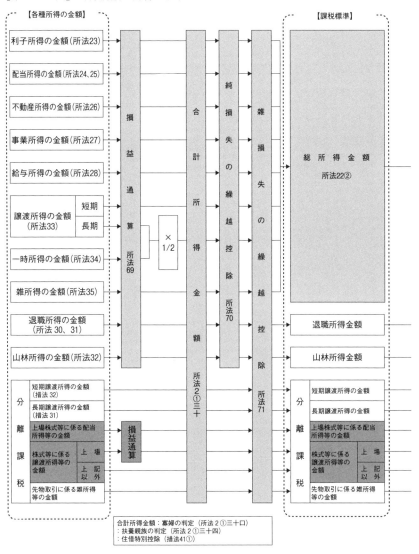

合計所得金額：寡婦の判定（所法2①三十ロ）
　　　　　　：扶養親族の判定（所法2①三十四）
　　　　　　：住借特別控除（措法41①）

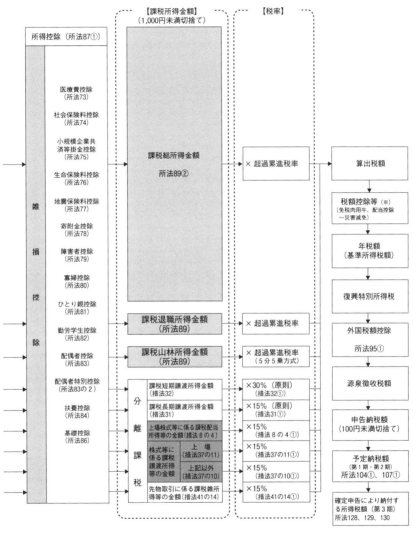

〔資料出所：国税庁税務大学校講本「所得税法」(令和5年度版)参考より抜すい、一部修正〕

第4章　法　人　税

　わが国における現行法人税法の構成は次のようになっています。

【第4－1表】　法人税法の構成

【第1編】　総則（1～20）

通則	（1～3）
納税義務者	（4）
法人課税信託	（4の2～4の4）
事業年度等	（13～15）
納税地	（16～20）

課税所得等の範囲等（5～10）　　所得の帰属に関する通則（11～12）

【第2編】　内国法人の法人税（21～137）

各事業年度の所得に対する法人税の課税標準（21）

各事業年度の所得の金額（22）

○一般に公正妥当と認められる会計処理の基準（22④）

企業会計上の収益の額	－	企業会計上の費用・損失の額	＝	企業利益の額
＊別段の定め ・益金不算入額 ・益金算入額		＊別段の定め ・損金不算入額 ・損金算入額		加算（＋） 減算（－）
税法上の益金の額（22②）	－	税法上の損金の額（22③）	＝	課税所得金額（22①）

- 収益及び費用の帰属事業年度の特例　　（63～64）
- 退職年金等積立金に対する法人税の課税　（83～120）
- 青色申告　　　　　　　　　　　　　　（121～128）
- 更正及び決定　　　　　　　　　　　　（129～137）

《税額の計算》
- 税率　　　　（66～67）
- 税額控除　　（68～70の2）

《申告納付及び還付等》
- 中間申告　　　（71～73）
- 確定申告　　　（74～75の5）
- 納付　　　　　（76、77）
- 還付　　　　　（78～81）
- 更正の請求の特例（82）

【第 3 編】　外国法人の法人税（138〜147の 4 ）

【第 4 編】　雑則（148〜158）

【第 5 編】　罰則（159〜163）

第 1 節　法人税に対する基本的な考え方

　わが国で法人が課税されるようになったのは、明治32年（1899年）の所得税法改正で、第一種（所得）として法人の所得が個人の所得と区分のうえ課税されることとなってからです（ちなみに、税率は100分の25でした）。

　しかし、その当時の税制の下では、あくまで所得税の一部という位置付けにすぎませんでした。

　現在のような形での法人税が創設されたのは、大正 9 年（1920年）の改正で、法人を独立の課税主体と認めて課税することとなってからです。

　このような経緯からも明らかなように、法人税は、法人の事業活動によって生じた利益（所得）に対して課される所得税の一種です（注1）。

　それにもかかわらず、法人税が独立した税目として存在しているのは、所要の歳入を得たいという政治的理由だけです。この様なことから、法人税は個人所得税と統合されるべきであると主張する者もいます（注2）。

（注 1 ）　なお、法人税についても、所得税と同様に、全世界所得に対して課税するというやり方（「全世界所得課税方式」）と自国の領域内で生じた所得についてのみ課税するというやり方（「領域主義課税方式」）の 2 つがあるとされています。

　　　　（例えば、C. Finnerty ほか著 "Fundamentals of International Taxation" IBFD. p5）

（注 2 ）　例えば、J. Stiglitz、前掲書（注 2 ）（第 1 章）、556頁。

§1　法人税の性格

　そもそも、法人税の性格をどのように考えるかについては、従来から次の二つの考え方があるとされてきました。

①　法人を自然人である個人と並んで独立した納税者であるとする考え方

　　　…戦前のわが国の考え方

②　法人は株主の集合体にすぎないので、独立した納税義務はなく、法人の所得に対する課税は個人の所得税の前払であるとする考え方

　　　…シャウプ勧告の考え方

　①の考え方に従えば、法人は個人株主とは別個の課税単位であって個人株主とは無関係に独立して法人税を課税すべきだということになります。

　他方、②の考え方によれば、法人段階でいったん課税されたにもかかわらず、法人から配当金を受け取った個人の段階で改めて課税されるということになります。したがって、この説に従えば、法人段階と個人段階で二重に課税されるということになります。そのため、法人段階で法人に課された法人税に相当する金額を、個人の納付する所得税額から控除すべきだということになります。わが国の法人税制は、歴史的にみれば基本的に①の考え方が採用されてきました。しかし、第2次大戦後になされたいわゆるシャウプ勧告（昭和24年9月）に基づき、昭和25年（1950年）の税制改正で②の考え方が採用されました（注3）。

（注3）　ちなみに、そこでは、それまで実在説をベースに採用されていた法人の超過所得に対する累進課税制度（35％プラス、10～20％）に代え、35％の単一税率が導入されました。

　　　　また、法人擬制説の立場から、所得税との二重課税の調整措置として配当税額控除制度が拡充（15％→25％）されるとともに、留保利益に対し、新たに利子付加税が課されることになりました。

　　　　その後執行の簡便性等も考慮して、個人レベルにおける配当控除という形で、法人税と所得税の二重課税を一部調整するシステムが採られています。

§2　所得税法との対比でみる法人税法の特色

　所得税法と比較してみますと、法人税法には以下のような特色があります。

①　所得税法では、所得をその稼得形態等に応じ10種類に区分したうえで、その区分された所得の種類ごとにそれぞれ所得金額の算出方法を規定しています。それに対し、法人税法では、このような所得の種類による区分を行わず、法人の得た利得については、すべて法人の所得として同一の内容のものであるとみなして課税をしています。

　　また、その所得の算定方法についても法令で詳細な規定をせず、一般に公正妥当な会計処理の基準によって計算された企業利益を前提とするなど、適正な企業会計の慣行に委ねています。

②　所得税法では、家族の生活維持のための費用等を考慮して、基礎控除、配偶者控除等の規定を設けています。また、個人的事情を考慮して、医療費控除、障害者控除等の規定を設けています。

　　それに対し、法人税法では個人的事情等に応じた考慮は加味されていません。

③　所得の計算期間について、所得税法では「暦年」を基準としているのに対し、法人税法では法人が定款等によって定めた「会計期間（事業年度）」を基準としています（注4）。

④　税率について、所得税法が超過累進税率となっているのに対し、法人税法は原則として単一税率方式が採用されています（注5）。

　　これらの差異は、所得税が自然人を対象とした税であるため、できるだけ個人の事情に配慮する必要があるのに対し、法人税の対象とする法人は

（注4）　ただし、法人がその期間を定めていない場合には税務署長がそれをきめることとしています（法13③④）。

（注5）　ただし、中小法人や公益法人等及び協同組合等については軽減税率が設けられています。

株主等の集合体であり、その設立目的も営利追求目的を基本としたものが大部分であるため、個別的事情についての考慮がそれほど必要とされていないということによるものです。

§3　法人組織に対する課税方法

わが国では、法人格の有無に着目し、法人税を課すこととしています（法2）。

その結果、たとえ従業員数人程度の小規模法人であっても、法人格を有する限り法人税の納税義務者となります。したがって、法人形態を採用している以上、構成員課税を選択することは原則として認められていません（注6）。

また、法人はその設立地が国内である場合には「内国法人」とされ、原則として全世界所得に対し法人税が課されます（法2三）。

それに対し、外国で設立された法人については「外国法人」とされ、わが国の国内源泉所得についてのみ法人税が課されます（法2四）。

なお、わが国の現行法人税制の下における法人の活動と法人税の申告、納

（注6）　ただし、特定目的会社及び投資法人については、利益の90％超を配当することを条件に、支払配当の損金算入が認められています（措67の14、15）。
　　　したがって、これらの法人には実質上法人税は課税されないということになります。
　　　それに対し、国によっては、小規模法人等に対し、法人を課税上透明な組織体とみなして各構成員に課税する（いわゆるパス・スルー課税）というやり方を採用しているところもあります。
　　　例えば、日本やフランスでは法人扱いとされている有限責任会社（Limited Liability Company）については、アメリカでは、一定の小規模法人（サブチャプターS法人）を含め、法人自体に対する課税に代えて構成員課税を選択することが認められています。
　　　また、フランスでは、合名会社や合資会社などのいわゆる人的会社については構成員課税の選択が認められていますし、ドイツでは、法人格もないとされているところから、構成員課税とされています（注7）。

付に至るプロセスを株式会社の場合についてイメージ図の形で示したのが次
の第4－1図と4－2図です。

(注7)　**主要国における法人企業に対する課税の概要**

	日　本	アメリカ	イギリス	ドイツ	フランス
課税の概要	株式会社、合同会社、合資会社、合名会社等の法人は、法人税が課税される。	州法に準拠して設立された法人は、原則として法人税が課税される。LLC等の一定の法人は、持分割合等に応じた構成員課税を選択することができる。	株式会社、有限会社は、法人税が課税される。	株式会社、株式合資会社、有限会社は、法人税が課税される。	株式会社、株式合資会社、有限会社は、法人税が課税される。
(小規模法人企業等に対する例外規定)	──	一定の小規模法人（S法人）は、持分割合に応じた構成員課税を選択することができる。	──	合資会社、合名会社等（人的会社）は、法人格を有しておらず、持分割合に応じた構成員課税が行われる。	合資会社、合名会社等（人的会社）は、持分割合に応じた構成員課税が行われる。ただし、法人課税を選択することもできる。
法人税の課税対象企業数（※）	276万社(2022年)	311万社(2010年)	189万社(2011年)	93万社(2009年)	110.4万社(2001年)

〔資料出所：財務省、国税庁、抜すい一部修正〕

【第4-1図】法人税の課税ベース計算のイメージ

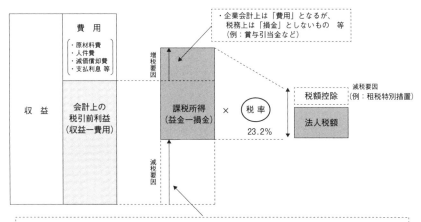

〔資料出所：財務省「法人課税に関する基本的な資料」より抜すい〕

【第4-2図】法人の活動から税金の申告・納付に至るまでのイメージ図

(1)　法人の活動（株式会社の場合）

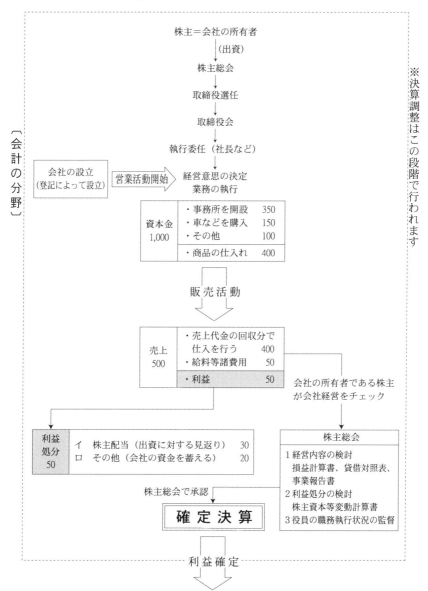

(2)　税務調整（※）

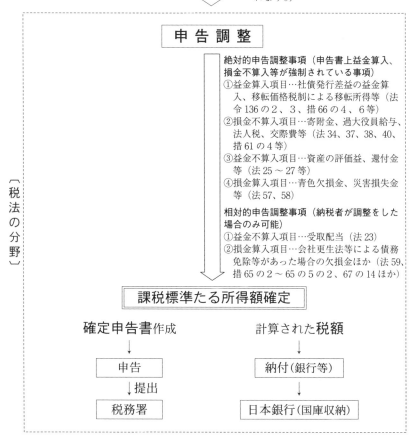

この段階から税法規定適用
となります（ただし、決算
調整及び別段の定めは除か
れます。）

〔資料出所：著者作成〕

※　「税務調整」には、減価償却費などのように、決算時に調整（損金計上）して
おく必要のあるもの（いわゆる「決算調整（項目）」）と申告時に調整すればよ
いもの（いわゆる「申告調整（項目）」）があります。このうち、「申告調整」に
ついては申告書上での調整が認められていますが、「決算調整」については法人
が確定した決算において処理しておかない限り調整は認められません。
　「決算調整」事項には、損金経理を要件としているもの（例えば減価償却費、

資産の評価損、圧縮記帳の圧縮損など）があります。これらは、決算書上で損金処理していなければ損金として認められません。

　なお、損金のうち、減価償却費や各種の準備金等は損金として計上しても、資金の社外流出がありません。そのため、これらは一般に「社内留保項目（timing difference）」と称されています。

　それに対し、交際費や給与などは、支払により資金が社内から社外に流出してしまいます。そのため、これらは「社外流出項目（permanent difference）」と称されています。

§4　法人税の種類

　法人税には、かつては①各事業年度の所得に対して課される法人税、②法人の清算にあたって清算所得に対して課される法人税、③退職年金業務等を行う法人に対する各事業年度の退職年金等積立金に対する法人税の３つがありました。しかし②については平成22年度の改正で廃止され（法５）、③についても現在は適用停止となっています（措68の４）。

　このようなことから、「法人税」といった場合には、一般的には①の各事業年度の所得に対する法人税と平成19年度の税制改正で創設された法人課税信託の所得に対する法人税の２つということになります（法２二九の二、４、４の６）。

　なお、平成26年の税制改正で、地域間の税源の偏在性を是正するための措置として、地方税である地方住民税の税率の引下げとあわせ、新たな国税として法人税額の4.4％相当額の「地方法人税」が創設され、令和元年以後に開始する事業年度からその税率が10.3％に引き上げられています（地方法人税法）。（※）

※　それに伴い、法人住民税の税率が都道府県分について3.2％→2.2％に、市町村分が9.7％から3.7％にそれぞれ引き下げられています。

第2節　法人税の納税義務者

$\begin{pmatrix} \text{法3〜4の5、法令5、14の3〜5} \\ \text{法規8の3の3〜11} \end{pmatrix}$

§1　納税義務者

　法人税の納税義務者は、原則として法人格を有する者ですが、それらは内国法人と外国法人に大別されます。このうち「内国法人」とは、国内に本店又は主たる事務所を有する法人（注8）を（法2三）、「外国法人」とは、内国法人以外の法人をいいます（法2四）。また、納税義務の差異等に応じてさらにそれぞれ、次に掲げるように区分されています（法2五〜9及び4①②）。

　①　**普通法人**（合名会社、合資会社、株式会社、合同会社など）

（注8）　民法上の組合である「任意組合」（民法667以下）、商法上の組合である「匿名組合」（商法535以下）、「投資事業有限責任組合契約に関する法律（いわゆるファンド法）」に基づいて組織された「投資事業有限責任組合（いわゆるファンド）」及び「有限責任事業組合契約に関する法律」で規定する「有限責任事業組合」（日本版L.L.P）などといったいわゆるパス・スルー型の組織体については、当該組織体自体に対する課税はなされず、その構成員である組合員の人格に着目した課税がなされています。

　その結果、これらの組織体によって稼得された所得については、その構成員又は出資者の人格に応じて課税がなされます。すなわち、その構成員又は出資者が個人であれば所得税が、法人であれば法人税が課されることになります。

　それに対し、「資産流動化法」に基づいて設立された「特定目的会社（いわゆるSPC）」及び「投資信託及び投資法人に関する法律」に基づいて設立された「投資法人」及び「法人課税信託」については、法人格を有しているため、原則的には法人税の課税対象となります。しかし、これらの法人（又は信託）のうち一定の要件を充足し、かつ、それらの利益の90％超を配当している場合には、配当に充てた金額は損金に算入することが認められています（措67の14、15）。

　その結果、これらの組織体も法人税の課税上は実質的に民法組合等と同じ扱いとなっています。

②　**協同組合等**（農業協同組合、漁業協同組合、信用金庫など）

③　**公益法人等**（学校法人、宗教法人、税理士会、公益財団法人など）

④　**人格のない社団等**（親善等を目的とする団体、PTA、学会など）

　このうち、②は特別法によって法人格が与えられています。また④は法人格は有しておりませんが、法人税法上は法人として扱われています。③と④については、法人税法施行令第5条に列挙されている収益事業を営む場合に限り納税義務を有することとされています。なお、法人のなかには、公共法人（地方公共団体、国立大学法人、日本放送協会など）がありますが、これらの法人については納税の義務を負わないこととされています（法4③）。

　なお、法人がグループ通算制度を選択した場合、従来の連結納税とは異なり、各法人が納税義務者となります。ただし、通算グループ内の他の法人の法人税について連帯して納付する責任を負います（法152①）。

§2　法人税の納税義務の範囲…課税所得の範囲

　内国法人は、全世界所得について納税義務があるとされています（法4①）。それに対し、日本国内に本店を有しない外国法人については、日本国内で生じた所得（いわゆる「国内源泉所得」）についてのみ納税義務を負うこ

（注9）　**内国法人と外国法人の課税所得の範囲**

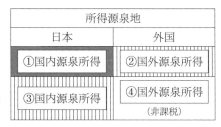

わが国課税権の範囲
⇩
内国法人：全世界所得課税（①＋②）

外国法人：国内源泉所得のみ課税（③）

所得源泉地	
日本	外国
①国内源泉所得	②国外源泉所得
③国内源泉所得	④国外源泉所得（非課税）

※　ただし、国外源泉所得であっても、国内にある恒久的施設に帰属する分については課税対象に含むこととされています（法138①一）。

ととされています（法4②、所161）（注9）。

　ちなみに、法人の種類別にみた納税義務の範囲は次のようになっています。

【第4－2表】法人の種類と納税義務の範囲

法　人　の　種　類			課税対象の所得及びそれに対する税率
内国法人（法2三）		普通法人	合名会社、合資会社、株式会社、合同会社、相互会社、社会医療法人以外の医療法人、企業組合、日本銀行、一般財団法人、一般社団法人等（法2九）	所得の全部に対し普通税率（23.2%）課税（法5、66①②、措42の3の2）但し、資本金1億円以下で年800万円以下の所得については15%の軽減税率
		協同組合等	農業協同組合、商工組合、消費生活協同組合、中小企業等協同組合、信用金庫、漁業協同組合、森林組合等（法2七）	所得の全部に対し低率（19%）課税（法5、66③、措42の3の2）
	公益法人等		公益財団法人、公益社団法人、非営利型法人（法2六）	収益事業から生じた所得に対してのみ低率（19%）課税（法4①、7、66①②、措42の3の2）
			日本赤十字社、商工会議所、社会福祉法人、社会医療法人、宗教法人、学校法人、労働組合、信用保証協会、酒造組合等	収益事業から生じた所得に対してのみ低率（19%）課税（法4①、7、66③、措42の3の2）
	人格のない社団等		各種の親善・社交を目的とする団体、P・T・A、同窓会、学会、労音、労演等（法2八）	収益事業から生じた所得に対してのみ普通税率（23.2%）課税（法4①、7、66①②、措42の3の2）
	公共法人		地方公共団体、日本放送協会、日本政策金融公庫、独立行政法人のうち財務大臣が指定した一定のもの	納税義務なし（法4②）
外国法人（法2四）	普通法人（法2九）			国内源泉所得についてのみ普通税率課税（法4②、9、143①②、措42の3の2）
	公益法人等			収益事業から生じた国内源泉所得についてのみ低率課税（法4②、10、143③、措42の3の2）
	人格のない社団等（法2八）			収益事業から生じた国内源泉所得についてのみ普通税率課税（法4②、10、143①②、措42の3の2）
	公共法人			納税義務なし（法4③）

※　法人課税信託に対しても原則的には法人税が課されますが、所得の90%超を配当等の形で分配した場合には構成員課税となり、法人課税信託自体に対する課税はされません。
　　なお、一般社団法人及び一般財団法人については普通法人と同じ扱いとなっています。

〔資料出所：国税庁税務大学校講本「法人税法」（令和5年度版）5頁をもとに著者作成〕

第3節　法人税の課税対象及び課税標準

$$\left(\begin{array}{l}\text{法}5\sim10の3、13、14、21、22、81\sim81の3ほか}\\\text{法令}18の2、155ほか}\end{array}\right)$$

　法人税の課税対象は、法人の所得です。それには、各事業年度の所得だけでなく法人信託に対する法人税、退職年金積立金に対する法人税、地方法人税などがありますが、中核となっているのは各事業年度の所得です。

　ちなみに、法人税の課税標準たる各事業年度（注10）の所得の金額は、当該事業年度の益金の額から損金の額を控除した金額として計算されます（法21、22①）。

　そして、法人税法では、法人が事業年度終了後に決算を行い、株主総会の承認を受けた決算（「確定決算」）をベースに課税標準たる所得金額を計算することとしています（法74、75）（注11）。

　そして、法人が各事業年度において計上する、益金の額、損金の額は、一般に公正妥当と認められる会計処理の基準に従って行われることを前提としています（法22④）。

　その意味でいえば、法人税法の学習は、基本的には法人税法で規定されている「別段の定め」（益金の額に算入する（又はしない）、損金の額に算入する（又はしない））を学ぶということ、すなわち企業会計により計算された利益の額に、法人税法で規定されたものを加算又は減算する事項を学ぶというこ

(注10)　事業年度については、法人が自由に定めることができることとされていますが、その期間は1年以内とされています（法13）。
　　　　なお、法人が、事業年度の中途において解散したり、合併によって消滅した場合には、事業年度開始の日からそこまでの期間を一事業年度とみなして所得の金額が計算されます（法14）。
(注11)　法人税法（及び租税特別措置法）で規定されている多くの規定は各事業年度の所得計算に関するものです。

とです。

　具体的には、次のようなイメージです。

【第4－3図】　企業会計上の利益金額の計算と法人税法上の所得金額計算に関するイメージ図

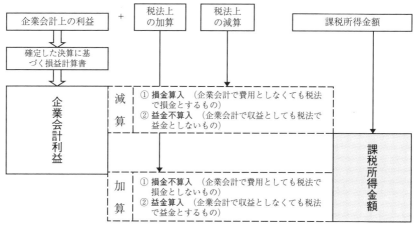

〔資料出所：国税庁税務大学校講本「法人税法」（令和4年度版）26頁より抜すい、一部修正〕

【第4－4図】　企業会計上の収益、費用等の額と益金、損金との関係

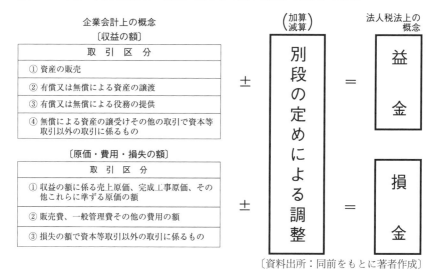

〔資料出所：同前をもとに著者作成〕

　なお、法人税法（及び租税特別措置法）上「別段の定め」がなされている
のは、次のような項目についてです。

【第4－3表】　別段の定めの具体例

------------------------------〔主要なもののみ記載〕------------------------------

　　益金の額の計算

・受取配当等の益金不算入（法23～24）
・資産の評価益の益金不算入（法25）
・還付金等の益金不算入（法26）
・内国法人に係る特定外国子会社等の課税対象金額の益金算入（措66の6）

　　損金の額の計算

・資産の評価及び償却費　　棚卸資産（法29）
　　　　　　　　　　　　　減価償却（法31）
　　　　　　　　　　　　　繰延資産（法32）
・資産の評価損の損金不算入（法33）
・役員給与及び過大な使用人給与の損金不算入（法34、法36）
・寄附金の損金不算入（法37）
・法人税額等の損金不算入等（法38～41、41の2）
・圧縮記帳等による圧縮額の損金算入（法42～50）
・引当金（法52）…ただし平成23年度の税制改正で原則廃止
・繰越欠損金（法57～59）
・契約者配当金（法60～60の2）
・交際費等の損金不算入（措61の4）

　　利益の額又は損失の額の計算

・有価証券の譲渡損益及び時価評価損益（法61の2～61の4）
・デリバティブ取引に係る利益相当額又は損失相当額（法61の5）
・ヘッジ処理による利益額又は損失額の計上時期等（法61の6～61の7）
・外貨建取引の換算等（法61の8～61の10）
・完全支配関係がある法人の間の取引の損益（法61の11）

　　組織再編成に係る所得の金額の計算　（法62～62の9）

　　完全支配関係がある法人の間の損益通算及び欠損金の通算
　　（法64の5～64の14）

〔資料出所：著者作成〕

§1　益金と損金

　企業会計においては、各期における「利益」の金額は、売上高から売上原価、販売費及び一般管理費を控除し、それに営業外損益及び特別損益を加減算して得られます。

　それに対し、法人税の課税標準となる各事業年度の所得の金額は当該事業年度の「益金の額」から当該事業年度の「損金の額」を控除するという形で計算されます（法21、22①）。

1　益　金

　法人税法では、各事業年度の所得の金額の計算上「益金の額」に算入すべき金額とは、受取配当に係る益金不算入（法23）など別段の定めのあるものを除いて、その事業年度における次の取引に係る「収益の額」をいうとされています（法22②）。

　①　資産の販売

　②　有償又は無償による資産の譲渡

　③　有償又は無償による役務の提供

　④　無償による資産の譲受けその他の取引で資本等取引（注12）以外のものに係るもの

　そして、ここでいう「収益の額」については、「一般に公正妥当と認められる会計処理の基準」に従って計算することとされています（法22④）。

　ただし、法人税法でいう収益には、企業会計上では認識しないこととされている無利息融資等が含まれています（注13）。その点で企業会計上の収益と

（注12）　「資本等取引」とは、法人の資本金等の額の増加又は減少を生ずる取引並びに法人が行う利益又は剰余金の分配及び残余財産の分配又は引渡しをいうこととされています（法2十六、22⑤、法令8）。

（注13）　例えば金子宏著「租税法（24版）」弘文堂、令和3年、346頁。

若干異なります。

2　損　金

　また、各事業年度の「損金の額」に算入すべき金額とは、資産の評価損に係る損金不算入（法33）や交際費等の損金不算入（措61の４）など別段の定めのあるものを除き、その事業年度の次のようなものをいうこととされています（法22③）。

①　売上原価、完成工事原価等

　このうち、売上原価については、費用収益対応の原則が重視されます（法22③一）。

②　販売費、一般管理費その他の費用

　これらの費用については、期間費用となるものが大部分であることから、事業年度中において債務として確定（注14）していることが必要とされています。

　また、減価償却費については、法人がその確定した決算において費用又は損失として経理するいわゆる損金経理が要件とされています。

③　損失の額で資本等取引（注15）以外の取引に係るもの

　これらは、収益や期間の対応になじまないことから、その事業が発生したときの事業年度の損金とされています（法22③三）。

　そして、ここでも、これらの額を計算する場合には、「一般に公正妥当と

（注14）　なお、債務が確定しているかどうかは、期末までに次の全ての要件に該当しているか否かにより判定されます（法基通２－２－12）
　　①　その費用に係る債務が成立していること
　　②　その債務に基づいて具体的な給付をすべき原因となる事実が生じていること
　　③　その債務の額を金額的に算定することができること

認められる会計処理の基準に従って計算される」ものとしています（法22
④）。

§2　申告調整と決算調整

法22、23〜26、31〜37、52〜54、81の3〜15、措法42の4以下
法令23〜27、53〜64、73、80、96、97、155〜155の22ほか
措令27の4以下

　前述したように、法人税法で規定する「益金の額」、「損金の額」は、企業
会計における「収益の額」及び「費用等の額」と基本的に異なるものではあ
りません。しかし、法人税法では、課税の公平・適正、政策目的などから、
「別段の定め」による調整を加えたうえで課税所得を算出することとしてい
ます（法22）（注16）。いわゆる税務調整です。

　税務調整には、決算段階においてしておかなければならないいわゆる「決
算調整事項」と申告段階で調整すれば良いこととされている「申告調整事
項」とがあります。

　税務調整を行う際注意しなければならないのは、「決算調整事項」です。
例えば、減価償却費や貸倒引当金などといったいわゆる内部取引については、
法人が確定した決算において損金経理をしていなければ損金算入は認められ
ません。

　また、「申告調整事項」には、法人の選択が許されている「任意の調整事
項」（例えば法23⑧等）と強制的に企業利益の修正をしなければならない「必

(注15)　「資本等取引」とは、法人の資本金等の額を増加又は減少させる取引、具
　　　　体的には、増資、減資、合併等に加え、利益又は剰余金の分配、残余財産の
　　　　分配等の取引です。
　　　　　法人税法ではこれらの取引は益金の額又は損金の額に関係させないこと
　　　　としています（法22③三）。

須の調整事項」（例えば法25等）があります。

　ちなみに税務調整事項のうち、主なものとしては次のようなものがあげられます。

【第 4 － 5 図】　税務調整事項一覧

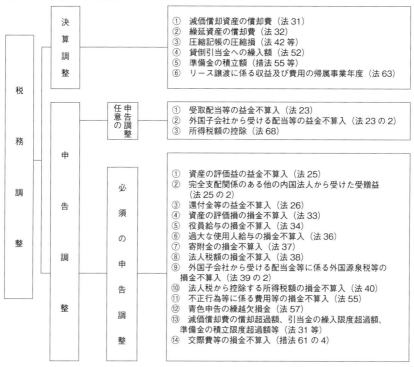

決算調整	① 減価償却資産の償却費（法31） ② 繰延資産の償却費（法32） ③ 圧縮記帳の圧縮損（法42等） ④ 貸倒引当金への繰入額（法52） ⑤ 準備金の積立額（措法55等） ⑥ リース譲渡に係る収益及び費用の帰属事業年度（法63）	

税務調整　申告調整

　任意の申告調整
① 受取配当等の益金不算入（法23）
② 外国子会社から受ける配当等の益金不算入（法23の2）
③ 所得税額の控除（法68）

　必須の申告調整
① 資産の評価益の益金不算入（法25）
② 完全支配関係のある他の内国法人から受けた受贈益（法25の2）
③ 還付金等の益金不算入（法26）
④ 資産の評価損の損金不算入（法33）
⑤ 役員給与の損金不算入（法34）
⑥ 過大な使用人給与の損金不算入（法36）
⑦ 寄附金の損金不算入（法37）
⑧ 法人税額の損金不算入（法38）
⑨ 外国子会社から受ける配当金等に係る外国源泉税等の損金不算入（法39の2）
⑩ 法人税から控除する所得税額の損金不算入（法40）
⑪ 不正行為等に係る費用等の損金不算入（法55）
⑫ 青色申告の繰越欠損金（法57）
⑬ 減価償却費の償却超過額、引当金の繰入限度超過額、準備金の積立限度超過額等（法31等）
⑭ 交際費等の損金不算入（措法61の4）

〔資料出所：国税庁税務大学校講本「法人税法」（令和5年度版）28頁〕

　また、法人の利益と課税所得との関係を一覧表の形で図示すると次ページの図のようになります。

【第4－6図】　企業会計上の利益と法人税法上の所得との関係（イメージ図）

区分	根拠法令等	目　的	作 成 書 類 ［ 財 務 諸 表
企 業 会 計	会社法　企業会計原則など	1　配当可能利益の算定 2　経営成績の把握 　＊　投資者保護 　＊　債権者保護 　＊　株主保護	○○株式会社 会社の価値………… 損益計算書P／L（千円） 仕入　　××　　　売上　×××× 費用　　×× 利益　1,000 （決算調整はここまでの段階で行います） これがベースになります（決算調整後の数字） 会社が企業会計により算出した当期利益 （A） ※ただし、減価償却費や貸倒引当金などについては、
			作 成 書 類 （ 決 算 上 の
税 務 上 の 処 理	法人税法、租税特別措置法	◎　国家財政（税収入）の確保 1　適正な課税 2　税負担の公平 3　各種政策目的の実現	（申告調整）　　　　　　第2ステップ＋(B) 第1ステップ ここからスタートします　スタート　（A） （申告調整）【プラス項目】 企業会計で収益としなくても税法で益金とするもの（益金算入） 企業会計で費用としても税法で損金としないもの（損金不算入） （A）の金額がここへ来ます 会社が企業会計により算出した当期利益　⇨ 税法の目的、規定に沿っ（申告調整） 加 算 （ ＋ ）

※　これら税務上の処置計算は、法人税申告書別表4において行われます。

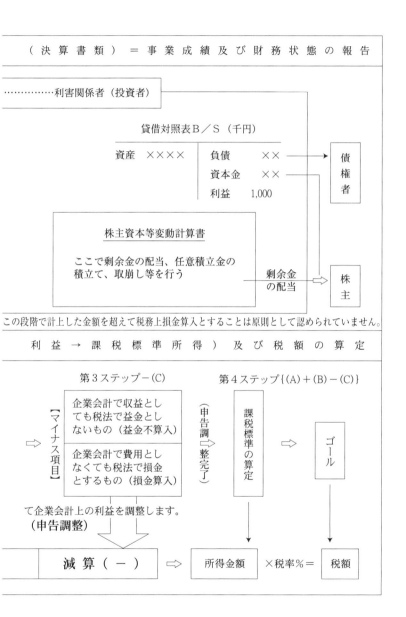

（決算書類）＝事業成績及び財務状態の報告

…………利害関係者（投資者）

貸借対照表B／S（千円）

資産　××××　　負債　　××　　→　債権者
　　　　　　　　資本金　××　　→
　　　　　　　　利益　1,000

株主資本等変動計算書

ここで剰余金の配当、任意積立金の積立て、取崩し等を行う

剰余金の配当　⇒　株主

この段階で計上した金額を超えて税務上損金算入とすることは原則として認められていません。

利益　→　課税標準所得）及び税額の算定

第3ステップ－(C)　　　第4ステップ｛(A)＋(B)－(C)｝

【マイナス項目】

企業会計で収益としても税法で益金としないもの（益金不算入）

企業会計で費用としなくても税法で損金とするもの（損金算入）

（申告調整⇒整完了）

課税標準の算定　⇒　ゴール

て企業会計上の利益を調整します。
（申告調整）

減算（－）　⇒　所得金額　×税率％＝　税額

〔資料出所：著者作成〕

（注16）　なお、税法独自のものとして、「圧縮記帳」、「特別償却」、「準備金」という制度があります。

　　　　このうち、「圧縮記帳」とは、税務上固定資産の取得価額の一部を損金算入できる制度をいいます。この方法は課税繰延べの手段として用いられるもので、例えば、国庫補助金で固定資産を取得した場合などに適用されます。

　　　　また「特別償却」とは、租税特別措置法で定める減価償却資産の償却の特例制度のことです。

　　　　この制度を利用することにより、投下資本の早期回収が可能になることから、特定の政策目的を実現する手段として用いられます。

　　　　この方法も、圧縮記帳と同じく、税負担自体を免除するものではなく、課税繰延べ効果を期待したものです。

　　　　同様に「準備金」も当期において実際に現金等の支出があったわけではありませんが、一定の政策目的実現の観点から、当期において一定の要件を充足することを条件に損金算入が認められているものです。「準備金」には、海外投資等損失準備金など11種があります（措55〜61の２）。

　　　　なお、引当金と準備金は前者が法人税法本法で規定され、全ての法人が利用可能なのに対し、後者は租税特別措置法で規定され、青色申告法人のみ利用可能となっています。

　　　　また、前者にあっては損金経理が要件とされているのに対し、後者は利益処分による経理も認められています。

§3　税効果会計との関係

1　税効果会計

　「税効果会計」とは、企業会計上の収益又は費用と課税所得計算上の益金又は損金の認識時点の相違等により、企業会計上の資産又は負債の額と課税所得計算上の資産又は負債の額に相違がある場合において、法人税等を適切に期間配分することにより、法人税等を控除する前の当期純利益とその純利益に対する費用計上する法人税等の額とを合理的に対応させることを目的とする会計処理の方法です（注17）。

　税効果会計を適用しない会計処理の下では、当期の法人税等として納付すべき金額はすべて税引前当期純利益から控除されます。このため、会計上の利益と課税所得の間に差異がある場合には、法人税等の額が、法人税等を控除する前の当期純利益と期間的に対応せず、また、将来の法人税等の支払額に対する影響が表示されないことになります。

2　法人税申告書との関係

　そこで、この対応をより明確化するため、税効果会計においては、例えば貸倒引当金の繰入限度超過額などのように、課税所得の計算上加算される金額に係る法人税等の額を、貸借対照表上「繰延税金資産」として資産計上するとともに、これに見合う分を損益計算書上「法人税等調整額」という形（法人税の前払い又は後払いの形）で計上することとなります（注18）。

（注17）　非公開会社には税効果会計の適用が強制されることはありませんが、平成10年6月に公表された「商法と企業会計の調整に関する研究会の報告書」では、「すべての会社において、税効果会計を適用することが適当である。」とされています。
（注18）　ただし、税務上は申告書の別表四と五で調整がなされますので、税効果会計を適用してもしなくても、課税所得に変化は生じません。

第4節　税額の計算

　各事業年度の所得に対する法人税の額及び確定申告によって最終的に納付すべき税額は、各事業年度の所得の金額に税率を乗じることにより計算されます。

　ちなみに、現行の法人税率は、次のようになっています（法66、81の12、措法42の3の2）（注19）。

（注19）　ちなみに、わが国及び主要国の法人実効税率は、次のようになっています。

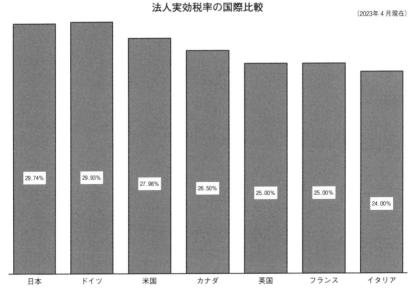

法人実効税率の国際比較

（2023年4月現在）

（注1）法人所得に対する税率（国税・地方税）。地方税は、日本は標準税率、ドイツは全国平均、米国はカリフォルニア州、カナダはオンタリオ州。
　　なお、法人所得に対する税負担の一部が損金算入される場合は、その調整後の税率を表示。
（注2）英国については、最高税率（拡張利益（※）25万ポンド（4,025万円）超の企業に適用）を記載。拡張利益25万ポンド以下では計算式に基づき税率が逓減し、5万ポンド（805万円）以下は19％。
　　※拡張利益とは、課税対象となる利益に加えて他の会社（子会社等を除く）から受け取った適格な配当等を含む額のことを指す。
（備考）邦貨換算レートは、1ポンド＝161円（裁定外国為替相場：令和5年（2023年）4月中適用）。
（出典）各国政府資料

〔資料出所：財務省〕

【第4−4表】　法人の種類と税率

法人の種類、所得金額				
普通法人・人格のない社団等	資金等の額若しくは出資金の額が1億円以下のもの又は資本若しくは出資を有しないもの（相互会社、大法人による完全支配関係がある法人を除く。）	年800万円以下の部分（注1）	下記以外の法人	15%
			適用除外事業者	19%
		年800万円超の部分（注1）		23.2%
	上記以外の法人			23.2%
協同組合等（特定の協同組合等（注2）を除く。）		年800万円以下の部分		15%
		年800万円超の部分		19%
公益法人等	公益社団（財団）法人、一般社団（財団）法人のうち非営利型法人	年800万円以下の部分		15%
		年800万円超の部分		23.2%
	一定の公益法人等（注3）	年800万円以下の部分		15%
		年800万円超の部分		23.2%
	上記以外の公益法人等	年800万円以下の部分		15%
		年800万円超の部分		19%

※　上記に加え地方法人税（課税標準は各事業年度の課税標準法人税額で、税率は10.3%）が課される。

(注)1　事業年度の期間が1年未満の法人については、年800万円とあるものは、
$$800万円 \times \frac{その事業年度の月数}{12}$$ として計算する（法法66④）。

2　特定の協同組合等（構成員が50万人以上である組合など）にあっては、所得金額のうち10億円を超える部分の金額については22%（平成24年4月1日以後に開始する事業年度、それ以前は26%）の税率が適用される（措法68）。

3　一定の公益法人等とは、認可地縁団体、管理組合法人、団地管理組合法人、法人である政党等、防災街区整備事業組合、特定非営利活動法人、マンション建替組合及びマンション敷地売却組合をいう（措令27の3の2）。

〔資料出所：国税庁税務大学校講本「法人税法」(令和4年度版)130頁より抜すい、一部修正〕

§1　法人税額の計算（法66、67、措67の２）

第１ステップ…法人税額の計算

各事業年度の所得の金額（例えば1,000）×税率$\left(\dfrac{23.2}{100}\right)$

　⇒　法人税額（232）

　各事業年度の所得の金額は、基本的には企業会計上の利益をベースとしつつ、それに税務調整による加減算項目を加減して得られます。しかし、前期以前に欠損金がある場合には、各事業年度の所得に対してそのまま税率を乗じたとしますと結果的に法人に過重な負担を強いることにもなりかねません。

　そこで、例外的な扱いとして、青色申告によっている法人の各事業年度の所得金額の計算上前10年以内に生じた欠損金がある場合には、それらの欠損金のうち、当期の所得金額の50％に相当する分を控除することができることとされています（法57）。いわゆる「欠損金の繰越控除」制度です（注20）。

　また、当期に欠損が生じた場合には、前１年以内の所得金額に繰り戻して法人税額を還付する制度も設けられています（法80）（注21）。

　ちなみに繰戻還付金額の計算式は次のようになっています。

$$\frac{繰戻還付}{法人税額}=\frac{還付所得事業年}{度の法人税額}\times\frac{欠損事業年度の欠損金額(※)}{還付所得事業年度の所得金額}$$

※分母の金額が限度とされます。

（注20）　平成27年度の税制改正で、その期間が10年に延長されるとともに、控除割合が段階的に引き下げられました。さらに、平成28年度税制改正において、その見直しが行われ、平成27年度は65％、平成28年度は60％、平成29年度は55％、平成30年度以降については50％とすることとされました。
（注21）　ただし、中小法人以外については当分の間不適用とされています（措66の13）。

§2　要納付法人税額の計算（法67①〜③）

　法人が実際に納付しなければならない税額は、各事業年度の所得の金額に法人税率を乗じて計算された金額というわけではなく、それに一定の調整（加減算）を加えた金額となります。

　例えば、すでに支払った所得税や外国法人税については、二重課税を排除するという見地から、税額控除が認められています。

　また、試験研究の促進などといった特別の政策目的実現のための施策として、所得控除に代えて（又は選択で）特別に税額控除を認めている場合があります。

　さらに、特定同族会社の留保金については、所得税との税率差を利用した租税回避に対応するため、通常の法人税に加え、留保金額に応じ10％、15％、20％の税率で特別に税額が加算されます（法67①〜③）。

　それらの計算は次の順序で行われています。

第 1 ステップ…特別税額控除等の控除

　まず最初に調整されるのは、特別の政策目的実現のために設けられている特別税額控除です。

　　　法人税額(232)－試験研究を行った場合の法人税額の特別控除額

　　　　　　その他の特別控除額(50)＝差引法人税額(182)

第 2 ステップ…特定同族会社の留保金額等の加算（法67）

　次の調整は、資本金 1 億円超の特定同族会社（注22）（一人の株主及びその同族関係者によって発行済株式の50％超を保有されている会社）が所得を内部に留保していた場合等に当該留保部分に対して課される法人税額に対する加算です。

　なお、使途秘匿金の支出額がある場合にはその分も対象となります。

　例えば、差引法人税額：182、課税留保金額：20、特別税率：10％、使途

秘匿金支出額：10の場合における加算後の金額は次のようになります。

$$差引法人税額(182)+課税留保金額(※1)(20)×特別税率\left(例えば\frac{10}{100}\right)$$

$$+使途秘匿金の支出額(※2)(10)×特別税率\left(\frac{40}{100}\right)=188$$

※1　この措置は、同族会社の中でも個人的色彩が特に強い会社（特定同族会社）に特別の負担を求めるものです。税率は、課税留保所得の金額に応じ10%（3,000万円以下）、15%（3,000万円超1億円以下）、20%（1億超）の3段階となっています。

※2　「使途秘匿金」とは、法人がした金銭の支出のうち、支出したことに相当の理由がなく、その相手方の氏名、住所及びその事由等が帳簿書類に記載されていないものをいいます（措62）。

第3ステップ…外国税額等の控除（法69）(注23)

　次の調整計算は、所得税額及び外国で稼得された内国法人の所得に対して課されたわが国の法人税に相当する税額について、二重課税排除という観点から控除を認めるという制度です。

(注22)　「特定同族会社」においては、所得税の最高税率が法人税率よりも高いことから、個人株主の所得税の累進税率による税負担を回避しようとして利益を社内に留保する傾向があります。その結果、個人企業又は非同族会社の場合に比して税負担の面でバランスを失するおそれがあります。

　　　　そこで、資本金の額又は出資金の額が1億円を超える特定同族会社が一定の限度額を超えて各事業年度の所得等の金額を留保した場合には、通常の法人税のほかに、その限度額（留保控除額）を超えて留保した所得等の金額（課税留保金額）に対し、その金額に応じて特別税率による法人税が加算されます（法67①〜③）。

　　　　ちなみに、課税留保金額は、当期の所得等の金額から社外流出額及び法人税、地方住民税を控除し、そこから留保控除額を控除する形で計算されます。

　　　　また、留保控除額は、次の①〜③のうち最も多い金額です（法67）。

①所得等の40%相当額

②定額基準額……2,000万円

③積立金基準額……資本金の額×$\frac{25}{100}$－利益積立金額

　　　　その税率は超過分3,000万円までであれば10%、3,000万円から1億円以下の部分については15%、1億円超の場合、超過部分の20%となっています。

具体的には次のように計算します（数字はいずれも仮置きです。）。

　　法人税額計(例えば188)－所得税額控除(30)

　　－外国法人税額控除等(26)＝差引所得に対する法人税額(132)

第 4 ステップ…確定申告による最終要納付税額

最後のステップは、中間申告によって納付された法人税額の控除です。

その結果、確定申告によって納付すべき税額は次のようになります。

　　差引所得に対する法人税額(132)－中間申告分の法人税額(70)

　　⇒　差引確定法人税額(62)（確定申告により納税することとなる税額）

すなわち、このケースでは確定申告によって納付すべき税額は62というこ
とになります。

（注23）　なお、平成21年の改正で、内国法人が外国子会社から受ける配当等について、一定の要件（持株割合25％以上、かつ、配当決議前 6 月以上保有）の充足を条件に、外国税額控除（間接外国税額控除）に代えて、受取配当の95％相当額を益金不算入とする制度が導入されました（法23の 2 ）。

　　　また、平成27年の改正で、BEPS プロジェクトの勧告を踏まえ、子会社の所在地国（例えばオーストラリア）で損金算入が認められている配当については、二重非課税の発生を防止する見地から親会社である日本サイドで益金算入とする旨の手当てが講じられています。

第 5 節　法人税の申告と納付、還付

$$\begin{pmatrix} 法14、71〜80、81の19〜31 \\ 法令151〜154、155の49 \\ 法規34、36、37 \end{pmatrix}$$

　会社法上の会社は 1 年以内の期間を計算期間として決算することになっています。そこで、法人税法も「法人の定めた会計期間」を事業年度としてその期間の所得金額を計算することととしています（法13）。事業年度は 1 年としているところが大部分ですが、それ以外（例えば 6 か月）としている法人もあります（注24）。

§1　確定申告

　法人は、原則として各事業年度終了の日の翌日から 2 か月以内に、株主総会などの承認を受けた決算（いわゆる「確定決算」）をベースにしつつ、それに所要の税務調整を行ったうえで申告書を作成し（注25）、それを税務署長に提出するとともに、その申告書に記載された法人税額を納付しなければならないこととされています（法74①、77、法規34）（注26）。この申告書は、所得税の場合と同様に確定申告書と称されています（注27）。

（注24）　なお、年度の中途で合併による解散等があった場合には、合併の日の前日までの期間が事業年度となります（法14）。

（注25）　このようなやり方は、わが国だけでなくドイツでも採用されており、一般に「確定決算主義」と称されています。

　　　　それに対し、米国などのように企業会計上の利益と税務上の所得を別個に計算するやり方は「分離主義」と称されています。

　　　　ただし、米国でもエンロン事件（2001年）を契機に企業会計上のいわゆる公表利益と税務上の申告所得に大きな差があることが問題とされ、日本の法人税申告書別表四に類似した M-3 様式の添付が義務付けられました。

　なお、確定申告書には、貸借対照表、損益計算書などの添付が必要です（法74②、法規35）（注28）。

（注26）　ただし、災害その他一定の理由により、法人の決算が事業年度終了の日から２月以内に確定しないと認められる場合には申告期限の延長が認められています（法75、75の２、通18）。

　　　　具体的には次のようなイメージです。

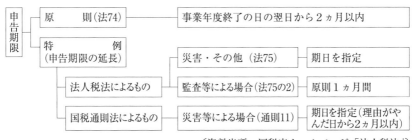

〔資料出所：国税庁ホームページ「法人税法」〕

（注27）　法人の確定決算による利益の額がそのまま課税所得となるのではなく、法人税法の規定による加算、減算を行った後の所得を課税所得として税額を算出することになります。それらの計算過程を示した明細書が確定申告書及びその別表です。

　　　　なお、会社が株主総会（社員総会）の承認を得ることなく決算を行い、それに基づいて提出された確定申告書であっても、それらは法人税法上有効な申告書として取り扱われます（福岡高裁、平成19年６月20日判決、平成19年（行コ）第７号）。

（注28）　連結納税の場合における確定申告は連結親法人がすることとされていました（令和２年度税制改正前の法81の22）が、令和２年度改正により導入されたグループ通算制度では、親法人及び子法人が個別に確定申告をすることとされています。

§2　中間申告

　事業年度が6か月を超える法人は、予納的な意味で事業年度開始の日以後6か月を経過した日から2月以内に中間申告を行わなければなりません。この中間申告には二つの方法があり、法人がそのいずれかを選択することとされています（注29）。

　中間申告をした法人は、申告書に記載された税額をその中間申告書の提出期限までに納付しなければなりません（法76）。

（注29）　①　前期実績を基準とする中間申告
　　　　　　　　次の算式で計算した税額を中間納付額として申告します（法71①）。

$$前事業年度の法人税額 \times \frac{6}{前事業年度の月数}$$

　　　　　②　仮決算による中間申告
　　　　　　　　その事業年度開始の日以後6か月の期間を1事業年度とみなして仮決算を行い、これに基づいた中間申告書を提出します（法72①）。

第5章　相続税と贈与税

　相続税と贈与税については、相続税法の中でまとめて規定されています。これは、贈与税が相続税の補完税であると位置付けられていることによるものです。

　ちなみに、相続税法の構成は次のようになっています。

【第5－1表】　相続税法の構成

【第1章】　総則
　　趣旨、定義（1～1の2）
　　納税義務者（1の3～1の4）
　　課税財産の範囲（2～2の2）
　　相続等により取得したものとみなす場合（3～9）
　　信託に関する特例（9の2～9の6）
　　財産の所在（10）

【第2章】　課税価格、税率及び控除
（相続税）

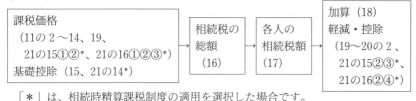

　「＊」は、相続時精算課税制度の適用を選択した場合です。
（相続時精算課税制度の適用を選択していない場合の贈与税）

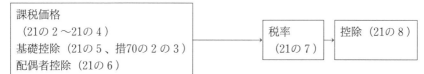

（相続時精算課税制度の適用を選択している場合の贈与税）

【第3章】　財産の評価（22～26の2）
【第4章】　申告、納付及び還付（27～34）
【第5章】　更正及び決定（35～37）
【第6章】　延納及び物納（38～48の3）
【第7章】　雑則（49～67の2）
【第8章】　罰則（68～71）

第1節　相続税の特質と機能

　相続税は、人の死亡を契機として、相続などにより財産が移転した場合に課される租税です（相1の3、1の4、2、2の2ほか）。

　現行の直接税制においては、その税源として、納税者が一定期内に稼得した所得が予定されていますが、同じ直接税でも、相続税は、税源を所得ではなく財産自体に求めています。そのため、相続税は直接税とはいっても、実質的には財産税に区分される税です。

　ところで、親から子等に財産が移るだけなのに、なぜその移転に対して税金がかかるのでしょうか。これにはいろいろな考え方がありますが、代表的なものとしてあげられるのは次のような考え方です。

§1　相続税の機能

1　所得税の補完機能であるとする考え方

　これは、被相続人が生前において受けた所得税制上の特典、その他による負担の軽減などにより蓄積した財産を、相続開始の際に精算してもらうのであるとする考え方です（注1）。

　具体的には次のようなイメージです。

所得の清算としての相続税

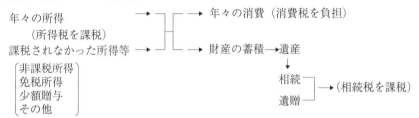

〔資料出所：国税庁税務大学校講本「相続税法」（令和5年度版）1頁〕

2　富の集中排除機能とみる考え方

　この説は、相続により相続人等が得た偶然の富の増加に対し、その一部を税として徴収することで、財産を相続した者としなかった者との間の負担の均衡を図り、合わせて富の過度の集中を抑制するという考え方です。

　このうち最も有力なのは、相続という事実に基づく、遺産の帰属により生じた一時的な所得の実額に着目して課税するものであるという考え方です。その意味で、相続税は特殊な形態の所得税とも解されています。そのため、所得税と同じように、①所得（財産）の総合　②最低生活費の考慮　③個人的事情の考慮　④超過累進税率の適用などが織り込まれています。

（注1）　このような考え方を踏まえ、例えば、カナダやオーストラリアなどでは、被相続人から相続人に死亡時に資産の譲渡があったものとみなして、被相続人に対しキャピタル・ゲイン課税を行うこととしています。

§2　相続税の課税方式

　相続税の課税方式は、「遺産課税方式」と「遺産取得課税方式」に区分されます。このうち、「遺産課税方式」は、米国や英国で採用されている方式で、被相続人の残した遺産総額に応じて課税するというやり方です。それに対し「遺産取得課税方式」は、ドイツやフランスなどで採用されている方式で、各相続人の取得した遺産額に応じて課税するというやり方です。

　わが国では、当初「遺産課税方式」が採用されていましたが、シャウプ勧告に基づき「遺産取得課税方式」に移行、その後現行方式は「遺産取得課税方式」を基本としつつ、そこに遺産課税的要素を採り入れたいわゆる併用方式によっています（注2）（注3）。

　ちなみに、相続税の課税方法としての遺産課税方式と遺産取得課税方式の概念図をイメージ図の形で示すと次のようになっています。

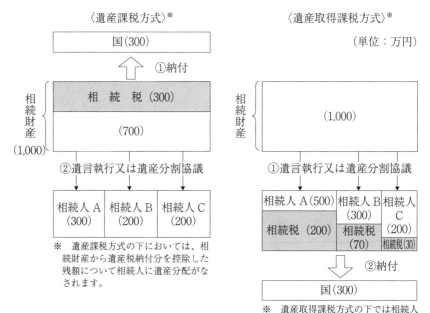

〔資料出所：同前2頁より抜すい、一部修正〕

（注2）　わが国でシャウプ勧告以前に遺産課税方式が採用されていたのは、民法上家督相続制度が採用されていたためです。

　　　　しかし、昭和22年の税制改正で家督相続制度が廃止となったことから昭和24年9月のシャウプ勧告により遺産取得課税方式が採用され、贈与税についても相続税に一本化されました。その後、多数の者を相続人とすることによる相続税の租税回避が横行したため、昭和33年の税制改正で現在のような遺産取得課税と法定相続分との併用方式に改められました。

　　　　ちなみに、わが国の相続税の沿革は次のようになっています。

年	沿　　　革
明治38年 （創設）	○遺産課税方式の採用 ○家督相続を優遇し、親疎により別税率適用 ○相続開始前1年以内の贈与財産について相続税の課税価格に加算
昭和22年	○民法改正（昭和22年）で家督相続廃止→相続税もこれに伴い家督相続に係る規定を廃止
昭和25年 （シャウプ勧告）	○相続税・贈与税の一本化 ○遺産取得課税方式への移行 ○取得者の一生を通ずる累積課税方式を採用
昭和28年	○取得者の一生を通ずる累積課税方式の廃止 ○相続開始前2年以内の贈与は、相続に加算して課税
昭和33年	○税額の計算方式を法定相続分に応じ計算する方式（相続税の総額を法定相続人の数と法定相続分によって計算し、各人の課税価格（取得財産額から取得財産に係る基礎控除額を控除した額）で按分する方式）に見直し ○相続開始前3年以内の贈与についてのみ相続に加算して課税
平成15年	○相続税・贈与税の一体化措置（相続時精算課税制度）の導入
令和5年	○相続開始前に贈与があった場合の相続税の課税価額の加算対象期間の見直し（相続開始前3年以内→7年以内）

〔資料出所：税制調査会提出資料一部修正〕

（注3）　相続税の課税方式の類型

課　税　方　式	①遺産課税方式	②遺産取得課税方式	現行制度（法定相続分課税方式）①②の併用方式
概　　　要	遺産全体を課税物件として、例えば、遺言執行者を納税義務者として課税する方式 　贈与については、贈与者課税	相続等により遺産を取得した者を納税義務者として、その者が取得した遺産を課税物件として課税する方式	遺産取得課税方式を基本として、相続税の総額を法定相続人の数と法定相続分によって算出し、それを各人の取得財産額に応じ按分して課税する方式
採　用　国	アメリカ、イギリス	ドイツ、フランス（昭25～32日本）	日本（昭33～　）
考　え　方	被相続人の一生を通じた税負担の清算を行い、被相続人が生存中に蓄積した富の一部を死亡に当たって社会に還元するという考え方	偶然の理由による富の増加に担税力を見出して相続人に課税することにより、富の集中の抑制を図るという考え方	①　累進税率の緩和を企図した仮装分割への対応 ②　農業や中小企業の資産等分割が困難な資産の相続への配慮 といった観点から、実際の遺産分割の状況により負担に大幅な差異が生じることを防止するという考え方
特　　　色	遺産分割の仕方によって遺産全体に対する税負担に差異が生じない。 〔個々の相続人に対し、その取得した財産の額に応じた累進税率が適用されず、各々の担税力に応じた課税という点で限界がある。〕	個々の相続人に対し、その取得した財産の額に応じた累進税率を適用することができ、各々の担税力に応じた課税をすることができる。 〔遺産分割の仕方によって遺産全体に対する税負担に差異が生じる。〕	それぞれの方式の長所を採り入れている。但し、 ①　自己が取得した財産だけでなく、他の相続人が取得したすべての財産を把握しなければ正確な税額の計算・申告ができない。（したがって、一人の相続人の申告漏れにより他の共同相続人にも追徴税額が発生する。） ②　相続により取得した財産の額が同額であっても法定相続人の数によって税額が異なる。 ③　居住や事業の継続に配慮した課税価格の減額措置により、居住等の継続に無関係な他の共同相続人の税負担まで緩和される。

〔資料出所：税制調査会提出資料一部修正〕

§3　相続税と贈与税

　なお、相続税法では、贈与税についても相続税法に規定しており、一税法で二税目について規定する特異な法律構成となっています。

　これは、贈与税が相続税の補完税（相続税を免れるため、贈与をくりかえし行うという行為を防止する）として位置付けられているためです（注4）。

　そのため、贈与税については課税最低限を相続税よりも低い水準に設定するとともに、相続開始前3年以内に行われた贈与財産については、相続財産に取り込んだうえで相続額を課税することとしています（相19）（注5）。

　ちなみに、相続税と贈与税との関係をイメージ図の形で示すと次のようになっています。

（注4）

【主要国における相続税と贈与税との調整】

区　分	日　　本	アメリカ	イギリス	ド　イ　ツ	フランス
課税方式	遺産取得課税方式（法定相続分課税）	遺産課税方式	遺産課税方式	遺産取得課税方式	遺産取得課税方式
課税客体	相続若しくは遺贈又は贈与により取得した財産	被相続人の死亡時にその所有に属していた全ての財産 贈与税にあっては贈与した財産		相続若しくは遺贈又は贈与により取得した財産	
納税義務者	相続人又は受遺者 贈与税にあっては受贈者	遺言執行者又は遺産管理人 贈与税にあっては贈与者		相続人又は受遺者 贈与税にあっては受贈者	
贈与税との調整	次のいずれかを選択可能 相続前3年以内の贈与を累積し、相続財産と合わせて課税（過去の贈与額は控除）	相続時精算課税制度選択後相続までの贈与を合計し、相続財産と合わせて課税（過去の贈与額は控除）	生涯にわたる贈与を累積して、遺産と合わせて課税（過去の贈与税額は控除）	相続前7年以内の贈与を累積して、遺産と合わせて課税（過去の贈与税額は控除）	相続前10年以内の贈与を累積して、相続財産と合わせて課税（過去の贈与税額は控除）	相続前10年以内の贈与を累積して、相続財産と合わせて課税（過去の贈与税額は控除）

〔資料出所：財務省資料より抜すい、一部修正〕

〔相続税と贈与税の関係イメージ〕

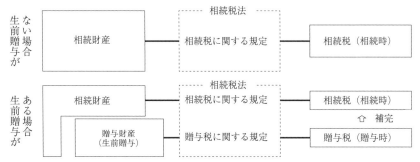

〔資料出所：国税庁税務大学校講本「相続税法」（令和5年度版）4頁〕

（注5）〔相続税と贈与税の比較〕

	基礎控除額	税率	
相続税	3,000万円＋ （600万円×法定相続人の数）	最低 1,000万円以下（10％）	最高 6億円超（55％）
贈与税	受贈者1人につき1年間 110万円	最低 200万円以下（10％）	最高 3,000万円超（55％）

※　なお贈与税について、相続時精算課税の適用を受ける場合には、基礎控除額に代え、特別控除額（最大2,500万円）を控除することとされています。

〔資料出所：同前4頁〕

第2節　相　続　税

§1　納税義務者（相1の3）

　相続税の納税義務者は、原則として相続又は遺贈（死因贈与を含みます。）によって財産を取得した個人とされています（相1の3）（注6）。

　なお、納税義務者は、居住形態や国籍等に応じ、全世界財産に対して納税義務を負う無制限納税義務者と国内財産についてのみ納税義務を負う制限納税義務者及び特定納税義務者とに分けられています（相1の3）。

　具体的には、次のようなイメージです。

（注6）　ちなみに相続人の範囲と順位は次のようになっています（相887条〜890条）
　①　第1順位　子（代襲相続人（孫、曾孫など）を含む。）
　②　第2順位　直系尊属（父母、祖父母など）
　③　第3順位　兄弟姉妹（代襲相続人（おい、めい）を含む。）
　　なお、配偶者は常に相続人となります。
　　したがって、相続人となる者は、次のようになります。
　(イ)　配偶者及び子（子が相続開始以前に死亡又は相続権を失ったときは、その直系卑属たる代襲者）
　(ロ)　子がいない場合には、配偶者及び直系尊属
　(ハ)　子も直系尊属もいない場合には、配偶者及び兄弟姉妹（兄弟姉妹が相続開始以前に死亡又は相続権を失ったときは、その子）
　(ニ)　他に相続人がいない場合には、配偶者のみ
〔資料出所：同前12頁〕

【第5−1図】　相続税の納税義務者区分一覧表

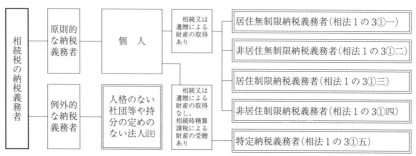

(注)　1　財産の取得に伴い人格のない社団等又は持分の定めのない法人に課されるべき法人税等相当額がある
　　　　場合には、相続税額の計算上、これを控除する（相法66⑤）。
　　　2　持分の定めのない法人については、遺贈者の親族などの相続税の負担が不当に減少する結果になる場
　　　　合に限られる（相法66④）。
　　　3　代表者若しくは管理者の定めのある人格のない社団若しくは財団又は持分の定めのない法人を設立す
　　　　るための遺言による財産の提供があった場合も含まれる（相法66②、④）。

〔資料出所：同前6頁〕

【第5−2図】　納税義務者の判定（特定納税義務者を除く）

課税時期：令和3年4月1日〜（改正法附則11）

相続人・受遺者／受贈者　　　　被相続人 贈与者	日本国内に住所あり		日本国内に住所なし		
		一時居住者 ※1	日本国籍あり		日本国籍なし
			相続開始前10年以内に住所あり	相続開始前10年以内に住所なし	
日本国内に住所あり	居住無制限納税義務者	居住制限納税義務者	非居住無制限納税義務者	非居住制限納税義務者	非居住制限納税義務者
外国人被相続人※2 外国人贈与者※2		居住制限納税義務者	非居住制限納税義務者		
日本国内に住所なし｜相続開始前10年以内に住所あり			非居住無制限納税義務者		
非居住被相続人※3 非居住贈与者※3		居住制限納税義務者	非居住制限納税義務者		
相続開始前10年以内に住所なし					

※1　出入国管理及び難民認定法別表第1の在留資格で滞在している者で、相続の開始前15年以内において日
　　本国内に住所を有していた期間の合計が10年以下の者
※2　出入国管理及び難民認定法別表第1の在留資格で滞在している者
※3　日本国内に住所を有していた期間、日本国籍を有していない者

〔資料出所：同前9頁〕

§2　課税財産の範囲と課税価格の計算（相3、3の2、11、12、22、措70の5）

1　課税財産（課税客体）

　相続税が課される財産（いわゆる課税客体）は、相続開始時において被相続人の所有する財産を相続又は遺贈を原因として、相続人又は受遺者が取得した財産です（相2）。これらは、本来の相続財産と称されています。

　更に、法律的には必ずしも相続財産であるとは言い切れないものの、実質的に相続又は遺贈により財産を取得したと同様の効果をもつもの、例えば、被相続人が保険料を負担していた生命保険金を受け取ったとき及び被相続人の死亡による退職手当金を受け取ったときなどのその受取保険金や退職手当金なども、みなし相続財産として相続税の課税対象となる財産に含まれます（相3、4、措70の5）（注7）。

2　非課税財産（相12、措70）

　相続財産のうち非課税とされる財産には、墓所、祭具などがあります。また、宗教、慈善、学術などの公益を目的とする事業の用に供することが確実な財産も非課税とされます（相12、措70）。

§3　課税価格の計算（相11の2、13、16、19、22）

　相続税法は、純財産に課税する仕組みになっています。したがって、被相続人の債務で相続開始の際現に存するもので確実なものや、被相続人に関する葬式費用などは相続財産から控除されます（相13）。

　このようにして計算した金額を課税価格といいます。そして各相続人ごと

（注7）　なお、相続税の課税財産には相続開始3年以内の贈与財産（相19①）だけでなく、相続時精算課税の適用者の受贈財産（相21の15）も含まれます。

の課税価格を合計して課税価格の合計額を算出します（相11の2、16）。

　課税価格は、金額で表示されることになりますが、金銭以外の財産は、相続開始時の時価で評価して算定することになります（相22）。

　なお、相続又は遺贈により財産を取得した者がその被相続人から相続開始前3年以内に贈与により財産を取得している場合は、その贈与財産価額を課税価格に加算することとしています（相19）。

　ちなみに、課税価格の計算プロセスをわかり易い形で表示すると次のようになります。

【第5－3図】　課税価格の計算プロセス

　　※　特別寄与者が相続人から支払を受ける特別寄与料は、遺贈により取得したみなし財産とされます（相4）。また、特別寄与料を支払うべき相続人の課税価格の計算上、その相続人が支払うべき特別寄与料の額が債務控除として控除されます（相13④）。

〔資料出所：同前25頁より抜すい、一部修正〕

§4　相続税額の計算（相15～17、19～20の2）

　相続税額は、次の4つのステップを経て計算されます。

（ステップ1）課税遺産総額の計算（相15）

　相続税は、各相続人が相続した課税価格の合計額が「遺産に係る基礎控除額」を超えている場合に課税されます。この超えている金額を課税価格の合計額（「課税遺産総額」）といいます（相15）。

　ちなみに、遺産に係る基礎控除額は、3,000万円プラス600万円に法定相続

人の数を乗じた金額との合計額となっています。

（ステップ２）相続税の総額の計算（相16）

　つぎに、「課税遺産総額」を法定相続人が「法定相続分」（注8）に応じて取得したものとした場合の「各人の取得金額」に10％〜55％の累進率を乗じてそれぞれの税額を計算します。そして、各法定相続人の「税額を合計した金額」が「相続税の総額」となります（相16）。

　具体的には次のようなイメージです（配偶者と子供3人の場合）。

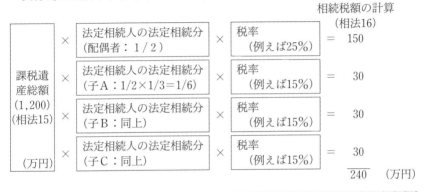

（注8）　法定相続分について民法では次のように定められています（民法900《法定相続分》）。

相続人	法定相続分	留意事項
子と配偶者	子　　　　2分の1 配偶者　　2分の1	子が数人あるときは、子が法定相続分を均分する。
直系尊属と配偶者	直系尊続 3分の1 配偶者　　3分の2	直系尊属が数人あるときは、直系尊属の法定相続分を均分する。
兄弟姉妹と配偶者	兄弟姉妹 4分の1 配偶者　　4分の3	兄弟姉妹が数人あるときは、兄弟姉妹の法定相続分を均分する。 　ただし、父母の一方のみを同じくする兄弟姉妹（半血兄弟姉妹）の相続分は、父母の双方を同じくする兄弟姉妹（全血兄弟姉妹）の相続分の2分の1とする。

※　よって、この場合における相続税総額は240（＝150＋30＋30＋30）になります。この税額総額を各人の実際の相続分に応じて納付することになります。

　　ただし相続人が兄弟姉妹だったり、養子だった場合には、その者の負担額は20％増となります（相21の15①、21の16①、相令5の3）。

　なお、相続税の税率も所得税と同じく超過累進制度が採用されています。

具体的な税率は次のようになっています。

【第5－2表】相続税の税率

法定相続分に応ずる取得金額	税率	控除額
1,000万円以下	10%	―
3,000万円以下	15%	50万円
5,000万円以下	20%	200万円
1億円以下	30%	700万円
2億円以下	40%	1,700万円
3億円以下	45%	2,700万円
6億円以下	50%	4,200万円
6億円超	55%	7,200万円

（ステップ3）各相続人に係る相続税額の計算 （相17）

　この相続税の総額を、各相続人が遺産分割（注9）により実際に取得した価額の「割合」によって按分した額が、各相続人ごとの算出税額になります

（注9）　遺産分割の方法として、例えば次のようなやり方があります。

現物分割	遺産を現物のまま分割する方法で、通常多く行われる方法である。
換価分割	遺産の一部又は全部を金銭に換え、その換価代金を分割する方法である。
債務負担による分割（代償分割）	共同相続人の一人又は数人が遺産の現物を取得し、取得した者が他の相続人に対し、自己の財産を与える方法である。

　　なお、遺産分割の手続としては、①協議分割、②調停分割、③審判分割があります。

（相17）。

　例えば、前述した事例において課税遺産総額1,200のうち、相続人Ａが120を相続したとしますと、Ａが負担することとなる相続税額は次のように計算されます。

　（算式）

　（相続税の総額(240)）×｛（特定の相続人Ａの課税価格(120)）÷（課税価格の合計額(1,200)）｝

　＝相続人Ａの算出相続税額(24)

（ステップ4）諸控除額及び税額の計算（相18〜20の2）

　このようにして計算した各相続人ごとの算出税額から、「配偶者の税額軽減」の計算、未成年者控除及び障害者控除などの税額控除を行い、各人の納付すべき相続税額を算出します（相19〜20の2）。

　ここで、「配偶者の税額軽減」とは、配偶者が遺産分割又は遺贈により実際に取得した正味遺産額が1.6億円までか、それを超えていても正味の遺産額の法定相続分に応ずる金額までであれば配偶者には相続税がかからないという制度です（相19の2）（注10）。

(注10)　配偶者の税額軽減の適用については、相続税の申告書を提出して初めて適用されることから、次の証明書等を添付することが必要とされています（相19の2③、27④、相規1の6③、16③）。

①	被相続人の全ての相続人を明らかにする戸籍の謄本（相続開始の日から10日を経過した日以後に作成されたもの）	相規16③
②	遺言書の写し又は遺産分割協議書の写し	相規1の6③一
③	相続人全員の印鑑証明書（遺産分割協議書に押印したもの）	〃
④	申告期限後3年以内の分割見込書（申告期限内に分割ができない場合に提出）	相規1の6③二

　相続又は遺贈により財産を取得した者が被相続人の一親等の血族及び配偶者以外の者である場合のその者の相続税額は、その者の算出税額に20％相当額が加算されます（相18）（注11）。

　なお、相続財産が海外にあることなどにより、外国でわが国の相続税に類する税が課された場合には、二重課税を排除するという観点から、外国で課された税額を相続税額から控除することができることとされています（相20の２）。

§5　相続税の申告と納付（相27）

1　申　告

　相続税でも、所得税や法人税と同様に申告納税制度が採用されています。

　相続税の申告書は、相続の開始があったことを知った日の翌日から10か月以内に、被相続人の住所地の所轄税務署長に提出することとされています（相27①）。

2　納　付

　相続税の納付は、原則として相続税の申告期限までにしなければなりません（相27①、33）（注12）。

　ただし、その納税額が10万円を超えるときは、担保を提供することにより、

（注11）　このような制度が設けられたのは、被相続人と親等の遠い人は、配偶者や子が財産を相続した場合に比して多分に偶然性があり、また、孫が相続又は遺贈を受ける場合には、相続税の課税を一回免れることができることなどから税負担を調整する必要があるためです。
　　　　　したがって、このような調整をする必要のない一親等の血族にはその者が被相続人の直系卑属で被相続人の養子となっている者（いわゆる孫養子）は代襲相続人となっている場合を除きこれに含まないこととされています（相18②）。

原則として 5 年以内（最高20年）の延納を申請することができます（相38、39、措70の 8 の 2 、70の10）。また、延納によっても納付が困難な場合には、課税財産をもって納付する物納の制度が設けられています（相41〜43）。

　なお、農地の相続及び経営承継相続人が相続した議決権付株式等について、納税猶予の特例が設けられています（措70の 6 、70の 7 の 2 ）（注13）。

§6　相続時精算課税制度（相21の 9 〜18）

　「相続時精算課税制度」は、高齢者の保有する資産の次世代への移転を容易にするため、平成15年の税制改正で創設された比較的新しい制度です。具体的には、贈与時の年の 1 月 1 日において60歳以上の親（贈与者）から財産

（注12）　ちなみに、被相続人の死亡から申告、納付までの流れは次のようになっています。

【第 5 − 4 図】　被相続人の死亡から申告、納付までの流れ

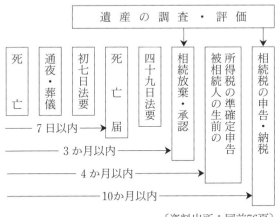

〔資料出所：同前76頁〕

（注13）　そのうち、いわゆる事業承継税制については、平成30年度の改正で、入口要件（総株式の最大 3 分の 2 、猶予割合80％等）が大幅に緩和されるとともに、承継後の経営環境の変化等に対応して負担の軽減が図られました。
　　　　　さらに、平成31年度の改正で、個人版事業承継税制が創設されています（措70の 6 の 8 〜10）。

　の贈与を受けた20歳以上（注14）の子又は孫がこの制度を選択した場合、贈与税の特別控除額として2,500万円を控除するとともに、それを超える分について20％の税率により課税し、贈与者が亡くなった場合には、相続税の計算上、相続財産の価額に相続時精算課税制度利用による贈与財産の価額（贈与時の価額）を加算して相続税額を計算するというシステムです（相21の9～18）（注15）。

§7　ま と め

　ちなみに、相続税の基本的仕組みを一覧表の形で示すと次のようになっています。

（注14）　なお、平成30年度の民法改正により、成年年齢がそれまでの20歳から18歳に引き下げられました。これに伴い、税法も改正され、同日以降における相続又は贈与については以下の規定においても18歳を基準とすることになりました。
　　　　① 　未成年者控除（相19の3）
　　　　② 　相続時精算課税適用者の要件（相21の9）
　　　　③ 　直系尊属から贈与を受けた場合の贈与税の税率の特例（措70の2の5）
　　　　　　など
（注15）　その際、既に支払った贈与税額を相続税額から控除するとともに、控除しきれなかった場合には還付されます。

【第 5 － 5 図】　相続税の基本的仕組み

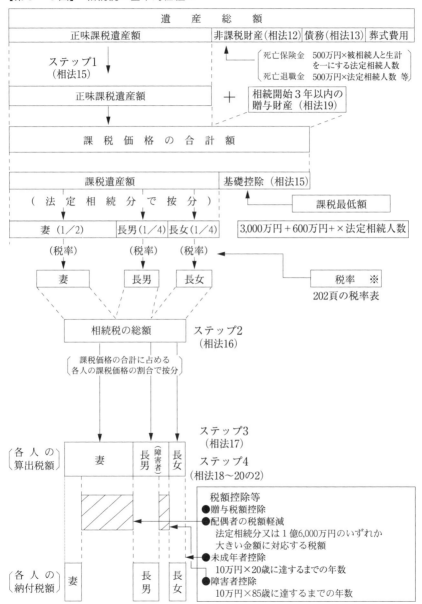

〔資料出所：国税庁パンフレット「知っておきたい税知識」から抜すい、一部修正〕

第3節　贈　与　税

　相続税は、相続開始の時に現存する財産についてのみ課税されます。そこで、相続税が課税されると予想される者は、生前に、贈与により相続人等に財産を移転しておけば、相続税の負担を回避することができます。これを防止するためには、生前になされた贈与財産についても何らかの形で課税しておく必要が生じます。

　これが、贈与税を課税する理由であり、贈与税が相続税の補完税であるといわれるゆえんです。

§1　納税義務者（相1の4）

　贈与税の納税義務者は、個人からの贈与によって財産を得た個人になります（相1の4）（注16）。いわゆる受贈者課税です。

　贈与税の課税の仕方としては、贈与をした人に課税するやり方（いわゆる贈与者課税方式）と贈与を受けた人に課税するやり方（いわゆる受贈者課税方式）がありますが、相続税において遺産取得者課税が採用されていること等もあり、わが国の場合は後者の方式によることとされています。

（注16）　通常の法人が個人から財産の贈与を受けた場合には、法人に対し法人税が課されます（法22②）。しかし、公益法人等のように法人税が課されなかったり、人格のない社団等で法人税が課されない場合にあっては、これらが結果的に相続税や贈与税の課税逃れに利用されてしまう可能性があります。そのため、このような場合にはそれらの団体を個人とみなして、相続税や贈与税を課すこととしています（相66①④）。

§2　課税財産（相4～7）

　贈与税の課税財産は、贈与によって受贈者が得た財産です（相2の2）。

　しかし、民法その他の法律の規定に定める贈与によって得た財産ではなくとも、財産の名義変更、低額譲渡など実質的に贈与により取得したと認められるものは、贈与によって取得したものとみなして課税対象となります（相5～9の6、相基通9－9）。

§3　贈与税の課税価格及び税額の計算（相21の5～7）

1　通常の場合

　贈与税の課税価格は、その年中において贈与により取得した財産の合計額です（相21の2）。また、贈与税額の計算は、1年間に得た贈与財産の価額の合計額から、「基礎控除額（110万円）」及び「配偶者控除」を控除した後の金額に、10～55％の超過累進税率を乗じて計算した金額です（相21の5、21の7、措70の2の3）。

　ただし、贈与により取得した在外財産等について、外国で贈与税に相当する税が課されている場合には、その分の税額控除が認められています（相21の8）。

　なお、贈与税の税率は次のようになっています（相21の7、措70の2の5）。ちなみに「特例税率」は、20歳以上の直系卑属が直系尊属から贈与を受ける場合に適用されます（平成27年度改正）。

【第5－3表】
贈与税（暦年課税）の税率表

基礎控除後の課税価格	特例税率		一般税率	
	税率	控除額	税率	控除額
〜　200万円以下	10%	—	10%	—
200万円超〜　300万円以下	15%	10万円	15%	10万円
300万円超〜　400万円以下			20%	25万円

400万円超〜　600万円以下	20%	30万円	30%	65万円
600万円超〜1,000万円以下	30%	90万円	40%	125万円
1,000万円超〜1,500万円以下	40%	190万円	45%	175万円
1,500万円超〜3,000万円以下	45%	265万円	50%	250万円
3,000万円超〜4,500万円以下	50%	415万円	55%	400万円
4,500万円超	55%	640万円		

〔資料出所：国税庁（贈与税の見直しより抜すい、一部修正）〕

　ちなみに、課税価格の計算から贈与税の納付税額までの計算過程を示すと、次のようになります。

第1段階ステップ…課税価格の計算

第2段階ステップ…贈与税額の計算

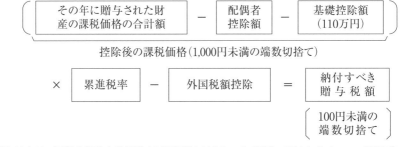

〔資料出所：国税庁税務大学校講本「相続税法」（令和5年度版）52頁より抜すい、一部修正〕

2　相続時精算課税制度を選択した場合（相21の9）

　通常の贈与税課税に代えて相続時精算課税制度（注17）を選択した場合には、2,500万円を控除した後の金額に一律20％を乗じて計算した金額となります。

　この制度の適用が受けられるのは、贈与者（贈与年の 1 月 1 日において60歳以上の者）の推定相続人である直系卑属及び孫のうち、贈与を受けたその 1 月 1 日において20歳以上である者です。

§4　贈与税の申告・納付（相28、33、38、措70の 4 ）

　贈与税も申告納税制度を採っており、申告書は、贈与を受けた年の翌年の 2 月 1 日から 3 月15日までに、受贈者の所轄税務署長に提出し、同時に贈与税を納付します（相28、33）（注18）。

　財産税である贈与税も相続税と同様、延納制度は認められていますが（相38③④）、物納制度は認められていません。

§5　贈与税の特例（相21の 6 、措70の 2 、 3 ）

　贈与税については、次のような特例が設けられています。

1　配偶者控除の特例

　婚姻期間20年以上の夫婦の間で居住用不動産等の贈与があった場合には、一定の要件を充足した場合、贈与税の申告をすることにより基礎控除額110万円のほかに最高2,000万円までの配偶者控除が受けられます（相21の 6 ）。

（注17）「相続時精算課税制度」とは、財産の贈与を受けた者で、一定の要件に該当する場合には、贈与時に贈与財産に対する贈与税を支払い、その後の相続時にその贈与財産と相続財産とを合計した価額を基に計算した相続税額から、既に支払ったその贈与税を控除することにより贈与税・相続税を通じた納税をすることができる相続時精算課税の適用を受けることを選択できる制度です（相21の 9 ）。

（注18）　ただし、農地の生前一括贈与又は経営承継受贈者が贈与を受けた議決権付株式等については、納税猶予の特例が設けられています（措70の 4 、70の 7 ）。

2　その他の特例

　さらに、直系尊属から教育資金の一括贈与を受けた場合の贈与税の非課税（受贈者ごとに1,500万円が限度）（措70の2の2）及び直系尊属から結婚・子育て資金の一括贈与を受けた場合の贈与税の非課税（受贈者ごとに1,000万円が限度）（措70の2の3）といった特例が設けられています。

第 4 節　財産の評価

　相続税も贈与税も相続又は贈与により取得した財産の価額に着目して課税されます。したがって財産の評価はこの税において最も重要な要因となっています。

　しかし、相続税法における財産評価については、同法第22条で「相続、遺贈又は贈与により取得した財産の価額は、当該財産の取得の時における時価により、当該財産の価額から控除すべき債務の金額は、その時の現況による。」と規定していますが、具体的な評価方法に関しては、地上権、永小作権など、特定の財産の評価方法を定めているにすぎません（相23〜26）。

　このため、国税庁では、「財産評価基本通達」（昭和39年 4 月25日付直資56、直審（資）17、一般に「評価基本通達」と称されているものです。）により、各種の財産について統一的、かつ具体的な評価方法を定め、公開通達の形で一般に公表しています（注19）。

（注19）　　**相続財産（令和 4 年発生分）の種類別価額の構成割合**

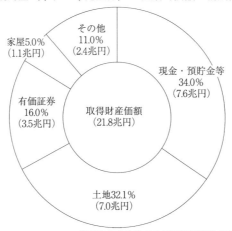

その他
11.0%
（2.4兆円）

家屋5.0%
（1.1兆円）

現金・預貯金等
34.0%
（7.6兆円）

有価証券
16.0%
（3.5兆円）

取得財産価額
（21.8兆円）

土地32.1%
（7.0兆円）

〔国税庁「令和 5 年12月報道発表資料」より著者作成〕

第6章　消費税

　消費税法の構成は次のようになっています。

【第6－1表】　消費税法の体系

【第1章】　総則

　　趣旨、定義　（1～2）
　　課税の対象　（4）
　　納税義務者　（5）
　　非課税　（6）
　　輸出免税等　（7～8）
　　納税義務の免除及びその特例　（9～12の4）
　　資産の譲渡等の帰属　（13～15）
　　資産の譲渡等の時期の特例　（16～18）
　　課税期間　（19）
　　納税地　（20～27）

【第2章】　課税標準及び税率　（28～29）

【第3章】　税額控除等

　　仕入税額控除　（30～37の2）
　　売上げに係る対価の返還等があった場合の税額控除　（38）
　　特定課税仕入れに係る対価の返還等を受けた場合の税額控除（38の2）
　　貸倒れがあった場合の税額控除　（39）

【第4章】　申告、納付、還付等　（42～56）

【第5章】　雑則　（57～63）

【第6章】　罰則　（64～67）

第1節　わが国の消費税の特色

　消費税は、それまで実施されてきた特定の物品やサービスに課税する物品税等の個別消費税に代え、消費一般に広く薄く負担を求める付加価値を課税対象とする税として創設された制度です（昭和63年12月30日施行、平成元年4月1日以降適用）（注1）。

　一般に消費税は、酒やたばこ、揮発油などに課される「個別消費税」と現行の消費税のように広く課される「一般消費税」とに区分されます。

（注1）　なお、消費税の創設に伴い、次のような税が廃止されました。
　　　　・国税……物品税、トランプ類税、入場税、通行税、砂糖消費税
　　　　・地方税……電気税、ガス税、木材引取税
　　　ちなみに、現在一般消費税という形で課されている間接税のタイプを一覧表にまとめると次の表のようになります。

【第6−2表】　間接税の諸類型

類　型		実施の代表例	仕　組　み
単段階課税	製造業者売上税	カナダ旧製造業者売上税	製造者が製造する原則としてすべての物品について製造段階で売上課税を行う。
	卸売売上税	オーストラリア旧卸売売上税 スイス旧卸売売上税	製造者及び卸売業者が販売する原則としてすべての物品について卸売段階で売上課税を行う。
	小売売上税	アメリカ州小売売上税 カナダ州小売売上税	事業者が消費者に販売する原則としてすべての物品及び特定（又はすべて）のサービスについて売上課税を行う。
多段階課税	累積型 取引高税	EU諸国の旧取引高税 日本の旧取引高税	原則としてすべての財貨・サービスについて、取引の各段階で重畳的に売上課税を行う（取引の前段階で課税されていても、その税額を控除しない。）。
	累積排除型 （EU型）付加価値税〔インボイス方式〕	EU諸国等の付加価値税	原則としてすべての財貨・サービスについて、取引の各段階で売上課税を行うが、インボイス（仕送り状）制度により前段階の税額を控除する。
	付加価値税〔帳簿及び請求書等保存方式〕	日本の消費税	原則としてすべての財貨・サービスについて、取引の各段階で売上課税を行うが、帳簿及び請求書等の記録に基づいて前段階の税額を控除する。

〔資料出所：国税庁税務大学校講本「消費税法（令和5年度版）2頁」〕

　また、同じ一般消費税でも、例えば製造者売上税や小売売上税などのように、単段階で課税するものと多段階で課税する多段階型のものがあるとされています。さらに、多段階で課税する方式のなかにも、前段階までに課された分を控除しない（いわゆる累積型）と前段階までに課された分の控除を認める累積排除型があるとされています。

　わが国の消費税は、主要国（ただし米国を除く）で導入され、重要な財源となっている付加価値税（VAT）（注2）と同様に、財貨やサービスの消費に着目して広く税の負担を求める方式を採用しています。すなわち、原則として、すべての財貨やサービスの消費を課税対象とし、製造から卸へ、卸から小売へ、小売から消費者へと行われるすべての取引段階で、それぞれの事業者の取引金額に対し原則として7.8％（他に地方税として2.2％追加）の税率で課税する課税ベースの広い間接税です（消29、地72の82、72の83）。

　また、生産、流通の過程で税が累積されることのないようにするため、仕入れの段階に含まれている税額を売上げに対する税額から差し引く仕組み（いわゆる「仕入税額控除方式」）が採られています（消30）。

　なお、仕入れに含まれている消費税額を控除する際、従前はEU型付加価値税のようにインボイスを必要とするのでなく、帳簿上の記録等を基に前段階の控除税額が計算できるようになっていました。しかし、令和5年10月1日からは、「適格請求書等保存方式（いわゆるインボイス方式）」に移行しています。）（注3）。

（注2）　　　　　　　　　**1．主要国の付加価値税の概要**　　　（2023年1月現在）

	日本	EC指令	フランス	ドイツ	スウェーデン	英国
施行	1989年	1977年	1968年	1968年	1969年	1973年
納税義務者	資産の譲渡等を行う事業者及び輸入者	経済活動をいかなる場所であれ独立して行う者及び輸入者	有償により財貨の引渡又はサービスの提供を独立して行う者及び輸入者	営業又は職業活動を独立して行う者及び輸入者	経済活動をいかなる場所であれ独立して行う者及び輸入者	事業活動として財貨又はサービスの供給を行う者で登録を義務づけられている者及び輸入者
非課税	土地の譲渡・賃貸、住宅の賃貸、金融・保険、医療、教育、福祉等	土地の譲渡（建物新築用地を除く）・賃貸、中古建物の譲渡、建物の賃貸、金融・保険、医療、教育、郵便、福祉等	土地の譲渡（建物新築用地を除く）・賃貸、中古建物の譲渡、建物の賃貸、金融・保険、医療、教育、郵便、福祉等	土地の譲渡・賃貸、建物の譲渡・賃貸、金融・保険、医療、教育、郵便、福祉等	土地の譲渡・賃貸、建物の譲渡・賃貸、金融・保険、医療、教育、郵便、福祉等	土地の譲渡（建物新築用地を除く）・賃貸、中古建物の譲渡、建物の賃貸、金融・保険、医療、教育、郵便、福祉等
税率　標準税率	10%（注2）	15%以上	20%	19%	25%	20%
税率　ゼロ税率	なし	食料品、水道水、新聞、雑誌、書籍、医薬品、医療機器、旅客輸送、太陽光パネル等（注3）	なし	太陽光パネル等	なし	食料品、水道水（家庭用）、新聞、雑誌、書籍、国内旅客輸送、医薬品、居住用建物の建築（土地を含む）、新築建物の譲渡（土地を含む）、障害者用機器等
税率　輸出免税	輸出及び輸出類似取引	輸出及び輸出類似取引	輸出及び輸出類似取引	輸出及び輸出類似取引	輸出及び輸出類似取引	輸出及び輸出類似取引
税率　軽減税率	酒類・外食を除く飲食料品、定期購読契約が締結された週2回以上発行される新聞 8%（注2）	食料品、水道水、新聞、雑誌、書籍、医薬品、医療機器、旅客輸送、太陽光パネル等 5%未満（注3）上記及び宿泊施設の利用、外食サービス、スポーツ観戦、映画等 5%以上（注3）（2段階まで設定可能）	旅客輸送、宿泊施設の利用、外食サービス等 10%食料品、水道水、書籍、スポーツ観戦、映画等 5.5%新聞、雑誌、医薬品等 2.1%	食料品、水道水、新聞、雑誌、書籍、旅客輸送、宿泊施設の利用、スポーツ観戦、映画等 7%	食料品、宿泊施設の利用、外食サービス等 12%新聞、雑誌、書籍、旅客輸送等、スポーツ観戦等 6%	家庭用燃料及び電力等 5%
税率　割増税率	なし	割増税率は否定する考え方を採っている。	なし	なし	なし	なし
課税期間	1年（個人事業者：暦年法人：事業年度）ただし、選択により3か月又は1か月とすることができる。	1か月、2か月、3か月は加盟国の任意に定める1年以内の期間	1か月（注4）	1年	3か月又は1年（注5）	3か月（注6）

（注）1．上記は、各国における原則的な取り扱いを記載。なお、新型コロナウイルス感染症やウクライナ情勢による物価高騰に伴う措置として、時限的に税率の引下げや軽減税率の対象品目の拡大等を実施している場合がある。
　　2．日本については、10%（標準税率）のうち2.2%、8%（軽減税率）のうち1.76%は地方消費税（地方税）である。
　　3．EC指令においては、従来、ゼロ税率及び5%未満の軽減税率を否定する考え方を採っていたが、令和4年4月の改正により、特定の品目についてゼロ税率及び5%未満の軽減税率が認められた。
　　4．課税売上高が一定額以下の場合には、1年の課税期間を選択することができ、付加価値税額が一定額以下の場合には、3か月の課税期間を選択することができる。
　　5．課税期間は課税売上高に応じて決定される（課税売上高が大きいほど短い課税期間となる）。また、申請によって1か月又は3か月より短い課税期間を選択することができる。
　　6．課税売上高が一定額以下等の場合には、1年間の課税期間を選択することができる。また、申請等によって1か月の課税期間を選択することができる。

〔資料出所：財務省〕

2．諸外国における国民所得に対する消費課税の割合の比較（国税・地方税）

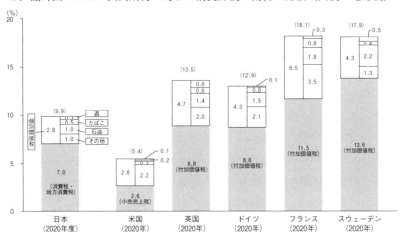

（備考）　日本は平成30年度（2018年度）実績。諸外国はOECD"Revenue Statistics 1965-2019"及び同"National Accounts"による。

〔資料出所：財務省ホームページ〕

（注３）

主要国の付加価値税におけるインボイス制度の概要

（2021年１月現在）

国　　　名	EC指令	イギリス	ドイツ	フランス	《参考》日本【区分記載請求書等保存方式】
仕　　入税額控除	インボイス保存が要件インボイス記載の税額を控除	インボイス保存が要件インボイス記載の税額を控除	インボイス保存が要件インボイス記載の税額を控除	インボイス保存が要件インボイス記載の税額を控除	帳簿及び請求書等の保存が要件　仕入れ等に係る税込価額から一括して割り戻す形（税込価額×7.8/110（軽減対象の場合6.24/108））で計算した消費税額を控除
発行資格・義　務　者	事業者（220条）※　免税事業者は税額記載不可（289条）	登録事業者（登録番号が付与される）※　非登録事業者（免税事業者）は発行不可	事業者※　免税事業者は税額記載不可	事業者※　免税事業者は税額記載不可	請求書等の発行者に制限なし

国　　名	EC指令	イギリス	ドイツ	フランス	《参考》日本【区分記載請求書等保存方式】
記載事項	① 年月日 ② 付加価値税登録番号 ③ 供給者の住所・氏名 ④ 発行番号（連続番号） ⑤ 顧客の住所・氏名 ⑥ 財貨・サービスの内容 ⑦ 税抜対価 ⑧ 適用税率・税額 等（226条）	① 年月日 ② 付加価値税登録番号 ③ 供給者の住所・氏名 ④ 発行番号（連続番号） ⑤ 顧客の住所・氏名 ⑥ 財貨・サービスの内容 ⑦ 税抜対価 ⑧ 適用税率・税額 等	① 年月日 ② 付加価値税登録番号 ③ 供給者の住所・氏名 ④ 発行番号（連続番号） ⑤ 顧客の住所・氏名 ⑥ 財貨・サービスの内容 ⑦ 税抜対価 ⑧ 適用税率・税額 等	① 年月日 ② 付加価値税登録番号 ③ 供給者の住所・氏名 ④ 発行番号（連続番号） ⑤ 顧客の住所・氏名 ⑥ 財貨・サービスの内容 ⑦ 税抜対価 ⑧ 適用税率・税額 等	【請求書等の記載事項】 ① 年月日 ② 書類の作成者の氏名又は名称 ③ 書類の交付を受ける当該事業者の氏名又は名称 ④ 資産又は役務の内容（軽減税率対象である場合その旨） ⑤ 税率の異なるごとに区分して合計した税込対価 ※ 税額の記載は任意
免税事業者からの仕入れ	―	インボイスがないため、仕入税額控除できない 　非登録事業者がインボイスを発行した場合にも、税額控除不可 　（当該免税事業者には、記載税額の納付義務あり）	インボイスに税額の記載がないため、仕入税額控除できない 　免税事業者が税額記載した場合にも、税額控除不可 　（当該免税事業者には、記載税額の納付義務あり）	インボイスに税額の記載がないため、仕入税額控除できない 　免税事業者が税額記載した場合にも、税額控除不可 　（当該免税事業者には、記載税額の納付義務あり）	免税事業者が発行した請求書等の場合にも、税額控除を容認

（備考）　上記は、各国における原則的な取扱いを記載。なお、日本及び付加価値税の存在しないアメリカを除くOECD諸国ではインボイス制度が導入されている。

〔資料出所：財務省〕

第2節　消費税法の概要

　消費税法で用いられている課税売上げや課税仕入れといった概念は、所得税及び法人税等と深い関連性を有しています。

　したがって、消費税法をより深く理解するためには、所得税法や法人税法等に対する理解が不可欠です。ちなみに、消費税の基本的な流れと仕組みは次のようになっています。

【第6-1図】　消費税の基本的な流れと仕組み及び各段階の納付税額の計算

	原材料製造業者	完成品製造業者	卸売業者	小売業者	消費者
取引	売上げ　20,000 消費税①※　2,000	売上げ　50,000 消費税②　5,000	売上げ　70,000 消費税③　7,000	売上げ　100,000 消費税④　10,000	支払総額　110,000
		仕入れ　20,000 消費税①　2,000	仕入れ　50,000 消費税②　5,000	仕入れ　70,000 消費税③　7,000	消費者が負担した消費税　10,000
消費税	納付税額A ①　2,000 ↓ 申告・納付	納付税額B ②-①　3,000 ↓ 申告・納付	納付税額C ③-②　2,000 ↓ 申告・納付	納付税額D ④-③　3,000 ↓ 申告・納付	各事業者が個別に納付した消費税の合計(A+B+C+D)　10,000

　※　地方消費税を合わせた税率10%で計算しています。

〔資料出所：国税庁税務大学校講本「消費税法（令和5年度版）」9頁より抜すい、一部修正〕

§1　課税対象取引と納税義務者（消4、5、9）

1　課税対象となる取引（消4）

　消費税の「課税対象」は、「国内において」（注4）「事業者」が「事業とし

（注4）　インターネットを通じた電子書籍、音楽、広告の配信等の役務の提供（電気通信利用役務の提供）に係る内外判定については、従来、役務の提供を行う者の役務の提供に係る事務所等の所在地が国内にあるかどうかにより行うこととされていましたが、平成27年度の税制改正で役務の提供を受ける者の住所等により行うこととされました（消4③三）。

て行う」（注 5）「資産の譲渡等」のうち、「対価を得て行う取引（注 6）」及び「保税地域からの外国貨物引取り」に限定されています（消 4 ①②）。

　ちなみに、ここでいう「資産の譲渡等」とは、事業として対価を得て行われる資産の譲渡及び貸付け並びに役務の提供です。

　したがって、「国外で行われた取引」や「国内における取引」であっても事業者が「対価を得ないで行う取引」や「事業者以外の者が行った取引」は、そもそも消費税の課税対象にはなりません。これらの取引は、「不課税取引」という名で呼ばれています（注 7）。

　なお、平成27年度の税制改正により、事業者が国内において行った特定仕入れ（事業として他の者から受けた特定資産の譲渡等）が課税対象に加えられました（いわゆるリバースチャージ（reverse charge）方式（注 8）の導入）。

（注 5）　「事業として行う」とは、資産の譲渡等を反復、継続、かつ、独立して行うことをいい、事業に使用していた資産の売却など事業活動に付随して行われる取引もこれに含まれます（消令 2 ③、消基通 5 － 1 － 1）。

（注 6）　「対価を得る」とは、資産の譲渡等に対して反対給付を受けることをいいます。したがって、単なる贈与や無償の取引、寄附金、補助金、剰余金の配当、宝くじの賞金などは、一般的には対価性がないので、原則として課税の対象にはなりません。
　　　　　ただし、次の行為は、「対価を得て行う取引」に該当するものとされています。
　　　　イ　みなし譲渡（消 4 ⑤）
　　　　　・個人事業者が棚卸資産等の事業用の資産を家事消費又は家事使用した場合
　　　　　・法人がその役員に対して資産を贈与した場合
　　　　ロ　資産の譲渡等に類する行為（消 2 ①ハ、消令 2 ①）
　　　　　代物弁済、負担付き贈与、現物出資等、交換

（注 7）　例えば、サラリーマンが自宅を売却したような場合には、サラリーマンはそもそも「事業者」ではありませんので、それらの取引は国内取引ではあっても、「不課税取引」ということになります。

2　納税義務者（消5）

消費税の納税義務者は、次のとおりです。

(1)　国内取引については、商品の販売、請負等の課税資産の譲渡等又は特定

（注8）　リバースチャージ方式とは、サービスの受け手（買い手）に納税義務を課
　　　　すというやり方です（通常の場合は提供者が納税義務者）。具体的には次の
　　　　ようなイメージです。

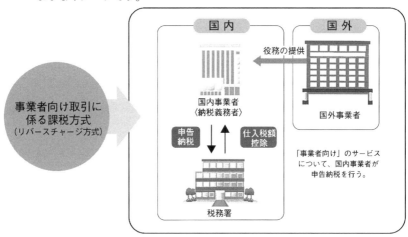

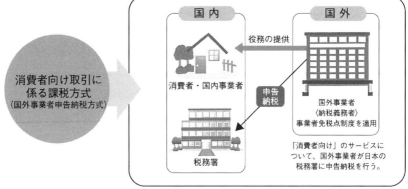

〔資料出所：国税庁パンフレット「国境を越えた役務の提供に係る消費税の課税関係につ
　　　　　いて」より抜すい〕

課税仕入れを行った事業者です（消 5 ①）。

(2)　輸入取引については、「保税地域（注 9 ）」から「外国課税貨物（注10）」を引き取る者です（消 5 ②）。国内における資産の譲渡等に係る納税義務者は事業者に限定されていますが、輸入取引の場合にあっては、消費者たる個人が輸入する場合にはその者を納税義務者として課税されます。

　　なお、保税地域内で外国貨物が消費（又は使用）された場合には、消費（又は使用）した者が納税義務者となります（消 4 ⑥）。

3　小規模事業者の納税義務の免除（消 9 ）

　事業者が納税義務者に該当する場合であっても、その課税期間に係る基準期間（個人にあっては前々年、法人にあっては前々事業年度）における課税売上高が 1 千万円以下である場合には、その課税期間における消費税の納税義務が免除されることとなっています（消 9 ①）。いわゆる「免税事業者」という制度です（注11）。

　これは、小規模事業者の納税義務の負担及び税務執行面に配慮して採用された特例制度です。なお、資本金の額が 1 千万円未満の新設法人についても

（注 9 ）「保税地域」とは、外国貨物について、関税の賦課徴収を保留しておくことができる場所をいいます。
　　　・「保税」とは、関税の賦課、徴収が保留されている状態のこと。
　　　・外国貨物は、原則として保税地域以外の場所に置くことができません。
　　　・保税地域には、次の 5 種類があります（関税法29）。
　　　　①　指定保税地域
　　　　②　保税蔵置場
　　　　③　保税工場
　　　　④　保税展示場
　　　　⑤　総合保税地域
（注10）「外国課税貨物」とは、①外国から国内に到着した貨物で、輸入が許可される前のもの及び②輸出の許可を受けた貨物です（関税法 2 ①三）。

同様の制度が設けられています（消12の２）。

　ただし、これらに該当する場合であっても、前年上半期（１月～６月）（個人の場合）又は前事業年度開始の日以後６月（法人の場合）の課税売上高が１千万円を超えるときは、免税制度の適用はありません（注12）。

§2　不課税取引と非課税取引（消６、別表一、二）

1　不課税取引

　「不課税取引」とは、そもそも消費税の課税対象にならない取引です。し

（注11）

主要国における免税点制度・簡易課税制度の概要

（2023年１月現在）

	日本	英国	ドイツ	フランス
【免税点制度】	前々課税期間の課税売上高 1,000万円以下	直近１年間の課税売上高 85,000ポンド（1,428万円）以下　又は　今後１年間の課税売上高見込額 83,000ポンド（1,394万円）以下	前年の課税売上高 22,000ユーロ（319万円）以下　かつ　当年の課税売上高見込額 50,000ユーロ（725万円）以下	前年の課税売上高 91,900ユーロ（1,333万円）以下　かつ　当年の課税売上高見込額 101,000ユーロ（1,465万円）以下
【簡易課税制度】	前々課税期間の課税売上高 5,000万円以下	今後１年間の課税売上高見込額 150,000ポンド（2,520万円）以下	なし	なし
	・売上税額にみなし仕入れ率を乗じて、仕入れ税額を計算。・みなし仕入れ率は、90％（卸売業）～40％（不動産業）の６区分。	・売上総額に平均率を乗じて、納付税額を計算。・平均率は、14.5％（法律サービス業等）～４％（食品等の小売業）の17区分。		

（注１）　上記は、各国における原則的な取扱いを記載。
（注２）　日本の免税点制度は、資本金1,000万円以上の新設法人（設立当初の２年間）等については、不適用。
（注３）　英国の簡易課税制度は、同制度適用開始１年以上後に直近12か月の税込売上高が230,000ポンド（3,864万円）を超えた場合、または今後30日間の税込売上高見込額が230,000ポンド（3,864万円）を超える場合については、不適用。
（注４）　フランスの免税点制度は、商業、サービス業（外食・宿泊業等を除く）、専門職など、基準額が業種に応じて複数存在する。表中では商業に適用される基準額を記載。
（備考）　邦貨換算レートは、１ポンド＝168円、１ユーロ＝145円（裁定外国為替相場：令和５年（2023年）１月中適用）。なお、端数は四捨五入している。

〔資料出所：財務省〕

（注12）　ただし、免税事業者であっても、申告することによって還付を受けられるような場合には、課税事業者となる旨の届出をすることにより、課税事業者となり還付を受けることができます。
　　　　　また、新規設立法人の基準期間に相当する期間における親会社の課税売上高が５億円を超える場合にも課税事業者となります。

たがって、消費税法上不課税取引に関する規定は設けられていません（注13）。

2　非課税取引（消6、別表一、二）

　それに対し、「非課税取引」は、消費税法上、課税対象取引には該当しますが、課税対象になじみにくいことや政策的配慮等の観点から課税しないこととしているものです(消6、別表一、別表二)。例えば、次のような項目です。

① 消費税になじまない資本移転や金融取引……土地、有価証券、金融、保険取引など

② 政策的配慮から課税することが適当でないもの……医療、福祉、教育、住宅の貸付けなど

（注13）　ちなみに不課税取引とされているのは次のような取引です。

不課税取引	給与収入のみの者の自家用車の売却	事業者が事業として行うものではないので、課税されない。
	寄附金、祝金、見舞金、補助金など	一般に対価として授受されるものではないので、原則として課税されない。
	試供品、見本品の提供	無償で提供する限り、課税されない。
	保険金、共済金の受領	資産の譲渡及び貸付け並びに役務の提供のいずれにも該当しない。
	剰余金の配当、出資の分配金など	株主や出資者としての地位に基づいて支払われるものであり課税されない。
	資産の廃棄、盗難、滅失	資産の譲渡及び貸付け並びに役務の提供のいずれにも該当しない。
	損害賠償金	心身又は資産に対して加えられた損害に対するものは課税されない。
	国外取引	国内において行われる取引ではないので、課税の対象とならない。

§3　免税取引（消7、8）

　消費税は、国内で消費される財貨やサービスに対し負担を求めるものです。したがって、国外で消費されることを目的として行われる輸出取引については、消費税を免除することとしています（消7、8）。

　ちなみに、「不課税取引」と「非課税取引」、「免税取引」との関係及び課税対象になるか否かの判定に関するイメージは次のようになっています。

【第6－2図】　事業者等が行う「取引」の消費税法の取扱い

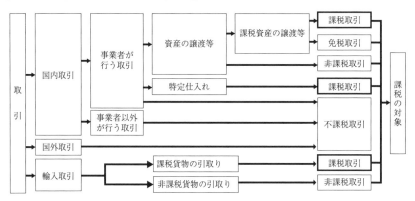

　(注)　輸入取引については、事業者以外の者が行ったものであっても課税の対象となる。

※　ただし、平成27年の改正で、国境を越えた役務の提供のうち、BtoB取引（企業間取引）については、国内の事業者が、BtoC取引（対消費者取引）については、国外所在の役務提供者が、納税者として課税されることになっています。

〔資料出所：国税庁税務大学校講本「消費税法（令和5年度版）」11頁より抜すい、一部修正〕

【第6-3図】　課税となるかどうかの判定図（特定仕入れ及び輸入取引を除く）

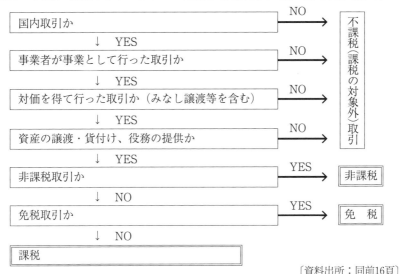

〔資料出所：同前16頁〕

§4　課税標準、税率と税額の計算（消28、29、30）

　通常の場合、課税期間（原則として個人は暦年、法人は事業年度）中の課税資産の譲渡等に係る課税標準である金額の合計額（課税売上高）と特定課税仕入れに係る課税標準である金額の合計額との合計額に税率をかけて算出した金額から同期間中の課税仕入高（消費税を負担している仕入高）に含まれている税額を差し引いて計算します（消30、45）。

1　課税標準額

　消費税の課税標準は、課税資産の譲渡等の対価の額（特定課税仕入れにあっては、特定課税仕入れに係る支払対価の額、輸入取引にあっては、関税課税価格（C.I.F）＋個別消費税額＋関税額）とされています（消28）。

　いわゆる課税売上高です。

　なお、課税標準額及び課税標準額に対する消費税額の計算に当たっては、税込経理方式と税抜経理方式の選択が認められています。

2　消費税の税率

　消費税の税率は基本税率が7.8％（他に地方税が2.2％）、軽減税率（注14）が6.24％（他に地方税が1.76％）となっています（消29）。

　その結果、購入者が支払う消費税は、基本税率が10％、軽減税率が8％ということになります。

3　仕入税額控除

　消費税は取引の各段階で課税されるため、そのままでは税が累積してしまいます。そこで、納付すべき消費税額を計算するに当たっては、課税売上げに係る消費税額から課税仕入れに係る消費税額を控除する「前段階税額控除方式」が採用されています（消30）。

　なお、控除にはいくつかのやり方があります。

　具体的には次のようなイメージになっています。

【第6－4図】　消費税納付税額の計算の仕組み

(注14)　軽減税率の適用対象となるのは次のような品目です。

　　①　飲食料品の譲渡（食品表示法に規定する食品（酒税法に規定する酒類を除く）の譲渡をいい、外食等を除く）

　　②　定期購読契約が締結された週2回以上発行される新聞の譲渡（平成28年度改正法附則34①）

※　これに加え、地方消費税2.2%＝$\left(7.8\% \times \dfrac{22}{78}\right)$の納付が必要となります。

　　ただし、食料品、新聞については、軽減税率の適用対象となり、改正前と同じ水準の税率（6.24%、地方税込み８%）となります（注15）。

〔資料出所：同前43頁より抜すい、一部修正〕

（注15）

付加価値税率（標準税率及び食料品に対する適用税率）の国際比較

(2023年1月現在)

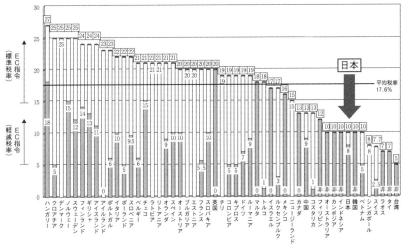

（注1）上記は、原則的な取扱いを示したもので、代表的な品目に対する税率のみを記載しており、品目によっては税率が変わることに留意が必要。なお、新型コロナウイルス感染症やウクライナ情勢による物価高騰に伴う措置として、時限的に税率の引下げや軽減税率の対象品目の拡大等を実施している場合がある。

（注2）上記中、▓が食料品に係る適用税率である。「0」と記載のある国は、食料品についてゼロ税率が適用される国である。「非」と記載のある国は、食料品が非課税対象となる国である。なお、軽減税率・ゼロ税率の適用及び非課税対象とされる食料品の範囲は各国ごとに異なり、食料品によっては上記以外の取扱いとなる場合がある。

（注3）日本については、10%（標準税率）のうち2.2%、8%（軽減税率）のうち1.76%は地方消費税（地方税）である。

（注4）指令においては、従来、ゼロ税率及び5%未満の軽減税率を否定する考え方を採っていたが、令和4年4月の改正により、特定の品目についてゼロ税率及び5%未満の軽減税率が認められた。

（注5）デンマーク、ギリシャ、イタリア、チェコについては2022年7月時点の数字。キプロスについては2022年1月時点の数字。

（注6）カナダについては、①連邦税である財貨・サービス税のみ課されている州、②財貨・サービス税に加えて、州税としての付加価値税も課されている州、③連邦・州共通の税としての付加価値税が課されている州が存在。なお、表中では③の類型であるオンタリオ州の税率を記載（連邦・州共通の付加価値税13%（うち州税8%））。

（注7）ポーランドにおいては、本則税率は22%、7%、5%の3段階であるが、財政状況に応じて税率を変更する旨の規定があり、現在は特例として23%、8%、5%の税率が適用されている。

（注8）米国では、連邦における付加価値税は存在しないが、地方税として、売買取引に対する小売売上税が存在する（例：ニューヨーク州及びニューヨーク市の合計8.875%）

〔資料出所：財務省ホームページ〕

4　適格請求書等保存方式への移行

　仕入税額控除の要件として従前は請求書等保存方式が採用されてきましたが、令和 5 年（2023年）10月 1 日以降においては、適格請求書等保存方式（いわゆる「インボイス方式」）に移行しています（注16）。

　適格請求書等（適格請求書、適格簡易請求書及び適格返還請求書）は、次のような特徴を有しています。

①　課税事業者は適格請求書等の発行が義務付けられており、また、自ら発行した適格請求書等の副本の保存が義務付けられていること

②　適格請求書等には適用税率・税額の記載が義務付けられていること

③　免税事業者は適格請求書等を発行できない。したがって、免税事業者からの仕入れについては仕入税額控除ができないとされていること

（注16）　ただし、激変緩和の観点から次のような経過措置が講じられています。

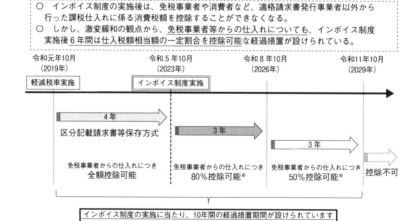

※　仕入税額控除の適用にあたっては、免税事業者等から受領する区分記載請求書等と同様の事項が記載された請求書等の保存と本経過措置の適用を受ける旨（ 8 割控除・ 5 割控除の特例を受ける課税仕入れである旨）を記載した帳簿の保存が必要とされています

〔資料出所：財務省、一部修正〕

§5　簡易課税制度

　その課税期間の基準期間における課税売上高が5,000万円以下である中小事業者については、納税事務負担の軽減を図るため、事業者自身の選択により、その事業内容に応じた売上げに係る税額の40〜90％相当額を仕入れ等に係る税額とみなすことができることとされています（消37①、消令57）（注17）。

§6　申告と納付（消45〜51、86の6）

1　国内取引

　事業者は、課税期間の末日の翌日から2か月以内に確定申告書を税務署長に提出するとともに、申告書に記載された消費税額を納付しなければなりません（個人事業者については、それぞれの年の翌年3月末日とされています）（消45①、49、措86の6①）。

　ただし、消費税の確定申告の期限の延長特例の適用を受けている法人は、

（注17）　**みなし仕入率**※

第1種事業（卸売業）	90％
第2種事業（小売業） 〈食用の農林水産物を生産する農林水産業〉	80％
第3種事業（製造業等） 〈農林・漁業、建設業、製造業など〉	70％
第4種事業（その他） 〈飲食店業など〉	60％
第5種事業（サービス業等） 〈金融・保険業、運輸・通信業、サービス業〉	50％
第6種事業（不動産業）	40％

　※　複数の事業を営んでいる場合、原則として事業の種類ごとの売上げに対する消費税額にみなし仕入率をかけた金額の合計額が、仕入れに含まれる消費税額とみなされます。
　　ただし、通常の課税制度といずれか有利な方法を選択することによる租税回避等を防止する観点から、いったん簡易課税制度を選択した場合には、2年間は変更を認めないこととしています（消37②〜⑤）。
　　なお、これと同様の制度は、イギリス等でも採用されています。
〔資料出所：国税庁税務大学校講本「消費税法」（令和5年度版）56頁一部修正〕

事業年度終了の日の属する課税期間に係る消費税の確定申告の期限が1月延長されます（消45の2①）。

　なお、直前の課税期間の年税額が多い場合には申告、納付回数が異なります（消42①④⑥⑩、48）（注18）。

2　輸入取引

　輸入取引については、課税貨物を保税地域から引き取る者が、引き取り時までに、税関に申告して、関税とともに納付します（消47、50）。

　なお、担保を提供した場合には、3か月以内の納期限の延長が認められます（消51）。

§7　その他（消9、19、25、30、37、57、63の2）

　消費税においては、その適正な執行を担保するための手段として、新設法人の届出（消9）、免税事業者が課税事業者を選択する場合、課税事業者等が簡易課税制度を選択する場合の届出（消37）、課税事業者届出（消57）など

（注18）　消費税額と納付回数一覧表

	直前の課税期間の消費税額 （国税のみ）	中間申告・納付回数※
①	48万円以下	確定申告のみ
②	48万円超400万円以下※	年1回（前課税期間の消費税額の2分の1）
③	400万円超〜4,800万円以下	年3回（前課税期間の消費税額の4分の1ずつ）
④	4,800万円超	年11回（直前の課税期間の消費税額の12分の1ずつ）

　※　中間納付額は、前課税期間の消費税額をもとに計算することを原則としますが、仮決算をした場合には仮決算に基づいた税額とすることも可能です（消43）。

各種の届出義務が課されています。

　また、課税事業者が、取引の相手方である消費者に対して商品等の販売、役務の提供などの取引を行うに際しては、あらかじめその取引価格に消費税相当額を含んだ価格を表示しなければならない（いわゆる総額表示方式）こととされています（消63）（注19）。

(注19)　**主要国における消費者に対する価格の表示方式の概要**

（2023年1月現在）

	日本	英国	ドイツ	フランス	ＥＣ指令
表示方式 （総額／税抜）	総額表示	総額表示	総額表示	総額表示	総額表示
「総額表示」 の詳細	税込の総額が表示されていればよい	税込の総額が表示されていればよい	税込の総額が表示されていればよい	税込の総額が表示されていればよい	税込の総額が表示されていればよい
経緯・根拠	消費税法改正により2004年4月から総額表示を義務付け(注)	・消費者保護法(1987年) ・価格表示令(1991年)により総額表示を義務付け	価格表示令(1985年)により総額表示を義務付け	価格に関する消費者情報令(1987年)により総額表示を義務付け	消費者向け商品価格表示における消費者保護に関する指令(1998年)により総額表示を義務付け
標準税率	10%	20%	19%	20%	―
付加価値税 導入年	1989年	1973年	1968年	1968年	―

(注)　2013年10月から2021年3月末までの間は、消費税転嫁対策特別措置法により、表示価格が税込価格であると誤認されないための措置を講じていれば、税込価格を表示しなくてもよいとする特例が設けられていました。

〔資料出所：財務省資料抜すい、一部修正〕

234

第7章　国際課税

第1節　概　要

　国際化の進展に伴い、国際課税問題が大きくクローズ・アップされるようになってきています。

　所得や財産に対する課税の方法として、例えば香港やシンガポールなどのように自国内で生じた所得や自国内に所在する財産のみに着目して課税するやり方（いわゆる「領域主義課税方式（Territorial Taxation System）」）と、わが国のように納税者の属性に応じ居住者や内国法人に対して、全世界所得（全世界に所有する財産）に課税するやり方（いわゆる「全世界所得（財産）課税方式（Worldwide Taxation System）」）の2つが存在しています（注1）。

　「領域主義課税方式」を採用している国では、国外源泉所得や国外所在財産については課税されませんので、「国際課税」問題は原則として発生しません。それに対し、「全世界所得（財産）課税方式」の下においては、居住者や内国法人は、所得の源泉地や財産の所在地に関係なく課税されます。しかし、それらの所得（又は財産）については、その源泉地国（又は財産所在地国）が第一次的な課税権を有しています。したがって、それらの所得（又は財産）に対して源泉地国で課税されたものについてわが国でも課税した場合、

（注1）「領域主義課税方式」を採用している国としては香港、シンガポール、ラテン・アメリカ諸国などがあります。また、フランスやドイツ、デンマークなどでも事業所得について同様の方式が採用されています。

　　　　他方、「全世界所得課税方式」を採用している国としては、わが国のほか、米国、カナダ、イタリア、ドイツ等があげられます。

国際的二重課税となりますので何らかの調整が必要になってきます。これが「国際課税」における最大の問題点です。また、「国際課税」の分野においては、各国における課税上の差を利用した脱税や租税回避にどう対処するかも大きな課題として浮上してきています。

　ところで、ひとくちに「国際課税」といっても、その間口は極めて広く、個人所得税、法人税、さらには相続税、贈与税等もからんできます。

　また、国際課税問題には、２つの側面があります。そのうちのひとつは、わが国の個人又は法人が外国に出ていった際に相手国で課税される場合に生じる問題とそこで課税されたものについてわが国でそれがどのように扱われるかという問題（いわゆる「アウトバウンド取引」に係る課税問題）です。もうひとつの問題は、外国からわが国に来てわが国で投資活動や事業活動を行っている場合に個人や法人にどのような形で課税されるのかという問題（いわゆる「インバウンド取引」に係る課税問題）です。

　「アウトバウンド取引」のうち、わが国の個人又は法人が相手国でどのような課税がなされるかは、基本的には相手国の主権下での問題です（注２）。したがって、わが国としてできることは、基本的には相手国での課税が不当なものであるか否か、及びそこで課税されたものについてわが国でどのように扱うかという問題が中心になります。

　また、インバウンド取引に対する課税問題は、基本的にはわが国の課税権に服する問題です。したがって、原則としてわが国の国内法で自由に決定できる問題です（注３）。

　ちなみに、国際課税に関する規定等は大略次のようになっています。

（注２）　ただし、相手国と租税条約を締結することにより、相互に課税権を制限したりすることがあります。

　　　　このようなことから、わが国を始め多くの国で２国間の租税条約が締結されるようになってきています。

【第7－1図】　国際課税に関する規定一覧表

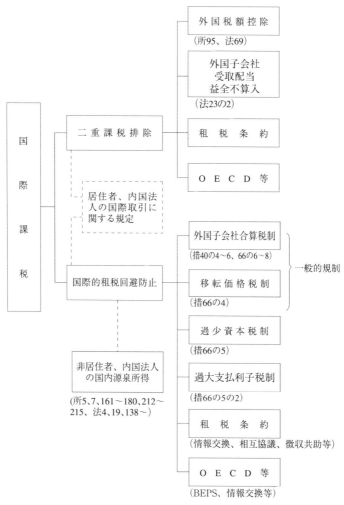

〔資料出所：税制調査会資料より抜すい、一部修正〕

（注3）　わが国では居住者については全世界所得課税方式が、非居住者については
　　　　領域主義課税方式が採用されています。
　　　　　ただし、これについても、相手国と租税条約を締結することにより、相互
　　　　主義を前提として課税権を制限することがあります。

第2節　インバウンド取引（非居住者・外国法人）に対する課税

§1　非居住者に対する課税

1　通常の場合

　わが国で事業活動を行う外国人等のうち、「非居住者」に該当する者は制限納税義務者とされ、わが国の国内源泉所得について納税義務を負うこととされています（所5②、7①三）（注4）。

　「非居住者」に対する具体的な課税方法は、次ページの表のとおり、国内に支店等（恒久的施設）を有する非居住者については（注5）、恒久的施設に帰属する所得については、国内源泉所得のみでなく、国外源泉所得であってもわが国で課税されることとなっています（所5②、7①三）（注6）。

　そして、これらの恒久的施設に帰属する所得は、OECDで承認された原則（Authorized OECD Approach……いわゆるAOA原則）により計算すること

（注4）　米国などでは国籍主義に基づく課税方式が採用されていますが、わが国では、国籍に無関係にわが国に住所を有するか否かにより居住者か否かを区分しています。

（注5）　ちなみに非居住者に対する課税の方法は次のようになっています。

区　　分		課税の対象となる主な国内源泉所得の範囲	
		総合課税 （法7①三、164①）	分離課税 （法7①三、164②、169、212）
PEを有する 非居住者 （法164①一）	PE帰属所得 （法164①一イ）	事業から生じる所得等 （法161①一、四）	
	PE帰属所得以外 （法164①一ロ）	資産の運用、資産の譲渡、不動産等の貸付等 （法161①二、三、五〜七、十七）	利子、配当、給与、報酬等 （法161①八〜十六）
PEを有しない非居住者 （法164①二）			

とされています。

　それに対し、国内に支店等を有しない非居住者は、国内源泉所得の大部分について源泉徴収のみで課税が完了することとされています（所164①四）。

　ちなみに、非居住者に対する課税関係はそれらの者がわが国に恒久的施設を有するか否か等により次のようになっています。

【第7－1表】　非居住者に対する課税関係の概要

所得の種類 （所法161①） ＼ 非居住者の区分 （所法164①）	恒久的施設を有する者		恒久的施設を 有しない者 （所法164①二、②二）	源泉徴収 （所法212①、213①）
	恒久的施設 帰属所得 （所法164①一イ）	その他の 国内源泉所得 （所法164①一ロ、②一）		
（事業所得）	【総合課税】 （所法161①一）	【課税対象外】		無
①資産の運用・保有により生ずる所得 （所法161①二） ※下記⑦～⑮に該当するものを除く。		【総合課税（一部）（注2）】		無
②資産の譲渡により生ずる所得 （　〃　三）				無
③組合契約事業利益の配分 （　〃　四）	【源泉徴収の上、 総合課税】 （所法161①一）	【課税対象外】		20.42%
④土地等の譲渡対価（　〃　五）		【源泉徴収の上、総合課税】		10.21%
⑤人的役務の提供事業の対価 （　〃　六）				20.42%
⑥不動産の賃貸料等（　〃　七）				20.42%
⑦利子等（　〃　八）		【源泉分離課税】		15.315%
⑧配当等（　〃　九）				20.42%
⑨貸付金利子（　〃　十）				20.42%
⑩使用料等（　〃　十一）				20.42%
⑪給与・その他人的役務の提供に対する報酬、公的年金等、退職手当等（　〃　十二）				20.42%
⑫事業の広告宣伝のための賞金（　〃　十三）				20.42%
⑬生命保険契約に基づく年金等（　〃　十四）				20.42%
⑭定期積金の給付補塡金等（　〃　十五）				15.315%
⑮匿名組合契約等に基づく利益の分配（　〃　十六）				20.42%
⑯その他の国内源泉所得（　〃　十七）	【総合課税】 （所法161①一）	【総合課税】		無

(注)1　恒久的施設帰属所得が、上記の表①から⑯までに掲げる国内源泉所得に重複して該当する場合があります。

　　2　上記の表②資産の譲渡により生ずる所得のうち恒久的施設帰属所得に該当する所得以外のものについて

は、所得税法施行令第281条第 1 項第 1 号から第 8 号までに掲げるもののみ課税されます。
3　租税特別措置法の規定により、上記の表において総合課税の対象とされる所得のうち一定のものについ
ては、申告分離課税又は源泉分離課税の対象とされる場合があります。
4　租税特別措置法等の規定により、上記の表における源泉徴収税率のうち一定の所得に係るものについて
は、軽減又は免除される場合があります。

〔資料出所：国税庁「源泉徴収のあらまし」（令和 6 年版）277頁〕

2　わが国との間で租税条約が締結されている場合

　インバウンド取引を行う者の居住地国とわが国との間で租税条約が締結さ
れている場合には、源泉徴収税率及び源泉地等について国内法と異なった定
めがなされています。そのような場合には、これまでにみてきたところにか
かわらず租税条約上の規定が適用されます（所162、法139）（注 7 ）。

　その点で、国際課税の分野において、租税条約の果たす役割は極めて大き
いものがあります。

（注 6 ）　ちなみに「総合主義」と「帰属主義」の差異は次のようになっています。

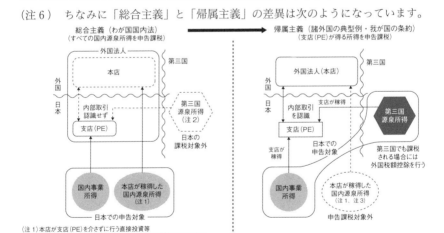

（注 1 ）本店が支店（PE）を介さずに行う直接投資等
（注 2 ）支店（PE）が行う国外投融資で第三国において課税されているもの
（注 3 ）原則として源泉徴収で課税関係終了

資料出所：財務省　平成 26 年度税制改正（案）のポイント

（注 7 ）　その結果、例えば「利子等」については国内法で15.315％となっているも
のが10％又は免税に、「配当」であれば20.42％となっているものが10％又は
15％（親子間については 5 ％又は免税）に、使用料についても国内法の
20.42％が10％又は免税になることもあります。
　なお、詳細についてはそれぞれの租税条約を参照して下さい。

§2　非永住者に対する規定

「非永住者」とは、「居住者」のうち日本の国籍を有しておらず、かつ、過去10年以内において国内に住所又は居所を有していた期間の合計が5年以下である個人をいうこととされています（所2①四）。「非永住者」は、国外源泉所得以外の所得及び国外源泉所得で国内において支払われ、又は国外から送金されたものに対して所得税が課されます（所7①二）。

§3　外国法人に対する課税

1　国内法の規定

外国の企業のうち、わが国で事業活動を営む法人又はわが国へ投資等を行う法人は、外資系「内国法人」と「外国法人」に分けられます。外国企業であっても、わが国の会社法に基づいて設立された法人は、税法上は「内国法人」として扱われ（法2三）、所得の源泉が国内、国外のどこにあるかを問わず、すべての所得について納税義務を負うこととなります（法4①、5）。

それに対し「外国法人」は、「国内源泉所得」についてのみ納税義務を負うこととされています（法4②、9）（注8）。

しかし、同じ「外国法人」であっても、わが国に支店等（いわゆる「恒久的施設」）を有しているか否か、また、どのような種類の恒久的施設を有しているかによって、国内源泉所得にかかる所得の範囲を異にしています。

すなわち、国内に支店等の恒久的施設（いわゆる一号PE）を有する法人は、すべての国内源泉所得（前掲非居住者の国内源泉所得のうち一の二と八を除く12種）について課税されます（法138、141①～③）。

（注8）　なお、外国法人には、法人税のみでなく、源泉徴収という形ではありますが、所得税も課されます（所7五、161一の二～七、九～十二、178～180、212、213）。

　また、１年を超えて建設作業を行う（いわゆる建設 P/E 又は二号 P/E）外国法人及び代理人等を置く（いわゆる代理人 P/E 又は三号 P/E）外国法人にあっては、事業所得、不動産所得等と法人税法第138条第４号〜第11号までに掲げる所得のうち建設作業等又は代理人等に帰せられる所得が課税対象となります（法141二、三）。

　それに対し、国内に支店等を有しない外国法人は、国内の事業等による所得以外の国内源泉所得に対してのみわが国で課税が行われます（法138、141④）。しかも、それらの者がわが国に PE を有していない場合には、非住居者の場合と同じくその多くは源泉徴収のみで課税が完了しています（第７－２表参照）。

　具体的には次のようなイメージです。

【第７－２表】　外国法人に対する課税関係の概要（網掛け部分が法人税の課税範囲）

・【法人税】の部分が、法人税の課税対象となる国内源泉所得となります。
・④及び⑤並びに(7)から(14)までの所得については、源泉徴収の対象となる国内源泉所得となります。

所得の種類（法法138）／外国法人の区分（法法141）	恒久的施設を有する法人		恒久的施設を有しない法人（法法141二）	源泉徴収（所法212①、213①）
	恒久的施設帰属所得（法法141一イ）	その他の国内源泉所得（法法141一ロ）		
（事業所得）	①恒久的施設に帰せられるべき所得（法法138①一）【法人税】	【課税対象外】	【法人税】	無（注１）
②資産の運用・保有（法法138①二）※下記(7)〜(14)に該当するものを除く。				無（注２）
③資産の譲渡（法法138①三）※右のものに限る。　不動産の譲渡（法令178一）				無（注３）
不動産の上に存する権利等の譲渡（〃　二）				
山林の伐採又は譲渡（〃　三）				
買集めした内国法人株式の譲渡（〃　四イ）				
事業譲渡類似株式の譲渡（〃　四ロ）				無
不動産関連法人株式の譲渡（〃　五）				
ゴルフ場の所有・経営に係る法人の株式の譲渡等（〃　六、七）				

④人的役務の提供事業の対価 （法法138①四）			20.42%
⑤不動産の賃貸料等（ 〃 五）			20.42%
⑥その他の国内源泉所得 （ 〃 六）			無
(7)債券利子等（所法161①八）（注5）		【源泉徴収のみ】	15.315%
(8)配当等（ 〃 九）（注5）			20.42% （注4）
(9)貸付金利子（ 〃 十）（注5）			20.42%
(10)使用料等（ 〃 十一）（注5）			20.42%
(11)事業の広告宣伝のための賞金 （ 〃 十三）（注5）	①恒久的施設に帰せられるべき所得 （法法138①一） 【法人税】	【源泉徴収のみ】	20.42%
(12)生命保険契約に基づく年金等 （ 〃 十四）（注5）			20.42%
(13)定期積金の給付補塡金等 （ 〃 十五）（注5）			15.315%
(14)匿名組合契約等に基づく利益の分配 （ 〃 十六）（注5）			20.42%

（注）1　事業所得のうち、組合契約事業から生ずる利益の配分については、20.42％の税率で源泉徴収が行われます。
　2　租税特別措置法第41条の12の規定により同条に規定する一定の割引債の償還差益については、18.378％（一部のものは16.336％）の税率で源泉徴収が行われます。
　　　また、租税特別措置法第41条の12の2の規定により同条に規定する一定の割引債の償還差益に係る差益金額については、15.315％の税率で源泉徴収が行われます。
　3　資産の譲渡による所得のうち、国内にある土地若しくは土地の上に存する権利又は建物及びその附属設備若しくは構築物の譲渡による対価（所得税法施行令第281条の3に規定するものを除きます。）については、10.21％の税率で源泉徴収が行われます。
　4　上場株式等に係る配当等、公募証券投資信託（公社債投資信託及び特定株式投資信託を除きます。）の収益の分配に係る配当等及び特定投資法人の投資口の配当等については、15.315％の税率が適用されます。
　5　(7)から(14)までの国内源泉所得の区分は所得税法上のもので、法人税法にはこれらの国内源泉所得の区分は設けられていません。

〔資料出所：同前278頁〕

　なお、非居住者の場合と同じく外国法人についても、国際課税原則が「総合主義」から「帰属主義」に改められています。

2　わが国との間で租税条約が締結されている場合

　なお、外国法人の本店所在地国とわが国との間で租税条約が締結されており、かつ、租税条約で源泉徴収税率及び源泉地等について国内法と異なった定めがなされている場合には、租税条約の規定が国内法に優先して適用されることとなります（法139）。

第 3 節　アウトバウンド取引に対する課税

§1　外国税額控除

1　国際的二重課税の排除方法

「外国税額控除制度」とは、わが国の個人や企業が外国へ進出していった場合に、相手国で課された税についてわが国でそれをどのように扱うかという税制です。いわゆるアウトバウンド取引に関する税制です。

わが国では、居住者又は内国法人については、その全世界所得に課税することとしています。そのため、所得金額のうち国外源泉所得があり、その所得が発生した国で外国所得税又は外国法人税が課された場合には、国際的な二重課税を被ることになります。

このような国際的二重課税を解消するための方策としては、次のようなやり方があります。

（採用している国）

① 　国外所得免税方式（注9）…………スイス、フランス、ベルギー、イギリス等

② 　外国税額損金算入方式 ……………日本（選択適用）

③ 　外国税額控除方式 …………………（日本）、アメリカ、ドイツ等

このうち、①の国外所得免税方式とは、居住者又は内国法人が国外で稼得した所得については居住地国においては課税しないというやり方です。

しかし、この方式の下においては、税金の安い国に所得を移転することに

（注9）　イギリスでは、外国子会社からの受取配当を全額益金不算入としているほか、海外支店等の所得のうち、アクティブな活動からの所得についても、選択により免税とすることを認めることとしているなど、領域主義課税方式に移行しています。

より容易に租税回避が可能になってしまいます。

　このようなことから、純粋にこの方式を採用している国はほとんどありません。また、②の外国税額損金算入方式の下では、相手国での課税が軽ければ損金算入部分が減少するのに対し、相手国で高率課税を受けると結果的に損金算入額が増加するということになってしまいます。

　そこで、多くの国で③の外国税額控除方式が採用されています。

　外国税額控除方式とは、個人又は内国法人が外国で納税した外国所得税又は外国法人税について、所定の方法により計算した控除限度額を限度として、その外国所得税の額又は外国法人税の額を、その外国所得税の納付義務が確定した日の属する年分の所得税の額又はその外国法人税の納付義務が確定した日の属する事業年度の所得に対する法人税の額から控除するという制度です（所95、120①三、法69①、74①三）。

　なお、外国税額控除には、居住者又は内国法人が外国で支払った税額について控除する直接税額控除方式と外国子会社が支払った外国税額について配当受領時に当該配当に見合った外国税額について控除する間接外国税額控除方式があります(注10)。

　ちなみに、現行の外国税額控除制度の基本的仕組みは次のようになっています。

（注10）　わが国でこの制度が導入されたのは昭和28年（1953年）ですが、昭和37年（1962年）には間接税額控除にも拡大されました。しかし、国外に留保された所得の還流を促進するという観点から平成21年度の税制改正で間接税額控除制度は廃止になっています。
　　　　なお、外国税額控除制度は、外国政府に納税した外国法人税を損金とするやり方との選択制となっています。また、申告にあたっては、納付の事実がわかる書類の添付等が必要とされています（所95⑤、法69⑩）。

【第7-2図】　法人税法で規定する外国税額控除制度のイメージ

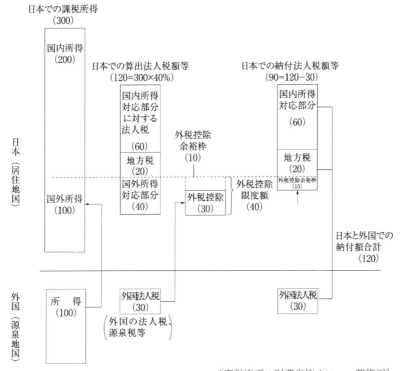

〔資料出所：財務省抜すい、一部修正〕

① この事例では、国内での所得200、海外支店での所得100のケースを想定しています。その際外国で30％の税率で法人税課税がなされていたとします。

② この法人の全世界所得＝300、それに対しわが国で地方税も含め40％の税率で課税されますので算出税額は120になります。

③ 外国税額控除限度額＝全世界所得に対する法人税額×$\dfrac{\text{国外源泉所得}}{\text{全世界所得}}$＝

$120 \times \dfrac{100}{300} = 40$となりますが、実際に納付した外国法人税は30ですので、

差額の10は翌期以降に金額枠として繰り越されます。

④ その結果、日本での要納付法人税額は120－30＝90となります。

2　外国子会社配当益金不算入制度

「外国子会社配当益金不算入制度」は、内国法人が、外国子会社から受ける剰余金の配当等の額の95％相当額を益金不算入とすることができるという制度です（法23の2）。

ちなみに、ここでいう外国子会社とは内国法人の持株割合が25％以上であり、かつ、その保有期間が配当等の支払確定日前6月以上となる外国の会社です。

具体的には次のようなイメージです。

【第7－3図】　外国子会社配当益金不算入制度に関するイメージ図

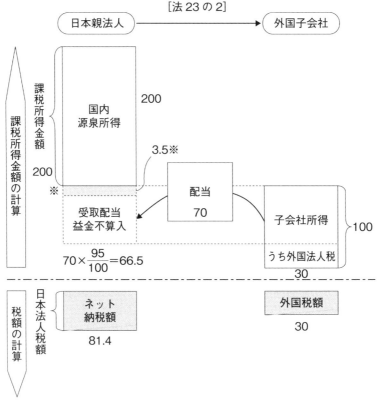

①※部分は益金不算入とならず所得に合算される部分です。
②その結果、日本親法人のネット納税額は（税率40％と仮定）次のようになります。

$$（200+3.5）×\frac{40}{100}=81.4$$

〔資料出所：同前〕

第4節　租税条約

§1　租税条約の役割

　租税条約は、元来は国際間で生じる二重課税を排除することによって国際間の経済交流を促進する目的で締結されてきました。

　その後、国際的租税回避や脱税を防止することなども目的に加えられ現在に至っています。

　ちなみに現在、租税条約の主な役割として次のような点があげられています。

　　イ．国際的二重課税の排除

　　ロ．同一の税源に対する国際間の課税権の適正な配分

　　ハ．国際的な租税回避及び脱税防止に係る協力体制の整備

　　ニ．両国間で生じる国際的な租税問題の円満処理

　　ホ．これらによる両国間の経済交流のより一層の促進

§2　租税条約の歴史

　租税条約は、現在ではわが国のみならず世界各国で広範に締結されていますが、その歴史はそれほど古いものではありません（注11）。

　しかし、第一次大戦の発生に伴い国際間の二重課税事例が多発したことか

（注11）　最も古いといわれるフランスとベルギーの条約でも1843年締結ですので、たかだか170年の歴史しかありません。しかもそれらは徴収共助条約的なものであったといわれています。ちなみに、現在の条約に近いタイプの条約が締結されたのは1899年のドイツとオランダの間の条約です。
　　　（Edwin A. Seligman "Double Taxation and International Fiscal Cooperation" The Macmillan Company, 1928. p52）

ら、国際連盟の下でモデル条約の策定作業が進められ、1928年に最初のモデル条約が公表されました。

この作業は第二次大戦後、新たに発足した経済協力開発機構（OECD）の租税委員会（Fiscal Committee）に引き継がれ、1963年に理事会勧告として加盟各国に提示されました。これが OECD モデル条約（Model Double Taxation Convention on Income and on Capital）です（注12）。同モデル条約及びそれらの解釈指針を示したコメンタリー（OECD Model Tax Commentary）（注13）はその後、数回にわたる改正を経て現在に至っており、わが国を始め主要国の条約に大きな影響を与えています。

（注12）　ちなみに OECD モデル条約は、大略は次のような内容で構成されています。
　　1．条約本体
　　　第1章　条約の適用範囲（1条、2条）……人的範囲、対象税目等について規定
　　　第2章　定義（3条〜5条）……条約で用いられる用語の明確化について規定
　　　第3章　所得に対する課税（6条〜21条）……所得の種類に応じた課税方法につき規定
　　　第4章　財産に対する課税（22条）……財産の種類に応じた課税につき規定
　　　第5章　二重課税排除の方法（23条A、B）……外国税額控除方式又は国外免除方式につき規定
　　　第6章　雑則（24条〜29条）……無差別取扱、相互協議、情報交換、徴収共助等につき規定
　　　第7章　最終規定（30条、31条）……条約の効力発生及び終期につき規定
（注13）　そこで示されている指針又は見解に対して同意していない国は「所見（observations）又は「留保（reservations）」という形でその立場を明らかにしています。
　　　なお、OECD モデル租税条約が先進国を対象としたものであることから、発展途上国を対象としたモデル条約（国連モデル条約）も作られています。

§3　わが国が締結した租税条約

1　2国間租税条約

(1)　沿　革

　わが国における租税条約締結の歴史は欧米諸国に比較するとさらに新しく、昭和29年（1954年）に米国との間で締結された所得に関する二重課税防止条約が最初です（注14）。

　その後、徐々に対象国を拡大し、令和6年（2024年）1月1日現在で85か国（地域）との間（適用国は154か国）で条約を締結しています（財務省資料）。条約の内容は、国によって若干の差はありますが、基本的には先進国との間ではOECDモデル条約をベースにしたものとなっています（注15）。

　また、租税条約では、本文のほかに、議定書（Protocol）や交換公文（Exchange of Notes）等の付属文書が作成されることが少なくありません。

(2)　議定書

　「議定書（Protocol）」は、一般に条約締結国のうちいずれかの国のみに関係する事項について、条約上の取り決めを置く場合に用いられ、実質的に条約と一体をなすものと考えられています。したがって、条約本文と同様に、議会での承認（批准）が必要とされています。

(3)　交換公文

　「交換公文（Exchange of Notes）」は、一般に条約上の用語の意義の解釈等について、両国の見解に差が生じないようにするために交換される文書です。したがって、この部分については、議会の承認（批准）は必要とはされていません。

（注14）　これに加え、米国との間では「遺産相続及び贈与税に関する条約」も締結されています。

（注15）　なお、発展途上国との間の条約では相手国側からの要請により国連モデル条約（U.N. Model Tax Convention）を一部取り入れたものもあります。

2　多国間条約

　これらに加え、我が国は、「税務行政執行共助条約」（締約国は我が国を除いて124か国（図中、国名に下線）。適用拡張により142か国・地域に適用。このうち我が国と二国間条約を締結していない国・地域は63か国・地域）のような多国間条約にも参加しています。

第 5 節　　国際的租税回避規制税制

§1　外国子会社等合算税制…CFC 税制
　　（タックス・ヘイブン対策税制）

　この制度は、居住者又は内国法人が軽課税国（いわゆるタックス・ヘイブ
ン）にペーパー会社（子会社等）を設立し、これを利用してわが国における
租税負担を不当に軽減するような租税回避行為に対応するために、昭和53年
度の税制改正において導入された税制です。

　この制度については、納税者による規制逃れ等が多発しているため、ほぼ
毎年のように規制強化が図られています。

1　制度の概要

　その結果、令和 2 年 4 月 1 日現在における制度の概要は次のようになって
います。

　内国法人等の外国関係会社（注16）がペーパーカンパニー（実体基準及び管
理支配基準をいずれも満たさない会社）等（「特定外国関係会社」）である場合
又は経済活動基準（注17）のいずれかを満たさない会社（「対象外国関係会社」）
である場合には、その外国関係会社の所得に相当する金額について、内国法
人等の所得とみなし、それを合算して課税（会社単位での合算課税）する（措
40の 4 ①②、66の 6 ①②）。

　また、外国関係会社が経済活動基準を全て満たす会社（「部分対象外国関係
会社」）であっても、実質的活動のない事業から得られる所得（いわゆる受動
的所得）については、内国法人等の所得とみなし、それを合算して課税（受

（注16）　ちなみに、ここでいう「外国関係会社」とは、居住者・内国法人等によっ
　　　　て合計で50%超を直接及び間接に保有されている外国会社です（措40の 4 ②
　　　　一、66の 6 ②一）。

動的所得の合算課税）されます（措40の4⑥、66の6⑥）。

　ちなみにこの制度の基本的仕組みは次のようになっています。

【第7−4図】　外国子会社合算税制の基本的仕組み

　　　　　　　　　　外国子会社合算税制
　日本企業が軽課税国・地域に設立した子会社の所得（下図では20）を日本
　親会社の所得に合算して課税する。

┌─軽課税国・地域の子会社を利用しない場合─┐
日本企業がグループ内の米国企業に無形資産
の使用許諾を行い、日本企業が使用料20を収
受

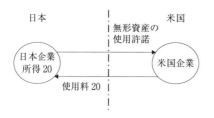

※これにより日本企業の所得が20増加し、米国
　企業の所得が20減少するが、日米が同一税負
　担であれば企業グループの税負担は変わらな
　い

┌─軽課税国・地域の子会社を利用した場合─┐
日本企業が無形資産を移転して軽課税国・地域に子会
社を設立し、その子会社がその無形資産をもって米国
企業に使用許諾を行い、子会社が使用料20を計上

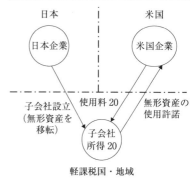

※これにより、企業グループの所得は不変
　でも租税負担は軽減できる

〔資料出所：財務省、一部修正〕

2　企業単位の合算課税（特定外国関係会社）（措法40の4①②、66の6①②）

　①内国法人等によって発行済株式等の議決権等の50%超を直接又は間接に
所有されている外国法人又は内国法人等によって実質支配されている外国法
人（いわゆる外国関係会社）のうち、②法人の所得に対して課税される税が
存在しない国又は地域に本店又は主たる事務所を有する会社、又は、③法人
の各事業年度の所得に対して課される租税の額が著しく低い国（税負担割合
20%未満）に所在する会社（いわゆる「特定外国関係会社」）又は税負担割合30

％未満の国所在のペーパーカンパニー等である場合又は④経済活動基準（注17）のいずれかをみたさない場合には、それらの外国関係会社の所得について、⑤その外国関係会社の10％以上の株式又は出資を直接及び間接に保有する居住者又は内国法人等の持分に対応する部分の所得を、その居住者又は内国法人等の所得に合算して課税するという制度です（措40の4①、66の6①）（会社単位での合算課税）。

3　受動的所得の合算課税（部分対象外国関係会社）（措法40の4⑥、66の6⑥）

また、外国子会社等が経済活動基準を全て満たす場合であっても、実質的活動のない事業から得られる所得（いわゆる受動的所得（注18））については、内国法人等の所得とみなし、それを合算して課税することとされています（受動的所得の合算課税）。

(注17)　ここでいう「経済活動基準」とは、具体的には次の4つの基準です（措法40の4②三、66の6②三）。
　　　　①　事業基準（主たる事業が株式の保有等、一定の事業でないこと）
　　　　②　実体基準（本店所在地国に主たる事業に必要な事務所等を有すること）
　　　　③　管理支配基準（本店所在地国において事業の管理、支配及び運営を自ら行っていること）
　　　　④　次のいずれかの基準
　　　　　(1)　所在地国基準（主として本店所在地国で主たる事業を行っていること）
　　　　　　※　次の(2)で規定する業種以外の業種に適用
　　　　　(2)　非関連者基準（主として関連者以外の者と取引を行っていること）
　　　　　　※　卸売業、銀行業、信託業、金融商品取引業、保険業、水運業、航空運送業、航空機貸付業の場合に適用
(注18)　ここでいう「受動的所得」とは、次の所得です。配当、利子等、有価証券の貸付対価、有価証券の譲渡損益、デリバティブ取引損益、外国為替差損益、その他の金融所得、保険所得、固定資産の貸付対価、無形資産等の使用料、無形資産等の譲渡による所得等

　なお、事務負担に配慮し、外国子会社等の租税負担割合が一定（ペーパー
カンパニー等にあっては27％、それ以外の外国子会社等は20％）以上の場合には
合算課税の適用が免除されているなど、必要に応じ適宜見直しがされていま
す（注19）。

4　合算金額の計算

　合算すべき金額の計算プロセスは、次のようなイメージになります。

【第7－5図】　特定外国関係会社等合算税制のイメージ図

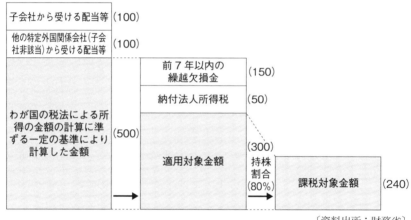

〔資料出所：財務省〕

5　二重課税の調整

　二重課税排除のための調整措置として、次の2つが設けられています。

① 　合算課税時における二重課税の調整

　合算課税の対象となる金額に所在地国まで法人税が課されている場合には、
外国税額控除の対象とすることが認められています（措40の5①、66の7①）。

② 　合算課税済みの所得から配当等がされた場合の二重課税の調整

　また、内国法人等が合算課税済みの所得について外国関係会社から配当等
を受けた場合には、受取配当の金額につき、収入又は益金不算入とする規定

等が設けられています（措40の 6 、66の 8 ）。

§2　移転価格税制

　国外への所得移転は、軽課税国向けだけでなく、同一レベルの税負担の国に対しても行われる可能性があります。

　例えば、相手国の会社が赤字だったりした場合には、わが国から所得をそこに移転させることにより企業グループ全体の税負担を減少させることができます。

　このような手法による所得移転は、米国などでは昭和50年代（1970年代）ごろから大きな問題として取り上げられるようになりました。そこで、わが国でも昭和61年（1986年）の税制改正で、米国の事例等も参考にしつつこの

（注19）　ちなみに、令和 6 年度改正後における外国子会社合算税制（CFC 税制）の概要は次のようになっています。

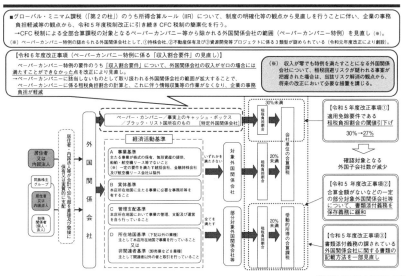

〔資料出所：財務省〕

ような形による所得の海外移転を規制するための税制（いわゆる「移転価格税制」）が導入されました。

1　制度の概要

　この制度の基本的仕組みは、法人と「国外関連者」(注20)との間で行われた取引の対価の額が「独立企業間価格（Arm's Length Price：通常 ALP と略称)」に比して低額（販売＝輸出）又は高額（仕入＝輸入）で行われたことにより、当該法人の所得が減少していると認められる場合には、それらの取引が「独立企業間価格」で行われたものとみなして当該法人の課税所得を計算するというものです（措66の4①）。

　具体的には次のようなイメージです。

（注20）　ここでいう、「国外関連者」とは、法人と親子関係、兄弟姉妹関係又は実質支配等の関係（これらの連鎖関係を含む。）にある国外の法人をいいます。

実質支配関係に関するイメージ（代表例）

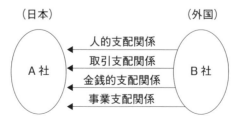

（日本）　　　　　　　　　　　（外国）

【第 7 － 6 図】　移転価格税制の基本的仕組み（イメージ図）

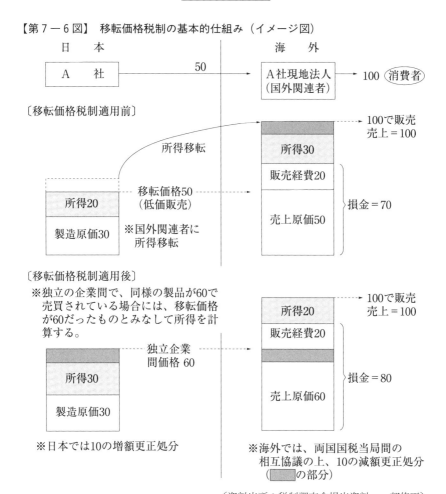

〔資料出所：税制調査会提出資料、一部修正〕

※　この事例では、A社の所得が10だけ国外に流出しています。これを是正すると A社の所得は20→30に増加し、相互協議で合意がなされると国外関連者の所得は30→20に減少します。

（独立企業間価格）

　ちなみに、「独立企業間価格」（Arm's Length Price）とは、OECD 移転価格ガイドライン（注21）で示されている考え方ですが、わが国でもその考え

方が採用されています。具体的には次のいずれかの算定方法により計算することとされています（措66の4②一イ～ハ、②二）。

① 独立価格比準法（Comparable Uncontrolled Price Method）……比較可能な非関連者間（独立企業間）の取引価格による方法

② 再販売価格基準法（Resale Price Method）……関連者間取引による買手の第三者への再販売価格から通常の利潤の額を控除して算定する方法

③ 原価基準法（Cost Plus Method）……関連者間取引における売手の原価の額に通常のマージンの額を加算して算定する方法

④ ①～③までに掲げる方法に準ずる方法（同前一二、②二）

⑤ イ 利益分割法（Profit Split Method）…関連者間取引に係る利益を両当事者の貢献度等に応じて分割する方法（措令39の12⑧一イ～ハ）

　　ロ 取引単位営業利益法（TNMM法（Transactional Net Margine Method））…同業他社のネットマージン等をベースに取引価格を算定する方法（措令39の12⑧五）

　　ハ DCF法（Discount Cash Flow Method（いわゆる割引現在価値））…関連者取引に係る資産（主として無形資産）の使用等によりもたらされると予測される利益を合理的と認められる割引率を用いて現在価値として割り引いた金額を独立企業間で成立した取引価格として算定する方法（措令39の12⑧六）

　　※ なお、この種の取引については、取引時における算定方法が適切だったか否かの判明は数年後になるのが通例です。そこで、結果が大きくかい離（約20％超）した場合には、当初にさかのぼってその算定方法を修

（注21） OECD移転価格ガイドラインは、適切に各国の課税権を配分し、二重課税を回避することを目的として作成されたものです。具体的には、移転価格の算定方法及び移転価格課税問題の解決方法を示し、税務当局間又は税務当局と多国籍企業との間の紛争を最小化し、企業活動の円滑化に資することを意図しているものだといわれています。

正できることとされています。いわゆる「所得相応性基準（Commensu-rate With Income Standard)」という考え方です。

　ニ　イ〜ハに準ずる方法（措令39の12⑧七）

　納税者はこれらの算定方法のうちから自己に最も適した方法を選択することとされています（措法66の4②）。

2　文書化

　BEPS プロジェクトの勧告を踏まえ、多国籍企業グループによる所得の海外移転に対して適正な課税を実現するため、平成28年度の税制改正で次の3つの文書の作成、保存、提供等が義務化されています（注22）。

①　「ローカルファイル（Local File)」：関連者間取引における独立企業間価格を算定するための詳細な情報

②　「マスターファイル（Master File)（事業概況報告事項)」：グループの活動の全体像に関する情報

（注22）　具体的には次のようなイメージです。

多国籍企業情報の報告制度イメージ図

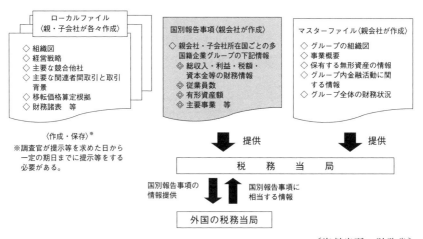

〔資料出所：財務省〕

③　「国別報告書（国別報告事項：いわゆる cbc レポート）」：国別の活動状況に関する情報

3　相互協議

　内国法人が国外関連者との取引について移転価格課税を受けたにもかかわらず、これを放置しておくということになりますと、企業グループとしては国際的な二重課税を被る結果となってしまいます。そこで、国外関連者の所在地国がわが国との間で租税条約を締結している国である場合には、租税条約に基づく相互協議により救済を求めることができることとしています（注23）。

4　事前確認

　なお、納税者の予測可能性を確保するという観点から、納税者と課税当局が独立企業間価格の算定方法等について事前に合意する「事前確認制度」も利用されるようになってきています。

§3　過少資本税制
（国外支配株主等に係る負債の利子等の課税の特例）

　わが国に進出してきている外国企業（外資系内国法人、又は外国法人の支店）が所要資金を調達する場合、外国の親会社等からの出資（配当に対しわが国で課税される）を極力少なめにし、その分海外の関係会社からの借入れ（支払利子損金算入）を多くすることにより、わが国における税負担を人為的に減らすことが可能です。いわゆる過少資本の問題です。

（注23）　相互協議で権限ある当局が合意に達したときは、相手国でそれに見合う所得の減額（対応的調整）がなされることになります。

（制度の概要）

このような手法による租税回避行為に対処するため、平成 4 年度の税制改正で法人の国外支配株主等に対する平均負債残高がその法人の資本持分の一定割合（原則 3 倍）に相当する金額を超える部分に対応する負債の利子の額について損金の額に算入しないという制度が導入されました（措66の 5 ）。

具体的には次のようなイメージです。

【第 7 － 7 図】　過少資本税制のイメージ

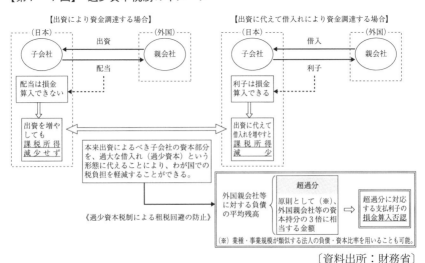

〔資料出所：財務省〕

§4　過大支払利子税制

この制度は、所得金額に比して過大な利子を支払うことにより法人の所得を減少させる租税回避行為を防止するため、法人の関連者に対する純支払利子等の額が調整所得金額の20％を超える場合には、その超える部分の金額は、当期の損金の額に算入しないという制度です（措66の 5 の 2 ①）。

具体的には次のようなイメージです。

【第7－8図】　過大支払利子税制のイメージ

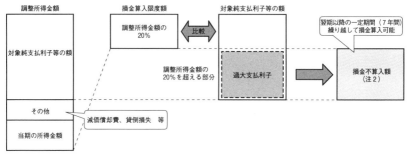

〔資料出所：同前〕

§5　恒久的施設（PE）の見直し

　外国法人がわが国で事業活動を行う場合、それらの外国法人がわが国に恒久的施設（PE）を有しない限り、その法人の事業取得には課税しないというのが国際的にも確立された課税原則となっています。

　しかし、外国法人のなかにはPEに認定されない活動のみを行うこと等により租税回避を行うという事例も散見されます

　このような事態に対処するためBEPS防止措置規制条約（MLI）の合意等をふまえ平成30年度の税制改正で次のような見直しが行われ、PE課税の強化が図られています。

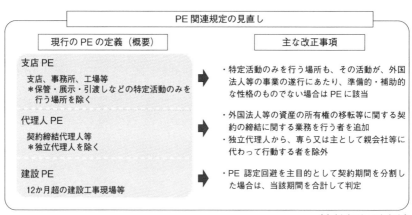

〔資料出所：財務省〕

第 6 節　国際相続・贈与に係る課税

　第 5 章でもみてきましたように、わが国の相続税法では、相続税（贈与税）の納税義務者をわが国に住所を有しているか否か、日本国籍を有しているか否かなどによって、「居住無制限納税義務者」、「非居住無制限納税義務者」及び「居住制限納税義務者」、「非居住制限納税義務者」に区分されています（相 1 の 3 、1 の 4 、2 、2 の 2 ）。

《納税義務者の判定（特定納税義務者を除く）》

　ただし、特定納税義務者は、居住無制限納税義務者、非居住無制限納税義務者、居住制限納税義務者及び非居住無制限納税義務者のいずれにも該当しない者をいうので、この表には含まれていません。

　課税時期：令和 3 年 4 月 1 日〜（改正法附則11）

相続人・受遺者／受贈者　　　　　被相続人・贈与者		日本国内に住所あり		日本国内に住所なし		
			一時居住者 ※1	日本国籍あり		日本国籍なし
				相続開始前10年以内に住所あり	相続開始前10年以内に住所なし	
日本国内に住所あり		居住無制限納税義務者	居住制限納税義務者	非居住無制限納税義務者	非居住制限納税義務者	
	外国人被相続人 ※2 外国人贈与者 ※2					
日本国内に住所なし	相続開始前10年以内に住所あり					
	非居住被相続人 ※3 非居住贈与者 ※3		居住制限納税義務者		非居住制限納税義務者	
	相続開始前10年以内に住所なし					

※1　出入国管理及び難民認定法別表第 1 の在留資格で滞在している者で、相続の開始前15年以内において日本国内に住所を有していた期間の合計が10年以下の者
※2　出入国管理及び難民認定法別表第 1 の在留資格で滞在している者
※3　日本国内に住所を有していた期間、日本国籍を有していない者
　〔資料出所：税務大学校講本「相続税法（令和 5 年度版）」 9 頁より抜すい、一部修正〕

　なお、令和 3 年度の改正で上記部分について次のような見直しがなされています。

	日本に滞在中に死亡した外国人（被相続人）の滞在期間	相続人が外国に居住（例：本国に住む家族）	相続人が日本に居住（相続開始前15年中10年以下）
旧制度	10年以下	日本国内の財産にのみ課税	
	10年超	日本国内及び国外の財産に課税	
見直し	入管法別表第一の在留資格で居住（居住期間を問わない）	日本国内の財産にのみ課税（国外財産に課税しない）	

（注1）　出入国管理法別表第一：高度専門職、経営・管理、研究など、日本で就労等する際に付与（永住者等は含まない）。

（注2）　国内に住所（生活の本拠）がある者が相続人となる場合には、その国籍を問わず、国内外の財産が相続税の課税対象となるが、外国人については、日本に短期間滞在する者が相続人となる場合、原則として国外財産には課税しないとの配慮を講じている。

〔資料出所：財務省〕

　なお、国際相続・贈与については、財産の所在地も重要です。それは、制限納税義務者の場合にあっては、国内所在財産のみが課税対象となってくるためです。ちなみに、財産の所在地は次により判定することとなっています（相10）。

相続財産の所在地（相10）

財産の種類	財産の所在
動産又は不動産	動産（現金を含む。）又は不動産の所在（ただし、船舶又は航空機は、それらの登録をした機関の所在）
金融機関に対する預貯金等	受入れをした営業所又は事業所の所在
保険金	保険契約に係る保険会社の本店又は主たる事務所の所在
退職手当金等	支払った者の住所又は本店若しくは主たる事務所の所在
貸付金債権	債務者の住所又は本店若しくは主たる事務所の所在
社債、株式又は出資	社債・株式の発行法人又は出資のされている法人の本店又は主たる事務所の所在
国債又は地方債	相続税法の施行地
外国又は外国の地方公共団体の発行する公債	その公債を発行している国

〔資料出所：国税庁税務大学校講本「相続税法」（令和5年度版）をもとに筆者作成〕

第 7 節　国際取引に伴う消費税

　消費税は、基本的には国内における財貨・サービスの取引に着目して課される税目です。

　しかし、財貨・サービスの取引は国境をこえて行われることも少なくありません。そのため、消費税においても国際取引に係る規定が置かれています。たとえば、財貨の輸入取引については、保税地域から引き取られる外国貨物に対し消費税が課されます（消4）。また、輸出取引については輸出される財貨・サービス等の消費が海外で行われるため、免税とされています（消7①）。

　同様に、輸出物品販売場における輸出物品の譲渡についても、その消費地に着目し、輸出免税と同じ扱いをしています（消8①）。

　そして、国内で仕入れた財貨・サービス等に対して課されていた消費税額については仕入税額控除（又は還付）を受けることができることとされています。

　しかし、インターネットの普及に伴い、海外からのサービスをインターネット上にダウンロードしたうえでそれらを利用し、海外の事業者に代金を支払うという事例が数多くみられるようになってきています。国内の事業者から同種のサービスを購入したときは消費税が課税になりますが、海外からのサービス購入については不課税となっていました。そこで、国内外の事業者の課税条件を一致させるため、平成27年の改正で、これらの取引についても消費税を課すこととされました。

　なお、「納税なき仕入税額控除」を防止する観点から、国外事業者の登録制度（国内に税務代理人を置くこと等が条件）を設け、国外事業者から提供を受けた消費者向けサービスについては、当該国外事業者が登録を行っている場合のみ、仕入税額控除を認めることとしています。

具体的には次のような方法によることとされています。

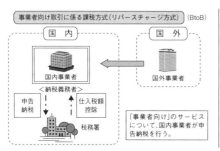
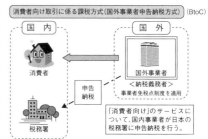

〔資料出所：財務省資料、一部修正〕

第 8 節　国際取引等に係る適正申告確保の ための施策

§1　租税条約、国外送金等調書、国外財産調書制度

1　租税条約

　国際取引に係る適正申告及び納付確保のため、租税条約では情報交換規定 (注24) や徴収共助規定が設けられています。特に最近では富裕層や多国籍企 業による国際的租税回避等が問題視されるようになってきたことから、この 分野での国際間協力が推進されるようになってきています。

　ちなみに、平成27年度の改正で、非居住者に係る金融口座情報の自動的交 換のための報告制度が整備され（同法10の 5 ～10の 9 、13）、平成29年 1 月 1 日から適用されています。

(注24)　租税条約に基づく情報交換には、①要請に基づくもの、②自発的に交換さ れるもの、③自動的に交換されるもの、の 3 つの形態があります。
　　　　具体的には、次のようなイメージです。

【税務当局間の情報交換のイメージ】

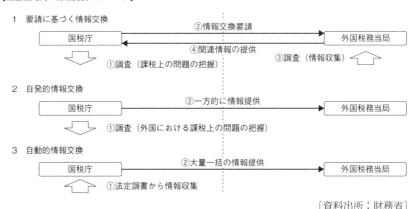

〔資料出所：財務省〕

その結果、平成29事務年度には70.5万件を提供し、12.3万件を受領しています。

2　国外送金等調書

それに加え、国内法上の措置として、一回100万円を超える国外送受金について、当該業務を行う金融機関等に対し、税務当局への報告義務が課されています（内国税の適正な課税の確保を図るための国外送金等に係る調書の提出等に関する法律4）。

3　国外財産調書制度

さらに、平成24年度の改正で、国外財産に係る所得税・相続税その他の内国税の適正な課税・徴収に資するため、その年の12月31日において5,000万円超の国外財産を有する居住者に対し、その保有する国外財産に係る調書の提出を求める制度が創設されました。その結果、平成29年分として9,551件、財産総額3.66兆円の国外財産調書が提出されています（国税庁記者発表による）。また令和2年度の改正で加算税の強化が図られています（送金等法5）。

4　徴収共助・送達共助に関する国内法の整備

わが国が多国間執行（徴収、送達）共助条約に加盟した（平成23年11月）ことに伴い、外国租税の徴収の共助及び送達の共助等に関し、国内法上必要な措置が講じられています（租税条約実施特例法11、11の2、11の3）。

§2　国外転出者に対するみなし譲渡益課税（いわゆる出国税）制度

多数の含み益のある株式等を有する居住者が、キャピタルゲインが非課税とされている国に移住し、その後それらの含み益のある株式等を譲渡した場

合、いずれの国でも課税されないことになってしまいます（注25）。

　このような国際的な課税逃れに対応するため、平成27年の税制改正で出国時の有価証券等の評価額が１億円以上の者を対象に、出国時に未実現のキャピタルゲイン（含み益）に対して特例的に譲渡があったとみなして課税する国外転出時課税制度が制定されました。いわゆる「出国税」です。

　なお、納税資金が不十分であること等も勘案し、次のような条件で納税猶予を選択できることとされています。

- 納税猶予　　｜・適切な担保の提供　　　　　　　　　　　　　　　｜が必要
（最長10年）　｜・納税猶予継続届出書の提出（毎年）｜
　　　　　　　　※対象資産の譲渡等の事由が生じた場合は猶予期間が終了
　　　　　　　　　　　　　　　　　　　　　　…贈与・相続を含む。
　　　納税猶予期間内に対象資産を売却せずに帰国した場合には、利子税を含め免除

§3　税源浸食と利益移転(BEPS)プロジェクト行動計画

　グローバル企業による国際的な租税回避に対抗するため、OECDでは、中国・インドなどOECD加盟のG20、８ケ国のメンバーを加えたところで15項目にのぼるBEPSプロジェクト行動計画を策定し、2015年10月に最終

（注25）

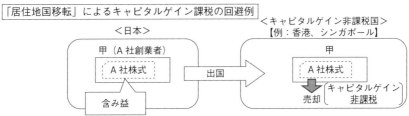

「居住地国移転」によるキャピタルゲイン課税の回避例

＜日本＞　　　　　　　　　　＜キャピタルゲイン非課税国＞
【例：香港、シンガポール】

甲（A社創業者）　　　　　　　　　甲
　A社株式　　　　　出国　　　　　A社株式
　　　　　　　　　　　　　　　　　売却｜キャピタルゲイン非課税
含み益
⇒ 日本でも出国先の国でもキャピタルゲインに対して課税されない。

〔資料出所：財務省〕

　なお、出国時の譲渡所得課税の特例はアメリカ、イギリス、ドイツ、フランス、カナダ等においても導入されています。

報告がなされました（注26）。

　この提言（2015年10月）を踏まえ、わが国でも次のような改正がなされています。

平成27年度改正	（行動計画1） 電子商取引に係る国外事業者への消費税課税
	（行動計画2） 相手国で損金扱いとされている配当（例えばオーストラリアの優先配当）に対する受取配当益金不算入
平成28年度改正	（行動計画13） 多国籍企業に係る移転価格文書化の法制化（マスターファイル、ローカルファイル、国別ファイル）
平成29年度改正	（行動計画3） 外国子会社合算税制の強化（会社単位課税：エンティティ・アプローチから所得の中身に着目して課税するインカム・アプローチへの移行）
平成30年度改正	（行動計画7） 恒久的施設（PE）認定の人為的回避の防止（恒久的施設の拡大（特に支店PE、代理人PE））
令和元年度改正	（行動計画4） 利子等の損金算入を通じた税源浸食の制限 過大支払利子税制の見直し（純支払利子のうち調整所得金額の50％超損金不算入を20％超に縮減。併せて、非関連者への支払利子も規制対象に追加）
	（行動計画8） 評価困難な無形資産取引への対応 ・独立企業間価格の算定方法にDCF法を追加 ・評価困難な無形資産取引に「所得相応性基準」概念を導入
	（行動計画3） 外国子会社合算税制の強化 ペーパーカンパニーの範囲の見直し

令和 5 年度改正	・国際最低税額（15％未満に対する法人税の創設（いわゆるグローバル・ミニマム課税）制度の創設） ・特定多国籍企業（総収入金額7.5億ユーロ以上）グループ等報告事項等の提供制度が創設
令和 6 年度改正	・国境を越えたデジタルサービスに係るプラットフォーム課税の導入 ・グローバルミニマム課税の補充

（注26）　ちなみに、最終報告書の内容は次のようなものとなっています。

OECD 租税委員会　BEPS プロジェクト行動計画最終報告書（概要）

行動	概　　　　要
1	電子商取引課税 　電子商取引により、他国から遠隔で販売、サービス提供等の経済活動ができることに鑑みて、電子商取引に対する直接税・間接税のあり方を検討する報告書を作成。
2	ハイブリッド・ミスマッチの効果の無効化 　ハイブリッド・ミスマッチとは、金融商品や事業体に対する複数国間における税務上の取扱いの差異であり、これを利用した税負担の軽減が問題視されている。ハイブリッド・ミスマッチの効果を無効化する国内法上の措置を勧告するとともに、モデル条約の規定を策定する。
3	外国子会社合算税制の強化 　外国子会社合算税制（一定以下の課税しか受けていない外国子会社への利益移転を防ぐため、外国子会社の利益を親会社の利益に合算）に関して、各国が最低限導入すべき国内法の基準について勧告を策定する。
4	利子等の損金算入を通じた税源浸食の制限 　支払利子等の損金算入を制限する措置の設計に関して、各国が最低限導入すべき国内法の基準について勧告を策定する。 　また、親子会社間等の金融取引に関する移転価格ガイドラインを策定する。
5	有害税制への対抗 　OECD の定義する「有害税制」について ①　現在の枠組み（透明性や実質的活動等に焦点）に基づき、加盟国の優遇税制を審査する。 ②　現在の枠組み（透明性や実質的活動等に焦点）に基づき、OECD 非加盟国を関与させる。 ③　現在の枠組みの改定・追加を検討。
6	租税条約濫用の防止 　条約締約国でない第三国の個人・法人等が不当に租税条約の特典を享受する濫用を防止するためのモデル条約規定及び国内法に関する勧告を策定する。
7	恒久的施設（PE）認定の人為的回避の防止 　人為的に恒久的施設の認定を免れることを防止するために、租税条約の恒久的施設（PE：Permanent Establishment）の定義を変更する。

§4　その他

外国人旅行者向け免税制度の抜本的見直し

　外国人旅行者向け免税制度は、免税店の拡大と外国人旅行者の利便性の向上を図ることによって、インバウンド消費拡大の重要な政策ツールとなってきました。

　他方で、免税品の横流し等の不正事例は後を絶たず、出国時に捕捉して即時徴収を行ってもその多くは滞納となっており、制度の不正利用は看過できない状況。また、免税店にとっても税務リスクを抱えながら免税販売を行うことが業務負荷となっています。

OECD租税委員会　BEPS行動計画最終報告書（概要）

行動	概　　要
8	移転価格税制（①無形資産） 　親子会社間等で、特許等の無形資産を移転することで生じるBEPSを防止するルールを策定する（移転価格ガイドラインの改訂）。 　また、価格付けが困難な無形資産の移転に関する特別ルールを策定する。
9	移転価格税制（②リスクと資本） 　親子会社間等のリスクの移転又は資本の過剰な配分によるBEPSを防止する国内法に関する移転価格ガイドラインを策定する。
10	移転価格税制（③他の租税回避の可能性が高い取引） 　非関連者との間では非常に稀にしか発生しない取引や管理報酬の支払いを関与させることで生じるBEPSを防止する国内法に関する移転価格ガイドラインを策定する。
11	BEPSの規模や経済的効果の指標を政府からOECDに集約し、分析する方法を策定する。
12	タックス・プランニングの報告義務 　タックス・プランニングを政府に報告する国内法上の義務規定に関する勧告を策定する。
13	移転価格関連の文書化の再検討 　移転価格税制の文書化に関する規定を策定する。多国籍企業に対し、国毎の所得、経済活動、納税額の配分に関する情報を、共通様式に従って各国政府に報告させる。
14	相互協議の効果的実施 　国際税務の紛争を国家間の相互協議や仲裁により効果的に解決する方法を策定する。
15	多国間協定の開発 　BEPS対策措置を効率的に実現させるための多国間協定の開発に関する国際法の課題を分析する。 　その後、多国間協定案を開発する。

〔資料出所：財務省〕

　こうした実態を踏まえ、早急に制度の抜本的な見直しを行う必要がありました。具体的には、出国時に購入品の持ち出しが確認できた場合に免税販売が成立し、免税店が確認後に消費税相当額を返金する制度（下図）への見直しを検討することとされています。

　そこで、検討にあたっては、旅行者の利便性向上や免税店の事務負担軽減、空港での混雑防止等にも十分留意することとし、令和7年度税制改正プロセスにおいて結論を得ることを目指すこととされています。

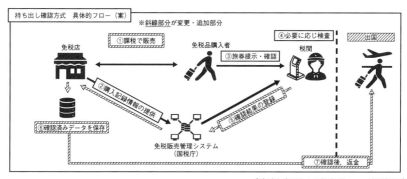

〔資料出所：財務省、一部修正〕

第8章　その他の国税

第1節　酒　税

　酒税は間接税の一つとして、たばことともに古くから国家財政の有力な財源として重要視されてきました。

　酒税は、酒類に対して課されます。ここで、酒類とは、アルコール分1度以上の飲料です（酒1、2①）。

　また、酒税の税率は、酒類の各種類、各品目などに分けて定められ、酒類の数量に対し、1kℓ当たりいくらという従量税によっています。ちなみに、酒税の税率はビールなどの発泡性酒類が18.1万円（原則）、日本酒及びワインなどの醸造酒が10万円、蒸溜酒（ウイスキー類を除く。）及び混成酒類が20万円、ウイスキー類が37万円となっています（酒23）（注1）。

　酒税の納税義務者は、原則として酒類の製造者です。酒類を製造場から移出するとき又は保税地域から引き取るときは、原則として、その酒類が消費の段階に入ったものとして、酒税が課せられます（酒6、通15②七）。

（免許制度）

　酒税制度の特色として、免許制度があります。免許制度は、製造免許と販売免許の2つに区分されています（酒7～9）。製造免許は、製造しようとする酒類の品目別（日本酒、ビール、しょうちゅうなど）及び製造場毎に、販売免許については各販売場毎に所轄税務署長の免許を受けなければなりません。

(注1)　**酒税の税率**

（R 5 . 10 . 1〜）

区　　　　分	税　率 （1kℓ当たり）	アルコール分 1度当たりの加算額
発　泡　性　酒　類	181,000円	—
発泡酒（麦芽比率25〜50％未満） 　　〃　　（麦芽比率25％未満） 　　〃　　（いわゆる「新ジャンル」）	}155,000円 134,250円	— —
その他の発泡性酒類（ホップ及び 　一定の苦味料を原料としない酒類）	80,000円	—
醸　造　酒　類	100,000円	—
蒸　留　酒　類	（アルコール分21度未満） 200,000円	（アルコール分21度以上） 10,000円
ウイスキー・ブランデー・スピ 　リッツ	（アルコール分38度未満） 370,000円	（アルコール分38度以上） 10,000円
混　成　酒　類	（アルコール分21度未満） 200,000円	（アルコール分21度以上） 10,000円
合　成　清　酒	100,000円	—
みりん・雑酒（みりん類似）	20,000円	—
甘味果実酒・リキュール	（アルコール分13度未満） 120,000円	（アルコール分13度以上） 10,000円
粉　末　酒	390,000円	

（備考）　発泡性酒類…ビール、発泡酒、その他の発泡性酒類（ビール及び発泡酒以
　　　　　　　　　　外の酒類のうちアルコール分10度未満で発泡性を有するも
　　　　　　　　　　の）

　　　　　醸造酒類……清酒、果実酒、その他の醸造酒（その他の発泡性酒類を除き
　　　　　　　　　　ます。）

　　　　　蒸留酒類……連続式蒸留焼酎、単式蒸留焼酎、ウイスキー、ブランデー、
　　　　　　　　　　原料用アルコール、スピリッツ（その他の発泡性酒類を除き
　　　　　　　　　　ます。）

　　　　　混成酒類……合成清酒、みりん、甘味果実酒、リキュール、粉末酒、雑酒
　　　　　　　　　　（その他の発泡性酒類を除きます。）

第2節　印紙税

　印紙税（注2）は、経済社会における流通取引に付随して行われる文書の作成行為を捉えて課税するもので、古くから多くの国で課されてきました。印紙税は、税の種類からいえば流通税に分類されます。また、印紙税は、証書、帳簿などの特定の文書を課税対象としているところから、文書税とも呼ばれています。

§1　課税文書

　印紙税が課税されるのは、印紙税法別表第1の課税物件表に列挙されている文書（これを「課税文書」といいます。）に限られています（印2）。したがって、この物件表に掲げられていない文書は、たとえその文書が財産権の創設、移転等を証明するものであっても課税されることはありません。

　印紙税の納税義務は、課税文書を作成した時に成立し、その納税義務者は、課税文書の作成者です（共通15②十一、印3①）。また、一つの課税文書を2人以上の者が共同して作成した場合（例えば売買契約書）には、2人以上の者は連帯して印紙税を納める義務を負うこととなります（印3②）。

§2　税　率

　印紙税の税率は、例えば契約書や領収書などのように文書に記載された金額によって金額が変わってくるものと定款や預金証書などのように文書1通又は1冊について定額としているものなどに区分されます。なお、契約書で

（注2）　印紙税は、イギリス、フランス、イタリアなどでも古くから存在している税です。

も記入金額の記載のないものや合併契約書などは定額となっています（印7）。

§3　納税義務者と納付

印紙税の納税義務者は課税文書の作成者とされており、課税文書を作成した時に、税額に相当する収入印紙をはり、その文書の作成者が印章又は署名で消印して納税するのが原則です（印8）。

第3節　地 価 税

地価税は、個人又は法人が保有する国内にある土地及び借地権を対象に課される税です（地価税法2一、5）。

地価税法の税額は次の算式で計算されます（地価税法22）。

（課税価格−基礎控除）×税率

基礎控除とは、次のうちいずれか多い方の金額です（地価税法18）。

①　10億円（個人や資本金1億円以下の小規模法人は15億円）

②　3万円×合計面積（m²）

※　なお、地価税については、臨時的措置として、当分の間課税されないこととなっています（措71）。

第4節　揮発油税（及び地方揮発油税）

揮発油税は、ガソリン（揮発油、バイオエタノールを含みます。）に対して課される税です（揮発油税法1）。現在、ガソリン（揮発油）は輸入原油から精

製されるものが、生産量の100％近くを占めています。また、その用途はほとんどが自動車用です。揮発油には地方揮発油税も課されますが、道路面積などを基準として、都道府県及び指定都市に譲与されます（地方揮発油税法1、地方揮発油譲与税法1）。

　この税の納税義務者は、揮発油の製造者又は保税地域からの引取者です（揮発油税法3、地方揮発油税法5）。

　なお、税率は、揮発油1kℓにつき国税が48,600円（24,300円）（注3）、地方揮発油税5,200円（4,400円）、あわせて53,800円（28,700円）となっています（揮発油税法9、地方揮発油税法4、措89②）。

第5節　石油ガス税

　石油ガス税は、自動車用の石油ガス容器に充てんされている石油ガスに課されます（石油ガス税法3）。これは、揮発油に対する課税との均衡を図るためであり、収入額の2分の1は都道府県などに譲与されます（石油ガス譲与税法1）。

　納税義務者は、石油ガスの充てん者又は保税地域からの引取者等です（石油ガス税法4）。

　なお、税率は1kgにつき17円50銭となっています（同法10）。

（注3）　（　）内は本則課税の場合です。
　　　　平成22年の改正で暫定税率は廃止されましたが、当分の間暫定税率と同じ水準によることとされています（措88の8）。
　　　　なお、指標となるガソリン価格の平均が、連続3ヶ月にわたり160円/ℓを超えることとなったときは、上乗せ分は停止されます。また、その価格が連続3ヶ月にわたり130円/ℓを下回ることとなった場合には、元の税率水準に戻ります（措89①②）。

第 6 節　航空機燃料税

　航空機燃料については、揮発油税法において免税措置がとられていましたが、近年における航空輸送状況などから、空港の整備拡張や騒音対策などの財源調達を目的として設けられました。したがって、その収入の大部分は空港整備特別会計に繰り入れられますが、一部は空港関連市町村に譲与されることとなっています（空港整備特別会計法附則11、航空機燃料譲与税法 1 ①）（注 4 ）。

　課税物件は、航空機に積み込まれた燃料、納税義務者は原則としてその航空機の使用者です（航空機燃料税法3、4、5）。

　税率は、1 kℓにつき18,000円（本則　26,000円）となっています（同法11、措90の 8 ）。

※　ただし、新型コロナ発生に伴う臨時措置として、令和 3 年度はこの税率が 1 kℓ当たり9,000円に令和 4 年度〜令和 7 年度までの分については13,000円に、令和 7 年度と 8 年度については15,000円に、令和 9 年度分については18,000円に引き下げられています。

　納税義務者は航空機の所有者等です。

第 7 節　石油石炭税

　石油石炭税は、平成15年 9 月末まで石油税と称されていた税ですが、石油及び石油代替エネルギー対策に要する費用の財源として創設されました。こ

（注 4 ）　平成23年度の税制改正で、譲与割合が13分の 2 から 9 分の 2 に引き上げられています。

の税は原油及び石油製品、ガス状炭化水素並びに石炭に対して課されます
（石油石炭税法３）。

　納税義務者は、石油、ガス状炭化水素又は石炭の採取者及び保税地域から
の引取者（石油製品の引取者を含みます。）です（同法４）。

　租税特別措置法に「地球温暖化対策のための課税の特例」が設けられた結
果、次のように段階的に税率が引き上げられました（石油石炭税法９、措90
の３の２、平成24年度改正法附則43②③）。

課税物件	本則税率 （石油石炭税法）	地球温暖化対策のための税率の特例（租税特別措置法）		
		平成24年10月１日〜	平成26年４月１日〜	平成28年４月１日〜
原油・石油製品 （１kℓ当たり）	2,040円	2,290円 （＋250円）	2,540円 （＋500円）	2,800円 （＋760円）
ガス状炭化水素 （１t当たり）	1,080円	1,340円 （＋260円）	1,600円 （＋520円）	1,860円 （＋780円）
石　炭 （１t当たり）	700円	920円 （＋220円）	1,140円 （＋440円）	1,370円 （＋670円）

※カッコ書きは本則税率と特例税率との差額を表しています。

第８節　電源開発促進税

　電源開発促進税は、原子力発電施設などの設置を促進するための財源とし
て創設されたものです。この税は電力会社の販売電力量に対して課され、発
電用施設周辺地域の整備や安全対策費並びに発電施設による電気の供給の円
滑化を図るための費用として支出されます（電源開発促進税法１）。

　納税義務者は一般電気事業者（主として電力会社）です（同法３）。

　税率は1,000キロワット時につき375円となっています（同法６、平15所法等
改正法附則54）。

第 9 節　自動車重量税

　自動車重量税は、車両の重量に応じ課税されます（自動車重量税法 7 ）。この税の納税義務者は、自動車検査証（いわゆる「車検証」）の交付を受ける者又は軽自動車に自動車車輌番号の指定を受ける者です（同法 4 ）。

　税率は自動車の種類や用途によって異なります。例えば、自家用の乗用車では0.5 t・年当たり4,100円、軽自動車では年当たり3,300円となっています(同法 7 、措90の11)。

※　ただし、電気自動車、ハイブリッド車で一定の要件を充足するものについては免税とされています。また、その程度に応じ25％、50％又は75％の軽減が認められています。

　納税は新車購入時は 3 年分、車検ごとに 2 年分をまとめて印紙により納付します（同法 8 、 9 ）。なお、収入金額の 3 分の 1 は、市町村に譲与されます（自動車重量譲与税法 1 ）。

第10節　関　税

　関税は、外国から輸入される貨物に対して課される一種の消費税です（関税法 3 ）。納税義務者は輸入者又は保税地域から輸入品を引き取る者です。関税には、主として財政収入をあげることを目的とする財政関税と、主として国内産業の保護を目的とする保護関税とがあります。現在では、主として後者の見地から関税が課されています（注 5 ）。このように、関税は、他の租税にはみられない独自の性格を有しています。そのため、その執行も国税庁とは別の執行機関である税関で行われています。

　なお、関税が課される場合には、消費税についてもあわせて納税すること
が必要です。

第11節　とん税及び特別とん税

　とん税及び特別とん税は、外国貿易に従事する船舶が寄港したときの水の
供給や港湾施設の利用に対する手数料のような趣旨で課税するものです。特
別とん税は、地方公共団体に譲与されます（特別とん譲与税法１）。

　この税の課税標準は外国貿易船の総トン数であり、納税義務者はそれらの
船の船長とされています。また税率は、とん税が都度納付１ｔ当たり16円、
一年分納付は１ｔ当たり24円、特別とん税は都度納付が１ｔ当たり20円、一
年分納付が１ｔ当たり30円となっています。

第12節　登録免許税

　登録免許税は、不動産等の登記、登録、免許などを受ける場合に課されま
す（登録免許税法２）。

　納税義務者は、登記、登録、免許、許可、認可等を受ける個人又は法人です。

　課税標準は、原則は登記時の時価ですが、当分の間は固定資産課税台帳に
登録された価格によることができることとされています（同法附則７）。

　税率は不動産の登記等については、種類に応じその価額の一定割合（例え
ば、売買＝不動産価額の1000分の20、相続＝1000分の４）という形で、特許権、

（注５）　例えば、コメに対する高率関税などがその典型例です。また、輸入品の価
　　　　格が低い場合に課される差額関税やたまねぎ、銅、鉛など市況変動の著しい
　　　　輸入品に課されるスライド関税、一定限度までの輸入品に限り優遇関税の適
　　　　用を認める関税割当制度などもあります。

商標等の登記については一件当りいくら(例えば、株式会社登記＝資本金×1000分の 7 、本店移転登記＝ 3 万円など) という形で決められています。

　納付は現金納付が原則とされていますが、一定の要件に該当する場合には印紙納付も認められています (同法21、22)。

第13節　たばこ税

　たばこ税は、財源調達の手段として米、英、独、仏などを始め多くの国で設けられています。

　わが国の場合、たばこの販売は、長い間たばこ専売法に基づく国の独占事業として営まれてきました。しかし、昭和60年 4 月 1 日にこの専売制度及び納付金制度が廃止され、製造たばこに対して国税としてのたばこ税が課されることとなっています (たばこ税法 3)。

　税率は、1,000本につき6,802円 (保税地域から引き取られる分については1,000本当たり14,424円) となっています (注 6) (たばこ税法11)。

　また、課税の公平性確保の観点から加熱式たばこについても 5 回に分けて紙巻きたばこと同じ税率を課税することとされています。

第14節　地方法人税

　この税は、地域内の税源の偏在性を是正し、財政力格差を縮小するための措置として、平成26年の税制改正で、地方税たる法人住民税 (都道府県分 5 ％、市町村分12.3％) のうちの一部 (都道府県分1.8％、市町村分2.6％) を国税

(注 6)　その結果、標準的なたばこ 1 箱 (20本入り、580円) に対し、たばこ税の税額は357.6円となり定価の61.7％となっています。

化したものです。

　ただし、納税義務者は法人税と同じです（地方法人税法４）。また、税率は、各事業年度の基準法人税額の10.3％相当額となっています（同法９）。

　地方法人税という名は付されていますが、国税ですので、税の申告、納付等の事務は税務署で行います（同法19、21）。ただし、財源は特別会計上の交付税原資として、全て地方にまわされます。

第15節　国際観光旅客税

　この税は、今後さらに増加すると見込まれる観光需要に対して高次元で観光施策を実行するために観光促進のための財源として平成30年度の税制改正で創設された新しい税です。税率は出国１回に1,000円です。

　納税義務者は航空機又は船舶により出国する旅客となっていますが、実際には国際運送事業を営む者（航空会社や船会社）が特別徴収の形で旅客から徴収し、翌々月末日までに旅客に代わって納付することとされています。

第16節　特別法人事業税

　この税は、地方法人課税における税源偏在の是正を目的として、平成元年に導入された税です。具体的には、法人事業税の一部を分離し法人事業税の納税義務者に対し、標準税率で計算した場合の法人事業税所得割額又は収入割額を課税標準とし、次の税率による国税が課されます（特別法人事業税法２五、六、６、７）。

　①　付加価値割、資本割及び所得割の合算により法人事業税を課されている法人　260％

　②　所得割の法人　37％

③　収入割の法人　30%

　この税の税目は、国税ですが、申告納付、賦課徴収は都道府県において法人事業税とあわせて行われます（同法 8 〜10）。

　特別法人事業税は、その全額が都道府県に譲与され（同法29）、国は、その使途について条件を付け、又は制限してはならないこととされています（同法34）。

第17節　森林環境税

　この税は、令和 6 年1月1日から施行されています。

　納税義務者は国内に住所を有する個人で、税率は年額1,000円です。

　この税の賦課徴収は、市町村において個人住民税と併せて行われ、市町村から都道府県を経由して国の特別会計に払い込まれます。

第9章　地　方　税

　国税が国の行政に要する費用に充てるために賦課徴収される租税であるのと同様に、地方税は、地方公共団体行政に要する費用に充てるために、各地方公共団体によってその地域内の住民から賦課徴収される税金です。

　そのため、基本的には国税と同じ租税原則が適用されますが、地方公共団体の歳出（住民サービス的側面も数多く含まれていること等）との関係等から、応能原則に加え応益原則も加味されています。

第1節　地方税の概要

§1　関係する法令

　地方公共団体が地方税を賦課徴収することができる直接の根拠は、「地方税法（昭和25年法律第226号）」です。ちなみに、地方税法第2条では、次のように規定されています。

　「地方団体は、この法律の定めるところによって、地方税を賦課徴収することができる」

　そもそも地方公共団体にこのような権限が付与されているのは、憲法第92条、第94条及び地方自治法第223条によるものです。

　ちなみに、憲法第92条は、「地方公共団体の組織及び運営に関する事項は、地方自治の本旨に基いて、法律でこれを定める。」と規定しています。

　また、憲法第94条では、「地方公共団体は、その財産を管理し、事務を処理し、及び行政を執行する権限を有し、法律の範囲内で条例を制定することができる。」と規定しています。これを受けて、地方自治法第223条では、「普通地方公共団体は、法律の定めるところにより、地方税を賦課徴収する

ことができる」と規定しています。

　なお、国税については、各税の通則的規定を定める国税通則法、徴収手続を定める国税徴収法が共通法として制定され、また各税については、その課税要件等を定める個別法が制定されています。

　それに対し、地方税については、地方税に関する通則的規定と徴収手続に関する規定、各地方税の課税要件等の規定をまとめて地方税法という一つの法律で定めています(注1)。

　ちなみに、地方税法は、次のような構成となっています。

第1章　総則（第1条～第22条の31）

第2章　道府県の普通税（第23条～第291条）

第3章　市町村の普通税（第292条～第698条）

第4章　目的税（第699条～第733条の27）

第5章　都等及び固定資産税の特例（第734条～第747条）

第6章　地方税関係手続用電子情報組織による地方税関係申告等の特例等
　　　　（第747条の2～第747条の13）

第7章　電子計算機を使用して作成する地方税関係書類の保存方法等の特例
　　　　（第748条～第756条）

第8章　地方税における税負担軽減措置等の適用状況等に関する国会報告
　　　　（第757条～第760条）

　また、地方税法では、「地方団体は、その地方税の税目、課税客体、課税標準、税率その他賦課徴収について定をするには、当該地方団体の条例によらなければならない。」（地3①）としており、地方税の賦課徴収についての

(注1)　この規定は、地方自治の本旨の内容の一つである団体自治には課税権を含むと解されていることから、地方団体が課税権を有することは憲法により根拠付けられていると解されています。

(注2)　条例の根拠は、憲法第94条に規定されている地方公共団体の条例制定です。

直接的な根拠は各地方公共団体の定める「条例」とされています(注2)。

§2　標準税率と制限税率

　地方税においては、「標準税率」とか「制限税率」という用語が使われますが、それぞれ次のような意味をもつ言葉です。

　「標準税率」とは、地方公共団体が課税する場合に通常よるべき税率でその財政上その他の必要があると認められる場合においては、これによることを要しない税率をいいます（地1①五）。

　また、「制限税率」とは、条文上定められた用語ではありませんが、地方公共団体が課税する場合に超えてはならないものとして法定されている税率を指していうものです（例えば、地51①、72の24の7⑧）。近年は標準税率を超える税率で課税する自治体が多くなっています。

§3　東日本大震災被災地に係る負担軽減措置

　平成23年3月11日に発生した東日本大震災により被災した地方等に対する対応措置として、固定資産税、都市計画税、不動産取得税等について減免措置が講じられています。

　詳細については、それぞれの県又は市町村におたずねください。

第2節　道府県税

　地方税は、課税客体がどこであるかにより、道府県税と市町村税に分かれます。ここでは、道府県税のうち主なものについてみていきます。

§1　道府県民税

　道府県民税（東京都の場合は都民税）は、市町村民税（東京都の特別区の場合は特別区民税）とともに住民税と呼ばれ、両者の納税義務者、課税標準及び納期は基本的に同一です。この住民税は、地方住民の日常生活に結びついた行政サービスのために必要な経費を、地方住民が応分の負担をしようとする趣旨から設けられたものです。

　住民税は地方団体が地域住民のために行う行政サービスの提供のための財源として最も重要な役割を果たしています。そのため、個人だけでなく法人にもその負担が求められています。

　ちなみに、道府県民税の納税義務者及び課税の範囲等は次のようになっています（地24①）。

道府県民税の納税義務者等一覧表

区分	納税義務者	道府県民税の区分
個人	①道府県内に住所を有し、前年に所得のあった個人	均等割額及び所得割額
	②道府県内に事務所、事業所又は家屋、屋敷を有する個人で、その事務所などを有する市町村内に住所を有しない者	均等割額
	③利子など（④の特定配当等に該当するものを除く）の支払又はその取扱いをする者の営業所などで、道府県内に所在するものを通じて利子などの支払を受ける個人	利子割額
	④上場株式等に係る配当所得等の課税の特例（措8の4）が適用される利子等又は配当等（特定配当等）の支払を受ける個人で、道府県内に住所を有する者	配当割額
	⑤特定口座内保管上場株式等の譲渡の対価又は選択口座において処理された上場株式等の信用取引等の差金決済に係る差益相当額の支払を受ける個人で、道府県内に住所を有する者 ⑥法人課税信託の引受けを行うことにより法人税を課される個人で道府県内に事務所又は事業所を有するもの	株式等譲渡所得割額
法人	⑦道府県内に事務所又は事業所を有する法人	均等割額及び法人税割額
	⑧道府県内に寮などを有する法人で、その道府県内に事務所又は事業所を有しない法人	均等割額

※　個人の場合の賦課期日……毎年1月1日現在の住所地で賦課されます（地39）。

1　個人住民税 （地24ほか）

⑴　税額の計算

　個人住民税は道府県民税と市町村民税に分けられます。このうち、都道府県民税たる個人住民税は、都道府県内に住所を有し、前年に所得のあった個人に課税されます（地24①）。

　道府県民税たる個人住民税には、均等割、所得割、配当割及び株式等譲渡所得割があります。

　均等割は、一人当り1,000円となっています（地38）（注3）。また、所得割の課税標準は基本的に所得税と同じですが、所得税の場合と異なり、比例税率となっていて、前年分の所得の4％（指定都市に住所を有する場合には2％）となっています（地35①）（注4）。また、所得割の計算にあたっては、所得税に類似した各種の控除が認められていますが、その控除限度額が所得税の場合よりも低いことから、地方税のみについて納税義務が生じる場合があります（地34）。

⑵　納　付

　個人の道府県民税のうち均等割及び所得割は、市町村民税と合わせて市町村（東京都の特別区を含みます。）に6、8、10、翌年1月に分けて納付し（地319②、320）、市町村から道府県に払い込まれます（地319）。ただし、給与所得者に対しては、給与の支払者が特別徴収義務者となり6月から翌年5月まで12回に分けて給与の支払の際に徴収して納付します（地321の3～321の5）。

　また、配当割は、配当等の支払の際にその配当等の支払をする者が徴収し、

（注3）　ただし、復旧・復興事業の財源として2023年度まで500円が上乗せされていました。

（注4）　このほか、市町村税として6％（指定都市に住所を有する場合には8％）の個人住民税が課されますので、個人住民税全体の負担割合は10％となります。

その徴収の日の属する月の翌月の10日までに納付します（地71の30、71の31）。

　株式等譲渡所得割は、譲渡の対価又は差金決済に係る差益相当額の支払の際に証券業者が徴収し、原則として、その徴収の日の属する年の翌年の１月10日までに納付します（地71の50、71の51）。

2　法人住民税

　法人住民税も道府県民税と市町村民税に分けられます。このうち都道府県民税たる法人住民税は、道府県内に事務所又は事業所を有する法人に対して課されます（地24）。また、法人住民税は、資本金等の額に応じ課される２万〜80万円の均等割と国税たる法人税を課税標準とし、その１％相当額を課する法人税割に分かれます（地52、51）。

　２以上の道府県内に事務所又は事業所を有する法人の道府県民税法人税割額については、これを適当な基準（これを「分割基準」といいます。）によりその道府県に分割します（地57①）。住民税における分割基準は、原則として事業年度末日現在における事務所又は事業所における従業者の数によることとされています（地57②）。

　なお、地方法人課税の偏在是正のため、平成26年度の税制改正で国税として法人税額の4.4％に相当する「地方法人税」が創設されたことに伴い、標準税率がそれまでの５％から3.2％に引き下げられました。

　さらに、令和元年度の改正で、地方法人税がそれまでの4.4％から10.3％に引き上げられたことに伴い、都道府県の法人住民税の税率が3.2％から１％に引き下げられています。

　納税義務者は当該地に事務所等を有する法人で、申告、納付は、原則として事業年度終了後２か月以内とされています（地53①、法74、77）。

　なお、利子割については、利子などの支払の際に金融機関が徴収し、毎月分を翌月10日までに納付します（地71の９、71の10）。

§2　事業税

　事業税は、個人及び法人の行う事業に対し、道府県によって所得、付加価値又は資本の金額等を課税標準として課される税です（地72の2、72の16）。

　事業税の納税義務者は、事業を行う法人（外国法人は国内に事務所又は事業所がある場合に限ります。）と物品販売業、製造業など一定の事業を行う個人です（地72の2）。

1　個人事業税

　個人の事業税の課税標準は事業所得（事業主控除後）です（地72の49の7、72の49の8）、そして、その税率は事業の区分に応じ次のようになっています（地72の49の17）。

　　第一種事業（物品販売業、飲食業等）……………… 5 ％

　　第二種事業（畜産業、水産業等）………………… 4 ％

　　第三種事業（医師、弁護士、税理士等）…………… 5 ％

　　　　　　　（うちマッサージ、指圧等）…………… 3 ％

2　法人事業税 (注5)

　法人事業税は、資本金1億円超の普通法人に対し、①付加価値額に応じた付加価値割、②資本金等の額に応じた資本割、③所得に応じた所得割が課さ

（注5）　なお、2以上の道府県内に事務所又は事業所を有する法人の事業税については、分割基準に従って、その道府県に分割されます（地72の48）。
　　　　この場合の分割基準は、一般的には主たる事業の種類に応じて次の通りとなっています。
　　　　① 　製造業……従業者の数
　　　　② 　非製造業…課税標準の1／2については事務所の数、残りについては従業者の数
　　　　2以上の道府県に事務所又は事業所を有する個人の事業税についても、同様です（地72の54②）。

れ、資本金１億円以下の普通法人等に対しては、所得割のみが課されます。
このほか、電気供給業、ガス供給業、保険業を営む法人に対しては、収入金
額に応じた収入割が課されます（地72の２①、地税法72の２）。このうち①と
②は外形による基準で、③の所得基準と①②の外形基準との比率は３：５
（所得割＝３/８、外形基準割＝５/８）と定められています（次表参照）。

　ちなみに、法人事業税の税率は、法人の区分に応じ次のようになっていま
す（地72の24の７）（注６）。

　なお、減資による外形標準課税のがれに対応するため、平成６年度の税制
改正で次のような手当てが講じられています。

① 　事業年度末の資本金が１億円を超える場合、外形標準課税の対象となる。

② 　事業年度末の資本金が１億円以下の場合には以下の２つの要件に該当す
　る場合、外形標準課税の対象となる。

　・前事業年度に外形標準課税の対象である

　・資本金及び資本剰余金の合計額が10億円を超える

　具体的には次のようなイメージです。

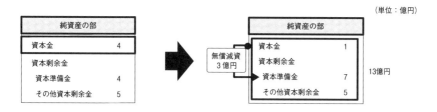

（単位：億円）

3　申告・納付

　申告納付については、個人は前年中に生じた所得を3月15日までに申告し、原則として8月及び11月に納付します（地72の24、72の51、72の55）。また、法人は、事業年度終了後2か月以内に申告納付します（地72の24、72の25①、72の28①）。

§3　その他の税

1　不動産取得税（地73の2ほか）

　不動産取得税は、不動産の取得に対し、その不動産所在の都道府県がその取得者に課する税金（地73の2①）です。課税標準は、原則として取得した不動産の価格ですが、価格の決定は固定資産税課税台帳に登録されている価格によるものとされています（地73の13、21）。また、標準税率は100分の4（ただし、令和3年3月31日までの間に取得した土地については100分の1.5、住宅については100分の3となります。）とされています（地73の15）。

　納税義務者は、不動産の取得者です（地73の2）。

2　道府県たばこ税（地74の2ほか）

　この税は、たばこの消費に対して課税される税金で、法律上の納税者は日本たばこ産業株式会社や卸売販売業者などとされています。しかし、実質上の担税者はたばこ消費者が予定されています（地74の2）。

税率は、紙巻たばこ等については1,000本につき1,070円となっています（地74の５）。

3　ゴルフ場利用税 （地75ほか）

ゴルフ場の利用に対して、利用の日ごとに定額（原則として１人１日につき800円ですが、）ゴルフ場の規模や整備状況によって異なっています。例えば東京都の場合ですと、400円〜1,200円の８段階に分かれています。また、課税方式としては、そのゴルフ場所在の都道府県において、その利用者に課されます（地75、76）。

納税義務者はゴルフ場経営者などで、翌月末日までに県税事務所等に納付することとなります。

なお、この税のうち10分の７に相当する金額は、ゴルフ場所在の市町村に交付されます（地103）。

4　自動車税 （地145ほか）

自動車税は自動車の排気量に応じて課税される税金で、種別割と環境性能割とがあります。

このうち種別割は、原則として毎年４月１日における自動車の所有者に課税される財産税です（地145①、148）。その税率は、用途及び自動車の排気量に応じ１台につき年額いくら（注６）という形で定められています（地147）。

環境性能割は、自動車の取得に対して、その取得者に課される流通税です（地145三、146）。令和元年10月１日における消費税率の引上と同時に自動車取得税が廃止され、環境性能割が創設されました。環境性能割の課税標準は自動車の通常の取得価額とされ（地156）、税率は０〜３％です（地149、156等）。

環境性能割のうち徴税費（税収の５％）を除いた額の47％（令和４年度以降は43％）が市区町村に交付されることになっています。

なお納税義務者は、4月1日現在で自動車の登録をしている登録名義人です。

5　鉱区税（地178ほか）

鉱区税は、毎年4月1日時点における鉱業権者に対し鉱区の面積を課税標準として課税される財産税です（地178、181）。

税率は、試掘鉱区にあっては100アールごとに年額200円、採掘鉱区にあっては400円となっています（地180）。

6　軽油引取税（地144の2ほか）

軽油引取税は揮発油税の補完税として、元売業者又は特約業者からの軽油の引取りで現実の納入を伴うものに対して課される税です（地144の2）。

課税標準は引取りに係る軽油の量、税率は1kℓにつき32,100円です（地144の10、地附12の2の8①）（注7）。

（注6）　例えば、乗用車（自家用）の場合、次のようになっています。

～1,000cc	29,500円／年	→25,000円
1,001～1,500cc	34,500円／年	→30,500円
1,501～2,000cc	39,500円／年	→36,000円
2,001～2,500cc	45,000円／年	→43,500円
2,501～3,000cc	51,000円／年	→50,000円

　　　　　　　⋮　　　　　　⋮

　　ただし、電気自動車等については、その負担が50～75％軽減されています。

（注7）　この税についても、平成22年の税制改正で暫定税率は廃止されましたが、地球温暖化対策という観点から、原則として従前の水準が維持されています。

　　なお、揮発油税及び地方揮発油税の税率の特例の適用が停止された場合に軽油引取税の税率の特例の適用を停止する措置が講じられています。

第3節　市町村税

　市町村も課税主体としていくつかの税を課しています。そのうち、主なものは市町村民税と固定資産税です。

§1　市町村民税（地294ほか）

　市町村民税は、市町村の行政事務に要する経費を、身近な住民に分担させるため、その市町村内に住所や事務所を有する者が応分の負担をしようとする趣旨から設けられている税金です。

　納税義務者は、道府県民税と同様に、市町村内に住所を有する個人などです（地294①）。

　市町村民税には、個人にあっては均等割と所得割、法人にあっては均等割と法人税割があります。それぞれの課税標準及び申告・納付の手続も道府県民税と同じです（地313、319②、321の8①）。なお、道府県民税にみられる利子割、配当割及び株式等譲渡所得割は、市町村民税にはなく、かわりに道府県民税として納付された金額の一部が道府県から市町村に交付されます（地71の26、71の47、71の67）。

　2以上の市町村内に事務所又は事業所を有する法人の市町村民税法人税割額を各市町村に分割する方法も、道府県民税の場合と同様です（地321の13）。

1　個人住民税（地310ほか）

　市町村税は、道府県民税とあわせ、一般に住民税と呼ばれています。

　個人に対する市町村民税のうち、均等割は3,000円となっています（地310①）が、森林環境税1,000円が上乗せされています。

　また、所得割は、一律に6％（他に都道府県民税として4％、あわせて10％）

とされています（地314の3①）。

　なお、この税独自のものとして賦課期日が定められており、毎年1月1日が賦課期日となります（地318）。

　納税義務者はその年の1月1日現在にそれらの市町村に住んでいる個人で、課税標準は、前年の所得となります（地313①）。

　納付は、都道府県民税と同様に事業所得者にあっては、6月、8月、10月及び翌年1月の4回、給与所得者の場合にあっては、給与支払者が特別徴収義務者となり、6月から翌年5月まで12回に分けて給与の支払の際に徴収して納付することとされています（地319〜321の5）。

　納付の窓口は、都道府県民税を含め市町村となっています（地319）。

　したがって、納税者としては支払が二度手間となることはありません。

2　法人住民税　（地312ほか）

　市町村民税たる法人住民税も、道府県民税と同じで均等割と法人税割額に分けられます。均等割額は資本金等と従業員数に応じ、最低5万円から300万円までの9段階に分かれています（地312①）。

　なお、この税についても平成26年度の改正で導入された地方法人税（国税）の創設に伴い、法人住民税の標準税率がそれまでの12.3%から9.7%に引き下げられました。

　さらに、令和元年の改正で、地方法人税の税率が10.3%に引き上げられたことに伴い、市町村税たる法人住民税の標準税率が9.7%から6%に引き下げられています（地314の4）。申告、納付の方法も、道府県民税と同じです（地321の8）。

§2　固定資産税　（地343ほか）

　固定資産税は、土地、家屋、償却資産を所有する住民と市町村との間にお

ける受益関係に着目して課される税です。

1　納税義務者 （地343、359）

　納税義務者は、毎年1月1日現在で固定資産の所有者として課税台帳に登録されている者です（地343、359）。

2　課税客体と課税標準 （地349ほか）

　固定資産税の課税対象となる固定資産は、賦課期日（毎年1月1日現在）において納税義務者が所有している土地、家屋及び償却資産です。また、課税標準は固定資産課税台帳に登録された固定資産の価格です（地349）。ただし、土地については30万円、家屋20万円、償却資産150万円未満は免税とされています（地351）。

3　税　率

　標準税率は1.4％です（地350）。

4　納　期

　納期は、4月、7月、12月及び翌年2月です（地362①）。

5　課税主体

　固定資産税については、原則としてそれらの資産が所在する市町村において課税することとされています（地342①②）。

6　負担調整措置

　負担水準（評価額に対する前年度課税標準額の割合）が一定割合以上の土地については、前年度課税標準額を引下げ又は据え置くとともに、負担水準が

一定割合未満の土地については、前年度課税標準額に評価額の5％を加算することとされています（地附18、19）（注8）。

§3　その他の市町村税

1　軽自動車税（地442ほか）

　毎年4月1日における軽自動車の所有者に対して課税される財産税で、納税義務者はその所有者とされています（地442、443）。

　軽自動車税についても道府県税の自動車税と同様に種別割と環境性能割とがあります。

　種別割の税率は、原動機付自転車にあっては排気量に応じ2,000〜3,700円、軽自動車にあっては、その用途等に応じ3,600〜10,800円となっています（地463の15）。課税形態は道府県民税の自動車税種別割と同じです。

　環境性能割は、自動車税環境性能割と同様に令和元年10月1日に創設されました。環境性能割の課税標準は軽自動車の通常の取得価額とされ（地450）、税率は0〜3％です（地451、452等）。課税団体は市区町村ですが、当分の間、都道府県が環境性能割の賦課徴収を行うこととされています（地附則29の9）。

　種別割、環境性能割のいずれについても環境性能の優れた軽自動車の税率を軽減する措置が講じられています。

2　市町村たばこ税（地465ほか）

　市町村たばこ税の税率は、紙巻たばこ等については1,000本につき6,552円

（注8）　ただし、令和3年度の改正で土地に係る負担調整措置の適用期限が3年間延長されるとともに、令和3年度限りの措置として、令和3年度の課税標準額を令和2年度の課税標準額と同額とする措置が講じられています。

です。

　なお、この税は、たばこの消費に対して課される税ですが、納税義務者は
たばこの製造者等とされています（地465）。

3　鉱産税　（地519、520）

　鉱産税は、鉱物の掘採事業に対し、その掘採した鉱物の価格を課税標準と
して課税される収得税です（地519）。

　税率は 1 ％です（地520）。

4　特別土地保有税　（地585）

　特別土地保有税は、土地供給の促進ないし投機的土地取引の抑制を図る趣
旨のもとに、一定の土地の所有、又は取得に対して課税されます（地585）。

　納税義務者は土地の保有者又は取得者です（地585①）。

　なお、平成15年以降においては、当分の間、課税が停止されています（地
附31）。

5　入湯税　（地701、701の 2 ）

　環境衛生施設、鉱泉源の保護管理施設及び消防施設等の整備に要する費用
並びに観光の振興に要する費用に充てるため、鉱泉浴場における入湯行為に
対して課税される目的税です（地701）。

　納税義務者は鉱泉浴場の入浴者で（地701）、税率は入湯客 1 人 1 回につき
150円が標準となっています（地701の 2 ）。

6　都市計画税　（地702ほか）

　都市計画税は、都市計画事業や土地区画整理事業に要する費用に充てるた
め、都市計画区域のうち原則として市街化区域内に土地又は家屋を所有して

いる者に対して課税される目的税です。課税標準は、その土地や家屋の価格
（固定資産税の課税標準と同じ。）です。また、税率は0.3％を超えない税率で
課税されます（地702の4）。なお、都市計画税の納税は、原則として、固定
資産税と併せて行うこととされています（地364⑧、702の8）。

7　事業所税 （地701の30ほか）

　事業所税は、都市環境の整備、改善に充てるため、指定都市などで一定規
模以上の事業を行っている法人や個人の事業に対し、事業所等の床面積及び
従業者の給与総額を課税標準として課税される目的税です（地701の30、701
の32①、701の40）。

　税率は、資産割が1㎡につき600円（ただし、1,000㎡まで免税）、従業者割
が0.25％（ただし、100人まで免税）となっています（地701の43）。

8　国民健康保険税 （地703の4）

　この税は、国民健康保険事業に要する費用に充てるため、国民健康保険の
被保険者である世帯主に対し、所得割税額、被保険者均等割税額、世帯別平
等割税額等から市町村が選択した方式により課税される目的税です（地703
の4）。

　なお、この税は①医療等に充てられる基礎課税額、②75歳以上の方の医療
支援に使われることを目的とする後期高齢者支援金等課税額、③介護保険納
付に使われる介護納付金課税額の3つで構成されています。

第4節　地方消費税

　地方消費税は、地方分権、地域福祉の充実等のため地方税源の充実を図る観点から、消費譲与税に代えて創設されたもので、平成9年4月1日から施行されています。

　この税は、国によって徴収され、道府県と市町村との間でそれぞれ2分の1ずつ配分されます。その意味でこれまでにみてきた地方税とはその性格を異にしています。

　地方消費税は、消費税と同様、消費に広く負担を求める税であり、納税義務者の範囲及び非課税、免税等は、納税者の便宜等に配慮して消費税と同一とされています。また、制度の簡素化のため消費税額を課税標準とし、税率は63分の17（消費税率換算で1.7％）です。なお、地方消費税のうち国内取引に係る譲渡割の賦課徴収については、納税義務者の事務負担等を勘案して、当分の間、国（税務署）において、消費税の例により、消費税と併せて行うこととされています（地附9の4）。

§1　納税義務者等（地72の78）

　地方消費税の納税義務者は、国税の消費税と同様となっています。すなわち、国内取引については事業者が、また、輸入取引については外国貨物を引き取る者がそれぞれ納税義務者となります（地72の78①）。

§2　課税標準（地72の77）

　地方消費税の課税標準は、国税たる消費税額そのものです。具体的には、次のとおりです（地72の77二、三）。

　①　国内取引については、課税資産の譲渡等に係る消費税額から仕入れ等

に係る消費税額等を控除した額の消費税額（譲渡割）

②　輸入取引については、課税貨物に係る消費税額（貨物割）

§3　税率（地72の83）

　地方消費税の税率は、国税たる消費税額の78分の22（消費税率換算で2.2％ただし、軽減税率適用分については1.7％）です（地72の83）。

§4　申告納付等（地72の88ほか）

①　消費税の確定申告書等を提出する義務がある事業者は、一定の申告書を事務所等所在地の都道府県に提出し、その申告に係る譲渡割額を納付しなければなりません（地72の88①）。

②　前記①にかかわらず、譲渡割の賦課徴収については、納税者の事務負担等を勘案して、当分の間、国（税務署）において消費税の例により、消費税と併せて行うこととされています（地附9の4）。

③　貨物割の賦課徴収は、国（税関）において消費税の例により、消費税と併せて行われます（地72の101、72の103）。

§5　道府県間の清算（地72の114）

　道府県は、地方消費税額に相当する額について、指定統計である商業統計の小売年間販売額その他の消費に関連した基準によって道府県間において清算を行います（地72の114、地附9の15）。

§6　市町村に対する交付（地72の115）

　道府県は、前記§5により清算を行った後の金額の2分の1に相当する額を、域内の市町村に対して人口及び従業者数に按分して交付します（地72の115、地附9の15）。

第 **III** 部

租税の確定と徴収

第10章　租税の確定（租税債権の成立、確定）

国税庁の任務は、税法の規定に従い、租税の賦課、徴収を行うこととされています。それでは、その前提となる納税義務の成立と確定はどのようになっているのでしょうか。ここでは、それについてみていくこととします。

第1節　納税義務の成立と確定

§1　納税義務の成立（通15）

国税の納税義務は、所得税法や消費税法など各個別税法に規定された課税要件、すなわち納税義務者、課税物件、課税標準、税率などの要件を充足することにより、何らかの手段を必要とすることなく自動的に成立します。

納税義務の成立の時期は税目によって異なります。例えば、個人所得税では暦年終了時、消費税では課税資産の譲渡等を行った時とされています（通15各号）。

【第10－1表】税目別にみた納税義務成立時期

税　　　目	納税義務の成立時期
所得税（源泉徴収による所得税を除きます。）	暦年の終了の時（通15②一）
源泉徴収による所得税	源泉徴収をすべきものとされている所得の支払の時（通15②）
法人税	事業年度の終了の時（通15②三）
相続税	相続又は遺贈による財産の取得の時（通15②四）

地価税	課税時期（その年の 1 月 1 日午前零時）（通15②六）
消費税	国内取引については、課税資産の譲渡等又は特定課税仕入れを行った時 輸入貨物については、保税地域から引取りの時（※）
申告納税方式による国税に対する加算税	法定申告期限の経過の時（通15②十五、通令 5 十一）
源泉徴収及び特別徴収による国税に対する加算税	法定納期限の経過の時（通15②十六）

※　消費税法の定める「課税資産の譲渡等」（消 2 ①九）とは、個人事業者及び法人が、事業として対価を得て行う資産の譲渡及び貸付け、役務の提供で、法律上非課税とされているもの以外のものをいいます。

〔資料出所：国税庁税務大学校講本「国税通則法」（令和 5 年度版）21頁〕

納税義務が成立すると、次のような効果が生じます。

①　申告納税方式の税については申告納税の義務が生じます。他方、国側には課税の権利が生じます（通17〜19、24〜26）。

②　次に述べる納税義務の確定手続を待っていては、国税の徴収が確保できないと認められる場合、繰上保全差押ができることとなります（通38③④）。

③　災害により相当な損失を受けた場合に、納税の猶予を適用することができることとなります（通46①）。

④　予納の国税を受領することができることとなります（通59①）。

§2　納税義務の確定（通16、32）

　納付すべき税額の確定は、その後における納税義務の履行手続の前提となるものです(注1)。

　納税義務が確定すると納税者の租税債務が具体化し、その納付及び徴収手続が開始されます。また、この手続は、確定した税額に対する徴収権の消滅時効の中断事由ともなります。

　なお、租税のうちのいくつかについては、納税義務が成立すると同時に、特別の手続を経ることなく法令の定めるところに従って自動的に確定します（例えば、予定納税に係る所得税、源泉徴収による国税など）。

　しかし、大部分の租税については、申告納税方式又は賦課課税方式によって確定します（通16）。

1　申告納税方式

　申告納税方式とは、自己賦課（Self-Assessment）方式とも呼ばれる方式です。この方式の下では、第一義的には納付すべき税額が納税者の納税申告によって確定することになります。そして、申告がない場合又はその申告が不相当と認められる場合に限って、税務署長の決定又は更正によって確定するという課税方法です（通16①一）。

　この方式は、もともと米国で行われてきた方式で、第2次世界大戦後にわが国の所得税に導入されたのがその始まりです。その後徐々にその範囲が拡大され、現在ではむしろこの方式の方が一般的な税額確定方法となっています。

（注1）　したがって、抽象的な納税義務が成立していても、その確定手続を経なければ、納付の必要はなく、徴収も行われません。その結果、たとえ租税の納付があったとしても、申告や賦課といった確定手続を経ることなくなされたものについては誤納となります。

　現在、申告納税方式によって納税者に申告義務が課せられている国税には、次のものがあります。

　申告所得税、法人税、相続税、贈与税、地価税、消費税、酒税、揮発油税、地方揮発油税、石油ガス税、石油石炭税、たばこ税、電源開発促進税、航空機燃料税、印紙税（印紙税法第11条及び第12条に掲げるものに限る。）など。

　ところで、申告納税制度が円滑に機能するためには、納税者の自発的協力（Voluntary Compliance）が必要不可欠です。そのため、各税法においてこれを担保する各種の規定を設ける(注2)とともに、税務当局は納税者のコンプライアンス向上のため、広報、相談、指導、調査など各種の施策を実施しています(注3)。

2　賦課課税方式

　賦課課税方式（Assessment by the Government 又は単に Assessment Method）とは、納付すべき税額を課税庁の処分によって確定する方式です。

　この方式は、わが国のみならず各国で古くから採用されてきた課税方式であり、現在でもヨーロッパ諸国などを中心として広範に用いられています(注4)。

　わが国の場合、この方式は、昭和37年頃までは申告所得税及び法人税を除く他の税目の原則的な税額確定方式となっていました。しかし、昭和37年の税制改正により、ほとんどが申告納税方式に移行した結果、現在では加算税

(注2)　例えば、青色申告、記帳義務、罰則など。
(注3)　ちなみに、平成23年の税制改正大綱でも、納税者権利憲章の制定、税務調査手続の透明性確保等と並んで「租税教育の充実」がうたわれていました（第2章各主要課題の平成23年度での取組み、1．納税環境整備(2)租税教育の充実）。
(注4)　ただし、近年ヨーロッパ諸国のなかにも、イギリスなどのように申告納税方式に移行するところが出てきています。

などについて例外的に採用されている方式となっています。

　ちなみに、賦課課税方式による国税には次のようなものがあります。

　㈠　密造酒の製造者又は不法所持者に課される酒税（酒54⑤⑥）など法律
　　により定められた条件に違反したこと、違法な行為があったことその他
　　の特殊な事情により適正な申告納付を期待できないもの

　㈡　行政制裁として課される国税であって、本質的に申告納税方式になじ
　　まない各種の加算税（通65～68）及び過怠税（印20①②）

3　課税標準申告

　前述したように、賦課課税方式は、納付すべき税額が専ら税務署長の賦課
決定により確定する方式ですが、この方式による国税のなかにも課税標準申
告を徴するものがあります（通31①、33③）。ただし、この申告は、単に賦課
決定に当たっての参考資料となるにとどまり、納付すべき税額を確定する効
果を持たない点で申告納税制度における納税申告と異なります。

第2節　納税申告と当局による確定

§1　納税申告による確定（第一義的確定）

　申告納税方式における納税申告には、「期限内申告」、「期限後申告」、「修正申告」及び「訂正申告」があります。

　ちなみに、これらの申告の態様を法定申告期限とのタイムテーブルの形で示したのが次の図です。

【第10−1図】各種の申告と法定申告期限等との関係（タイムテーブル）

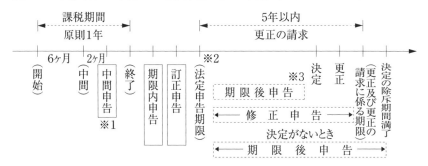

※1　中間申告は、法人税をイメージしたものです。
　　　（消費税については月ごと、（最大で年11回）の中間申告が必要）
※2　法定申告期限は、各税目によって異なります。
　　　所得税、贈与税…翌年3月15日
　　　法人税…課税期間終了後2月以内（ただし延長特例法人にあっては3月以内）
　　　消費税…個人にあっては翌年3月31日、法人にあっては課税期間終了後2月以内
　　　相続税…相続開始日から10月以内
　　　また、修正申告若しくは更正の請求は、法定申告期限から5年以内であればいつでもすることができます
※3　期限後申告は、法定申告期限後であればいつでも提出できますが、原則として無申告加算税と延滞税が課されます。

〔資料出所：著者作成〕

　なお、一定の帳簿を備えた納税者については、当局の承認を得ることにより青色申告書によって申告することが認められています。

1　期限内申告（通17、所120、法74、相27）

　納税者は、国税に関する法律の定めるところにより、課税標準及び税額などを記載した納税申告書を法定申告期限までに税務署長に提出しなければなりません。この納税申告書を「期限内申告書」といいます（通17、所120、法74、相27）。単に申告納税方式といった場合には通常この申告を指します。

　なお、還付を受けるための申告書（所122①）は、ここにいう期限内申告書に含まれません。

2　期限後申告（通18）

　申告義務を負う納税者は、申告書の提出期限を経過した後でも、税務署長の決定があるまではいつでも納税申告書の提出をすることができることとされています。この納税申告書は「期限後申告書」といわれています（通18）。

　「期限後申告」と「期限内申告」との違いは、その申告書が法定申告期限内に提出されたかどうかにとどまり、申告書の記載事項及び申告書に添付すべき書類は何ら変わりはありません。

　ただし、期限内申告とのバランス上、無申告加算税と法定申告期限日後の日数分に応じた延滞税がかかります（通60①二）。

3　修正申告（通19）

　納税申告書を提出した者は、税務署長の更正があるまでは、その申告税額が過少であることなどを理由として課税標準など又は税額などを修正する納税申告書を提出することができます。この納税申告書を「修正申告書」といいます（通19①）。さらに、税務署長の更正又は決定した税額が過少であるとき、純損失の金額又は還付金の額に相当する税額が過大であるときなども「修正申告書」の提出ができます（通19②）。このように、修正申告はすでに確定した税額に不足があるか純損失の金額（いわゆる赤字金額）が過大であ

るときなどに限られます。したがって、税額が過大であるとする修正申告は許されません。そのため、税額が過大であった場合などにおいては更正の請求（通23①）により是正を求めなければなりません。

　修正申告の場合にも、当初申告分との差額相当分について延滞税がかかるほか、原則として過少申告加算税がかかります。

4　申告期限内における申告内容の変更（訂正申告）

　納税申告にはその申告期限が定められていますが、この申告期限内に納税者がすでに提出した申告書の記載事項の誤りを発見してこれを訂正する必要を認めたときに、簡易にその差換え又は訂正を許すべきでしょうか。この点については、法律にこれを禁止する旨の特別の定めがありません。納税者はもともと期限までに申告をすれば足りるという「期限の利益」を有していますので、その後に申告をする者とのバランスからしても、特に上記の差換え又は訂正を禁止する理由はないものと考えられます（所基通120－4）。

　そのため、実務上においてもこのような変更が認められています。期限内に行った申告を期限後修正する「修正申告」と区分する意味で、これらの申告は「訂正申告」と称されています。

　したがって「訂正申告」の場合、加算税や延滞税はかかりません。

5　納税申告の性格

　申告納税方式による国税の課税標準や税額などは、国税に関する法律の規定するところにより納税義務の成立の段階ですでに客観的に定まっています。そして、納税申告は、納税者が課税標準や税額などの計算の基礎となる要件事実を確認し、法定の方法で税額を算定した上これを税務署長に通知する行為とされています。申告納税方式による国税にあっては、納税申告により納税者が納付すべき税額が第一義的に確定します。

　このように、私人たる納税者の行為で納付すべき税額の確定という公法上の法律効果が付与されるような行為は一般に「私人による公法行為」と呼ばれています。

6　更正の請求（通23）

　申告などによっていったん確定した課税標準又は税額などが過大であるとき、還付金額が過少であるとき又は純損失などのいわゆる赤字金額が過少であるときは、その法定申告期限から5年以内に限り、その申告した課税標準など又は税額など（更正されている場合には、更正後の課税標準など又は税額など）について、減額の更正を求めることができることとされています。これを「更正の請求」といいます（通23①）（注5）。

　「更正の請求」には、法令の適用誤りや申告などの誤りに基づく請求と判決など後発的事由に基づく請求とがあります。後発的事由に基づく請求は、当該事由が生じた日の翌日から2カ月以内に行わなければならないとされています（通23②）。

　「更正の請求」は、一般的には納税申告によりすでに確定した税額が過大であるときなどに、納税者が税務署長に対しその是正を請求するものです。したがって、その効果は税額変更の請求権を行使する手続にとどまり、それ自体、税額を是正し確定させることを意味しません。このように、「更正の請求」は税額を確定させる効力がない点で修正申告と異なります（注6）。

(1)　更正の請求の手続

　「更正の請求」をする者は、その請求に係る更正前と更正後の課税標準など

（注5）　なお、内容虚偽の更正請求書を提出した場合には処罰の対象となります。
（注6）　ただし、修正申告をした後の段階で、もしそれが誤っている場合には更正の請求をすることは可能です。

又は税額など、請求の理由、請求をするに至った事情の詳細その他参考となる事項を記載した書類（事実を証明する書類）を添付した更正請求書を税務署長に提出しなければなりません（通23③）。

⑵　更正の請求に対する処理

更正の請求があった場合には、税務署長はその請求に係る課税標準など又は税額などを調査し、その調査に基づいて減額更正をし又は更正をすべき理由がない旨を請求者に通知します（通23④⑥）。この処理が相当の期間を経過しても行われない場合には、請求者は不作為についての不服申立てをすることができます（通80、行審7、49）。

7　電子申告

米国などでは、申告をコンピュータを通じて行うというやり方、いわゆる電子申告（e-Tax）が普及しています。このような流れを受け、わが国でも国税の申告、納税及び各種申請・届出等の手続がインターネットを介して行うことができるようになっており、急速に普及してきています（詳細については、「国税電子申告・納税システム（e-Tax）ホームページ（http://www.e-tax.nta.go.jp)」を参照してください。）（注7）。

なお、資本金の額又は出資金の額が1億円を超える法人、相互会社、投資法人及び特定目的会社が行う法人税・消費税の申告は、2020年4月1日以降に開始する事業年度・課税期間から電子申告によるべきこととされています（法75の3、消46の2）。

（注7）　なお、地方税についても、平成17年（2005年）から徐々に類似のシステムが実施されています。詳細については「地方税ポータルシステム（eLTAX）ホームページ（http://www.eltax.jp）」等を参照してください。

§2　当局による確定（税務署長の処分）

1　更正・決定（通23、24、27、30）

これまでにみてきた「申告」（修正申告を含みます。）や「更正の請求」は、納税者の行為によるものです。

それに対し、税務署長など課税当局によって行われる行為（主として税額の確定行為）も存在しています。課税当局によるこれらの行為は、一般に「処分」と呼ばれています（注8）。

(1)　更　正（通27、30）

申告納税制度の下においては、課税標準など又は税額などは第一義的には申告によって確定することとされています。しかし、税務署長は、納税申告による課税標準など又は税額などが国税に関する法律の規定に従って計算されていないときその他課税標準など又は税額などがその調査したところと異なるときには、その調査により課税標準など又は税額などを確定する処分を行うこととされています（通24）。この処分を「更正」といいます。この処分により、納付すべき税額が増額又は減少します。前者を「増額更正」処分といい、後者を「減額更正」処分といいます（通27、30）。

「減額更正」には、納税者からなされた更正の請求に基づいて行うもの（通23④）と、税務署長が職権に基づいて行うもの（通24）とがあります。税務署長の行った更正又は決定に誤りがあったときも、同様に更正が行われます（通26）。これを「再更正」といいます。再更正にも増額更正と減額更正とがあります。

「更正」は、黒字申告だけでなく、申告額が赤字（欠損金額）の場合も行

（注8）　更正や決定など納税者の不利益となる処分については、平成23年度の税制改正で、青色申告者に対して行われているのと同じように理由附記を行うこととされました。

われます。

(2)　決　定（通30）

　税務署長は、納税申告を行う義務があると認められる者が納税申告書を提出しない場合、自ら課税標準など及び税額などを確定する処分を行います（通25）。この処分を「決定」といいます（通30④）。

　ただし、「決定」により納付すべき税額及び還付金の額に相当する税額が生じないときは決定の必要はありません。また、中間申告をすべき法人がこれをしなかった場合には、その申告書の提出期限時において前年実績による中間申告書の提出があったものとみなされますので（法73）決定の問題は生じません。

　なお、法人が粉飾決算に基づき過大な申告をしていた場合にあっては、税務署長は、法人がその後の確定した決算において修正をし、その決算に基づく確定申告書の提出があるまでは更正をしないことができることとされています（法129②）。

【第10−2図】納税申告、更正又は決定の関係

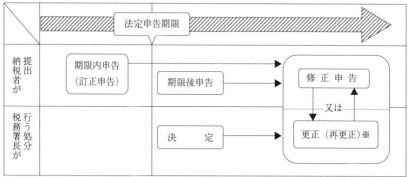

　※1　更正又は決定の後の更正を「再更正」という。
　　2　修正申告⇒修正申告、再更正⇒再更正もある。

〔資料出所：同前26頁〕

⑶　更正又は決定の手続

　更正処分は、更正前と更正後の課税標準など及び税額など並びに増減した税額などを記載した更正通知書の送達により行われます。また決定は、課税標準など及び税額などを記載した決定通知書の送達により行われます（通28）。なお、更正決定等が調査の結果に基づいてなされる場合には、税務職員は、納税義務者に対し、調査結果の内容を説明し、その内容を簡潔に記載した書面を交付することとされています（通74の11）。

　更正又は決定が国税庁又は国税局の職員の調査に基づく場合には、これらの通知書にその旨を付記し（通28②③）、また、これらの処分（職権による減額更正を除く。）に不服がある場合には不服申立てができること及びその申立先、申立期間を教示することとされています（行審57①）。

　これまで見てきたところをまとめると、次のようになります。

【第10−3図】納税義務の確定手続一覧表

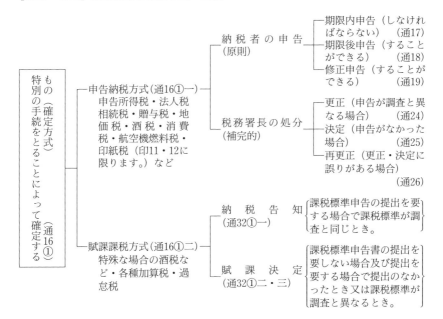

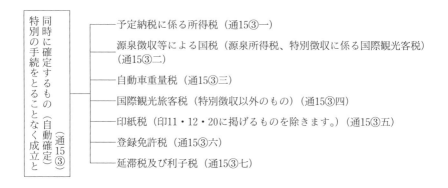

2　推計課税（所156、法131）

　納税者のなかには、帳簿書類の備付けをしなかったり、課税標準など又は税額などを自ら確定できない者もいます。しかし、これをそのまま放置しておいたのでは課税の公平が保たれなくなってしまいます。

　このようなことから、税務署長は、各種の間接的資料により課税標準など及び税額などを把握し、課税することができることとされています（所156、法131）。推計課税といわれるものがこれです。しかし、推計課税は無条件に認められるのではなく、「推計の必要性」が認められる場合にのみ許されると解されています（最高裁（一小）、平成元年７月16日判決、平元（行ツ）５号、税務訴訟資料173号17頁）。

　ちなみに、推計課税が認められるのは、次のような場合です。

①　主要な帳簿の備付けがない。

②　帳簿の備付けはあるが、その内容が不正確であり、信頼性に乏しい。

③　納税者又はその取引関係者が協力的でないために、直接的資料が入手できない。

　なお、推計課税による更正が認められているのは、白色申告者に対してのみであり、帳簿等の整備されている青色申告者に対する推計課税は原則とし

て認められていません（青色申告者の特典については第12章第6節参照）。

3　除斥期間（通70）

　国の権利行使をいつまでも認めるとすると、納税者は、いつ新たな処分（更正など）が行われるか不明なため、いつまでも不安定な状態に置かれることになります。他方、課税当局としても、画一的・統一的処理ができなくなります。

　こうしたことから、国の処分である更正・決定などの賦課権及び徴収権などについては、期間制限が設けられています。このうち、税務署長が国税債権を確定させる処分である更正・決定及び賦課決定については、期間制限のうちでも特に厳しい制限である「除斥期間」制度が採用されています。

　通常の期間制限である「時効」に比し、除斥期間は次のような特徴を有しています（注9）。

　①　中断がない（時効には中断がある）。

　②　権利の存続期間があらかじめ設定されており、その期間の経過によって権利が絶対的に消滅し、当事者の援用を要しない。

(1)　除斥期間の種類

　更正・決定に係る除斥期間は次のようになっています（通70、措66の4⑯）。

　5年……通常の更正・再更正及び申告がない者に対する決定

　6年……贈与税

　7年……偽りその他不正な行為による場合及び移転価格税制における更正

(2)　徴収権の時効

　これに対し、徴収権については、例えば「自力執行権」というような徴収

（注9）　なお、除斥期間の計算は到達ベースで行われます。したがって、更正・決定などの通知はその期間の末日までに納税者に到達していなければなりません。

権独自の特徴は有するものの、時効関係については、基本的に私債権と同様の制度によることとされています（通72〜74）。

§3　税務調査

　課税当局が更正・決定等を行うためには、税務調査が必要となってきます。

　この点について、従前は各税法で規定する質問検査権の行使という形で行われてきました。

　しかし、平成23年の税制改正において、税務調査を実施するに当たっては、事前通知を行うことが法令上明確化されるとともに、調査終了時の手続等についても法制化されました（通74の2〜74の14）（注10）。

1　質問検査権（任意調査）

　課税の公平を実現するためには、納税者の申告に加え、課税当局による申告内容の適正性の検証が不可欠です。しかし、その検証の前提となる資料の入手については、必ずしも納税者の協力が得られるという保証はありません。

　そこで、課税に関し必要な資料の取得収集を可能ならしめるようにするため、税務職員は、関係者に質問し検査する権限が与えられています。これがいわゆる「質問検査権」です。

(1)　質問検査権とは

　「質問検査権」とは、納税義務者及び納税義務があると認められる者等に対して質問し、それらの者の帳簿書類その他の物件を検査することができる

（注10）「質問検査権」については、次のような判決があります（最高裁（三小）、
　　　　昭48.7.10判決、刑集27巻7号1205頁）。
　　　　① 適正公平な課税を図るため、必要があると判断される場合には、暦年終
　　　　　了前又は確定申告期間経過前でも調査することができる。
　　　　② 質問検査の範囲、程度、時期、場所については、当該職員の合理的な判
　　　　　断に委ねられている。

という行政上の権限です。

　この権限は、従前は各税法で規定されていましたが、平成23年の改正で横断的な形で整備されました（通74の2〜74の6）。

　この調査は、任意調査ですので、質問を受けた者がこれを拒否することは可能です(注10)。しかし、これらを拒否した場合、質問に対し答弁しなかった場合、虚偽の答弁をした場合又は検査を拒否した場合には罰則が適用されます。

　その意味で、任意とはいっても間接的に協力が強制されるという形になっています。いわゆる「間接強制」です（例えば、最高裁昭63.12.20判決、訟務月報35巻6号979頁）。そして、その対象は納税者本人だけではなく、その取引関係者などにも及びます。したがって、これらの者は、当局の職員による質問検査権の行使が適法なものである限り受忍義務があります。

(2)　質問検査の要件

　質問・検査は当該職員が「必要のあるとき」に行うことができます。そこで問題となってくるのが、必要性の判断を誰がするのかということです。条文をそのまま読めば、必要性の判断をするのはそれぞれの「当該職員」ということになります。しかし、それでは権限の行使が恣意的になってしまう恐れもあります。このようなことから平成23年の税制改正で行使の要件が法制化されました（通74の2〜11）。また、調査を行う場合には原則として文書による事前通知を行う旨も法制化されました（同前）(注11)。

(注11)　ただし、税務署長等が、①正確な事実の把握を困難にするおそれ、②違法・不当な行為を容易にし、又はその発見を困難にするおそれ、③その他国税に関する調査の適正な遂行に支障を及ぼすおそれがあると認める場合は、事前通知を行わないことができることとされています。

　　なお事前通知を行わない例外事由に該当する場合、調査着手後、終了時までに上記通知内容（日時・場所の記載を除く。）を記載した文書を交付することとされています。

⑶　**事前通知の対象者、内容、方法等（通74の２～６）**

事前通知の対象者及び内容、方法等は次のようになっています。

①　対象者

　　事前通知の対象者は、納税者本人、調書提出者及びその代理人（ここにいう代理人には税理士のほか税理士登録を行った弁護士及び公認会計士を含みます。）です。

　　なお、平成26年の税制改正で、税務代理権限証書を提出している税理士等がいるときは、納税者本人への通知は当該権限証書を提出している税理士等に通知すれば足りることとされました。

②　内容

　　事前通知は、次のような内容について行われます。

　イ　調査の開始日時・場所

　ロ　調査の目的（例：○年分の所得税の申告内容の確認等）

　ハ　調査対象税目、課税期間

　ニ　調査の対象となる帳簿書類その他の物件（例：所得税法△△条に規定する帳簿書類）

　ホ　その他必要事項

　　㈶　調査の開始日時・場所の変更の申出に関する事項（合理的な理由を付して日時・場所の再設定を求めることができる。）

　　㈭　調査状況に応じ、通知内容以外について非違が疑われる場合には、その通知内容以外の事項についても調査対象となりうること

　　㈬　その他

　　　・　調査の相手方の氏名及び住所（法人については、名称及び所在地）

　　　・　調査を行う主たる担当者の氏名及び所属

⑷　**税務調査において提出された物件の留置き**

税務職員は、必要ある場合には、調査において提出された物件を留め置く

ことができることとされています（通74の7）。

⑸　調査終了時の手続（通74の11）

　調査終了時の手続については、課税庁の納税者に対する説明責任を強化する観点から、次のとおり明確化・法制化が図られています。

　①　更正・決定等すべきと認められる場合

　　イ　実地の調査により更正・決定等すべきと認められる場合には、課税庁の職員は、当該納税者に対し、次の手続を取ることとされています。

　　　　調査結果（非違の内容、金額、理由）、及び「修正申告又は期限後申告を行った場合にはその部分について不服申立てができないこと」等を説明

　　ロ　課税庁の職員は、納税者に対し、上記イの内容を簡潔に記載した税務署長等名の文書を交付

　　ハ　その際、課税庁の職員は修正申告又は期限後申告の勧しょうを行うことができる

　　ニ　税務署長等は、納税者から修正申告書又は期限後申告書の提出があった場合には、当該納税者に対し、当該調査が終了した旨の通知書を交付

　　ホ　税務署長等は、更正・決定等をするときは、当該調査が終了した旨の通知書を交付

　　ヘ　当該納税者に代理人がいる場合で、本人の同意があるときは、上記イからホは当該代理人に行えば足りる

　　ト　なお、実地の調査以外の調査の場合には、上記文書及び通知書を納税者からの求めに応じて交付

　②　更正・決定等すべきと認められない場合

　　　実地の調査終了後、更正・決定等すべきと認められない納税者に対しては、「その時点で更正・決定等すべきと認められない」旨を記載した

通知書を交付

③　上記①及び②共通

　　なお、課税庁の職員は、上記の終了通知書が交付された後においても、調査について必要があるときは、再調査ができることとされています。

⑹　**租税条約等の相手国等からの情報提供の要請に基づく調査**

　　租税条約等の相手国等からの情報提供の要請に基づく情報提供のための調査に係る質問検査権、調査の事前通知等に関しても(1)～(4)に準じた扱いがなされます（条約実施特例法 9 、10）。

2　査察調査（犯則調査）（通131～160）

　一般の税務調査は、納税者の同意を前提として行われるいわゆる任意調査です。

　しかし、不正な手段を使って故意に税を免れた納税者（いわゆるほ脱犯）に対しては、犯則事件として早期に徹底した調査を行う必要があります。

　これが、国税通則法第11章（犯則事件の調査及び処分）の規定に基づく強制調査（いわゆる「マルサ」の調査）です。

　この種の調査は、裁判所の許可を得た令状をもとに行われます（通132、133、135、136）。

　また、調査結果に基づき検察官に告発が予定されています（通156、159）。

　このように、犯則事件を調査する者には強い権限が与えられていることから、調査をすることができるのは、国税庁長官、国税局長及び税務署長並びに国税庁、国税局及び税務署の職員で、国税に関する犯則事件の調査を行うことができる部局に所属し、しかもその所属長から国税通則法第11条に定められた当該職員の権限を行使することを命じられた者（いわゆるマルサの職員）に限られています。

　また、実際に強制調査を行う場合には裁判所の許可状が必要とされています。

　そして、収税官吏に任命された者には、その身分を示す証明書が交付されます（通140）。

　なお、犯則事件の調査においても、必要がある場合には、任意調査を行うことができることとされています（通131）。

　ちなみに、申告内容等を確認するための調査を一覧の形で示すと次のようになります。

【第10－4図】納税者の申告内容等に関する確認のための調査

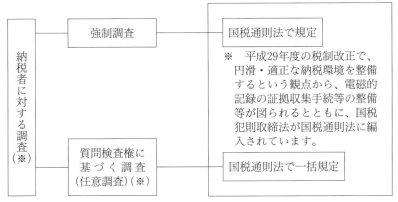

調査の種類
　（特別調査）……無予告もあり
　（一般調査）…⌉
　　　　　　　　⌋……事前通告あり
　（簡易調査）…⌋
調査のやり方
　（帳簿調査）
　（原始証ひょう類確認調査）
　（現物確認調査）
　（現金等の管理状況確認調査）
　（現況調査）

※　このほか、任意調査として、支店等に対する調査、取引先に対する調査（いわゆる反面調査）、支払調書や源泉徴収票などを提出する義務のある者に対する調査もあります。
　　なお、滞納者に対しては、国税徴収法に基づき別途財産調査等が行われます（同法141、142）。

3　納税者のプライバシー保護に対する配慮

　このように質問検査権の行使は、納税者のプライバシーにあたる部分にも及ぶ可能性があります。その結果、質問検査権の行使によって得られた情報を他に漏らしたりした場合には、取引上思わぬ不利益を被る可能性があります。

　そのため、税務職員には、調査等で知り得た事実について他に漏らしてはならない厳しい義務（いわゆる「守秘義務」）が課されています。そして、それに違反した場合には、漏らした職員に罰則が適用されます（通126）。

第3節　附　帯　税

§1　附帯税の概要

　国税債権を期限内に申告納付した者とそうでない者との間で負担が全く変わらないということであれば、課税の公平が保たれなくなってしまいます。

　そこで、国税通則法では、国税債権の期限内における適正な実現を担保し、あわせて、期限内に申告、納付を行った者とのバランスを確保するという観点から、納付遅延等があった者に対し、本税に加え、延滞税、利子税及び加算税を課すこととしています（通 第6章 附帯税）。

　なお、地方税についても、国税通則法と同じ取扱いがなされています。したがって、以下では国税の例に従って説明しています。

　これらの税は、本税たる国税債権に附帯して課されるものであることから、附帯税という名で総称されています（通2四）。

　また、附帯税ではありませんが、印紙税法上、加算税と同じ性質を有する過怠税という制度が設けられています（印20）。

　附帯税は、あくまで本税に附随して課される税です。したがって、その対象となる本税自体が裁判等で取り消されるに至った場合には、附帯税はその成立の基礎を失うことになり、その賦課は無効となると解されています（東京高裁昭23.10.13判決）。

§2　附帯税の種類（通2四）

　附帯税には、次のようなものがあります（通2四）。

　・延滞税

　・利子税

　・過少申告加算税

・無申告加算税

・不納付加算税

・重加算税

このうち、延滞税と利子税は、遅延利息的な意味合いを有するものと考えられています。

これに対し、過少申告加算税、不納付加算税、無申告加算税及び重加算税は、行政制裁的な色彩を有するもの（いわゆるペナルティ）として区分されています。

§3　延滞税（通60）

1　延滞税とは

納税者が納付すべき国税を法定納期限までに納付しない場合には、期限内に納付した者との権衡を図る必要があること、併せて国税の期限内納付を促進させる見地から、納付遅延に対して遅延利息に相当する「延滞税」が課されます（通60）。

「延滞税」については、所得税の所得計算上、これを必要経費に算入することはできず（所45①三）、法人税法上も損金算入は認められていません（法55③）。

ちなみに、「延滞税」が課されるのは、次のような場合です。

①　申告納税方式による国税

　A　期限内申告書を提出した場合に、その納付すべき国税を法定納期限までに完納しないとき。

　B　期限後申告書、修正申告書を提出し、又は更正、決定により、納付すべき国税があるとき。

②　賦課課税方式による国税

　納税の告知による納付すべき国税を、その法定納期限までに完納しな

いとき。

③　予定納税による所得税

予定納税による所得税を、その法定納期限までに完納しないとき。

④　源泉徴収等による国税

源泉徴収等による国税を、その法定納期限までに完納しないとき。

なお、延滞税は、特別の確定手続等がなくても確定するものとされています（通15③六）。

2　延滞税が課される税

延滞税は、本税に対してのみ課されます。したがって、各種の加算税（過少申告加算税、不納付加算税、無申告加算税及び重加算税）や印紙税法に基づいて課される過怠税については、たとえその納付が納期限後となっていたとしても、延滞税は課されません（通60①三かっこ書）。

3　延滞税の計算

延滞税は、法定納期限の翌日から起算して、その国税を完納する日までの期間に応じ、未納税額に対し原則として年14.6％の割合で計算されます。

また、納期限までの期間及びその翌日から起算して2月を経過する日までの期間については、この割合は原則として年7.3％となっています（通60②）（注12）。

ただし、令和4年1月1日以後の期間に対応する延滞税等については延滞税特例基準割合（前年の11月30日までに財務大臣が告示する割合に1％を加えたもの）に1％を加算した割合とされていますので前者にあっては8.7％、後者にあっては2.4％となります（措94）。

4　延滞税の計算の特例

①　一部納付があった場合の延滞税の計算

　延滞税を計算する基礎となる本税について一部納付があったときは、その納付の日の翌日以降の期間に対応する延滞税は、一部納付がされた税額を控除した未納の本税額を基礎として計算されます（通62①）。また、国税の一部納付があった場合には、納付した金額が本税の額に達するまでは、その納付額はまず本税に充てることとされています。これは、民法の利子先取（民491①）の趣旨とは逆になりますが、納付した金額を、まず本税に充てることにより延滞税の負担を軽くするということであり、納税者の利益を図ったものとされています（通62②）。

②　控除期間のある延滞税の計算

　申告納税方式による国税に関し、期限内申告書又は期限後申告書の提出（期限内申告の場合は法定申告期限）後１年以上経過して修正申告又は更正があった場合には、申告書の提出（期限内申告の場合は法定申告期限）後１年を経過する日の翌日から修正申告書を提出した日又は更正通知書を発した日までは、延滞税の計算期間から控除することとされています（通61①）。

　この控除期間については、源泉徴収による国税についても認められています（通61②）。

　この控除期間は、かなりの期間を過ぎてから修正申告、更正などがあっ

（注12）　租税特別措置法における延滞税の割合の特例（措94①）
　　　　国税通則法の本則は、現在のような低金利時代にはそぐわないため、租税特別措置法で特例が設けられています。
　　　　すなわち、「年14.6％」適用部分については、「年14.6％」と「延滞税特例基準割合＋7.3％」のいずれか低い割合が適用され、「年7.3％」適用部分については、「年7.3％」と「延滞税特例基準割合＋１％」のいずれか低い割合が適用されます。その結果、令和６年分については、14.6％部分が8.7％、7.3％部分が2.4％となっています。

た場合に、あえて法定納期限までさかのぼって、多額の延滞税を負わせる
ことは実際上酷であること、及び税務署の事務配分上更正などの時期が納
税者ごとに別々であることなど、納税者の責に帰すことのできない事由に
より、経済上の負担に差異が生じるのは適当でないことを考慮して設けら
れた制度です。ただし、無申告の場合や重加算税を課するような場合には、
期限後申告書が提出されるまでの間及び重加算税の対象となった本税相当
分については、計算期間の控除は認められません（通61①②）。

5　まとめ

　ちなみに、延滞税の計算をタイムテーブルの形でみてみると次のようにな
っています。

【第10―5図】タイムテーブルでみた延滞税の計算イメージ

【具体例】

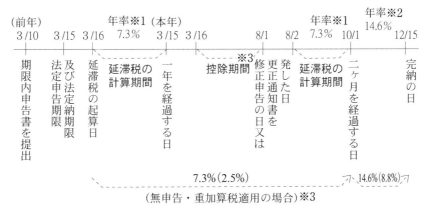

※1　この期間に係る現行の延滞税の率は7.3％ではなく延滞税特例基準割合に1
　　％を加えた率となっています（措94①）。

※2　この部分についても、延滞税特例基準割合に7.3％を加えた率となっていま
　　す（その結果、令和5年1月1日から12月31日までの間は※1の部分は2.4％、
　　※2の部分は8.7％となります。）。

※3　なお、無申告・重加算税適用の場合は、控除期間はありませんので、全期
　　間について延滞税がかかります。

§4　利子税（通64）

　一定の条件により延納又は納税申告書の提出期限の延長が認められた国税については、延長された期間に応じて、「利子税」が課されます（通64①、所131①、132①、相38①③、法75①、75の2①）。これは、民事におけるいまだ履行遅滞に陥っていない場合に課せられる約定利息に相当するものです。

　「利子税」は、原則として、法定納期限の翌日から延納又は延長期間中の未納税額に対し納付する期間に応じ、所得税、法人税については年7.3%（所131③、136、法75⑦）、相続税については原則として年6.0%（相52①、措70の11）、贈与税については原則として年6.6%の割合（相52①）で計算することとされています(注13)。

　なお、利子税の計算期間については延滞税は課されません（通64②）。

§5　還付加算金（通58）

　還付加算金は、国税を滞納した場合延滞税が課されることとのバランスを考慮して設けられている制度です。そのため、還付加算金の率も利子税と同じ割合となっています（通58、措95）(注14)。

§6　加算税（通65）

1　概　要

　「加算税」も賦課課税方式により確定する税のひとつです。しかし、この税は、法定申告期限又は法定納期限までに適正な申告又は納付がされない場合に課される一種の行政制裁的性格を有する特別な税です。

(注13)　利子税（相続税・贈与税を除きます。）の年7.3%の割合についても、延滞税と同様に特別の税率が適用され（措93①）、その結果、令和6年分についての利子税は0.9%となっています。
(注14)　その結果、令和6年分についての還付加算金の割合は0.9%となっています。

　加算税の成立要件は、法定申告期限又は法定納期限の経過です（通15②）。しかし、その確定のためには賦課決定という確定手続が必要とされています（通32①三）。

　また、税目は、計算の基礎となる税額の属する税目の国税とされています（通69）。

　なお、加算税については、ペナルティという性質上、必要経費や損金の額に算入することはできません。

2　加算税の種類

　加算税は、申告納税方式による国税に対して課される過少申告加算税、無申告加算税及び重加算税と源泉徴収等による国税を対象とした不納付加算税の４種類に区分されます（注15）（注16）。

　ちなみに、加算税の種類及び税率は【第10―６図】のようになっています。

（注15）　ちなみに、過少申告加算税の２段階の計算イメージは次のようになっています。

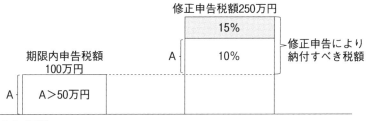

《過少申告加算税》
　150万円×10％＝15万円 ……………………①
　（150万円－100万円）×５％＝２万５千円…②
　①＋②＝17万５千円

（注16）　加算税の国際比較

	日　本	アメリカ	イギリス※	ドイツ	フランス
過少申告加算税	追徴税額の10%（期限内申告税額又は50万円のいずれか多い金額を超える部分については、15%）（通65）	追徴税額の20%（当初申告額の10%又は5,000ドル（法人にあっては1万ドル）を超える分については25%）（内国歳入6662条(a)）	追徴税額以下の額（法文上、過少申告加算税と重加算税の区別なし）（租税管理法95条、96条）	なし〔過少申告に対しては10万マルク以下の秩序罰（過料）が課される。（租税通則法378条）〕	過少税額の40%（租税一般法1729条）〔悪意の場合にのみ。善意の場合は、過少申告加算税は課されない。〕
無申告加算税	納付税額の15%（ただし、決定により納付すべき税額が50万円を超える部分に対しては20%）（通66）	他に、資産の過大評価（200%）に対し20%、（400%超のときは40%）の加算税（内国歳入法6662条(g)） 無申告の期間1月又はその端数毎に申告税額の5%加算（最高25%）（内国歳入6651条(a)）	○法定申告期限からの遅延期間に応じた次の額 ・6月未満 　　100ポンド ・6月以上12月未満 　　＋100ポンド ・12月以上 　　年税額以下の額 ○裁判所又は課税委員会の決定により1日につき60ポンド以下の加算税を課税することも可能（1994年財政法附則19、租税管理法93条、94条）	賦課課税であるが、課税資料としての租税申告書を提出しない場合、確定税額の10%以下を加算。但し、1万マルクを限度とする。（租税通則法152条）	○督促がなかった場合又は最初の督促から30日以内に申告書が提出された場合 　⇒　10% ○最初の督促から30日以内に申告書を提出しなかった場合 　⇒　40% ○2度目の督促から30日以内に申告書を提出しなかった場合 　⇒　80% （租税一般法1728条、1728条A）
重加算税	追徴税額の35%（無申告の場合には40%）（通68）	追徴税額のうち詐偽に帰すべき部分の75%（詐偽的無申告の場合は1月又はその端数毎に納付税額の15%加算。最高75%）（内国歳入法6663条(a)、6651条(f)）	追徴税額以下の額（法文上、過少申告加算税と重加算税の区分なし）（租税管理法95条、96条）	なし	脱漏税額の80%（租税一般法典1729条）

※　イギリスにおいては、原則として所得税・法人税の例によっています。

〔資料出所：税制調査会提出資料、一部修正〕

【第10－6図】加算税の種類と一覧表

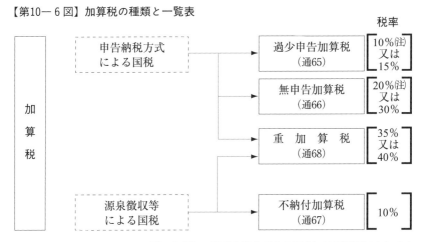

税率

申告納税方式による国税
→ 過少申告加算税（通65）：10%(注)又は15%
→ 無申告加算税（通66）：20%(注)又は30%
→ 重加算税（通68）：35%又は40%

源泉徴収等による国税
→ 重加算税（通68）
→ 不納付加算税（通67）：10%

(注)　ただし、正当な理由がある場合には不適用になります。

〔資料出所：財務省一部修正〕

3　過少申告加算税（通65）

　「過少申告加算税」は、申告期限内に提出された納税申告書（正当な理由に基づき申告期限後に提出された納税申告書を含みます。）に記載された申告金額が過少であるとして修正申告書が提出された場合や更正があった場合に課されます。その税率は修正又は更正により納付すべき税額の10%相当額とされています（通65①）。

　ただし、その金額が期限内申告税額相当額又は50万円のいずれか多い金額を超える場合には、その超える部分に対し、10%に加え、更に5%相当の金額を加算した金額とされます（通65②③）。

（減免）

　次のいずれかに該当する場合には、過少申告加算税は課さないこととされています（通65④⑤）。

　イ　修正申告又は更正に基づく納付すべき税額の計算の基礎となった事実のうちに、その修正申告又は更正前の税額（還付金の額相当税額を含む。）

　　の計算の基礎とされていなかったことについて正当な理由があると認め

　　られるものがある場合において、その正当な理由があると認められる事

　　実に基づく部分（通65④）。

　ロ　修正申告書の提出が、その申告に係る国税についての調査があったこ

　　とにより当該国税について更正があるべきことを予知してされたもので

　　ないとき（通65⑤）。

　※　ただし、平成28年度の改正で、調査対象税目及び調査対象期間の通知以後、

　　かつ、その調査があることにより更正又は決定があるべきことを予知する前

　　にされた修正申告に基づく過少申告加算税の割合については5％（期限内申

　　告税額と50万円のいずれか多い額を超える部分は10％）、期限後申告又は修正

　　申告に基づく無申告加算税の割合については10％（納付すべき税額が50万円

　　を超える部分は15％）とされています。

4　無申告加算税

　「無申告加算税」は、①申告期限までに納税申告書を提出することなく期

限後申告書の提出又は決定があった場合と、②期限後申告書の提出又は決定

があった後に修正申告書の提出又は更正があった場合に課されます。その率

は、申告、決定又は更正に基づき納付すべき税額の15％の割合とされていま

す（通66①）㈲。

　ただし、納付すべき税額が50万円を超える部分については、20％となりま

す（通66②）。さらに、令和5年度の改正で、納付税額が300万円を越える部

分に対するペナルティが30％に引き上げられています。

（加重）

　平成28年の税制改正で、期限後申告若しくは修正申告（更正予知によるも

のに限る。）又は更正若しくは決定等（以下「期限後申告等」という。）があっ

た場合において、その期限後申告等があった日の前日から起算して5年前の

日までの間に、その期限後申告等に係る税目について無申告加算税（更正予

知によるものに限る。）があるときは、その期限後申告等に基づき課する無申

告加算税の割合（15％、20％）について、それぞれの割合に10％加算する措置を講じることとされています（通66④）。

　さらに、令和5年度の改正で、前年度及び前々年度の国税について、無申告加算税（注2）又は無申告重加算税を課される者が行う更なる無申告行為に対して課される無申告加算税又は無申告重加算税を10％加重する措置が整備されています。

（減免）

　期限後申告書又は修正申告書（期限後申告又は決定があった後に提出された修正申告書をいう。）の提出が、その申告に係る国税についての調査があったことにより当該国税について更正又は決定があるべきことを予知してされたものでないときは、その申告に基づき納付すべき税額に係る無申告加算税の額は、その納付すべき税額に100分の5の割合を乗じて計算した金額に軽減されます。

　また、期限内申告書の提出がなかったことについて正当な理由がある場合には無申告加算税は課されません（通66①ただし書）。

5　不納付加算税（通67）

　「不納付加算税」は、源泉徴収等による国税がその法定納期限までに完納されなかった場合に課されます。そして、その割合は、納税の告知に係る税額又はその法定納期限後に納税告知を受けることなく納付された税額に、100分の10の割合を乗じて計算した金額とされています（通67①本文）。

　ただし、納税の告知又は納付に係る国税を法定納期限までに納付しなかったことについて正当な理由があると認められる場合には徴収されません（通67①ただし書）。

（減免）

　なお、源泉徴収等による国税が納税の告知を受けることなくその法定納期限後に納付された場合に、その納付が当該国税についての調査があったことにより納税の告知があるべきことを予知してされたものでないときは、不納

付加算税の額は、その納付された税額に100分の5の割合を乗じて計算した額に軽減されます（通67②）。

6　重加算税（通68）

「重加算税」は、次のいずれかの場合に課されます（注16）。

イ　過少申告加算税が課される場合に、納税者がその国税の課税標準等又は税額等の基礎となるべき事実の全部若しくは一部を隠蔽し又は仮装し、その隠蔽し又は仮装したところに基づき納税申告書を提出したとき……過少申告加算税に代えて、過少申告加算税の額の計算の基礎となる税額に100分の35の割合を乗じて計算した金額（通68①）。

ロ　無申告加算税が課される場合に、納税者が、その国税の課税標準等又は税額等の計算の基礎となるべき事実の全部若しくは一部を隠蔽し又は仮装し、その隠蔽し又は仮装したところに基づき法定申告期限までに納税申告書を提出せず又は法定申告期限後に納税申告書を提出したとき……無申告加算税に代えて、無申告加算税の額の計算の基礎となる税額に100分の40の割合を乗じて計算した金額（通68②）。

消費税以外の間接税においては、重加算税は課されません（通68④）が、消費税に係る隠蔽仮装には重加算税が課されます（同項かっこ書で消費税を除外）ので注意が必要です。

（源泉徴収による国税に係る重加算税）

不納付加算税が課される場合において、納税者が事実の全部若しくは一部を隠ぺいし又は仮装し、その隠ぺいし又は仮装したところに基づき、その国税を法定納期限までに納付しなかったときは、不納付加算税に代えて、不納付加算税の額の計算の基礎となる税額に100分の35の割合を乗じて計算した金額に相当する重加算税が徴収されます（通68③）。

（加重）

なお、この部分についても、平成28年の改正で、過去5年以内に重加算税を課されたことがあるときは、重加算税の割合（35%、40%）が10%加算さ

れることになっています（通68④）。

（まとめ）

　これまでにみてきた加算税制度についてまとめると次のようになっています。

加算税の概要

　加算税は、申告納税制度の定着と発展を図るため、申告義務が適正に履行されない場合に課されるもので、一種の行政制裁的な性格を有する。

名称	課税要件	課税割合 （増差本税に対する）	不適用・割合の軽減	
			要件	不適用・ 軽減割合
過少申告加算税 （注1〜3）	期限内申告について、修正申告・更正があった場合	10% ［期限内申告税額と50万円のいずれか多い金額を超える部分（※）］ 15%	・正当な理由がある場合 ・更正を予知しない修正申告の場合（注4）	不適用
無申告加算税 （注1・3・5・6）	①期限後申告・決定があった場合 ②期限後申告・決定について、修正申告・更正があった場合	15% ［50万円超300万円以下の部分］ 20% ［300万円超の部分］ 【令和5年度改正】 30%（注7）	・正当な理由がある場合 ・法定申告期限から1月以内にされた一定の期限後申告の場合	不適用
			・更正・決定を予知しない修正申告・期限後申告の場合（注4）	5%
不納付加算税	源泉徴収等による国税について、法定納期限後に納付・納税の告知があった場合	10%	・正当な理由がある場合 ・法定納期限から1月以内にされた一定の期限後の納付の場合	不適用
			納税の告知を予知しない法定納期限後の納付の場合	5%
重加算税 （注5・6・8）	仮装隠蔽があった場合	［過少申告加算税・不納付加算税に代えて］ 35% ［無申告加算税に代えて］ 40%	（※の例）　申告納税額250万円 修正申告により納付すべき税額　［50万円｝15% ［100万円｝10% 期限内申告100万円	

（注1）　国外財産調書・財産債務調書の提出がある場合には5％軽減（所得税・相続税）する。国外財産調書・財産債務調書の提出がない場合等には5％加算（所得税・相続税（財産債務調書については所得税））する。国外財産調書について、税務調査の際に国外財産の関連資料の不提出等があった場合には更に5％加算等する。（国外送金等調書法6①③、6の3①②）

（注2）　電子帳簿等保存法上の一定の要件を満たす電子帳簿（優良な電子帳簿）に記録された事項に関して生じる申告漏れ（重加算税対象がある場合を除く。）については、過少申告加算税を5％軽減する。（電子帳簿保存法8④）

（注3）　税務調査の際に行われる税務当局の質問検査権の行使に基づく帳簿の提示又は提出の要求に対し、帳簿の不提出等があった場合には、過少申告加算税又は無申告加算税を5％又は10％加算（所得税・法人税・消費税）する（令和6年1月1日以後適用）。（通65④、66⑤）

（注4）　調査通知以後、更正・決定予知前にされた修正申告に基づく過少申告加算税の割合は5％

（※部分は10％）、期限後申告等に基づく無申告加算税の割合は10％（50万円超300万円以下の部分は15％、300万円超の部分は25％【令和5年度改正】）とする。（通65①かっこ書②、66①かっこ書、②③かっこ書）

(注5)　過去5年内に、無申告加算税（更正・決定予知によるものに限る。）又は重加算税を課されたことがあるときは、10％加算する。（通66⑥一、68④一）

(注6)　前年度及び前々年度の国税について、無申告加算税（申告が、調査通知前に、かつ、更正予知する前にされたものであるときに課されたものを除く。）又は無申告重加算税を課される者が更なる無申告行為を行う場合には、10％加算する【令和5年度改正】。（通66⑥二、68④二）

(注7)　納税者の責めに帰すべき事由がないと認められる事実に基づく税額（例えば、相続税事案で、本人に帰責性がないと認められる事実に基づく税額（相続人が一定の確認をしたにもかかわらず、他の相続人の財産が事後的に発覚した場合において、その相続財産について課される税額））については、上記の300万円超の判定に当たっては除外される【令和5年度改正】。（通66③かっこ書）

(注8)　スキャナ保存が行われた国税関係書類に係る電磁的記録又は電子取引の取引情報に係る電磁的記録に記録された事項に関して生じる仮装隠蔽があった場合の申告漏れについては、重加算税を10％加算する。（電子帳簿保存法8⑤）

〔資料出所：国税庁資料、一部修正〕

7　過怠税

「過怠税」は、印紙税に特有の制度で、印紙税を納付しなかったことによる本税の追徴と、他の加算税と同様に、課税権の侵害又は侵害を誘発するおそれのある行為に対する制裁の性格を併せもつ負担として、故意過失を問わず印紙不ちょう付又は印紙不消印について課されます。

課税割合は印紙不貼付については、不貼付額又は不足額の3倍、印紙不消印にあっては、不消印印紙の額面相当額とされています（印20）（注17）。

(注17)　過怠税

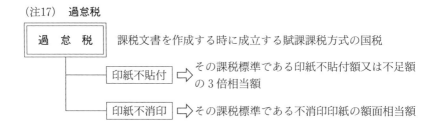

第4節　罰　　則

§1　概　　要

　納税義務の適正な履行を担保するため、税法では、「脱税」や賦課・徴収といった「税の執行を阻害する行為」があった場合には、それらの者に対し、罰則を科すこととしています。

　かつて（第2次大戦前）は、この種の罰則はなく、金銭等を追加的に賦課することでその適正な履行の担保としていました。

　しかし、戦後租税法の分野にも米国流の考え方が導入されたことから、現在ではほとんど全ての税目において罰則規定が設けられるに至っています。

　なお、脱税行為等があった場合又はあると認められる場合における強制調査（いわゆる犯則調査）のやり方については、刑事訴訟法の特例法という形で、国税犯則取締法が制定されましたが、ICT化の進展をふまえ、平成29年の改正で国税犯則調査手続等の見直しがなされています(注18)。

§2　罰則の内容（各税法で規定）

　各税法に規定されている罰則は、ほ脱（いわゆる脱税）行為に対するものと、税法の適正な執行を妨げる行為に対するものとに区分されます。

(注18)　同法は、もともとは明治時代に制定された間接国税の取締りに関する法律でしたが、米国の例にならい、現在のようなものに改められました。
　　　ちなみに、国税犯則取締法に基づく犯則事件の調査は、検察庁への「告発」を目的として行われる強制調査です。そのため、その担当者は査察官に限定され、調査の際には裁判所の許可を得た「令状」が必要とされています。
　　　また、平成29年度の税制改正で、電磁的記録の証拠収集手続の整備等を行い、国税犯則取締法は国税通則法に編入され廃止されることとなりました。

1　ほ脱犯（脱税犯）に対する罰則

　納税者（源泉徴収義務者を含みます。）が偽りその他不正の行為により租税を免れ又は不正還付を受けた場合には、ほ脱犯（脱税犯）として罰金刑又は懲役刑に処せられます（所238①、239①、法159①、相68①、消64①、その他間接税にも同旨の規定あり。）（注19、20）。

　また、源泉徴収義務者が、故意に徴収した税金を納付しない場合や滞納処分の執行を免れる目的で財産の隠ぺい・損壊等をした場合にも、同様の刑に処せられることとされています（前者については、所240①、242、243、地71の16、86①ほか、後者については、徴187①）。

　なお、滞納処分を免れる目的で行われるいわゆる滞納処分免脱犯については、近年いくつかの適用例も出てきています。

2　租税法の適正な執行を妨げる行為をした者（秩序犯）に対する罰則

　租税犯として処罰の対象になるのは、脱税犯のみに限りません。

　例えば、正当な理由がないにもかかわらず、故意に申告書を提出しないいわゆる単純無申告犯（所241、法160、相69、消66）とか、源泉徴収義務者が源泉徴収をしないようないわゆる不徴収犯（所242三）、さらには、税務職員の

（注19）　ここでいう租税を免れる行為には、故意の申告書不提出によるほ脱や消費税の不正還付未遂行為も含まれます。なお、これらの罰則適用にあたっては、ほ脱金額や内容の悪質性等により差が設けられていますが、「犯情の類似した犯人間の処理に差異があっても、憲法14条に違反しない。」とされています。（最高裁（一小）：昭和40年10月28日判決、事例番号不明、税務訴訟資料49号1204頁）

（注20）　また、平成22年度の税制改正で、罰金刑及び懲役刑の上限が従来の2倍に引き上げられたほか、故意の申告書不提出によるほ脱犯（所238③④、法159③④、相68③④、消64④⑤ほか）と消費税の不正還付未遂罪（消64②）も創設されるなど、適正な申告、納付を実現するための規定が充実、強化されています。

質問に答弁をしなかったり偽りの答弁をした者（いわゆる検査拒否犯）に対しても罰則が適用されます（通126、所242八、九、法162二、三、相70、消68ほか）（注21）。

　これらの者は、ほ脱犯と区別する意味で租税危害犯又は租税秩序犯と称されています。

3　両罰規定

　ほ脱犯が法人の役員や従業員等である場合には、当該個人だけでなく法人に対しても罰則が適用されることがあります。

（注21）　なお、平成24年の税制改正で新たに導入された国外財産調書制度においても、故意の不提出、偽りの記載による提出等に対し、罰則が適用されることとなっています。

第11章　租税の徴収（租税債権の徴収）

第1節　納　付

　納税義務は、税目によっては成立と同時にその額が確定するものもありますが、一般的には納税義務の成立後、申告・更正などの行為によって確定します。確定した納税額は、納付・充当・免除・時効の完成などによって消滅します。

　国税の納付があった場合は、納付された金額の範囲で納税義務が消滅します。この納付は、本来の納税者によって行われるのを原則としますが、連帯保証人による納付や第二次納税義務者（徴33～41）、国税の保証人（通50⑥）及び第三者（通41）による場合もあります。その消滅の時期は、国税の収納機関に納付された時です(注1)。

　また、国税が自主的に納付されないときは、滞納処分により強制徴収されます。したがって、滞納処分による差押財産の換価代金又は交付要求による受入金などを未納国税に充当した場合は、その充当した金額の範囲内で納税義務が消滅します。

　なお、国税の納税義務は、前述した5年の消滅時効の完成により時効の援用を要することなく自動的に消滅します（通72）。

(注1)　国税の収納機関には、国税収納官吏及び日本銀行（国税の収納を行う代理店を含みます。）があります。

§1　納付の方法

　国税の納付は、納付を命ずる納税の告知を待って納付するものと、納税の告知を待たずに自主納付するものとがあります。現在の主要税目である所得税や法人税、相続税、消費税などにおいては申告納税方式が採用されています。申告納税方式の国税及び自動確定の国税は、原則として自主納付しなければなりません（注2）。

§2　納期限（通35）

　納期限とは、納付すべき税額の確定した国税を実際に納付すべき期限です。この期限は納税者に与えられた権利であり、原則として期限の利益を奪うことは許されません。反面、その期限までに納付しなければ、督促から滞納処分へと強制徴収手続が進められます。

　一般的な納付方法である期限内申告に伴う税額については、国税に関する法律に定める法定納期限までに、納税者が納付書により自主納付しなければなりません（通35①）。

　また、期限後申告又は修正申告に伴う税額は、期限後申告書又は修正申告書を提出した日を納期限として、納税者が納付書により自主納付しなければなりません（通35②一）（注3）。

§3　納付手段（通34）

　租税の納付は、原則として金銭によることとされていますが、金銭に代え

（注2）　それに対し、加算税や延滞税のような賦課課税方式の国税については、納税の告知を待って納付することとされています（通65ほか）。

（注3）　ただし、所得税、相続税又は贈与税について延納が認められた場合には、その延納の納期限までに納付すればよいとされています（所131、相38①、③）。

て小切手などの有価証券で納付することも認められています（通34①）。

　また、税目によっては、印紙による納付が認められていることもあります（通34①）。さらに、相続税については、延納によっても金銭で納付することができない場合に、税務署長の許可を条件に相続した財産で納付する（いわゆる物納）することも認められています（相41）。

　なお、平成16年からは、インターネットバンキング等を利用した電子納付の方法も認められるようになりました（通34①ただし書、国税関係法令に係る行政手続等における情報通信の技術の利用に関する省令7①）。

　さらに、平成20年からは国税庁長官が指定した納付受託者に国税の納付を委託することができるようになっています（通34の3）。

§4　納付場所

　納税者が国税を納付する場所は、日本銀行の本店、支店、代理店及び歳入代理店、国税収納官吏（国税の収納を行う税務職員）です（通34①）（注4）。

（注4）　日本銀行の歳入代理店とは、日本銀行との要認契約により国税の受入れを取り扱う郵便局、市中銀行、信用金庫などです。

第2節　源泉徴収

§1　制度の概要

　租税の徴収方法としては、納税義務者自身から納付させる方法と、納税義務者以外の第三者に租税を徴収させ、これを国又は地方団体に納付させる方法とがあります。後者が徴収納付と呼ばれている方法です。そして、これらの義務を履行する者は、徴収納付義務者として、納税者から租税を徴収する義務を負うとともに、徴収した租税を国又は地方団体に納付する義務を負っています（所181以下など）。

　源泉徴収義務者は、本来の納税義務者ではありませんが、税法上では、一般に納税義務者と同じように納付義務が定められています（例えば、通2五、15①）。

　ちなみに、国税通則法では、徴収納付の方法で徴収される国税を源泉徴収による国税と称しています。

§2　源泉徴収制度の長所と短所

　源泉徴収制度には次のような長所と短所があるとされています。

1　長　　所

　①　徴税上の手数が簡素化されて徴税費が少なくて済む。
　②　所得税の徴収が確実になされ、かつ、一年を通じて平準化される。
　③　天引徴収、分割納付により、納税義務者の納付の苦痛が少ない。

2　短　　所

　①　個々の所得が対象なので、総合課税ができない。

② 　給与及び退職所得以外については、累進課税を適用せず、比例税率と
　　しているので、応能負担の原則を十分に貫けない。

③ 　所得税の特質ともいうべき、本来の個人的事情を十分勘案することが
　　できない。

④ 　10種類の所得のうち、技術上適用不可能のものがある。

§3　源泉徴収義務者（所6）

　また、このような義務を負う者を、源泉徴収義務者といいます。源泉徴収
義務者は、「給与・報酬・料金などの支払をする者」です。そして、これら
の者には、個人だけでなく法人も含まれます。

§4　源泉徴収の対象となる所得等（所174及び181以下、212、213ほか）

　源泉徴収の対象となる所得及びその税率は、受給者が個人の居住者である
か非居住者であるか、又は内国法人であるか外国法人であるかによって異な
っています（注5）が、利子、配当等については受取人が誰であるかにかかわ
らず、原則として全て源泉徴収の対象とされています（所174）。

§5　納　付（所181）

　源泉徴収義務者は、受給者に給料などを支払う際に天引きした税金につい
ては、毎翌月10日までにこれを国に納付しなければならないこととされてい
ます（所181ほか）。（注6）

　具体的には、次のようなイメージです。

【第11－1図】源泉徴収の納付に関するイメージ図

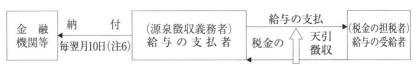

　なお、源泉徴収義務者が所定の期限（法定納期限）までに納付しない場合には、税務署長は源泉徴収義務者に対し、納期限を指定して納税の告知を行うこととされています（通36）（注7）。

（注5）　ちなみに、源泉徴収の対象とされる所得のうち主なもの及びそれらに適用される源泉徴収税率は次のようになっています。
　　　　なお、源泉徴収においても、平成25年以降復興特別税として所得税額の2.1％相当分が、上乗せとなります。
　　　【参考】源泉徴収のタイプ（主要なもののみ掲記）―所181以下
　　　イ．対居住者
　　　　利子等……15％
　　　　配当等……15％又は20％
　　　　給与・退職手当……源泉徴収税額表による（ただし、退職手当にあっては
　　　　　　　　　　　　　退職所得控除後の2分の1に対して税率を適用）
　　　　公的年金等……一定額を控除後5％又は10％
　　　　報酬、料金等……10〜20％
　　　　年金保険契約等に基づく年金……掛金相当額控除後10％
　　　　特定の匿名組合契約に基づく利益の分配金……20％
　　　ロ．対内国法人
　　　　利子等……15％
　　　　配当等……15％又は20％
　　　ハ．対非居住者、外国法人
　　　　国内源泉所得（ただし、1号所得を除きます。）……原則として20％（※）
　　　　※　ただし、土地等の譲渡対価は10％、利子等及び定期積金の給付補てん金については15％、となっています。なお、租税条約により軽減税率が適用されることがあります。
（注6）　ただし、特定のものについては、納期の特例も認められています（所216）。
（注7）　納税の告知には、原則として納付すべき税額、納期限および納付場所等が記載されています（通36②）。納期限は、告知書が発出された日の翌日から1月を経過した日です。
　　　　なお、この告知は、納税義務の消滅時効の中断事項とされています（通73①）。

第3節　租税の徴収

　租税債権が成立・確定したとしても、それが国又は地方団体のふところに実際に入ってこなければ意味がありません。このようなことから、税法では税額が確定した国税の納付を求め、その収納を図る手続についても措置しています。

　納付の請求には、「納税の告知」、「督促」及び「繰上請求」があります。このうち、「納税の告知」とは、申告納税方式以外の国税に関して行われるものであり、国税の納付を命ずる行為としての意義を有します（通36）。また、「督促」は、国税が納期限内に納付されないときに行われるものです（通37）。「督促」がなされると、差押えの前提要件としての効果と徴収権の消滅時効中断の効果とが生じます（通4、73①四）。

§1　徴収の繰上げ（通38）

　申告などによって税額が確定した納税義務は、納期限までに履行するのが原則です。納期限が納税者の利益のために設けられている制度であることから、当然のことです（民136参照）。

　しかし、納期限まで待っていては国税の収納ができなくなると認められる場合も生じてきます。このような場合に認められている制度が「繰上請求」です（通38）（注8）。

（注8）　繰上請求は、さらに狭義の繰上請求と繰上保全差押とに分けられます。このうち、繰上保全差押とは、納税義務の成立後、法定申告期限前に確定見込税額のうち徴収を確保すべき金額などについて直ちに差押処分できる権限を税務署長に与えたものです（通38③④）。

§2　納税の緩和（通11、46）

　納期限までに納付することが困難な場合には、一定の要件に基づき徴収手続を緩和する措置が採られています。これが、納税緩和制度です。納税緩和制度には、納期限の延長（注9）、延納、納税の猶予、換価の猶予、滞納処分の停止などがあります（注10）。

§3　滞納処分（通37、徴47以下）

1　滞納処分の概要

　国税債権の適正な徴収は、適正・公平な課税を実現するために不可欠の手段です。そのため、税法では、この分野についても種々の規定を置いています。

　納期限までに納付されない国税は、いわゆる滞納国税と呼ばれ、原則として「督促」が行われます（通37）。「督促」の本質は納税の催告であり、法律によって差押えの前提要件とされるなどの効果が付与されています。「督促」をしてもなお納税されない場合には、いわゆる「滞納処分」が開始されるこ

（注9）　このうち、納期限の延長には、災害その他やむを得ない理由に基づく（原則として災害が止んだときから2か月以内）納期限の延長（通11）と個別税法に基づき担保提供などを条件として認められる納期限の延長（酒30の6ほか）とがあります。

（注10）　なお、米国などでは、いったん成立した租税債権について納税者との和解（Compromise）により減額するという制度が認められています（内国歳入法第7122号）が、わが国ではそのような制度は設けられていません。

　　　　ちなみに、その点が争われた事案として次のようなものがあります。

　　　　東京地裁、昭和45年11月30日判決、昭和43年（行ウ）38号の1、『判例タイムズ』259号283頁

　　　　「いったん成立した租税債権の一部または全部を免除するには、すべて法律の根拠に基づくことを要し、租税債権の確定ないし租税債務の履行の段階において、税務官庁と納税者との契約等により租税債務を免除するがごときは許されない。」

【第11−2図】 徴収手続の流れ

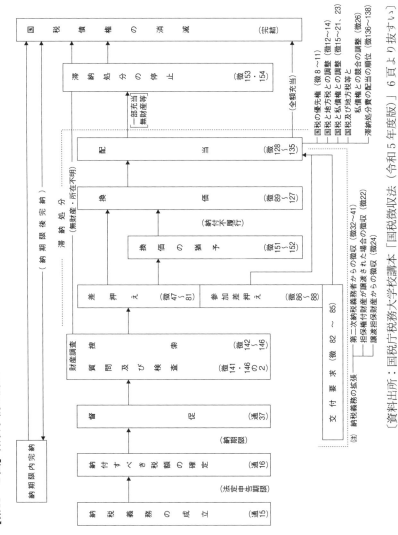

〔資料出所：国税庁税務大学校講本「国税徴収法（令和5年度版）」6頁より抜すい〕

とになります。

　「滞納処分」には、課税庁自らが先頭に立って行う「差押え」（徴47〜81）、「換価」（徴57、67、89、94、109、110など）、「配当」（徴129）と第三者が差し押えた財産の処分に際し分配を求める「交付要求」（徴82）と自らも差押えに参加する「参加差押え」（徴86、87）とがあります。

　なお、滞納処分の緩和措置として「換価の猶予」（徴151、152）という制度も設けられています。

2　国税の徴収に関する法律（国税徴収法）

　国税の履行・徴収について規定した法律には、国税徴収法と国税通則法があります。また、その他にも、数多くの法律（会社更生法、破産法、いわゆる「調整法」など）のなかに、国の租税債権との調整規定が置かれています。

　国税徴収法に定められている事項は、①国税債権の確保、②納税者の保護、③第三者の権利保護の3つが大きな柱になっています（徴1参照）。

(1)　国税債権の確保

　国税債権の確保に役立てるため、①他のすべての公課その他に先立って徴収することが認められている国税の優先権（徴8）、②本来の納税者だけでなく他の者（いわゆる第二次納税義務者）の財産からの徴収が認められる納税義務の拡張（徴32〜41）、③保全担保その他の徴収強化の措置、④質問・検査その他の滞納処分に関する権限等が認められています。

①　国税の優先権

　国税については、原則として、他のすべての公課その他の債権に先立って徴収することが認められています（徴8）。この優先権については、私法秩序との調整の観点から、特定の担保権（抵当権など）は国税に優先すること、第三者の権利のある財産の差押えはできるだけ避けること、などの措置がとられています。

②　自力執行権の付与

　自力執行権とは、債務不履行があった場合に、債権者自らが、強制手段によって履行があったのと同一の結果を実現させる権限です。私法上においては、債権者の自力執行が禁止されていますが、国税の場合、その重要性及び特殊性に加えて、国税の徴収が大量性、反復性を有し、かつ、その徴収のために煩雑な手続を要求することが困難であることを考慮し、徴収職員に自力執行権が与えられています。

③　納税義務の拡張（いわゆる第二次納税義務など）

　国税は、本来の納税者の財産から徴収するのが原則です。しかし、その対象を拡張し、他の者を納税者としてその財産から国税を徴収することが認められています。いわゆる第二次納税義務制度（徴32〜41）がそれにあたります。

⑵　納税者の保護

　国税の徴収には、国税債権の確保だけでなく、納税者の生活や事業を保護する必要性もあります。

　このようなことから、国税徴収法では次のような規定が設けられています。

　ⅰ　納税の緩和制度（換価の猶予など）（徴151、151の２）

　ⅱ　滞納処分の停止（徴153）

　ⅲ　超過差押え及び無益な差押えの禁止等（徴48、75〜78）

⑶　第三者の権利保護

　国税の徴収に当たっては、善意の第三者の権利の保護も必要となってきます。そのため国税徴収法では、次のような規定が設けられています。

　ⅰ　差押え財産の選択に当たっての第三者の権利の尊重（徴49）

　ⅱ　第三者の権利の目的となっている財産が差し押さえられた場合における第三者からの差押換えの請求（徴50）、交付要求の制限（徴83）、参加

差押えの制限・解除の請求等（徴85、88①等）

§4　徴収面における納税者の保護（徴151〜153、通64、105）

(1)　一般原則

　国税の徴収確保のためには種々の措置が必要な反面、納税者の生活や事業に対する配慮も必要です。そのため、徴収の緩和の制度（徴151〜153）、第三者の権利保護（徴50以下）（注11）、超過差押えの禁止（徴48）その他数多くの規定が設けられています。

イ　**換価の猶予**……差押財産の換価処分を猶予するもので、納税者の事業の継続・生活の維持などの観点から、税務署長（又は国税局長）の職権によって行われます（徴151）。

ロ　**滞納処分の停止**……滞納処分を執行することによって納税者の生活を著しく窮迫するおそれがあるなどの理由がある場合に税務署長の職権により滞納処分の執行を停止するもので、その執行の停止が3年間継続したときは、国税の納税義務が消滅します（徴153）。

ハ　**その他**……その他に、①更正の請求・不服申立てなどがあった場合に、その処理がされるまでの間の暫定的な措置としてされる徴収の猶予（通23⑤、105、所118、相40①など）、②不服申立てに伴う滞納処分の続行の停止と差押えの猶予（通105）、③農地などについての相続税の納税猶予（措70の6①）などがあります。

（滞納処分に当たっての諸措置）

　滞納処分の執行については、納税者の権利保護のために、全体的に慎

（注11）　第三者の権利保護に関する措置として、①担保権者保護のためにする国税の優先権の制限（徴9以下）、②不服申立ての制度、③滞納処分に当たっての第三者の権利尊重の諸制度（徴50以下）が設けられています。

重な手続が定められています。例えば、①超過差押え及び無益な差押えの禁止（徴48）、②差押禁止財産の制度（徴75～78）、③差押財産の使用・収益の容認（徴61①、69①、70⑤、71⑥）、④実質的な意味での差押換の請求（徴79②二）などがあります。その他、差押えの制限（徴159④など）や換価の制限（徴90、32④など）の規定も多数あり、また延滞税及び利子税の免除規定（通64③）も、納税者の保護の措置といえるでしょう。

(2) 私法秩序の尊重

国税債権の確保と私法秩序の尊重との調和を図るため、国税の優先権の制限及び滞納処分に当たって第三者の権利を保護するための措置が採られています。

① 国税の優先権の制限

国税による差押えや交付要求と民法等の私法上の担保物件が同じ財産上で競合した場合、徴収法では、例えば、差押えに係る国税の法定納期限等以前に質権が設定されているときは、質権により担保される債権は国税に優先して配当を受けることができるとすることとされています（徴15～24）。

② 第三者の権利の保護

第三者の権利の保護に関する規定として、徴収法ではイ.差押財産の選択に当たっての第三者の権利の尊重（徴49）、ロ.第三者の権利の目的となっている財産が差し押さえられた場合のその第三者からの差押換えの請求（徴50）、ハ.交付要求又は参加差押えの解除の請求（徴85、88①）などの規定が設けられています。

(3) 納税者の保護

国税徴収法には、国税債権の確保という本来の目的がありますが、納税者の生活や事業について保護を要する場合もあるため、①納税の緩和制度換価

の猶予（徴151、151の2）、②超過差押え及び無益な差押えの禁止などの規定
が設けられています。

① 納税の緩和制度

　国税が納期限までに納付されない場合に滞納者の実情に応じて、国税の
納付又は徴収を緩和する次のような制度が設けられています。

ⅰ　換価の猶予（徴151、151の2）

ⅱ　滞納処分の停止（徴153）

　㊟　納税の緩和制度としては、上記のほかに、国税通則法等においても、納
　　税の猶予（通46）や徴収の猶予（通105②、所118等）等の制度が定められ
　　ている。

② 超過差押え及び無益な差押えの禁止等

　納税者の保護を図るため、イ．超過差押え及び無益な差押えの禁止（徴
48）や、ロ．差押禁止財産（徴75〜78）の規定が設けられています。

税の執行

第12章　税務行政組織

　租税制度の調査・企画・立案を担当する部局は、財務省の主税局です。そして、国会で制定された税法を実際に国民に適用するのは、国税庁です。国税庁は、第二次世界大戦後の税務行政の混乱状態に対処するため、急速に機構が拡大した大蔵省（当時）主税局から税務執行部局を分離し、内国税（国税のうち関税、とん税及び特別とん税を除いたもの）（注1）の賦課徴収を担当する執行機関として、昭和24年、シャウプ勧告に基づき当時の大蔵省（現在の財務省）の一部、すなわち大蔵省の外局として設置されました。

　国税庁には、国税庁本庁のほか、地方支分部局として全国に11の国税局、沖縄国税事務所及び524の税務署が設置されています。

　国税庁の定員は、多いときには6万人をこえていました（昭和25年の6.2万人がピーク）が、最近では5.6万人台で推移しています。

　また、税務行政において納税者と最も関係の深い税務調査手続については、長い間慣例的に行われてきた①事前通知、②調査終了時の手続、③納税者等から提出された書類の扱い等について、調査手続の透明性と納税者の予測可能性を高める見地から、平成23年度の税制改正で法制化（国税通則法）がなされています（注2）。

（注1）　関税、とん税及び特別とん税に関する制度の調査・企画・立案機関として財務省の関税局が、その賦課徴収を担当する機関として税関が設けられています。
（注2）　それに伴い、それまで各税法で規定されていた質問検査権の行使についても国税通則法第7章の2でまとめて規定されています。

第1節　国税庁の組織の概要

　国税庁の組織としては、中央（東京）に国税庁本庁を置き、地方に11の国税局及び沖縄国税事務所並びに524の税務署を設置するという形で構成されています。

　また、国税庁の施設等の機関として、職員の研修を行う税務大学校が設置されています。さらに、特別の機関として、納税者の権利救済を目的とした国税不服審判所と従前の審査会等を統合した国税審議会が設置されています。

　ちなみに、国税庁の組織を図にすると、次のようになります。

【第12－1図】国税庁組織図

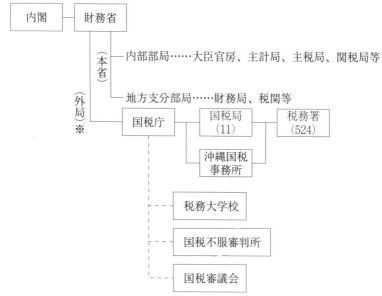

　※　外局とは、内閣の統轄する府省の内部部局の外にあって府・省に直属し、特殊事項を所管する機関をいいます。

〔資料出所：国税庁ホームページ〕

　なお、米国などでは租税の徴収と社会保険料の徴収を内国歳入庁（Internal Revenue Service）が担当しています。

　わが国でも社会保険の徴収を担当していた社会保険庁が廃止されたことから、米国型の制度の導入についての検討が開始されたことがありましたが、現在までのところ実現までには至っていません（注3）。

（注3）　ちなみに、平成22年度の税制改正大綱では次のような方向性が示されていました。
　　　第3章　各主要課題の改革の方向性
　　⑷　歳入庁の設置
　　　年金制度改革と並行して、年金の保険料の徴収を担っている日本年金機構（2010年1月に社会保険庁より改組）を廃止し、その機能を国税庁に統合、歳入庁を設置する方向で検討を進めます。
　　　歳入庁は税と社会保険料の賦課徴収を一元的に行います。行政の効率化が進み、行政コストも大幅に削減できます。国民にとっても、税は税務署、保険料は社会保険事務所など別々の場所に納付する手間が省けます。
　　　歳入庁は、国税と国が管掌する社会保険料の徴収を行うこととなりますが、国税と徴収対象や賦課基準が類似の税について自治体が希望する場合、地方税等の徴収事務を受託することも検討します。

第2節　国税庁（本庁）

　国税庁（本庁）は、税務行政の執行に関する企画、立案などを行い、これを国税局（沖縄国税事務所を含みます。）に通達し、国税局と税務署の事務を指導監督する行政機関です。また、中央官庁であることから、税務の執行に関して、国会、各省庁その他の機関と折衝・合議するなどといった仕事も担当しています。

§1　内部部局

　国税庁（本庁）は、長官官房と課税部、徴収部、調査査察部の3部で構成されています。

1　長官官房

　長官官房は、各部や施設等機関、特別の機関などの事務に関する総合調整の役割を果たしています。長官官房には、総務課、人事課、会計課、企画課及び国際業務課などが置かれています。

　このうち総務課は、国税庁の所管行政に係る総合調整、機構・定員要求に関する事務を担当しています。また、人事課は、職員の任免、研修、給与などに関する事務を担当しています。会計課は、国税庁全体の経費の予算・決算及び会計監査並びに国税庁全体の営繕に関する事務を、国際業務課は、国際的に処理を要する事項の総合調整、国際協力、海外との連絡に関する事務を行っています。

　また、国税審議官2人が置かれており、うち一人は国際課税関係事務を、もう一人は酒類行政・酒税関係事務及び企画関係事務を担当しています。

2　課税部

　課税部には、課税総括課、個人課税課、資産課税課、法人課税課、酒税課などが置かれています。

　このうち、課税総括課は課税部全体にまたがる事務について所掌しています。個人課税課、資産課税課、法人課税課の各課は、直接税の各税及び消費税の調査事務などについて、局・署の指導監督を行うほか、税法などの執行に関する訓令・通達などの企画・立案を行っています。

　また、酒税課と課税総括課消費税室は、酒税及び間接諸税（揮発油税、たばこ税など）の調査事務などについて、局・署の指導監督を行うほか、税法などの執行に関する訓令・通達などの企画・立案や不服申立事務を行っています。

3　徴収部

　徴収部には管理運営課と徴収課が置かれています。このうち、管理運営課は、国税債権の管理に関する事務について、局・署の指導監督を行うほか、税法などの執行に関する訓令・通達などの企画・立案を行っています。また、徴収課は、国税の徴収に関する訓令・通達などの企画、立案事務と徴収に関する不服申立て及び訴訟事務を行っています。

4　調査査察部

　調査査察部には調査課と査察課が置かれています。

　このうち調査課は、国税局が行う大規模法人（原則として資本金１億円以上の法人）の調査事務の指導に当たるほか、自ら大規模法人の調査を行うことができることとされています。

　また、査察課は、国税局が行う大口脱税者の査察調査（国税犯則取締法に基づく強制調査）事務の指導監督を行うほか、自ら大口脱税者の査察調査、

嫌疑者の告発などを行うことができることとされています。

§2　特別の機関等

1　税務大学校

　税務大学校は、税務職員に対して職務の遂行に必要な知識技能及びその応用能力を授けるとともに、公務員としての人格識見を高めることにより税務行政の質的向上に資することを目的として設置されている税務職員の教育機関です(注4)。

　この組織では、現在海外の税務職員の研修も行われています。

2　国税不服審判所

　特別の機関として、国税不服審判所があります。国税不服審判所は、国税に関する法律に基づく処分についての審査請求に対する裁決を行う権利救済機関であり、各国税局と沖縄国税事務所単位に「支部」が置かれています。

　国税不服審判所は、納税者の権利の救済をより適切に行うため、昭和45年5月に設置されたものです。その機構は、所長の下に次長、国税審判官、国税副審判官、国税審査官及び管理室から成っています。これらのうち、国税審判官及び国税副審判官は、審査請求事案の調査及び審理に当たっています。

　なお、個別案件の審理については、原則として各支部段階で行われています。

（注4）　ちなみに、本書で引用している国税庁資料には、税務大学校で用いられている職員研修用テキストからのものもいくつか含まれています。

第3節　国　税　局

　国税局は、国税庁の地方支分部局であり、全国に11ヶ所設けられています。このほか、沖縄には国税事務所が置かれています。国税局及び沖縄国税事務所は、国税庁の指導監督を受け、税務署の賦課徴収事務について指導監督を行うとともに、自らも一定の賦課徴収事務を行う行政官庁です。国税局の管轄区域は、複数（北海道、沖縄にあっては単数）の都道府県単位で構成されています。

　国税局は、原則として総務部、課税部、徴収部及び調査査察部の4部に分かれています。

（総務部）

　総務部では、一般行政に共通して必要な事務を行い、総務、人事（一・二）、会計、企画、厚生、事務管理の各課、税務相談室及び国税広報広聴室などが置かれています。

（課税部）

　課税部は、課税総括課、個人課税課、資産課税課、法人課税課、消費税課、資料調査課、酒税課、国税訟務官（室）、鑑定官室、資産評価官及び統括国税調査官などが置かれています。

　なお、国税局によっては、課税第一部と第二部に分かれています。その場合、課税第一部には課税総括課、個人課税課、資産課税課、資料調査課、資産評価官、統括国税実査官と国税訟務官室などが、課税第二部には、法人課税課、消費税課、酒税課、鑑定官室などが置かれています。

（徴収部）

　徴収部には、管理運営課と徴収課の2課及び統括国税徴収官などが置かれています。

（調査査察部）

　調査査察部は、大規模法人の調査担当と大口脱税者の査察担当に分かれ、調査担当では、原則として資本金1億円以上の法人、外国法人の法人税の調査を行い、査察担当では、内国税の大口脱税者の査察、嫌疑者の告発などを行っています。

　なお、国税局によっては調査部と査察部に分かれているところもあります（注5）。

（注5）　さらに東京国税局においては、調査部が一部〜四部に、大阪国税局においては一部と二部に分けて置かれています。

第4節　税　務　署

　税務署は、国税庁や国税局の指導監督の下に、国税の賦課徴収を担当する第一線の執行機関であって、納税者と最も密接なつながりを持つ行政機関です。

§1　配置状況
　税務署は、全国の主要な地に524署置かれており、11の国税局又は沖縄国税事務所のいずれかに所属しています。
　各税務署の管轄区域は、原則として行政区域に従っていくつかの市や郡、または町村を管轄区域としています。ただし、規模の大きな都市にあっては、一つの都市に複数の税務署が置かれています。

§2　税務署の機構
　納税者に出される文書は、原則として税務署長名でなされます。税務署では署長及びその代理をする副署長の下で次のような事務を行っています。税務署の事務は、内部事務（総務及び納税者サービスと債権管理）と外部事務（徴収、所得税・個人消費税、資産税、資料、法人税・法人消費税・源泉所得税・間接諸税（印紙税、揮発油税など）及び酒税の事務）に分けられ、課または部門のいずれかの組織で運営されています。
　なお、税務署の機構は職員数の多寡によっていくつかの形態に分かれていますが、基本的に、机上で事務処理を行う、いわゆる内部事務と調査等を行う外部事務で構成されています。

第5節　税理士制度

　税理士は、税務に関する専門家として、納税者の税に関する諸行為を代理し、また税務に関する書類の作成及び相談に応じることとされています（税理士法2）。そして、税理士及び税理士法人以外の者は、原則として、税理士業務を行うことはできません。このように、税理士は税務行政上重要な役割を果たすことが期待されています。そのために、税理士には公正な立場からその職務を果たすことが求められています（同法1）。

§1　沿　革

　税理士又はこれに類似する制度がいつ頃から始まったのかについては、はっきりとした記録は残されていません。しかし、明治29年（1896年）の営業税制定時に、大阪地方において税務官吏であった者や会計の素養がある者などが納税者に対して税務相談を行ったことがその起源ではないかといわれています。

　その後、税務相談などを依頼する者の増加に伴い、新たな職業としての税務代理業が成立していったようです(注6)。

　しかし、このような税務代理業者の増加に伴い、なかには納税者の依頼に十分応えられない者もでてきました。そのため、明治45年（1912年）大阪府が「大阪税務代弁者取締規則」を制定しました。これが記録に残された税理士業務に関する最初の規則です。

（注6）　日本税理士会連合会編「税理士法逐条解説(新訂版)」1頁
　　　　ちなみに、米国では、2012年まで、有料で他人のために申告書を作成すること及び税務代理について特段の制限は設けられていませんでした。

　その後、昭和2年に「計理士法」が制定され試験制度が導入されました。

　そして、昭和17年（1942年）、戦時下における税務職員数の不足を補いあわせて税務行政の適正な運営を図る見地から、「税務代理士法」が制定されました。これが、現行の税理士制度の基本となった制度です。

§2　現行制度

　現行の税理士制度は、税務代理士制度を基本としつつ、シャウプ勧告なども踏まえて昭和26年（1951年）に「税理士法」として制定されたものです。

　当時の制度は、大略次のようなものでした。ちなみに、現在もその骨格部分は維持されています。

　・税理士の職責と業務の範囲
　・税理士となる者の資格、試験及び登録
　・税理士の権利及び義務と税理士に対する懲戒処分
　・税理士の所属する団体

§3　税理士の役割

　税理士の果たすべき役割について、税理士法では次のように規定しています（税理士法1）。

　「税理士は、税務に関する専門家として、独立した公正な立場において、申告納税制度の理念にそって、納税義務者の信頼にこたえ、租税に関する法令に規定された納税義務の適正な実現を図ることを使命とする。」

　また、税理士法では、税理士が社会的・公共的性格を有するものであることから、それらの業務を税理士のみが営める独占的業務として規定し、税理士に対して職業上の特権を与えるとともに、これに伴う各種の義務についても規定しています。

（税理士資格）

　税理士となる資格を有する者は、税理士試験に合格した者のほか、税理士法に定める一定の要件に該当する者として、税理士試験を免除された者、弁護士（弁護士となる資格を有する者を含みます。）及び公認会計士（公認会計士となる資格を有する者を含みます。）も含まれています。

　税理士でない者は、税理士業務を行うことはできず、これに違反すると罰則が適用されます（同法52）。税理士の数は、令和4年(2022年)2月現在で約8.0万人です(注7)。

　なお、国税庁内に設けられている国税審査会には、租税に関する学識経験者から成る税理士分科会が置かれており、税理士試験の実施及び税理士に対する懲戒処分の審議を行っています。

§4　税理士法改正

　平成13年の税理士法改正により、税理士が法廷に出廷し、代理人である弁護士の補佐人として意見陳述を行うことができる補佐人制度が創設されました。また、それまで個人にしか認められていなかった税理士が、法人（税理士法人）としても活動することが認められるようになりました。

　次に、平成26年度の税制改正では、税理士の「業務」「資格取得」のあり方のほか、税理士の資質の向上など国民・納税者の税理士に対する信頼と納税者利便の向上を図る観点から所要の改正が、さらに、令和4年度の改正で受験資格の緩和等の措置が講じられています（注8）。

(注7)　税理士は登録を受けた時に税務署の所在地を含む区域に設立されている税理士会（全国に15税理士会）の会員となります。なお、ここでいう税理士の数には、通知税理士及び国税局長の許可を受けて税理士業務を行っている者も含まれます。

第6節　青色申告

§1　青色申告とは

「青色申告」とは、青色の申告書を用いて申告ができるという制度です（注9）。

青色申告をすることができる納税者は、所得税（事業所得者、不動産所得者、山林所得者に限られています（所143）。）及び法人税の納税者です（法121①）。

§2　青色申告の要件

青色申告書を提出するためには次の二つの要件を満たしていなければならないこととされています。

1　個人の場合

①　税務署長へ、その年の3月15日までに青色申告の承認申請書を提出して、あらかじめ承認を受けること（所144）。

②　一定の帳簿書類を備え付けて、これに事業所得等の金額に係る取引を記録し、かつ、これを保存すること（所148）。

（注8）　それに伴い、税務代理権限証書を提出している税理士については、税務調査における事前通知等について納税者に代わって通知を受けることができることとされました。

（注9）　この制度は、昭和25年のシャウプ勧告に基づき所得税及び法人税の分野に導入された制度ですが、現在では、青色申告制度は納税者の間に定着し、これを利用している者は個人で約750万人、法人で約290万社に達するなど税務執行において極めて重要な働きをしています。

2　法人の場合

① 　法定の帳簿書類を備え付けて（注10）取引を記録し、かつ、保存すること（法126①）。

② 　適用を受けようとする事業年度開始の日の前日までに税務署長に「青色申告の承認申請書」を提出してあらかじめ承認を受けること（法122）。

3　青色申告の特典（注11）

⑴　個　人

　青色申告によっている個人納税者には、青色申告特別控除に加え、専従者給与の全額必要経費算入（所57）、純損失の繰越控除（所70）、繰戻し還付（所140、141）など種々の特典が与えられています。

⑵　法　人

　また、青色申告によっている法人には、欠損金の10年間繰越控除（法57）、推計による更正の禁止（法131）、特別償却（措42の５〜52の３）、各種準備金の積立額の損金算入（措55〜57の９、58、61の２）中小企業者等に係る少額減価償却資産の取得価額の損金算入、欠損金の繰戻還付などの特典が与えられています。

（注10）　ちなみに、青色申告法人が備付けを求められているのは次のようなものです（法規53〜59）。
　　　　・仕訳帳
　　　　・総勘定元帳
　　　　・その他必要な帳簿
（注11）　ちなみに、青色申告者のみに与えられている特典が憲法14条に規定する法の下の平等」に反するか否かが問題となった次のような事例があります。
　　　　「所得税法が青色申告書を提出した納税義務者に対してのみ貸倒れを必要経費として認めているとしても、憲法14条には違反しない。」大阪高裁（刑５判）、事件番号不明税務訴訟資料27号１頁

第7節　電子帳簿保存法

　近年、パソコン、インターネット等の電子取引、電子機器の利活用が一般化するなど、社会のIT化が顕著になってきています。このような流れを受け、令和3年度の税制改正において平成10年度の電子帳簿保存法の大幅な見直しが行われ、税務署長による事前承認制度の廃止や電子取引の電子データの保存の義務化等の改正がなされています。

　法人税法及び所得税法などでは、総勘定元帳、仕訳帳、現金出納帳などの帳簿を備え付けて取引等の記録を行うとともに、その取引等に関して作成又は受領した契約書、請求書等の書類を一定期間保存しなければならないとされ、これら帳簿、書類の保存方法は書面によることを前提に規定（規59、67等）されています。電子帳簿保存法は、この特例として、適正公平な課税の確保に必要な一定の要件のもと電子データで保存することができる制度です。具体的には次のような内容のものとなっています。

① 　国税関係帳簿書類のうち電子計算機を使用して作成している国税関係帳簿書類について、一定の要件のもとで、電子データ等（電子データ又は電子計算機出力マイクロフィルム）による保存等（国税関係帳簿の場合には備付け及び保存という。以下同じ。）が認められています（電帳法4①②、5）。

② 　また、取引の相手先から受け取った請求書等及び自己が作成したこれらの写し等の国税関係書類（決算関係書類を除く。）について、書面による保存に代えて、一定の要件の下で、スキャナ文書（注2）による保存が認められます（電帳法4③）。

③ 　そして、会社での帳簿・書類の保存を電子データで保存するか、書面で保存するかは任意（会社の選択）とされています。この点、次の電子取引の電子データ保存の義務化とは異なります。

④　所得税（源泉徴収に係る所得税を除く。）及び法人税の保存義務者がいわ
　ゆる EDI 取引やインターネットを通じた取引等の電子取引（注12）を行っ
　た場合には、電子取引により授受する取引情報（注文書、領収書等に通常記
　載される事項）を電子データにより保存する必要があることとされました
　（電帳法 7 ）。

（注12）　電子取引とは、取引情報の受け渡しを電子的方式により行う取引をいいま
　　　す。具体的には、インターネット等による取引、EDI 取引、電子メールに
　　　よる取引情報を受け渡す取引（添付ファイルによる場合も含む。）、インター
　　　ネットにサイトを設け、このサイトを通じて取引情報を受け渡す取引などが
　　　対象となります。

第 **V** 部

納税者の権利救済

第13章　納税者の権利保護・救済

　米国など主要先進国においては、納税者の権利保護の一環として、納税者の権利章典（Taxpayers Charter ―米国での表題は Your Rights as a Taxpayer）的なものが策定され、公表されています（注1）。

　この文書自体は法的拘束力を有するものではありませんが、納税者の権利を保護するための規定として宣言的効果を有しています。

　わが国でも、平成23年の税制改正時に納税者の権利憲章の制定に関し法案が提出されたことがあります。このアイデアは法制化が見送られましたが、以下では主として納税者の権利救済制度について概観していくこととします。

第1節　納税者の権利保護・救済制度の概要

§1　行政争訟と税務争訟

　納税者が、税務署長等の行った国税に係る処分、例えば更正、決定、滞納処分などや各税法で規定されている各種の申請（例えば、酒販免許申請や青色申請、物納申請など）に対する却下や取消しといった処分について不服がある場合には、どうすればよいのでしょうか。

　一般にこのような場合には、処分の取消し（又は処分すべきこと）を求めることができることとされています。このような国の処分（具体的にはその行政機関）に対して救済を求める手続は、一般に行政争訟制度と呼ばれています（注2）。

（注1）　米国の納税者権利章典の概要については、巻末資料1を参照してください。

§2　税務争訟の特異性

　租税をめぐる争訟の大部分は、司法救済を求めるには必ずしも適当でない簡易少額の事件です。したがって、裁判に要する手数と費用を考えれば、このような行政争訟の前置的ないしは補充的な権利利益の救済手続として、行政機関による略式の争訟制度が持つ意義は、極めて大きいものがあります。

　行政争訟の裁判を司法裁判所が行う場合には、司法権の限界として、その審理裁判の範囲はおのずから行政行為の適法、違法の問題に限られ、行政行為の当、不当の問題に及ぶことができません。その意味で、課税の不当に関する争訟（いわゆる税務争訟）については、その前段階としての行政救済に独自の積極的存在理由があるということができます。

　このようなことから、国税通則法においては、訴訟による司法救済を求める前に、行政上の救済を求めるという「不服申立前置主義」が全面的に採用されています。そして、納税者が直接訴訟に訴えることができるのは、無効確認を求める訴えなど例外的なものに限定されています（通115①）。

（注2）　行政争訟制度には、行政庁に対して救済を求める「行政救済（いわゆる不服審査）」と裁判によって救済を求める「司法救済（訴訟）」とがあります。これらの行政争訟のうち、国税に関する行政争訟は、「租税争訟」又は「税務争訟」と呼ばれています。
　　　　なお、国税に関する行政争訟のうち、訴訟については行政事件訴訟法を、不服審査については行政不服審査法を一般法とし、国税通則法及びその他の個別税法をその特別法としています。

第2節　行政上の救済

§1　不服申立て

1　不服申立てができる者

　課税処分等について不服申立てができる者(注3)は、税務官庁の違法又は不当な処分により、直接自己の権利又は法律上の利益を侵害され、これらの処分について不服がある者です。ただし、場合によっては、処分の直接の相手方のみならず、第三者もこれに含まれる場合があります(注4)。

　なお、不服申立てをした者は、決定又は裁決があるまではいつでもこれを取り下げることができることとされています（通110）。

2　再調査の請求（通75、77、117）

　税務における再調査の請求は、原則として、その対象となる処分を行った行政庁（原処分庁といいます。）に対し、それらの処分があった日の翌日から3月以内に再調査の請求書を提出することにより行うこととされています（通75①、77、81①）。

　税務署長がした処分で、その処分に係る事項の調査が国税庁又は国税局の職員によってされた旨の記載がある書面により通知された者の再調査の請求は、国税庁長官（その調査が国税庁の職員によって行われたとき）又は国税局長（その調査が国税局の職員によって行われたとき）に対して行うこととされ

（注3）　行政不服審査法では、不作為についても不服申立てができることとなっています（行審7）が、国税通則法では不服申立ての対象となる事項は、国税に関する法律に基づく処分に限られています（通75、80①）。

（注4）　例えば、差押処分のあった財産について担保権を有する者は、これらの差押処分に対し不服申立てをすることができることとされています。

ています（通75②）。

　平成26年の税制改正で、異議申立ては「再調査の請求」に名称変更されるとともに、申立期間が2月以内から3月以内に延長され、再調査の請求は審査請求と併用されることとなり、平成28年4月1日から施行されています。

　なお、再調査の請求は、本人だけでなく代理人によってもすることができることとされています（通107）。

3　審査請求（通75、77）

　国税に関する法律に基づく処分についての審査請求は、処分があったことを知った日の翌日から3月以内又は決定があったことを知った日の翌日から1月以内に国税不服審判所長に対し、審査請求書を提出することにより行うこととされています（通75、77）（注5）。

　このように、平成26年の税制改正で、再調査の請求及び審査請求の二審制度について見直しがなされ、両者が並列する形に改められ、平成28年4月1日から施行されています。

　審査請求の審査を担当するのは、国税不服審判所の審判官です。

　なお、審判所では、第三者機関としての性質をより強化するため、高度な専門的知識を有する民間の専門家を積極的に登用することとしています（注6）。

（注5）　ただし、天災その他上記の期間内に不服申立てをしなかったことについてやむを得ない理由があるときは、その理由がやんだ日の翌日から起算して7日以内に不服申立てをすることが認められています（通77③）。また、不作為についての不服申立ては、その不作為が継続している間はいつでもすることができます。

　　なお、処分があった日の翌日から起算して1年を経過したときは、不服申立てをすることは認められません。ただし、正当な理由がある場合はこの限りではありません（通77④）。

4　不服申立てに係る新旧対照

　ちなみに、改正前後における不服申立制度をイメージ図の形で示すと次の
ようになります（改正後の施行は平成28年4月1日から）。

【第13-1図】　国税に関する不服申立制度及び訴訟の概要図（改正前・後）

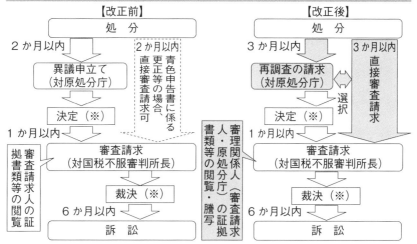

> 行政不服審査法の見直しに合わせ、国税不服申立制度（国税通則法等）について所要の見直しを行う。
> 〔主な見直し事項〕
> ・直接審査請求を可能とする（「異議申立て」を廃止し、「再調査の請求」（選択制）を創設）
> ・不服申立期間を2か月から3か月に延長

（※）原処分庁・国税不服審判所長から3か月以内に決定・裁決がない場合、決定・
　　　裁決を経ないで、審査請求・訴訟をすることができる。

(注6)　国税不服審判所のあり方について、平成22年度の税制改正大綱で次のよう
　　　な改正の方向性が示されています（第3章　(2)国税不服審判所の改革）。
　　　　「国税不服審判所の組織や人事のあり方、不服申立前置主義の見直し、不
　　　利益処分の理由附記などについて、行政不服審査制度全体の見直しの方向を
　　　勘案しつつ、納税者の立場に立って、適正な税務執行が行われていることが
　　　国民に明らかになるよう、必要な検討を行います。」
　　　　これを受けて、平成23年度の税制改正大綱では、国税不服審判所の中立
　　　性・公正性を向上させる観点から、民間からの審判官登用を拡大する等の具
　　　体的施策が打ち出されています。

§2　不服申立てに係る審理手続等（通84、94、97ほか）

1　審理手続（通84）

　不服申立てがなされたときは、まず、不服申立ての要件を満たしているかどうかについて形式的な審理が行われます（形式審理）。ここで申立てに必要な要件が満たされていると判断されると、実質的な審理（実質審理）に移行します。

(1)　職権審理と審判官の質問検査（通97）

　　不服申立事案に対して簡易、迅速な救済と行政の適正な運営を確保する見地から、行政不服審査法では職権による審理が認められています（行審26〜33）。同様に、国税通則法においても、担当審判官は必要に応じ、審査請求人若しくは原処分庁又は関係人その他の参考人に対して質問をするとともに、帳簿書類その他の物件につき提出を求め又は検査をすることが認められています。

　　そして、これらの質問、検査などに答えなかったり、虚偽の答弁をした者、帳簿書類の検査を拒否し又は検査の対象から免れようとしたり虚偽の帳簿書類を提示した者には、ペナルティが課されます（通97④、126）。

(2)　請求人等の権利

①　口頭意見陳述（通95の2）

　　審査請求人は、担当審判官に対し、請求内容等に関し意見を求める旨申立てをすることができ、担当審判官はその申立てがあったときは口頭で意見を述べる機会を与えなければならないこととされています。

②　原処分庁への発問権（通95の2②）

　　審査請求人は、口頭意見陳述を行う際、原処分庁に対し質問を発することができることとされています。

③　閲覧請求権及びコピー請求権（通97の３）

審査請求においては、請求人は原処分庁から提出された書類及び審判官が集めた資料等の閲覧を求めるとともに、そのコピーをすることができることとされています（注７）。

2　不服申立て事案に対する結論（通83、92、98）

異議申立てに対する当局の見解は「決定」という形で、また、審査請求に対する国税不服審判所の見解は「裁決」という形で行われます（注８）。

不服申立てに対する「決定」又は「裁決」は、その理由を詳細に記載した再調査決定書又は裁決書の謄本の送達により行われます（通84⑦⑧⑩、101①②）。

また、再調査決定書には、国税不服審判所長に対し審査請求ができる旨及び審査請求のできる期間も併せて記載されています（通84⑨）。

（注７）　ただし、国税不服審判所が請求人の閲覧請求を拒否したとしても、それだけの理由では裁決の取消理由にはならないとされています。
　　　最高裁（二小）、昭和57年７月２日判決、税資127号80頁。
（注８）　ちなみに、「決定」又は「裁決」は、次のような形で行われます。
　　(1)　却下……これは、不服申立てが、法定の不服申立て期間経過後にされたとき、その他形式的要件を欠く不適法なものがあるときなどに行われる「決定」又は「裁決」です。このような形の「決定」又は「裁決」がなされたということは、実質審理が拒否されたことを意味します（通83①、92）。
　　(2)　棄却……これは、不服申立てに理由がなく、原処分が相当であると認められるときに行われる「決定」又は「裁決」です（通83②、98①）。
　　(3)　認容……これは、不服申立てについて理由があるときに行われる「決定」又は「裁決」です。これがなされると、原処分の全部若しくは一部が取り消され、又はこれが変更されることになります（通83③、98②）。

§3　不服申立てと原処分の執行

　不服申立てがなされた場合であっても、それらの申立てがなされたという理由のみで、原処分の執行又は手続の続行は停止されません。というのも、不服申立てがなされたというだけで原処分の執行を停止することとしますと、行政の運営が不当に阻害されたり、国税徴収の公平を破る結果となるおそれがあるためです。また、不服申立てがなされれば自動的に執行停止ということになれば、執行停止のみを目的とした濫訴の弊が生じます。これは、行政の執行に障害をもたらすばかりでなく、争訟制度そのものの機能を損うことになりかねないためであるといわれています（注9）。

　しかし、執行の停止を全く認めないこととしますと、不服申立人が自己に有利な決定又は裁決を得ても、その実効を伴わない場合が起こり得ます。

　そのようなことから、国税通則法では、執行不停止を原則としながらも、例えば差押財産については換価の禁止を原則とするなど、納税者の権利利益の保護に努めることとしています。

§4　地方税に関する不服申立制度

　地方税に関する不服申立制度も、次の2点を除き基本的に国税に関する不服申立制度と同様となっています。

① 　固定資産税の価格に関する不服申立てとしては、市町村（東京都特別区にある固定資産税については、東京都）に設置された固定資産評価審査委員会に対する審査申出の制度が設けられています（地432）。

② 　その他の不服申立てについては、再調査の請求がなく、審査請求に一元化されています。

（注9）　なお、米国では、租税裁判所への訴えは、係争に係る税額を納付しなくても、60ドルのフィーを支払えば行うことができることとされています。

　ちなみに、固定資産税の価格に関する審査申出は、次のようになっています。

【第13－2図】

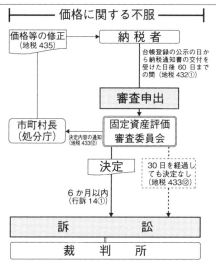

固定資産税の価格に関する審査申出

固定資産の価格に関する不服については、固定資産の評価の客観的合理性を担保する必要があるとともに、評価が専門的知識を必要とし、技術的な面も多いことなどを踏まえ、市町村長から独立した中立的・専門的な機関として固定資産評価審査委員会を設置し、審査決定させている。(固定資産の価格以外に関する不服については、他の地方税と同様の手続による。)

├────── 価格に関する不服 ──────┤

価格等の修正
(地税 435)　→　納　税　者

台帳登録の公示の日から納税通知書の交付を受けた日後 60 日までの間 (地税 432①)

審査申出

市町村長
(処分庁)　←　固定資産評価
審査委員会

決定内容の通知
(地税 433⑫)

決定　　　30 日を経過しても決定なし
(地税 433⑫)

6 か月以内
(行訴 14①)

訴　　　　　　　訟

裁　判　所

〔資料出所：総務省〕

第3節　訴　訟

§1　行政訴訟の概要（行訴14①、通114、115）

　国税に関する処分等に係る不服申立て（一般的には審査請求）についての「裁決」に不服がある場合には6ケ月以内に、又は審査請求を行ったにもかかわらず、3月を経過しても裁決がない場合には、納税者は裁判所（具体的には地方裁判所）に対して「訴え」をもって、その救済を求めることができることとされています（行訴14①、通115）（注10）。

　このような行政庁の処分に対する訴訟は、一般に行政事件訴訟と呼ばれています。

　行政事件訴訟は、すべて司法裁判所の管轄に属し（憲76）（注11）、その手続規定については、行政事件訴訟についての一般法たる性格を持つ行政事件訴訟法によることとされています。

　国税の処分に関する訴訟についても、国税通則法第8章第2節《訴訟》及び他の国税に関する法律に別段の定めがある場合を除き、行政事件訴訟法その他一般の行政事件訴訟に関する法律の定めるところによることとされています（通114）。

（注10）　これら一連の流れについては、第13―1図を参照して下さい。
（注11）　憲法第76条第1項及び第2項では、次のように規定しています。
　　　「①　すべて司法権は、最高裁判所及び法律の定めるところにより設置する下級裁判所に属する。
　　　　②　特別裁判所は、これを設置することができない。行政機関は、終審として裁判を行ふことができない。」

§2　税務訴訟

　行政事件に関する訴訟は①抗告訴訟②当事者訴訟③民衆訴訟及び機関訴訟の３つに分類されています（行訴２）が、税務訴訟は、そのうちの基本形態である「抗告訴訟」によることとされています。「抗告訴訟」は、イ．処分の取消しの訴え、ロ．裁決の取消しの訴え、ハ．無効確認の訴え及びニ．不作為の違法確認の訴え等に区分されています（行訴３）(注12)が、税務訴訟で一般的に行われるのは、課税処分の取消しを求める訴えです。

§3　税務訴訟の特色

1　不服申立ての前置（通115、行訴14）

　国税についての処分の取消しを求める訴えの提起は、不服申立ての決定又は裁決を経た後（不服申立前置主義）６月以内にしなければできないとなっています（通115①本文、行訴14①）(注13)。

※　なお、審査請求手続を経ることなくいきなり訴訟に訴えることはできませんので注意して下さい（千葉地裁、令和３年１月29日判決）。

(注12)　なお、行政事件訴訟に関し、行政事件訴訟法に特別の定めがない事項は、民事訴訟の例によることとされています（行訴７）。

(注13)　国税の処分取消しを求める訴えについて、このような不服申立ての前置を要することとした趣旨は、次のような理由によるものです。

①　税法に基づく処分は、毎年、大量に反復して周期的に行われ、また、課税処分などの争いは大部分が事実の認定に関するものであるため、税務職員の知識と経験を生かして、もう一度見直しをして不服審査の段階で解決を図り、訴訟になるのを少なくして裁判所の負担を軽くすること。

②　税法が多分に複雑で専門的なため、不服審査の段階で争点を整理することは、行政の統一的な運用に役立ち、また、訴訟に移行した場合に裁判所の審理が容易になること。

③　不服申立ては、訴訟と異なり、費用や手間が少なく簡易に権利利益の救済を図ることができること。

2　執行停止との関係（行訴25）

　訴訟が提起された場合、行政事件訴訟法では、「処分の取消しの訴えの提起は、処分の効力、処分の執行又は手続の続行を妨げない」（行訴25）として、執行不停止を原則とし、原告（納税者等）から裁判所に対して執行停止の申立てがあった場合で、かつ、手続の続行により重大な損害を避けるため緊急の必要があると裁判所が認めた場合に限り、処分の執行を停止することとしています（行訴25）。

　国税に関する処分について取消訴訟が提起された場合の処分の続行の可否については、国税通則法に特別の規定は設けられていません。したがって、国税に関する処分について取消訴訟がなされた場合における執行停止の有無については、行政事件訴訟法の規定に従うことになります。

　すなわち、たとえ処分取消しを求める訴えが提起されたとしても、滞納処分等の手続きは続行されるということです。

3　立証責任（挙証責任）

　課税処分の取消しを求める訴訟において、課税要件事実に関する立証責任（挙証責任ともいいます。）を課税庁又は納税者のいずれが負うかについては2つの考え方があるとされていますが、原則として課税庁側が負うとするのが一般的です（例えば、最高裁、昭38.3.3判決、訟務月報9巻5号658頁）。

　特に問題となるのは、いわゆる「推計課税」の場合です。推計の必要性、合理性については課税庁側にあるとしても、推計額を上回る必要経費の立証等については納税者サイドにあると解すべきでしょう（例えば、仙台高裁、昭63.1.27判決、訟務月報34巻8号1753頁、東京高裁、平6.3.30判決、行裁例集46巻2、3号）。

4　課税処分の取消を求める訴訟に係る判決

　課税処分の取消を求める訴訟に対する裁判所の判断は、次の3つの形で示されます。

① 却下…これは、不服申立てを経ていない訴えや出訴期間を経過した後になされた訴えなどのように、そもそも土俵にあがることができないとして納税者の主張を認めないとする判決です。

② 請求棄却…これは、土俵に乗ることはできたが、課税庁の処分が正しいとして、納税者の主張を斥ける判決です。

③ 請求認容（原処分取消）…これは、納税者の主張が全部又は一部認められるとする判決です。この判決は当事者のみでなく、第三者にも効力を有します（行訴法22①）。

5　判決になお不満がある場合

　裁判所（地方裁判所）の判決に不服がある場合には、判決書の送達を受けた日から2週間以内に高等裁判所に控訴することができます（民訴法285）。高等裁判所の判決に憲法の解釈の誤りその他所定の事由がある場合には、最高裁判所への上告も認められています（同法312、318）。

　上告期限は控訴の場合と同じ2週間です（同法313）。

参 考 資 料

〔参考資料１〕 米国の「納税者権利章典（Your Rights as a Taxpayer）2017年第７次改正」の概要（IRS パブリケーションより抜すい）

この刊行物は、納税者としての貴方の権利及び調査、不服申立て、徴収及び還付における権利について記されています。

１．情報提供を受ける権利（The Right to be Informed）

納税義務を適正に履行するため、納税者としての貴方は IRS から申告手続等を含め、正しく、かつ迅速な情報提供を受ける権利があります。

２．質の高いサービスを受ける権利（The Right to Quality Service）

納税者は、IRS から質が高い、専門的な知識を含む各種の情報を丁寧な形で提供を受ける権利を有しています。

３．正当額を超える税を支払わない権利（The Right to pay no more than the Correct Amount of Tax）

納税者が納税義務を負っているのは、法律で規定された正当な税（加算税、利子税を含む。）だけです。

４．IRS の見解に異議をとなえ、かつ、それを聞いてもらえる権利（The Right to Challenge the IRS's Position and Be Heard）

納税者は、IRS からなされた追加の資料情報等の提出要請に対し、異議を申し立てる権利があります。その場合、IRS の担当者はそれらの必要性について迅速に、かつ、丁寧に説明します。

５．IRS の決定に対し、独立機関に不服申立てをする権利（The Right to Appeal an IRS Decision in an Independent Forum）

納税者は、加算税賦課等を含む IRS からなされた殆んど全ての事案について、処分通知を文書で受けるとともに、不服審査部門で争うことができる旨の通知を受けることができます。

　また、納税者は、一般的には、自己の処分事案について、裁判所で争う権利も有しています。

6．除斥期間受益の権利（The Right to Finality）

　納税者はIRSの処分に対しいつまで争うことができるのか及びIRSの調査が最終的にいつまで可能なのかについて知る権利があります。

　また、納税者はIRSの調査が終了した際にはそれを知る権利もあります。

7．プライバシーを守ってもらう権利（The Right to Privacy）

　納税者は、IRSからの照会（inquiry）、調査、又は法執行活動が法令に従ったものであることを期待する（expect）権利、手続的にも正当で、必要性を超えないものであることを期待する権利があります。

8．守秘義務を求める権利（The Right to Confidentiality）

　納税者は、自己がIRSに提供した情報等について、納税者本人の許可又は法令上許された場合でなければ開示（disclose）されないことを期待する権利があります。

　また、納税者は、従業員、申告書作成代理人、その他の者による申告書関連情報の不正利用又は不当開示がなされないよう求める権利も有しています。

9．代理人による代理を求める権利（The Right to Retain Representation）

　納税者は、IRSとの対応のため正当な権利を有する代理人を選任する権利があります。

　なお、低所得等のため代理人を選定する資金がない納税者は、低所得者支援クリニックの支援を求めることができます。

10．公平で正しい税制を求める権利（The Right to a Fair and Just Tax System）

　納税者は、税制が状況等（facts and circumstances）及び本人の支払能力

を総合的に勘案した結果なされたものであることを期待する権利を有しています。

　また、納税者は財政状態が厳しい状況にあるときであって、IRSがそれを適切に処理できない場合には納税者支援サービス（Taxpayer Advocates Service）の支援を受けることを期待する権利があります。

IRSのミッション：米国の納税者に対し、税務に関する理解を支援するとともに彼らが納税義務を履行できるようにするため最高質のサービスを提供すること及び税法を総合的に正しく執行すること。

〔参考資料２〕 米国における納税者権利救済制度の概要

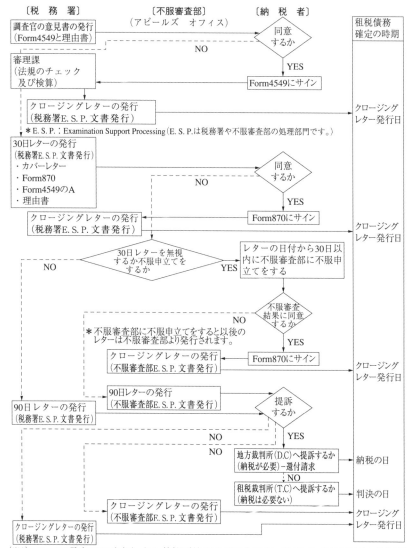

〔税　務　署〕　　　　　〔不服審査部〕　　　　　〔納　税　者〕
　　　　　　　　　　　（アピールズ　オフィス）

調査官の意見書の発行
（Form4549と理由書）　　　　　　　　　　同意するか　　　　NO

審理課
（法規のチェック及び検算）　　　　　　　　　　　　YES
　　　　　　　　　　　　　　　　　　　Form4549にサイン

クロージングレターの発行
（税務署E.S.P.文書発行）

＊E.S.P.：Examination Support Processing（E.S.P.は税務署や不服審査部の処理部門です。）

30日レターの発行
（税務署E.S.P.文書発行）
・カバーレター
・Form870
・Form4549のA
・理由書　　　　　　　　　　　　同意するか　　NO

　　　　　　　　　　　　　　　　　　YES
クロージングレターの発行　　　Form870にサイン
（税務署E.S.P.文書発行）

30日レターを無視するか不服申立てをするか　NO　　　　YES　レターの日付から30日以内に不服審査部に不服申立てをする

不服審査結果に同意するか　NO
＊不服審査部に不服申立てをすると以後のレターは不服審査部より発行されます。
　　　　　　　　　　　　　　　　　　YES
クロージングレターの発行　　Form870にサイン
（不服審査部E.S.P.文書発行）

90日レターの発行
（不服審査部E.S.P.文書発行）　　提訴するか

90日レターの発行
（税務署E.S.P.文書発行）　　　NO　　　　YES

　　　　　　　　　　　NO
地方裁判所（D.C）へ提訴するか
（納税が必要）－還付請求
　　　NO
租税裁判所（T.C）へ提訴するか
（納税は必要ない）

クロージングレターの発行
（不服審査部E.S.P.文書発行）

クロージングレターの発行
（税務署E.S.P.文書発行）

〔租税債務確定の時期〕

クロージングレター発行日

クロージングレター発行日

クロージングレター発行日

納税の日

判決の日

クロージングレター発行日

（※1）　Form870又は4549にサインし、かつ、納税が行われている場合はクロージングレターが発行されない場合があります。したがって、その場合はForm870等のサインの日付をもって租税債務確定の時期と考えて差し支えありません。

（※2）　納税者は、連邦地方裁判所（District Court）への提訴か租税裁判所（Tax Court）への提訴かを選択できます。ただし、連邦地裁への提訴には係争税額をいったん納付することが要件とされています。

〔資料出所：IRSの納税者向けパンフレット、一部修正〕

〔参考資料３〕 租税に関する基本用語と
法令、通達上の慣用語

Ⅰ　租税に関する基本用語

1　税　源

「税源」とは、租税が事実上支払われる源を指す言葉です。現代の税制においては、「税源」は、一般的には納税者の所得や支出といったフロー概念で捉えられています。しかし、場合によっては、相続税などのように納税者のストックである「財産」が税源となることもあります。

「税源」は、何を対象に、どれだけの負担を、誰にさせるかという場合に、最も根源的な部分となるものです。

2　課税物件、課税客体、課税対象

「課税物件」とは、課税の対象とされる物、行為又は事実をいいます。例えば、所得税であれば所得、相続税であれば相続財産、消費税であれば消費ということになります。「課税物件」は、「課税客体」又は「課税対象」と呼ばれることもあります。

3　課税標準

「課税標準」とは、「課税物件」を数量や金額ないし価額で具体的に示したものです。例えば、所得税であれば所得金額、従量税であれば数量ということになります。「課税標準」に「税率」を当てはめて計算することにより、納めるべき税額が決まってきます。

4　税　率

「税率」とは、課税標準に対する税額の割合です。通常の場合、「税率」は、課税標準の一定単位に対する割合として定められています。

「税率」には、「比例税率」と「差率税率」とがあります。前者は、課税標準と税額との割合が常に比を保つもの（例えば、酒22）です。これに対し、後者は、その割合が一定せず、課税標準により変わるものです（例えば、所89①）。

「差率税率」の一種である「累進税率」は、課税標準が増えるに従って税率が高くなっていくものです。「累進税率」は、その適用範囲の如何により「全額（単純）累進税率」と「超過累進税率」とに区分されます。

わが国の場合、所得税については、原則として、超過累進税率が適用されています。所得100万円の者と所得1,000万円の者とを比較した場合、その租税負担能力には大きな差があります。そのため、超過累進税率は、応能課税の原則に最もよく適合するといわれています。

これに対し、累進税率の逆が「累退税率」です。「累退税率」は所得が上昇するに従って適用税率が下がってきます。このようなことから「累退税率」は逆進的だといわれています。

また、「税率」のもうひとつの分け方として、課税標準が金額か量かによる方法があります。いわゆる、「従価税率」（課税標準が金額で表される場合の税率）と「従量税率」（課税標準が金銭以外の数量で表される場合の税率、例えば、航10、11）です。

5　納税主体

「納税主体」とは、租税支払の義務を有する者をいいます。「納税主体」は、個人の場合もあるし、法人の場合もあります。通常の場合、「納税主体」は、「納税者」又は「納税義務者」という名で呼ばれています。「源泉徴収義務

者」もここでいう「納税主体」のひとつです。

　「納税主体」は、実際に税を負担する者（後述の担税者）とは必ずしも一致しません。

6　担税者

　「担税者」とは租税を最終的に負担する者をいいます。「納税者」と「担税者」は、一致することもあり、一致しないこともあります。所得税のような直接税では、「納税者」は通常同時に「担税者」です。これに対し、酒税のような間接税では、「納税者」は製造業者たる酒造業者ですが、「担税者」は通常一般消費者ということになります。

　このように「納税者」と「担税者」とが違う場合には、納税者から担税者に租税負担の転嫁が予定されています。

　なお、転嫁は必ずしも予定したとおりにいかないこともあります。そのような場合、最終的に誰が負担しているかを表わす言葉として「帰着」という用語が用いられることがあります。ちなみに、帰着は法令用語ではなく経済学や財政学で用いられる言葉です。

7　申告（納税申告）

　「申告（納税申告）」とは、法律の定めるところに従って、納税者が納税申告書を税務署長に提出することをいいます。課税標準及び税額等の申告を内容とするのが普通ですが、純損失の金額や欠損金の額を内容とすることもあります。

　申告は、納税者たる私人によってなされる公法行為に該当します。この申告によって、国税債務を負担するという具体的効果が生じてくることになります。

　納税申告には、「期限内申告㊟」、「期限後申告」及び「修正申告」の3つ

がありますが、このうち最も基本的なものは期限内申告です。

※　ちなみに、「期限内申告」とは、法定申告期限前になされた申告をいいます。
　それに対し、法定申告期限後になされた申告は、「期限後申告」と称されていま
　す。

8　修正申告

　納税申告書を提出した人は、後日その申告税額が過少であることなどに気
づいた場合などには税務署長の更正があるまでは、いつでも課税標準等又は
税額等を修正する納税申告書を提出することができます。この納税申告書の
提出を「修正申告㈷」といいます（通19①）。

※　それに対し、申告期限内に納税者が既に提出した申告書の記載事項の誤りを
　発見し、当初の申告を差し換え又は訂正した申告は「訂正申告」という名で呼
　ばれています（所基通120－4）。

　また、税務署長の更正又は決定した税額が過少であるとき、純損失の金額
又は還付金の額に相当する税額が過大であるときなども、修正申告を行うこ
とができます（通19②）。

9　更正、再更正

　納税申告書の提出があった場合に、それに記載された課税標準等又は税額
等の計算が誤っていたり、それが国税に関する法律の規定に従っていなかっ
たとき、その他当該課税標準等又は税額等がその調査したところと異なると
きは、税務署長は、その調査した結果に基づき、当該申告書に係る課税標準
等又は税額等を是正することとされています。この是正の処分を「更正」と
いいます（通24）。

　更正は、増額更正と減額更正㈷の2つに分けられます。増額更正とは、納
付すべき税額を増加させ、又は還付金の額を減額させる処分、すなわち納税
者に不利益となる処分をいいます。また、減額更正とは、納付すべき税額を

減少させ、又は還付金の額を増額させるなど、納税者の利益になる処分をいいます。

　なお、税務署長の行った更正又は決定に誤りがあった場合には、当初の更正又は決定をさらに修正することが認められています。これが「再更正」です。

※　「減額更正」には、納税者からなされた「更正の請求」に基づいてなされる更正（通23④）と、税務署長が職権に基づいて行う更正（通24）の2つがあります。

10　決　定

　「決定」とは、納税申告書を提出する義務があると認められるにもかかわらず、申告書を提出しなかった者について、税務署長の行った調査に基づいて課税標準等及び税額等を確定する処分をいいます（通25）。

　ただし、決定により納付すべき税額又は還付金の額に相当する税額が生じないときには、決定は行われません（通25ただし書）。

11　更正の請求

　納税申告書に記載された税額が過大であるとき、還付金に相当する税額が過少であるとき、又は純損失などのいわゆる赤字金額が過少であるときは、納税者は、その法定申告期限から5年以内に限り、税務署長に対し、その申告した課税標準等又は税額等（更正されている場合には、更正後の課税標準等又は税額等）について、減額の更正を求めることができるとされています。これを更正の請求といいます（通23①）。

　更正の請求は、納税申告により既に確定した税額が過大であるときなどに、納税者が税務署長に対しその是正を請求するものです。したがって、この手続は、税額変更の請求権を行使する手続にとどまり、それ自体、税額を是正

し確定させることを意味しません。この点で、更正の請求は、修正申告と異なります。

12 不服申立て

　一般に、国（又は地方団体）がした行政処分その他権力の行使にあたる行為が、違法又は不当であったため、国民の権利や利益が害された場合に、処分等を行った行政庁（原処分庁といいます。）に対して又は原処分庁以外の行政庁に対して、その違法又は不当な処分を正すことを要求することを「不服申立て」といいます。

　国税に関する不服申立ては、行政不服審査法を一般法とし、国税通則法及び国税徴収法その他の税法を特別法としています。国税に関する処分についての不服申立てのほとんどは、国税通則法の定めるところによります（通75、80）。

　国税に関する処分についての不服申立ては、再調査の請求又は審査請求のいずれかによって行われます（通75①）。

※　国税不服審判所は、審査請求に対する裁決を行うために設けられた国税庁の付属機関です。

13 訴　訟

　「訴訟」とは、「法律の適用によって原告・被告間の権利義務や法律関係を確定するために、裁判所が、対立する当事者を関与させて行う手続」をいうとされています（広辞苑）。

　ちなみに、行政事件訴訟法第8条及び国税通則法第115条によれば、国税に関する処分等に係る不服申立て（一般的には審査請求）についての「裁決」に不服がある場合又は審査請求を行ったにもかかわらず、3月を経過しても裁決がない場合には、納税者は裁判所（具体的には地方裁判所）に対して

「訴え」をもって、その救済を求めることができることとされています。

　このような行政庁の処分に対する訴訟は、「行政事件訴訟」と称されています。

　行政事件訴訟は、すべて司法裁判所の管轄に属し（憲76）、その手続規定については、行政事件訴訟についての一般法たる性格を持つ行政事件訴訟法によることとされています。

　国税の処分に関する訴訟についても、国税通則法第8章第2節《訴訟》及び他の国税に関する法律に別段の定めがある場合を除き、行政事件訴訟法その他一般の行政事件訴訟に関する法律の定めるところによることとされています（通114）。

　租税に関する法令、通達は、他の法令と同じく多くの人を対象に規定されています。そのため、解釈等が多岐にわたることのないようできるだけ他の法令で用いられている用語や用例を用いるようにしています。

　しかし、法令、通達においては、その性質上、特別の意味をもって用いられる言葉もあります。そこで以下では、法令上の慣用語や通達において用いられている用語のうち代表的なものについてみていくこととします。

Ⅱ　法令上の慣用語

1　「訓示規定」、「取締規定」と「効力規定」

　「訓示規定」は、一定の義務を課しているものの、その違反に対して罰則の適用はありません。この種の規定は、一般に行政機関に対して義務を課す場合に用いられます。

　これに対し、「取締規定」は、一般国民に対して義務を課し、違反に対しては罰則等の適用があります。ただし、法律行為自体の有効性は否認されま

せん。

「効力規定」はこれらのうち最も強力な規定です。これに反した場合には法律行為の効力自体が否定されることになります。

例えば、国税通則法第36条第１項に規定する賦課課税方式による国税等を徴収する場合の「納税の告知をしなければならない」との規定は効力規定です。

それに対し、同法第37条第２項に規定する督促状の発布「納期限から50日以内に発するものとする」という規定は訓示規定と解されています。したがって、50日後に発せられたとしても督促状の効力に影響することはありません。同条３項の「督促」や質問検査権の行使における身分証明書の提示義務もこれと同じと解されています。

2　「みなす」と「推定する」

「みなす」と「推定する」は一見似たような言葉ですが、法令上においてはかなりその内容を異にしています。すなわち、「みなす」とは、「本来は異なるものであるにもかかわらず、これを法令上同じものとして取り扱う」ことをいうとされています。

したがって、「みなす」とされたものについては、たとえ反証があってもこれを許さないとされています。

例えば、法人税法第３条及び所得税法第４条では「人格のない社団等は、法人とみなして、この法律の規定を適用する。」と規定しています（・・・印部分筆者強調）。

そもそも、人格のない社団や財団は、法令上法人格を与えられていません。したがって、これらの社団や財団は法人とはいえないものです。しかし、それらのうち、「代表者又は管理人の定めがあるもの」については、法人税法上、法人と同じに扱う旨を明らかにしたものです。

　その結果、人格のない社団等については、たとえ法人格がなかったとして
も、法人税法上は自動的に法人として扱われるということになります。

　また、所得税法第3条では「国家公務員又は地方公務員は、国内に住所を
有しない期間についても国内に住所を有するものとみなす。」としています
ので、公務員については、たとえ在外公館に勤務している場合でも居住者と
して扱われることになります。

　同様の表現は、法人税法第24条及び所得税法第25条の「みなし配当」など
でも用いられています。その結果、社員の退社又は脱退による持分の払戻し
などについては、全て配当として取り扱われることになります。

　相続税法で規定する「みなし相続財産」などもこの例にあたります。

　これに対し、「推定する」とは、「反対の事実や証拠がない限り、ある事実
について法令が一応このように取り扱う。」こととするものです。

　「みなす」との差は、「みなす」が反証を許さないのに対し、「推定する」
については、反証がある場合にはこれが認められているという点です。

　例えば、国税通則法第12条第2項では「通常の取扱いによる郵便又は信書
便によって……書類を発送した場合には、その郵便物又は信書便物は、通常
到達すべきであった時に送達があったものと推定する。」と規定しています
(※)。

※　また、所得税法施行令第14条及び第15条でも同様の規定ぶりとなっています。

　このような場合には、反証があればそれが認められることもあるというこ
とになります。

　なお、国税通則法第14条《公示送達》第3項では、「……掲示を始めた日
から起算して7日を経過したときは、書類の送達があったものとみなす。」
と規定しており、公示から7日経過した場合には自動的に送達があったとさ
れます。

　したがって、この場合には、法律効果は提示日から7日を経過した時点で

自動的に生じることとなり、反証は許されません。法規範の内容を創造的に宣言する場合に用いられます。

3　「する」と「とする」

　「する」は「ない」と同じく文章の最後に断定の形で用いられます。

　例えば、所得税法第７条では、「所得税は…所得について課する」、第８条では「…所得に対し、所得税を課する」となっています。

　また、「とする」とは、本来そのように扱ってもおかしくないようなものについて、「制度上そのように決める」場合に用いられる用語です。

　あるものを別のものとして取り扱うという点では「みなす」に近いものですが、「みなす」との差は、「とする」の方が類似性がより少ないという点です。

　例えば、相続税法第15条第２項で、「相続人の数は…民法…の規定により相続人の数とする。」となっています。したがって、ここでは、「みなす」とする必要はないわけです。同様の使い方は税率適用の場合などにもみられます。また、法人税法第11条《実質所得者課税の原則》では、「資産又は事業から生ずる収益の法律上帰属するとみられる者が単なる名義人であってその収益を享受せず、その者以外の法人がその収益を享受する場合には、その収益は、これを享受する法人に帰属するものとして、この法律の規定を適用する。(・・・印部分筆者強調)」

　すなわち、ここでは、収益は実質的に名義人には帰属していません。したがって、この場合における表現としては、名義人に帰属することを前提にした規定である「みなす」とする必要はないわけです。

　このようなことから、ここでは、「…として、…する」という規定ぶりとなっているわけです。

4　「適用する」、「準用する」と「読み替える」

「適用する」は、法令の規定を「本来の目的とする対象そのものにあてはめる場合」および「甲に関する規定をそのまま引用して乙にあてはめる場合」に用いられます。

例えば、前者の例として法人税法第52条（貸倒引当金）第3項の「前二項の規定は、確定申告書に損金算入に関する明細の記載がある場合に限り、適用する。」との規定があります。

また、後者の例として、実質課税原則について規定した所得税法12条、法人税法11条の規定があります。ちなみに、次のような規定です。「法律上帰属するとみられる者が単なる名義人にすぎずその者以外の者が享受しているときは……帰属するものとみなしてこの法律の規定を適用する。」

「準用する」とは、「ある事項に関する規定を、それとは異なるが類似した面のある他の事項についての規定として借用し、若干の変更を加えつつあてはめる」ことをいう場合に用いられます。

これに対し、「読み替える」とは、複雑な規定の一部を変えながら準用するという手続を示す表現です。

税法では、従来数多くの準用規定が置かれており、それが税法をわかりにくくしているとの批判がありました。

そこで、税法改正にあたっては、極力その減少が図られてきています。その結果、準用規定はかなり減少してきています。しかし、それでもいくつかの分野についてこの種の規定が置かれています。

例えば、法人税法第144条（外国法人に係る所得税額の控除）では、「第68条《所得税額の控除》の規定は、外国法人が……所得税法の規定により所得税を課されるものの支払を受ける場合について準用する。」と規定しています。また、同条では、「……第133条第1項（」とあるのは「第147条の3第1項（」と読み替えるものとするとしています。

　すなわち、ここでは、外国法人の申告、納付、還付及び更正の請求については、内国法人に対する規定が一部修正のうえ（すなわち上段部分を下段部分に修正のうえ）適用されるということになります。

5　「例による」、「同様とする」

　「例による」とは、ある事柄について規定する法律とこれに基づく命令を含めて、その制度全体を包括的にあてはめてそれに準じた扱いをする場合に用いられる用語です。

　これに似たものとして「準用」がありますが、その対象範囲は大きく異なっています。すなわち、「準用」がそこに示された法令の規定だけを対象としているのに対し、「例による」は準用の対象が制度全体に及ぶという場合に用いられます。

　例えば、国税通則法第10条《期間計算》、第12条《書類の送達》などで用いられる「滞納処分の例による」との規定は、滞納処分に関する特定の規定又は一部の規定だけでなく滞納処分一般に関する法令の規定がそのまま準用されるということを予定した規定です。

　また、「同様とする」は、古くは「同シ」という形で表現されていました。現在でも法人税法第23条かっこ書きにその例がみられます。この用語は同じことの繰り返しを避ける意味で用いられます。その意味で「準用する」と近いものですが、「準用」は他の規定をそのまま借りてきます。

　それに対し「同様とする」は同様とされる規定と全く同じ規定が定められるべきものが省略されています。

　例えば、国税通則法第34条《納付の手続》第２項では「印紙で納付……もまた同様とする。」となっていますので、印紙で行う納付は、通常の場合、税額に相当する印紙をはることで納付したことになります。

6 「従前の例による」

　この用語は、法改正時の附則などでよく用いられています。法令の改廃により形式的になくなった規定について、一定の場合について改廃前と同様に適用するという意味で用いられます。

　例えば、株式交付制度を利用した租税回避に対抗するために設けられた令和5年度の改正、法人税法第66条の2第1項の規定は、令和5年10月1日以後に行われる株式交付について適用することとされていますが、同日前に行われた株式交付については、「なお従前の例による」とされています（同附則47条）。

7 「ものとする」、「しなければならない」

　両者とも義務を表すものですが、その内容には若干の差があります。

　すなわち、「ものとする」は、立法者の意図や方針を明らかにする場合に用いられます。

　この用語は、英語では Shall、独語では Sollen などという形で用いられています。

　例えば、法人税法第1条では、次のように使っています。

　「この法律は、法人税について、納税義務者、課税所得等の範囲、税額の計算の方法、申告、納付及び還付の手続並びにその納税義務の適正な履行を確保するため必要な事項を定めるものとする。」

　これからも明らかなように、ここでは法人税法を制定するにあたっての基本的考え方が述べられています。

　また、次のような使い方もあります。「内国法人（普通法人又は協同組合等に限るものとし、次に掲げる法人を除く。）及び当該内国法人との間に当該内国法人による完全支配関係（連結除外法人（普通法人以外の法人、破産手続開始の決定を受けた法人、特定目的会社その他政令で定める法人をいう。以下この条

において同じ。）及び外国法人が介在しないものとして政令で定める関係に限る。以下この章において同じ。）がある他の内国法人（連結除外法人を除く。）の全てが当該内国法人を納税義務者として法人税を納めることにつき国税庁長官の承認を受けた場合には、これらの法人は、この法律の定めるところにより、当該内国法人を納税義務者として法人税を納めるものとする。（同法４の２）」

　「ものとする」には次のような使い方もあります。

法人税法第19条「再調査の請求についての決定若しくは審査請求についての裁決又は判決により、前条第一項の規定による納税地の指定の処分の取消しがあつた場合においても、その処分の取消しは、その取消しの対象となつた処分のあつた時からその取消しの時までの間に、その取消しの対象となつた納税地をその処分に係る法人の法人税の納税地としてその法人税に関してされた申告、申請、請求、届出その他書類の提出及び納付並びに国税庁長官、国税局長又は税務署長の処分（その取消しの対象となつた処分を除く。）の効力に影響を及ぼさないものとする。」

ここでは、効力の如何が問題となっています。

　なお「ものとする。」は、相手が行政庁の場合には、義務に近い意味を有することもあります。

　例えば、国税通則法第37条（督促）第２項では、「督促状は、国税に関する法律に別段の定めがあるものを除き、その国税の納期限から50日以内に発するものとする」となっていますが、この場合には行政庁に対し、督促状の発出を義務付けたものと解されています。

　しかし、納税者に対する場合には、そのような強い意味は有していません。

　「しなければならない」は、何らかの義務を課している場合に用いられます。

　例えば、所得税法第181条第１項

「（源泉徴収義務者は）…について所得税を徴収し、その徴収の日の属する

月の翌月10日までに、これを国に納付しなければならない。」と規定されて
います。したがって、この義務を履行しない場合にはペナルティの対象とな
ります。

なお、義務を課する場合の表現としては、動詞の終止形で行われることも
あります。

例えば、国税徴収法第113条では、「税務署長は、……最高価申込者に対し
て売却決定を行う。」と規定されていますが、これは、税務署長に対し、最
高価格申込者への売却を義務付けたものです。したがって、それ以外の者
（例えば、次順位以下の者）への売却決定は義務違反となります。

8　「することができる」

この言葉は、納税者向けの場合と行政庁向けの場合の双方について用いら
れます。

対行政庁向けの場合には、行政庁に権能を与える際この用語が用いられま
す。例えば、国税通則法第91条第1項で国税不服審判所長が補正を求める場
合、「その不備が軽微なものであるときは、（所長は）……職権で補正するこ
とができる」とされています。

この場合、審判所長には補正権限が与えられると同時に、行使義務を課し
たものと考えられています。

したがって、審判所長は自ら補正する義務ありということとなります。

同様に、予定納税の徴収猶予でも、税務署長は、相当の理由があると認め
るときは、「その申請に係る予定納税額の全部又は一部の徴収を猶予するこ
とができる。」とされていますが、これは税務署長の裁量ではなく、この要
件に該当する場合には税務署長は徴収を猶予する義務を負うものと解されて
います。

それに対し、同条2項では、審査請求人は補正に代えて陳述し、「その陳

述の内容を国税不服審判所の職員が録取した書面に押印することによっても、これをすることができる。」とされています。

すなわち、納税者の場合には選択権がありということになります。

9 「この限りでない」、「ただし」

「この限りでない」とは、まず前に主文章（いわゆる本文）があり、そのあとに「ただし」で始まる文章、いわゆる「ただし書」の述語として本文の例外を示す場合に用いられる用語です。

例えば、法人税法第57条第1項《青色申告書を提出した事業年度の欠損金の繰越し》では、「当該欠損金額に相当する金額は……損金の額に算入する。ただし、当該欠損金額に……本文の規定を適用しないものとして計算した場合における当該事業年度の所得の金額の百分の五十に相当する金額……を超える場合は、その超える部分の金額については、この限りでない。」と規定しています。

すなわち、ここでは、「欠損金額に相当する金額を損金の額に算入する」という本文の規定にかかわらず、ただし書により、当該各事業年度の通常の所得金額の百分の五十に相当する金額の限度を超える部分については損金の額に算入することは認められないということになります。

また、「ただし」は、主文章の後に続けて新しい文章を起こして書かれ、主文章の規定に対する除外となります。

これは一般に、「ただし書」と呼ばれています。これに対し主文章は本文と呼ばれています。

この例は極めて多く、いたるところにみられます（例えば、法13①、71など）。しかし、例えば、法人税法第4条《納税義務者》第1項のように、本文に対する例外というよりは、例外的な事項についての付加的な条件を規定しているものもあります。

10　「妨げない」

　「妨げない」とは、ある規範を定めた主たる規定の補充的解釈規定として、はっきりしない部分について「してもよい」ということを明確にしたい場合に用いられる用語です。

　例えば、国税通則法第34条第1項《納付の手続》では、「国税を納付……金銭……納付しなければならない。ただし、……証券で納付すること……を妨げない。」と規定しています。すなわち、国税の納付は現金納付が原則ですが、この規定により、金銭に代えて証券等で納付することも可能になったというわけです。

11　「及び」、「並びに」

　これらは、いずれも名詞又は動詞などを並列的に並べて連結する接続詞ですが、使い方に特徴がみられます。

　すなわち、「及び」は、一般に並列される言葉が二つである場合に用いられる用語です。また、三つ以上の場合であっても、それらを同じ意味あいで用いる場合には「及び」が使われます。

　例えば、所得税法第2条《定義》第21号の「各種所得」につき「利子所得、配当所得、……、一時所得及び雑所得をいう。」と規定されています。したがって、これらの所得は種類は異なっても所得としてはそれぞれ同じ意味あいを有しているということになります。

　これに対し、「並びに」は、より大きな連結の場合に用いられる用語です。

　例えば、所得税法第28条第1項《給与所得》では、「給与所得とは、俸給、給料……及び賞与並びにこれらの性質を有する給与……に係る所得をいう。」と規定しています。

　したがって、この場合には、前者のグループである俸給から賞与は同じレベルで規定されているということになります。そして、これらとやや性質を

異にする給与（例えば経済的利益など）もここでいう給与所得に含まれる旨を明確にするために、大きな連結である「並びに」という用語がここで用いられているわけです。

12　「かつ」、「…と…と」

　「かつ」は、「及び」、「並びに」と同じく、併合的連結のための接続詞として用いられます。例えば、国税通則法第30条《更正又は決定の所轄庁》第2項では、「…異動後の納税地が判明せず、かつ、その知れないこと…旧納税地を所轄する税務署長は……することができる。」としています。

　また、「…と…と」は複雑な条文の中で用いられます。そして一般に名詞の後にこれが用いられますので、その前にある名詞を探せばそれとの連結として把握できることになります。

　例えば、所得税法第186条《賞与に係る徴収税額》などにその例がみられます。

13　「又は」、「若しくは」

　「又は」も「若しくは」も両者とも選択的な連結を表す接続詞です。しかし、これについても、使い方には明確な差が設けられています。

　すなわち、並ぶものが三つの場合には「Ａ又はＢ」というような形で「又は」が用いられます。そして、「及び」と同じく三つ以上の場合にも、同じ意味を有するものについては、中間は「、」でつなぎ、最後に「又は」を用います。

　また、接続に大きいものと小さいものがあるときは大きい方に「又は」を用い、小さい方に「若しくは」を用います。例えば、消費税法第2条第1項第12号では、課税仕入れを「事業者が、事業として他の者から資産を譲り受け、若しくは借り受け、又は役務の提供（……。）を受けること（……）をい

う。」と定義しています。

　ここでは、資産の譲り受けと資産の借り受けが同じグループとして取り扱われ、役務の提供を受けることが別のグループとして取り扱われるということになります。

14　「者」、「物」、「もの」

　「者」とは、法律上の人格を有する主体を表現する場合に用いられる用語です。例えば所得税法第2条第1項第3号にいう居住者などがそれにあたります。

　これに対し、「物」とは、有体物を総称する言葉として用いられます。

　また、「もの」は、前2者以外に用いられます。

15　「場合」、「とき」、「時」、「……の際」

　「場合」は、仮定的な条件を示す言葉として用いられます。

　また、「とき」は、不確定の時をいい、条件が二つあるときに大きな条件に「場合」を用い、その中で示される小さな条件に「とき」が用いられます。

　例えば、「…Aの場合において、Bするときは」という形で用いられます。

　この場合、Aの中の一部としてBがあるという形になります。

　その例として、法人税法第24条《みなし配当》では、次のような規定があります。

　「法人の株主等である内国法人が……金銭その他の資産の交付を受けた場合において、その金銭の額……交付の基因となった当該法人の株式又は出資に対応する部分を超えるときは」があります。ここでは、前段が大きな部分で、後段はその中の一部ということになります。

　それに対し、「時」は、特定の時点を示す言葉として用いられる用語です（例えば、所41②など）。

　また、「……の際」もある時点を示す用語ですがそこには時間的な幅があります。例えば、「……給与等の……支払をする者は、その支払の際、その給与等について所得税を徴収し、……納付しなければならない。」（所法183①）のように用いられます。

16　「科する」と「課する」

　「科する」とは刑罰や過料（過料とは非刑罰的な金銭的制裁である。）のような制裁を加えることをいう刑法上の概念です。これに対し、「課する」は租税や各種の義務などの負担を負わせることをいう租税法上の概念です。

　例えば、国税通則法第130条第1項では、「法人の代表者……が、……前二条の違反行為をしたときは、その行為者を罰するほか、その法人又は人に対して当該各条の罰金刑を科する。」と規定しています。

　いわゆる両罰規定です。

　これに対し、所得税法第7条第1項では、「所得税は、次の各号に掲げる者の区分に応じ当該各号に掲げる所得について課する。」と規定しています。したがって、この場合には所得税という税が課されるということになります。

17　「控除する」、「減算する」

　いずれも引き算を行うことを意味する言葉ですが、「控除する」は、「なお控除しきれない金額があるときは」（法令150③）という言い回しにもあるように、小さな数から大きな数を「控除」したとしても、計算結果はマイナスにはなりません。

　これに対して、「減算する」は、計算結果がマイナスにはなり得ない場合にも使われます（例えば、法61の3①二かっこ書）が、利益積立金額の定義では、「一　イからチまでに掲げる金額の合計額からリ及びヲに掲げる金額の合計額を減算した金額」（法令9①一）」とされ、例えば、リの欠損金額が大

きい場合には、この「減算した金額」がマイナスとなります。

18　「以上」と「以下」、「未満」と「超える」

「以上」「以下」は限界となる数値を含みます。これに対し、「未満」「超える」は限界となる数値を含みません。例えば100万円以上（以下）といえば100万円とそれより多い（少ない）金額ということになります。また、100万円未満（超える）ということになれば100万円はこれに含まれません。

19　「以前」と「以後」、「前」と「後」、「以内」

「以前」及び「以後」は、基準点となる時点を含む用語ですが、「前」及び「後」は、基準点となる時点を含まない用語です。

これに対し、「以内」は期間、数量等を表わす用語です。例えば申告、申請などにこの例がみられます（法74）。

例えば、法人税法第74条（確定申告）で、内国法人は、「各事業年度終了の日の翌日から２月以内に、申告書を提出しなければならない」とされています。

すなわち、３月決算であれば３月31日に確定決算が終了しますが、その日は算入されません（通10①一）。また、「以内」の計算は、４月１日の２月後の応答日である６月１日の前日、すなわち５月31日が申告書の提出期限ということになります。

20　「以外」、「その他」、「その他の」

これらは似たような言葉ですが、その意味するところはかなり異なっています。

「以外」というのは、ある包括的な対象のうち、この字句のすぐ上に掲げられているものを除いて残りのものをいう場合に用いられます。

　例えば、法人税法第２条第22号でいう「固定資産」の政令で定める資産として同法施行令で、「法第２条22号（固定資産の意義）に規定する政令で定める資産は、棚卸資産、有価証券及び繰延資産以外の資産のうち次に掲げるもの」としています。

　したがって、それ以前に掲げられた棚卸資産、有価証券、繰延資産を除いたものが、次の例示として出てくることになります。

　「その他」は「……その他」という形で用いられ、前に記載されているものと同様です。

　例えば、法人税法第17条第１号では「事務所、事業所その他これらに準ずるもの」となっています。ここでは、事務所、事業所と並ぶものがイメージされています。

　これに対し「……その他の」という表現は、それ以前のものよりもっと広いものをイメージしています。

　例えば、法人税法第22条第２項で益金とされるものは「……無償による資産の譲受けその他の取引」となっています。ここでは、前述されたものよりも広い分野をカバーするつもりで用いられています。

　すなわち、この用語の前にくる用語よりも意味内容の広い言葉として用いられています。

21　「遅滞なく」、「直ちに」、「速やかに」

　これらはいずれも時間的な関係を示す副詞ですが、その内容には差があります。これらのうち「遅滞なく」は、「すぐに」と同義ですが、正当な理由又は合理的な理由があれば遅れても許されると解されています。

　例えば、法人が事業年度を変更した場合等の届出（法法15）や国税通則法第56条第１項などにその例がみられます。

　これに対し、「直ちに」は、時間的即時性がより強い場合に用いられます。

　例えば、酒税法では、無免許製造者などから、酒税を「直ちに」徴収すると
されています（同法28条の3⑥、56③など）。この場合、一定の手続を取らず
に実行することが可能になります。

　また「速やかに」とは、当局の処分等において用いられます。例えば、滞
納処分と強制執行等との手続の調整に関する政令第14条第4項などにその例
がみられます。

22　「正当な理由」、「やむを得ない理由」、「相当の理由」

　「正当な理由」は、あることをすること、又は…しないことについて正当
性があると主張できるような場合に用いられます。

　例えば、国税通則法第12条第5項第2号では、「正当な理由がなく書類の
受領を拒んだ場合」には、送達すべき場所に書類を差し置くことにより送達
がなされたこととなります。

　また、「やむを得ない理由」は、本来は認められないが、本人の責めに帰
すことができない特別の事情がある場合に用いられます。

　例えば、国税通則法第11条では、「災害その他やむを得ない理由により国
税に関する法律に基づく申告、申請、請求、届出その他書類の提出、納付又
は徴収に関する期限までにこれらの行為をすることができない」と認めると
きは、国税庁長官等はその期限を延長することができることとされています。

　これに対し、「やむを得ない事情」は、申告書など提出書類等に特例適用
を受けるため明細書の添付が義務付けられているにも拘らず、その添付がな
かった場合などにおいて税務署長が「やむを得ない事情」があると認められ
るときに用いられます。いわゆる「宥恕規定」です。

　この例は、税法では数多くの分野で用いられています（例えば、所42④、
43⑤、52⑤、54⑤など）。

　これに対し、「相当の理由」とは、合理的な理由がある場合に相応の考慮

をするという意味で用いられます。

　例えば、国税通則法第23条第5項では、更正の請求があった場合でもその請求に係る税の徴収は猶予しないこととされていますが、税務署長が「相当の理由」があると認めるときに徴収を猶予することができることとされています。

23　「公布」、「施行」、「適用」

　法令（特に法律）は法案の形で提出されたものが国会等の議決等所定の法手続を経て成立します。これを一定の方法により公表する手続が「公布」です。「公布」は一般的には「官報」に登載するという形で行われます。

　これに対し、「施行」は、「公布」された法令が実際の効力を有するようになる手続です。一般に「施行」は「公布」の日から一定の期日経過後とされていますが、施行日に関する規定がないときは公布の日から20日（法例1）となります。税法関係では、予算案との関連から「4月1日施行」という形がとられています。

　また、「適用」とは、個別具体的な「施行」の例について述べられるのが通例です。例えば、消費税の税率引上げ（8％→10%）は2019年10月1日から施行とされていますが、それ以後になされた資産の譲渡等であっても、請負工事や物品・役務の提供などについては、契約日がそれより前であれば旧税率が適用されることとなっています。

　また、新しい日米租税条約は、平成16年4月1日から「施行」されていますが、源泉徴収の免除については、同年7月1日以降の支払いから「適用」することとされています。

　その結果、新しい条約が施行後であっても、平成16年4月1日から6月30日までの支払分については、「従前の例により」、依然として源泉徴収が必要とされています。

　なお、「施行」は遡ることはできませんが、「適用」は過去に遡らせること
が可能だとされています（いわゆる「遡及的適用」）。

24　「係る」と「関する」

　「係る」は「申告に係る税額」、「届出に係る事項」、「国内源泉所得に係る
所得」等関係代名詞的に用いられる用語です。

　それに対し、「関する」はある事柄そのものを中心として、これと密接な
つながりのあることを意味する用語として用いられます。例えば、「所得税
に関する調査」は所得税自体の調査だけでなく「所得税についての調査」と
いうことになります。したがって、申告期限到達前でも調査することが可能
ということになります。

25　「期　　間」

　「期間」とは、ある時点（始期）からある時点（終期）までの継続した時の
間（時間の流れ）を指していわれる言葉です。

　例えば、消費税法第19条では、課税期間を個人について１月１日（始期）
から12月31日（終期）までの期間としたうえで、３月ごとの期間、１月ごと
の期間を定めていますが、これなどは期間の典型例です。

　また、税法上期間をさすのに、「日後○日」、「日から○日」、「日から起算
して○日」、「施行後１年」、「申告期限から２月以内」等いろいろの表現が用
いられていますが、その間には、次のように、微妙な差異があります。

㈠　「日後○日」となっているときには、起算日は入りませんので、その翌
　　日から数えて○日となります。

㈡　「日から○日」となっているときには、国税通則法第10条第１項第１号
　　本文の規定により、初日を算入しないのが原則ですので、その翌日から数
　　えて○日となります。例えば、災害等により、「申告、申請、請求、届出

その他書類の提出、納付又は徴収に関する期限までにこれらの行為をすることができないと認めるときは、……、その理由のやんだ日から２月以内に限り当該期限を延長することができる。」（通11）という場合にはその理由のやんだ日の翌日から数えて２月以内ということになります。

(ハ)　次に、「公布の日から起算して３月を超えない範囲内」とあれば、その期間が起算点にあたる日の午前零時から始まるか否かに拘わらず、すべて起算日当日から起算することになります。その点でいえば、「○から起算して」というのは、「○日以後」と等しいことになります。

(二)　また、「施行後１年」という場合には、施行はその日の午前零時に始まるのが通例です。したがって、この場合には、施行の時、すなわち、施行日の午前零時から後１年ということになり、施行日が４月１日であれば、同日から翌年３月31日までを指すということになります。

(ホ)　次に、「申告期限から２月以内に」という場合には、申告書の提出期限の末日が起算日になりますが、前述した国税通則法第10条第１項第１号本文に規定する初日不算入の原則により、その申告期限の翌日から計算して２月（この２月というのは、暦に従って計算する〔国税通則法第10条第１項第２号、なお、第３号も参照〕）以内ということになります。したがって、申告期限が３月31日であれば、４月１日から２月以内すなわち、４月１日から５月31日までの期間ということになります。

(ヘ)　なお、期間計算に関連して注意すべきことは、「４月１日から１月を経過した日」となっていた場合には、４月１日から１月という期間が経過し、満了する日（すなわち、４月30日）の翌日である５月１日を指すことになるという点です。それに対し、「４月１日から１月を経過する日」というのは、４月１日から１月を経過する日、すなわち、４月30日を指すということになります。

26 「期限」と「期日」

　「期限」とは、法律行為の効力の発生、消滅又は法律行為や事実行為の履行が一定の日時に定められている場合のその一定の日時をいいます。

　「期限」には、所得税の確定申告期限である３月15日のように確定日によるもののほか、期間の末日もこれに含まれます。

　国税に関する法律に定める申告、申請、請求、届出その他書類の提出、通知、納付又は徴収に関する「期限」（時をもって定める期限その他の政令で定める期限を除く。）が日曜日、国民の祝日その他一般の休日に当たるときには、その休日の翌日をもってその期限とみなすことになっています（通10②）。したがって、納付期限が４月30日となっている場合に４月30日が日曜日である等のために休日に該当する場合には、その翌日である５月１日が納付の期限ということになります。

　それに対し、「期日」とは、特定の具体的な日時を指していわれる言葉です。

27 「時効」と「除斥期間」

　「時効」は民法上の概念です。時効には中断と停止が認められています。

　また、一般的には、当事者は時効の援用を要し、また、時効完成後において時効の利益を放棄することが認められています。国税では徴収権と還付請求権について消滅時効があります。

　ただし、国税の消滅時効では、中断はありますが当事者は時効の援用を要せず、また、その利益を放棄することができないこととされています（通72②、73、74②）。

　これに対し、「除斥期間」とは、更正、決定など税法に特有の賦課行為に伴う制度です。中断や停止はありません。また、期間経過後は権利が絶対的に消滅してしまいますし、遡及効もありません（通70）。

　なお、源泉所得税など自動確定の国税については、賦課行為が存在しませんので、徴収権の消滅時効が働くにとどまり、除斥期間の問題が生じることはありません。

28　時効の「中断」と「停止」

　時効には「中断」と「停止」という制度がありますが、両者の効果は大きく異なっています。すなわち、「中断」は、それまでの分が総て振り出しに戻り、中断継続期間が経過したときから新たに時効期間が進行します。したがって５年の時効のとき４年目に中断があったとしますとそこからさらに５年間が新たに時効進行となります。

　それに対し、時効の「停止」は、時効の完成を一定期間だけ延長するにすぎません。したがって、既に進行していた時効期間の効果は失われません。前述した例でいえば、４年目に「停止」したときは、その理由がやんだ後、１年間で時効完成ということになります。

　前者の例としては、国税通則法に規定する督促、差押え、交付要求等があります。また、後者の例としては、延納、納税の猶予、徴収の猶予等があります。

「定義規定」と「解釈規定」

　税法では、多くの場合「定義規定」が設けられています（例えば所法２、法令２、消法２）。

　これらの規定は、かつては通達扱いされていたものですが、明確化のため設けられるようになったものですが、明確化のため法令に格上げして規定されるようになったものです。

　それに対し、「解釈規定」とは、法令のなかに解釈の方針等が示されているものです。

　なお、質問検査権については、解釈規定が設けられていませんが、任意調

査であると解されています。

III　通達上の慣用語

　「通達」の表現をみてみますと、その末尾が、「……とする」または、「……をいう」、あるいは、「……（次に）よる」となっているものが多いことに気がつかれると思います。

　これらの用語は、通達が租税関係法令中の字句の意味について、その解釈を明らかにするために用いられ、主として、その字句の意味を説明する形となっています。

1　「……とする」

　例えば、「……とする」という用語ですが、法人税基本通達 1 － 3 － 2 では、次のように用いられています。「法第 2 条第10号《同族会社の意義》に規定する『株主等』は、株主名簿、社員名簿又は定款に記載又は記録されている株主等によるのであるが、その株主等が単なる名義人であって、当該株主等以外の者が実際の権利者である場合には、その実際の権利者を株主等とする。」また、法人税基本通達 1 － 2 － 1 でも、「法人の設立後最初の事業年度の開始の日は、法人の設立の日による。この場合において、設立の日は、設立の登記により成立する法人にあっては設立の登記をした日、行政官庁の認可又は許可によって成立する法人にあってはその認可又は許可の日とする。」とされていますがここでは、前段の規定をより明確化するため、「……とする」という形で解釈の統一が図られています。その結果、「株主等」については名義人だけでなく実質株主を株主として取り扱うことが明らかにされています。また、法人の開始事業年度は、「設立の日」だけでなく、認可又は許可が必要とする法人については「認可又は許可」のあった日が開始日

となります。

　所得税基本通達２―18では、「温泉を利用する権利は、令第６条第８号ニに掲げる水利権に準ずる減価償却資産とする。」となっていて、令第６条第８号ニの規定をより明確化しています。

　その結果、温泉利用権も減価償却資産にあたることが明らかにされています。

　その外、こうした規定の型は法人税基本通達１―１―11、２―１―27、所得税基本通達２―21、２―50、国税通則法基本通達第５条関係16等広範に用いられています。

２　「……をいう」

　次に、「……をいう」という表現も、租税関係法令の字句・意味の解釈を統一するために、その意味を明らかにする目的で用いられている用語です。

　例えば、法人税基本通達１―３―３では、「令第４条第１項第４号に規定する『株主等から受ける金銭その他の資産によって生計を維持しているもの』とは、当該株主等から給付を受ける金銭その他の財産又は給付を受けた金銭その他の財産の運用によって生ずる収入を日常生活の資の主要部分としている者をいう。」となっています。その結果、株主等からの金銭等によって生計を維持している者の範囲がより明らかにされています。

　このような表現方法も、例えば、法人税基本通達１―５―２、１―７―１、所得税基本通達２―６、２―12、相続税法基本通達１の３・１の４共の１など多くのところで用いられています。

　また、法人税基本通達１―３―４の「令第４条第１項第５号に規定する『生計を一にする』こととは、有無相助けて日常生活の資を共通にしていることをいうのであるから、必ずしも同居していることを必要としない。」という表現や、国税通則法基本通達第５条関係４の「この条第１項の『課され

るべき国税』とは、相続開始の時において、被相続人について納付義務は成立しているが、国税に関する法律に定める手続または規定により、納付すべき課税額が確定していない国税をいう」という表現も、同じような表現方法です。

3　「……による」

　次に、「……による」又は「……次による」という表現があります。例えば、法人税基本通達１―５―１では、「法人の資本金又は出資金の増加があった場合におけるその資本金又は出資金の増加の日は、次に掲げる場合に応じ、それぞれ次に定める日による。ただし、外国法人について、その本店又は主たる事務所の所在する国の法令にこれと異なる定めがある場合には、当該法令に定めるところによる。」といったものがあります。

　したがって、これにより外国法人の場合どの法令によるかがより明らかにされています。

　次に、この「……による」の変形として、「……次による」という表現がされることがあります。例えば、法人税基本通達１―１―４では、「人格のない社団等の本店又は主たる事務所の所在地は、次に掲げる場合に応じ、次による。」となっています。また、法人税基本通達９―７―11では、「法人がゴルフクラブに対して支出した入会金については、次に掲げる場合に応じ、次による。」となっています。また、事柄を併列して述べる場合に、法令の規定の場合と同様に、「次に掲げる場合に応じ、次による」という用語が用いられています。

4　「……ものとする」

　通達で使われる「……ものとする」というのは、課税庁が租税関係法令の規定の内容の意味について、その解釈を明らかにする場合に多く用いられる

用語です。こういう接尾語が用いられている場合には、課税庁としては租税
関係法令の適用上は、このように取り扱うということを明らかにする意味で、
「……ものとする」という用語が用いられることが多くなっています。

　もうひとつの使われ方は、解釈上の疑義を避けるため、念のために規定す
る場合などに用いられます。

　通達で用いられる使い方はこちらの方です。

　例えば、一般に、会社法上は、法人は清算結了の登記によって消滅するも
のとされていますが、法人税基本通達１－１－７では、「法人が清算結了の
登記をした場合においても、その清算の結了は実質的に判定すべきものであ
るから、当該法人は、各事業年度の所得に対する法人税を納める義務を履行
するまではなお存続するものとする。」とされています。こうした通達の規
定の仕方（型）になっているものは、法人税基本通達１－２－７、１－２－
８、所得税基本通達２－29の３、２－29の４、国税通則法第２条関係３、相
続税法基本通達１の３、１の４共一、消費税法基本通達１－２－３等枚挙に
いとまがないほど多くなっています。

５　「……ものとすることができる」

　次に、「……ものとすることができる」とは、上述の「……ものとする」
の上に、更に、次に述べる「……ことができる」が加わったものです。

　例えば、法人税法第１条では、「この法律は、法人税について、……必要
な事項を定めるものとする。」として、法人税法において定めるべき事項に
ついて方針を示しています。

　また、法人税基本通達２－１－２では、「棚卸資産の販売に係る収益の額
は、その引渡しがあった日の属する事業年度の益金の額に算入するのである
が、その引渡しの日がいつであるかについては、例えば出荷した日、船積み
をした日、相手方に着荷した日、相手方が検収した日、相手方において使用

収益ができることとなった日等当該棚卸資産の種類及び性質、その販売に係る契約の内容等に応じその引渡しの日として合理的であると認められる日のうち法人が継続してその収益計上を行うこととしている日によるものとする。」とされています。そして、それに続いて、「この場合において、当該棚卸資産が土地又は土地の上に存する権利であり、その引渡しの日がいつであるかが明らかでないときは、次に掲げる日のうちいずれか早い日にその引渡しがあったものとすることができる。」とされていて、「(1)代金の相当部分（おおむね50％以上）を収受するに至った日。(2)所有権移転登記の申請（その登記の申請に必要な書類の相手方への交付を含む。）をした日。」が掲げられています。

　すなわち、原則は「継続的な収益計上」を認めることとしつつ、不明な場合等における収益計上基準について、一定の要件をみたした場合にその処理を認めることとしているわけです。

6　「……ことができる」

　「……ことができる」というのは、企業経理上二つ以上の方法がある場合に、通達では、法人がそのいずれかを選択することができるといったような場合に用いられる接尾語です。

　例えば、法人税基本通達2－1－12では、「設計、作業の指揮監督、技術指導その他の技術役務の提供を行ったことにより受ける報酬の額は、原則としてその約した役務の全部の提供を完了した日の属する事業年度の益金の額に算入するのであるが、その技術役務の提供について次に掲げるような事実がある場合には、その支払を受けるべき報酬の額が確定する都度その確定した金額をその確定した日の属する事業年度の益金の額に算入するものとする。」とされていますが、続いて、「ただし、その支払を受けることが確定した金額のうち役務の全部の提供が完了するまで又は1年を超える相当の期間

が経過するまで支払を受けることができないこととされている部分の金額については、その完了する日とその支払を受ける日とのいずれか早い日まで収益計上を見合わせることができる。」とされています（※）。

　すなわち、収益計上の原則は、役務提供完了日又は収益確定日ですが、上記の条件をみたす場合には、収益計上を遅らせることができるというわけです。

※　同様の規定は、所得税基本通達2―26～28などにもあります。

7　「……ことができるものとする」、「……できないものとする」

　次に、「……ことができるものとする」というのは、例えば経理方法の選択について、「……ことができる」とする上に前述した「……ものとする」の接尾語が加わったもので「……とする」の一種であるともいえる用語です。

　例えば、法人税基本通達2―1―10では、「法人が機械設備等の販売をしたことに伴いその据付工事を行った場合において、その据付工事が相当の規模のものであり、その据付工事に係る対価の額を契約その他に基づいて合理的に区分することができるときは、機械設備等に係る販売代金の額と据付工事に係る対価の額とを区分して、それぞれにつき2―1―1又は2―1―5により収益計上を行うことができるものとする。」とされています（※）。

　これにより、収益計上を工事区分等に応じ別の方法で行った場合でも妥当な処理として更正処分の対象としない旨が明らかにされています。

※　法人税基本通達2―1―25～31などでも同様の表現が用いられています。

　他方、「……できないものとする」とは、法令上不明確となっていた部分について、その範囲を明らかにするため用いられます。例えば、法人税法施行令28条2項にいう切放し低価法による棚卸資産について、判定単位が明らかになっていないことによる不公平をなくすため法人税基本通達5―2―9で一括計算できない旨を明らかにしています。

8　「これを認める」

　これも、企業経理上２つ以上の処理方法があり、法人がその１つを選択した場合に、その経理の方法が課税上弊害がなく、かつ、継続して行われる等妥当なものであれば、「これを認める」こととされているものです。この表現も通達では、極めて多いパターンのひとつとなっています。

　たとえば、法人税基本通達２－４－５では、「令第124条第１項《延払基準の方法》の規定による延払基準の方法による収益の額及び費用の額の計算は、原則としてそのリース譲渡ごとに行うのであるが、」とされつつ、続いて「法人が継続して差益率のおおむね同じものごとその他合理的な区分ごとに一括してその計算を行っている場合には、これを認める。」こととされています。

　こうした「形」の表現は、例えば、法人税基本通達１－４－４、２－１－21の７、２－１－21の12、２－１－23等極めて多くの通達で用いられています。

9　「留意する」

　これは、租税関係法令の規定の解釈上明らかなことではありますが、念のために、通達でその解釈を念を押して明らかにしている場合に用いられる接尾語です。こうした接尾語のついた通達も極めて多数にのぼっています。

　例えば、法人税基本通達１－１－５では、「法人が合併した場合において、当該合併に係る被合併法人のその合併の日後における法人税の納税地は、当該合併に係る合併法人の納税地によるのであるから留意する。」とされています。

　二つの法人が合併した場合、被合併法人は合併により消滅するわけですから、その権利義務は当然合併法人に引きつがれます。しかし、念のため、対税務関係でも合併法人のそれによることが明らかにされているわけです。

　また、消費税法基本通達１－１－１では、「事業者とは自己の計算において独立して事業を行う者をいうから、個人が雇用契約又はこれに準ずる契約に基づき他の者に従属し、かつ、当該他の者の計算により行われる事業に役務を提供する場合は、事業に該当しないのであるから留意する。」とされています。

　ここでも、事業者とは自己のリスクで独立して仕事をする者をいうわけですから、他に従属した形で働いている人達がここでいう事業者に該当しないことは明らかですが、念のためこのような形で表現しているわけです。

　こうした「型」の通達も、法人税基本通達１－１－３、１－２－２、１－３－５、所得税基本通達２－３、２－４、２－７、相続税法基本通達１の３・１の４共―２等極めて多数にのぼっています。

10　「取り扱う」、「ことに取り扱う」、「取り扱うことに留意する」

　これは、租税関係法令の適用上、例えば企業経理の方法について、企業が一定の方法を選択している場合に、課税上弊害がないと認められたときに、これを租税関係法令上の１つの経理方法として扱うことを明らかにしている場合の通達の接尾語の「型」のひとつです。

　例えば、法人税基本通達２－１―18においては、「法人が債務の弁済の担保としてその有する固定資産を譲渡した場合において、その契約書に次の全ての事項を明らかにし、自己の固定資産として経理しているときは、その譲渡はなかったものとして取り扱う。」こととされています。

　こうした「型」の通達も、法人税基本通達２－１―19、２－１―20、２－１―21、２－４－２、２－４－６、所得税基本通達２―18の２、国税通則法基本通達第５条関係２等相当多いパターンです。

　「……ことに取り扱う」とは、いくつかの可能性がある場合、そのうちのひとつを選択して適用することとしている場合に用いられます。

　例えば、国税通則法基本通達第5条関係3、12、20等にその例がみられます。

　「取り扱うことに留意する」とは、いくつかの選択肢の中でひとつのやり方を選び、その旨を明らかにする場合に用いられます。

　典型例は、オプション取引などです。これらについてはいくつかの処理方法がありますが税法上はひとつのやり方を選択し、その旨を明らかにして、注意をうながしています。

　法人税基本通達2―1―37、38などがその例です。

11　「該当する」

　これは、例えば経理処理方法などでいくつかの可能性があるものについて、そのうちのひとつにあてはまることを明らかにする場合に用いられます。「取り扱う」が処理方法を明らかにするのに対し、「該当する」は解釈的側面が多い場合に用いられます。

　例えば、法人税基本通達1―5―6で募集株式の買取引受けに係る払込剰余金については、一般投資家による引受けがなく証券会社引受けとなった場合には、その部分の引受手数料を株式払込剰余金と相殺すべきか否かが問題となります。

　そこで、ここでは相殺することなくそのまま即時償却可能な株式交付費として処理できるものが明らかにされています。

12　「……した金額による」、「……価額による」

　この表現は、法人税関連の通達で多く用いられています。

　特に、棚卸資産等の時価の計算等のように経理処理のやり方いかんによって結果的に所得金額に大きな差が生じてきます。そこでそれをどのように計算するかを明らかにする方法としてこの表現が用いられます。

　例えば、棚卸資産について低価法を適用する場合における時価は、「当該事業年度終了の時においてその棚卸資産を売却するものとした場合に通常付される価額による。」などです（法基通５－２－11）。

13　「課税しなくて差し支えない」

　この表現は、理論的には課税対象となるものですが、金額が少ない等のためあえて課税しないこととしても問題ないとの判断から、課税しないこととした場合に用いられます。しかし、このような表現になっているからといって担当者が自由裁量によりこれをできるということではなく、原則として課税しないということです。

　例えば、非課税所得に関する所得税基本通達９－５、９－６や課税しない経済的利益に関する同通達36―21～30等にその例がみられます（※）。

※　ちなみに、所得税基本通達９－５では、非常勤役員等の出勤のための費用で、社会通念上合理的なものであり、かつ、職務上直接必要な費用については給与所得として課税しなくても差し支えない旨を明らかにしています。

〔**参考図書等**〕……基本法、各税共通部分のみ

荒井久夫『税法解釈の常識』（税務研究会出版局）（平成 6 年）

泉美之松『税法条文の読み方』（東京教育情報センター）

尾崎　護『税の常識』（日経文庫）

金子　宏『租税法（20版）』（弘文堂）（平成27年）

金子　宏『租税法理論の形成と解明』（有斐閣）（平成22年）

金子　宏編『租税法の基本問題』（有斐閣）（平成22年）

金子　宏、清永敬次ほか『税法入門（第 3 版）』（有斐閣新書）

金子宏、清永敬次、空谷俊胤、畠山武道『税法入門（第 6 版）』（有斐閣選書）（平成18年）

金子宏、佐藤英明、増井良啓、渋谷雅弘『ケースブック租税法（第 4 版）』（弘文堂）（平成25年）

川田　剛『基礎から学ぶ法人税法（六訂版)』（大蔵財務協会）（平成25年）

川田　剛『国際課税の基礎知識（九訂版)』（税務経理協会）（平成23年）

川田　剛『基礎から身につく国税通則法』ほか「基礎から身につくシリーズ」（大蔵財務協会）

岸田貞夫『税法条文解釈の基礎知識』（税務経理協会）

北野弘久『税法学原論（第 6 版）』（青林書院）

北野弘久『納税者の権利』（岩波新書）

木村弘之亮『租税法総則』（成文堂）

清永敬次『税法（第 5 版)』（ミネルヴァ書房）（平成10年）

五味雄治編『現代租税要論』（税務経理協会）（平成11年）

小山廣和『税財政と憲法（イギリス近・現代の点描)』（有信堂）（平成15年）

芝池義一、田中治、岡村忠生『租税行政と権利保護』（ミネルヴァ書房）（平成 7 年）

新川浩嗣編『図説　日本の税制』（財経詳報社）（平成21年）

田中二郎、雄川一郎『租税法』（第一法規）（昭和54年）

谷口勢津夫『租税条約論』（清文社）

団藤重光『法学の基礎（第 2 版）』（有斐閣）（平成19年）

東京弁護士会『法律家のための税法』（第一法規）

中里実、弘中聡浩、渕圭吾、伊藤剛志、吉村政穂『租税法概説』（有斐閣）（平成
　23年）

畠山武道、渡辺充『新版租税法』（青林書院）（平成12年）

林　修三『法令解釈の常識』（日本評論社）

藤井大輔、木原大策『図説 日本の税制』（財経詳報社）（令和 2 ～ 3 年）

三ケ月章『法学入門』（弘文堂）（平成13年）

水野　勝『租税法』（有斐閣）

水野　勝『税制改正50年（回顧と展望）』（大蔵財務協会）

水野忠恒『租税法（第 5 版）』（有斐閣）（平成23年）

村井　正『租税法（理論と政策）（第 3 版）』（青林書院）（平成14年）

宮澤俊義『世界憲法集』（岩波文庫）（昭和58年）

山田二郎『租税法講義（第 2 版）』（信山社）（平成13年）

山田二郎『実務租税法講義（憲法と租税法）』（民事法研究会）（平成17年）

『図解シリーズ』大蔵財務協会（平成28年）

国税庁ホームページ（含む国税不服審判所）

財務省ホームページ（特に税制調査会関係）

『注解所得税法（六訂版）』（大蔵財務協会）（平成31年）

『国税徴収法精解』（大蔵財務協会）（平成30年）

『シャウプ使節団・日本税制報告書（Report of Taxation by the Shoup Mission.
　Tokyo. GHQ）（シャウプ勧告）』（昭和24年）

『シャウプ使節団・第 2 次日本税制報告書』（昭和25年）

『シャウプ勧告とわが国の税制』（日本租税研究協会）

『租税便覧（平成22年版）』（税務研究会出版局）

海外文献（本書で引用したもののみ）

A. Smith "An Inquiry into the nature and cause of the wealth of Nations"

Irving Fisher "The nature of capital and Income" London. Macmillan 1906.

Robert Haig "The concept of Income Economics and Legal Aspects" Columbia Univ. Press 1921.

Edwin R. A. Seligman "The Shifting and Incidence of Taxation" Columbia Univ. Press

Joseph E. Stiglitz "Economics of the Public Sector" 2nd ed. 『邦訳：公共経済学』（東洋経済新報社）

J. R. Hicks "Value and Capital : An Inquiry into some Fundamental Principles of Economic Theory, 2nd Ed." Oxford Univ. Press 1946

M. Scholes, M. A. Wolfson, N. Erickson, E. Maydew, T. Shevlin "Taxes and Business Strategye（3rd Ed.）" Poason Prentice Hall

M. Krzyzaniak and R. A. Musgrave "The shifting of the Corporation Income Tax" Johns Hopkins Press

Thomas M. Cooley "The Law of Taxation" Clark. A. Nichols ed. 4th ed.

Ken Messere "Tax Policy in OECD countries" IBFD

Camilla A. Watson "Tax Procedure and Tax Fraud" Thomson West 2006

『OECD Taxpayers Rights and Obligations』（OECD 出版局）

『OECD Harmful Tax competition』（〃）

『OECD Base Erosion and Profit Shifting』（〃）

〔索　　引〕

〔五十音索引〕

あ

アウトバウンド取引 …………235, 243
青色申告 ………………………………377
青色申告の承認申請書 ………………378
青色申告の特典 ………………………378
青色申告の要件 ………………………377
青色申告をすることができる
　　納税者 ………………………………377
アダム・スミス…………………………19
アダム・スミスの4原則 …………19, 22
圧縮記帳………………………17, 171, 178
後入先出法………………………………56
アドルフ・ワグナー（Adolf H. Wagner）
　………………………………………20
アルコール分 …………………………274

い

「以下」…………………………………423
「以後」…………………………………423
遺言執行者 ……………………………195
遺言書 …………………………………203
遺産（estate）……………………………4
遺産課税方式 …………………………193
遺産管理人 ……………………………195
遺産取得課税方式 ……………………193
遺産総額 ………………………………207
遺産相続及び贈与税に関する条約 …249
遺産の調査・評価 ……………………205
遺産分割協議書 ………………………203

「以上」…………………………………423
「以前」…………………………………423
遺族年金等 ……………………………121
一時所得 …………………………119, 134
一部認容…………………………………68
一括比例配分方式 ……………………228
一種の委任立法…………………………60
一定の補償金 …………………………143
一般会計歳出予算 ………………………8
一般会計歳入総額 ………………………9
一般会計歳入予算 ………………………9
一般管理費 ……………………………170
一般消費税 ……………………………215
一般調査 ………………………………329
一般通達…………………………………64
一般的特色 ………………………………25
一般道……………………………………82
一般に公正妥当と認められる
　　会計処理の基準……………………77
一般法 ……………………………………73
偽りその他不正な行為 ………………323
移転価格課税 …………………………260
移転価格税制 …………………………255
「以内」…………………………………423
委任命令 …………………………………56, 72
医療費控除 ……………………………139
インカム・アプローチ ………………270
印鑑証明書 ……………………………203
印紙収入…………………………………6, 11
印紙税 …………………………………276
印紙税法…………………………………53

印紙不消印 ……………………344
印紙不貼付 ……………………344
インセンティブ …………………4
インターネット …………………265
インバウンド取引 ………………235
隠蔽 ……………………………104
隠蔽されている真の法律行為 ……105
インボイス方式 …………………215

う

ウイスキー ……………………274
受取配当益金不算入 ……………246
受取配当から控除する負債利子の
　計算………………………………88
受取配当等の益金不算入 …………171
有徳銭………………………………28
売上原価 …………………170, 257
運上………………………………28
運搬………………………………27

え

永久税……………………………16
永久税主義………………………17
永久措置…………………………17
英東インド会社…………………38
益金算入項目 ……………………164
益金不算入 ……………………246
益金不算入項目 …………………164
エジプト…………………………27
えだち……………………………27
閲覧請求 ………………………389
閲覧請求権 ……………………389
江戸幕府…………………………28
延滞税 …………………………331

延滞税及び利子税の免除規定 ………360
延滞税特例基準割合 ……………333
エンティティ・アプローチ …………270
延納 …………………205, 349, 355
延納制度 ………………………211

お

応能課税の原則 …………………404
大島訴訟 …………………………5
沖縄国税事務所 …………………365
「及び」 …………………………419
卸売売上税 ……………………215
卸売業 …………………………253
卸売業者…………………………13

か

海外支店等 ……………………243
海外投資等損失準備金 …………178
外貨建取引の換算等 ……………171
外局 ……………………………365
会計課 …………………………368
会計学 ………………………35, 36
会計学等との関係………………35
会計科目…………………………36
会計期間 ………………………186
会計参与…………………………89
外形基準 ………………………294
外形上明らか……………………93
外国課税貨物 …………………223
外国貨物 ………………223, 265
外国から国内に到着した貨物 ………223
外国為替差損益 …………………253
外国関係会社 …………………251, 252
外国子会社 ……………………246

外国子会社合算税制 …………………252
外国子会社配当益金不算入制度 ……246
外国税額控除制度 ………………243, 245
外国税額控除方式 ………………243
外国税額損金算入方式 …………243
外国政府に納税した外国法人税 ……244
外国租税の徴収共助 ………………268
外国大使館の外交官等………………75
外国法人 …………………………240
外国法人税…………………………95, 244
外国法人の支店 …………………260
外国又は国際機関………………………75
解散 …………………………………186
外資系内国法人 …………………260
解釈規定………………………………84
会社単位での合算課税 …………251
会社の設立………………………35, 163
会社の設立登記 …………………163
会社法……………………………………35
外税控除限度額 …………………245
外税控除余裕枠 …………………245
「該当する」………………………439
改廃・削除……………………………72
外部からのコメント…………………57
買戻特約………………………………94
買戻特約付の財産の譲渡………………94
下院………………………………………32
下院歳入委員会（House Ways and
　Means Committee）…………31, 32
下院総会………………………………31
「……価額による」………………439
「係る」………………………………427
下級裁判所 ………………………392
閣議…………………………………29

各事業年度の所得 ………………169
各種学校………………………………60
各種準備金の積立額の損金算入 ……378
各種所得 …………………………130
各省大臣………………………………55
各人の算出税額 …………………207
各人の納付税額 …………………207
各税に共通する税法……………………53
拡張解釈………………………………92
確定決算 ………………………169, 186
確定決算主義 ……………………186
確定申告 ………………………144, 186
確定申告書 ……………………186, 231
確定申告不要 ……………………148
確定手続 …………………………310
確認規定………………………………84
確立された国際法規……………………71
学理的解釈 ……………………81, 87
過去の税 ……………………………6, 7
加算税 …………………………312, 336
家事使用 …………………………221
家事消費 …………………………221
貸倒れに係る消費税額 …………228
貸付金債権 ………………………264
貸付金利子 ……………………238, 242
果実酒 ……………………………275
過少資本税制 ……………………260
過少申告加算税 …………………331
ガス税 ……………………………215
「科する」…………………………422
「課する」…………………………422
課税遺産額 ………………………207
課税遺産総額 …………………200, 201, 203
課税売上高 ………………………227

課税価格 ……………………199, 210
課税価格の合計額 ……………207
課税期間 ……………217, 227, 314
課税客体 ………………9, 300, 403
課税繰延べ ……………………178
課税形態 ………………………301
課税権 …………………………3
課税原則…………………………22
課税権の主体 …………………9
課税財産 ………………189, 199
課税最低額 ……………………207
課税山林所得金額 ……………140
課税仕入高 ……………………227
課税事業者届出 ………………232
課税資産の譲渡等 ……………222
課税自主権………………………38
「課税しなくて差し支えない」………440
課税主体 ………………………9
課税所得金額 …………170, 246
課税処分取消訴訟 …………34, 67
課税総括課 ……………………371
課税総所得金額 ………………140
課税対象 ………………………403
課税対象金額 …………………254
課税対象取引 …………………220
課税退職所得金額 ……………140
課税単位 ………………………119
課税当局による解釈通達……………99
課税取引 ………………………226
課税の公平…………………22, 24, 90
課税の十分性……………………22
課税の対象 ……………………226
課税の弾力性……………………22
課税の範囲 ……………………289

課税の普遍性……………………22
課税の便宜性……………………22
課税の明確性………………20, 22
課税標準…56, 130, 169, 227, 300, 304, 403
課税標準申告 …………………313
課税部 ………………………369, 371
課税物件………………………56, 403
課税物件表 ……………………276
課税物品…………………………93
課税文書 ………………………276
課税要件法定主義………………41
課税要件明確主義………………41
課税留保金額 …………183, 184
仮装行為 ………………………104
仮装的行為 ……………………105
ガソリンカー……………………41
過大支払利子税制 …………236, 261
過怠税 ………………………313, 344
過大役員給与 …………………164
合衆国憲法第 1 条第 8 節①……………49
合衆国憲法第 1 条第10節②……………49
合衆国憲法修正第16条（1913年）……49
合衆国の債務の弁済……………………49
合併による解散 ………………186
合併・分割………………………35
家督相続 ………………………193
寡婦控除 ………………………139
株式交換…………………………35
株式合資会社 …………………161
株式等譲渡所得割 ……………291
株式等に係る譲渡所得等の金額
……………………140, 154
株主 ……………………………163
株主資本等変動計算書 ………163

株主総会 ……………………163, 186

株主総会（社員総会）………………187

株主総会の承認 ………………………169

株主配当 ………………………………163

貨幣経済………………………………28

鎌倉幕府………………………………28

紙巻たばこ ……………………………301

貨物割 …………………………………305

仮決算 …………………………188, 232

科料 …………………………………3

簡易課税制度 …………………………224

簡易課税方式 …………………………228

簡易調査 ………………………………329

換価 ……………………………………356

換価の禁止 ……………………………390

換価の制限 ……………………………360

換価の猶予 ……………………356, 359

官業収入 ………………………………3

環境性能割 ……………………………296

監査役 …………………………………89

監事……………………………………89

ガーンジー島 …………………………6

慣習法………………………………65, 101

「関する」……………………………427

関税……………………11, 25, 49, 281

関税課税価格（C. I. F)………………227

関税局 …………………………………366

関税自主権……………………………10

関税率…………………………………10

完成工事原価 …………………………170

間接外国税額控除 ……………………244

間接課税形態…………………………18

間接強制 ………………………………325

間接税………………………………10, 215

鑑定評価………………………………66

還付……………………………………51, 144

還付加算金 ……………………………336

還付金…………………………………164

還付金等の益金不算入 ………………171

還付所得事業年度の所得金額 ………182

還付所得事業年度の法人税額 ………182

還付を受けるための申告書 …………315

簡便性（simplicity） ………………24

「官報」………………………………426

甘味果実酒 ……………………………275

管理運営課 ……………………………369

管理支配基準 …………………………253

き

議員提案………………………………31

議会……………………………………31, 57

議会の承認……………………………57

議会の専権事項………………………29

「期間」………………………………427

期間（限定）税………………………16

棄却……………………………………389

企業会計上の利益金額 ………………170

企業間取引 ……………………………226

企業組合の名による事業の収益 ……129

企業単位の合算課税 …………………252

「期限」………………………………429

期限後申告 ……………………314, 315, 349

期限後申告書 …………………………315

期限内申告 ……………………314, 315, 349

期限内申告書 …………………………315

起算 ……………………………………428

汽車……………………………………41

技術的、専門的事項…………………56

基準期間 ……………………224
基準法人税額……………………10
規制逃れ ……………………251
規則案………………………44
帰属所得（imputed income）………116
帰属地代 ……………………117
規則等………………………57
帰属家賃……………………117
基礎控除 ……………………139, 207
基礎控除額 ……………………200, 209
基礎的財政収支 ……………8
帰着（incidence）……………14
議定書（Protocol）………………249
機能………………………93
揮発油税 ……………………11, 15, 277
揮発油税法……………………53
寄附金 ……………………164
寄附金控除 ……………………139
寄附金の損金不算入 ……………171
基本通達……………………63
基本的課税権……………………25
却下 ……………………389
キャピタルゲイン課税 ……………269
キャンピングカー……………………93
旧刑法………………………41
旧憲法（明治22年）……………49
旧ドイツ租税通則法（Reichsabgabe-
　nordnung）……………………4
給付義務 ……………………4
給与収入 ……………………132
給与所得 ……………………119, 133
給与所得控除額……………………133
給与その他人的役務の提供に対する
　報酬等……………………238

給与労働力課税……………………13
狭義の繰上請求 ……………354
競合的立法権……………………50
供述拒否権……………………37
供述拒否権の保護……………………37
行政救済 ……………………384
行政コスト ……………………367
行政事件訴訟……………………34, 392, 393
行政事件訴訟法………54, 384, 392, 393
行政上の簡潔さ ……………………21, 23
行政制裁……………………313
行政先例法……………………101
行政争訟 ……………………383
行政争訟制度……………………383
行政訴訟……………………392
行政訴訟法……………………34
行政庁間の事務取扱……………64
強制調査 ……………………37, 329, 369
強制徴収手続 ……………………349
強制的 ……………………3
強制的に徴収 ……………………3
行政手続法……………………34
行政罰……………………37
行政不服審査法……………54, 384, 388
行政法……………………34
競争用自動車……………………82
共通化傾向……………………25
共通法……………………52
協同組合等 ……………………167
共同相続人 ……………………194
共同の防衛……………………49
漁獲から生じる所得 ……………143
虚偽表示……………………35, 105
居住者 ……………………122

居住制限納税義務者 ·····················263
居住無制限納税義務者 ···············263
居住地国 ·······································245
居住地国移転 ·····························269
挙証責任 ·······································394
拒否権（Veto）·······························31
銀行業 ···253
金銭的支配関係 ·························256
近代税制 ···5
均等割 ···298
均等割額 ·······································290
金納制度 ···27
禁反言の原則 ·····························103
金融機関に対する預貯金等 ···········264
金融商品取引業 ·························253
勤労学生控除·····························60, 139

く

クーリー（T. M. Cooley）·················4
公事···28
国別ファイル ·····························270
国別報告書（国別報告事項）(cbc レポート）·······································260
組合契約 ·······································238
倉役···28
繰上請求 ·······································354
繰上保全差押 ·····················310, 354
繰越欠損金 ···································171
繰延資産 ·······································171
繰戻し ···138
グルーピング·································56
グループ通算制度 ···················167
クルチザニアック···························14
軍役サービス ·····································5

軍役免除の対価 ·································5
訓示規定·································86, 409
訓令・通達································60

け

経営承継相続人 ·························205
経営成績 ·······································176
経営に従事している者··············89
経過措置···56
経過措置等·······································53
景気安定化·······································24
景気安定効果·································24
景気の調整·······································39
軽減課税 ·······································120
軽減税率 ·······································217
経済活動基準 ·············251, 253, 255
経済協力開発機構（OECD）·········248
経済効率···23
経済の安定と成長·························23
形式審理 ·······································388
形式的効力·······································72
形式的効力の原則 ···············69, 71
刑事訴訟法·······································37
軽自動車税 ···································301
刑訴法···37
刑罰規定···37
刑罰権 ···3
刑法総則···37
刑法等との関係·····························36
契約···35
契約者配当金 ·····························171
契約締結代理人等 ···················262
軽油引取税·······················15, 297
決算···35

決算調整 ……………………164

血税 ……………………………5

欠損金の繰越控除 ……………182

欠損金の繰戻還付 ……………182

欠損事業年度の欠損金額 ……182

決定 ………………314, 320, 389

決定通知書 ……………………321

決定の除斥期間満了 …………314

検見法……………………………28

原価基準法 ……………………258

減額更正 …………318, 319, 406

減額更正処分 …………………257

減価償却 ………………………171

現況調査 ………………………329

現金等の管理状況確認調査 …329

権限（sovereignty）……………4

権限ある当局 …………………260

元寇………………………………28

原稿、作曲の報酬 ……………143

現在の税 …………………………6

「減算する」 …………………422

原始証ひょう類確認調査 ……329

原処分庁 …………………385, 388

建設工事現場等 ………………262

建設公債 …………………………9

建設 PE ………………………262

源泉選択課税 …………………114

源泉地国 ………………………245

源泉徴収 ………………………351

源泉徴収義務者 …………352, 404

源泉徴収による国税 …………351

源泉分離課税…………………74, 145

減損会計…………………………36

現地法人 ………………………257

限定的に解釈……………………95

限定列挙…………………………85

原動機付自転車 ………………301

現物確認調査 …………………329

現物出資等 ……………………221

現物税……………………………27

現物納付制度……………………27

憲法………………………38, 46, 48

憲法41条…………………………29

憲法59②、60②…………………29

憲法61で60②を準用……………33

憲法72条…………………………29

憲法73……………………………57

憲法73三…………………………33

憲法98② …………………………59, 71

憲法第14条第 1 項………………50

憲法第29条………………………50

憲法第73条第 6 号………………55

憲法第76条第 1 項及び第 2 項 ………392

権利章典（Bill of Rights 1689年）

　　……………………………38, 52

権利請願（Petition of Rights 1628年）

　　……………………………38, 50

権利宣言…………………………50

権利の濫用…………………35, 106

原料用アルコール ……………275

こ

「後」……………………………423

公益財団法人 …………………167

公益的な目的 …………………121

公益法人等 ……………………167

公益法人等に対する寄附金……60

交換公文（Exchange of Notes）……249

恒久的施設 ……………………237, 240

恒久的施設(PE) ……………………262

恒久的施設（PE）認定の人為的回避
　の防止 …………………………271

公共事業 ………………………………8

公共の需要（needs） ………………4

公共法人 …………………………167

航空運送業 ………………………253

航空機貸付業 ……………………253

航空機燃料税 ……………………279

航空機燃料税法…………………53

鉱区税 ……………………………297

抗告訴訟 …………………………393

公債 ……………………………6, 264

公債金 ……………………………9

交際費等 …………………………164

交際費等の損金不算入 …………171

交際費の損金不算入制度…………17

鉱産税 ……………………………302

公示…………………………………60

公社債利子 ………………………126

「控除する」……………………422

公序良俗…………………………35

公正…………………………………23

更正 ……………………………317, 319

構成員 ……………………………160

構成員課税 ………………………160

更正・決定の除斥期間 …………323

公正性（equity） ………………24

更正請求書 ………………………318

合成清酒…………………………275

公正妥当な会計処理 ……………169

更正通知書 ………………………321

公正の原則………………………20, 22, 24

更正の請求…………74, 314, 317, 319, 407

更正の請求期限 …………………314

鉱泉浴場…………………………302

控訴 ………………………………395

拘束を受ける者…………………57

公聴会（Public Hearing）…………31

公的見解 …………………………105

公的年金所得 ……………………132

公的年金等 ………………………238

公的年金等控除額 ………………134

後転（backward shifting）…………13

合同会社 …………………………168

後発的事由 ………………………317

「公布」……………………………426

交付税……………………………18

公布即日施行……………………76

交付要求 …………………………356

公平……………………………………23

公平性………………………………23

公平の原則（equality） …………19, 22

公平負担…………………………47

公法上の団体 ………………………5

合法性原則…………………………41

合法的逋税………………………91

後法優先の原則（後法は前法を破る）
　………………………………59, 69, 72

小売売上税（地方税）…………215, 229

小売業者……………………………13

効率性（efficiency）………………24

効力規定…………………………86, 409

「超える」…………………………423

国外関連者 ………………………256

国外財産調書 ……………………267

国外事業者………………………222

国外支配株主等 ……………………260
国外所得対応部分 …………………245
国外所得免税方式 …………………243
国外送金等調書 ……………………268
国外送受金 …………………………268
国外で発行された公社債等の利子 …146
国外転出時課税制度 ………………269
国外転出者 …………………………268
国外転出者に対するみなし譲渡益
　課税制度 …………………………268
国外取引 ……………………………226
国債 ……………………………………6
国債又は地方債 ……………………264
国際課税 ……………………………235
国際観光旅客税 ……………………284
国際観光旅客税法……………………53
国際間の課税権の適正な配分 ………247
国際業務課 …………………………368
国際相続・贈与 …………………263, 264
国際的租税回避防止 ………………247
国際的な課税逃れ …………………269
国際的な租税回避 …………………247
国際的な租税問題の円満処理 ………247
国際的二重課税の排除 ………………247
国際取引に伴う消費税 ………………265
国債費 …………………………………8
国際法規……………………………59
告示 ………………………………59, 60
国税…………………………………9, 11
国税局 …………………………366, 371
国税債権の確保 ……………………357
国税債権の消滅 ……………………356
国税事務所 …………………………371
国税収納官吏 ………………………348

国税審査官 …………………………370
国税審判官 …………………………370
国勢調査……………………………49
国税徴収法 …………………53, 54, 357
国税庁（本庁）…………5, 365, 366, 368
国税庁ホームページ…………………67
国税通則法 ………37, 52, 53, 54, 357, 384
国税の収納機関 ……………………348
国税の収納を行う代理店 ……………348
国税の保証人 ………………………348
国税の優先権 ………………………357
国税の優先権の制限 ………………360
国税犯則取締法 ……………………37, 54
国税副審判官 ………………………370
国税不服審判所 ………366, 370, 386
国税不服審判所長 …………………386
国税不服審判所の改革 ………………387
国籍主義 ……………………………237
告知書 ………………………………353
国内源泉所得………………97, 168, 240
国内取引 ……………………………226
国内における支払の取扱者 …………146
国内払 ………………………………124
国富論（An Inquiry into the Nature
　and Causes of the Wealth of
　Nations）（1776）………………19
国民経済上の原則 ………………20, 22
国民健康保険税 ……………………303
国有財産 ……………………………7
国有財産売却 …………………………3
国連世界人権宣言……………………40
国連モデル条約（U.N. Model Tax
　Convention）…………………249
個人課税課 …………………………369

個人からの贈与等 ……………………121
個人住民税 ……………………………298
個人所得課税の国際比較 ……………113
個人単位課税 …………………………114
個人的事情 ……………………………139
個人的事情の考慮 ……………………191
戸籍の謄本 ……………………………203
古代 ……………………………………27
古代王朝………………………………27
国会の承認（批准）…………………33
国家行政組織法………………………59
国家財政の確保 ………………………176
国家主義………………………………20
国家の維持及び活動に必要な経費……39
国家の財政需要………………………39
国権の発動 ……………………………3
国庫補助金 ……………………………178
固定資産税 ………………11, 18, 288, 299
固定資産税の価格に関する審査申出
　　………………………………………391
固定資産の貸付対価 …………………253
「……ことができる」…………………435
「……ことができるものとする」……436
「ことに取り扱う」…………………438
誤納 ……………………………………311
「この限りでない」…………………418
５分５乗計算 …………………………142
個別消費税 ……………………………215
個別消費税額 …………………………227
個別税法………………………52, 53, 54
個別対応方式 …………………………228
個別通達………………………………63
個別物品税……………………………25
個別法…………………………………56

個別輸入税……………………………49
コメに対する高率関税 ………………282
コメンタリー …………………………248
小物成…………………………………28
コモンロー（慣習法）………………66
固有概念………………………………78
ゴルフ会員権等の譲渡 ………………146
ゴルフ場利用税…………………18, 296
「これを認める」……………………437
婚姻……………………………………96
混成酒類 ………………………………275
墾田永年私財の法……………………28
コンプライアンス ……………………312

さ

災害減免法 …………………………52, 53
財貨・サービス ………………………265
財貨・サービス税（付加価値税）……229
罪刑法定主義 ………………………40, 91
裁決……………………………………389
裁決書…………………………………389
裁決事例集……………………………68
裁決例…………………………………68
債権……………………………………35
財源調達（raise revenue）…………24
債券利子等 ……………………………242
最高裁大法廷…………………………39
最高裁判所 ……………………………392
最高裁判所規則………………………71
再更正 …………………319, 323, 407
最高税率………………………………113
財産権…………………………………48
財産権の保障…………………………48
財産債務調書 …………………………153

財産税………………………14
財産調査………………329
財産の名義変更………209
財産評価基本通達………66
最終要納付税額…………185
最少徴税費の原則（contriveds as
　little as possible）………20, 22
最少徴税費への努力……20, 22
財政学……………………35
財政学、会計学等との関係………35
財政政策上の原則………20, 22
再調査の請求…………385, 387
最低生活費の考慮………191
最低税率…………………113
歳入庁……………………367
歳入庁の設置……………367
歳入通達…………………44
歳入手続…………………44
裁判所の許可状…………328
再販売価格基準法………258
債務………………………207
財務局……………………366
財務省……………………57
財務省規則………………44
財務省主税局……………29
財務諸表論………………36
細目的事項………………56
裁量的判断………………39
酒屋役……………………28
先入先出法………………56
先物取引…………136, 140, 155
錯誤………………………35
鎖国………………………28
査察調査………………37, 328

差押え……………………356
差押換えの請求…………358
差押財産の使用・収益の容認………360
差押えの制限……………360
差押えの猶予……………359
雑酒………………………275
雑所得…………………119, 134
雑損控除…………………139
雑損失……………………138
砂糖消費税………………215
サブチャプターS法人………160
「妨げない」……………419
差率税率…………………404
参加差押え………………356
参議院……………………29
参考人……………………388
暫定規則…………………57
暫定税率…………………278
3年以上にわたる不動産等の貸付け
　による権利金…………143
山林所得…………………119, 133

し

仕入税額控除……………265
仕入税額控除方式………216
資格取得費………………133
時価評価損益……………171
時間的適用範囲…………75
時間的範囲………………75
事業活動に付随して行われる取引…221
事業基準…………………253
事業支配関係……………256
事業者……………………305
事業者が行う取引………226

事業所税 ……………………303
事業所得 ……………119, 133, 238
事業税 …………………11, 293
事業として行う ………………221
事業年度 ………………………186
事業の広告宣伝のための賞金 …238, 242
事業の用に供されていた土地………93
事業報告書 ……………………163
資源の適正配分…………………39
「施行」 ………………………426
「時効」 ………………………429
時効の「中断」………………430
時効の「停止」………………430
四公六民………………………28
自己賦課（Self-Assessment）………311
資産課税…………………………13
資産課税課 ……………………369
資産税…………………………15
資産の運用・保有 ……………238
資産の譲渡………………77, 238
資産の譲渡等 …………………226
資産の譲渡等に類する行為 …………221
資産の所得 ……………………238
資産の低額譲渡 ………………136
資産の販売 ……………170, 172
資産の評価益 …………………164
資産の評価益の益金不算入 ……171
資産の評価損の損金不算入 ……171
資産流動化法 …………………166
事実関係…………………………98
四十九日法要 …………………205
自主納付 ………………………349
私人間の経済取引活動…………34
私人による公法行為 …………317

事前確認制度 …………………260
事前通告 ………………326, 329
事前通知 ………………………325
「……した金額による」……………439
示達………………………………62
自治体 …………………………367
市中銀行 ………………………350
市町村税…………………9, 11, 289, 298
市町村たばこ税 ………………301
市町村に対する交付 …………305
市町村民税 …………………10, 11, 289, 298
執行………………………………26
執行委任 ………………………163
執行通達 …………………62, 63
執行停止との関係 ……………394
執行停止の申立て ……………394
執行の重要性……………………26
執行不停止………………390, 394
執行役…………………………89
実質課税の原則（Substance over Form
　　Doctrine 又は Economic Substance
　　Doctrine）……………101, 102, 106
実質所得者課税の原則………89, 127, 412
実質審理 ………………………388
実施命令…………………………56
実体基準 ………………………253
実費弁償的性格 ………………121
質問検査権………………………52, 324
指定保税地域 …………………223
私的自治の原則…………………91
支店利益税（Branch Profit Tax）…70
支店 PE …………………………262
地頭………………………………28
自動車重量税 …………………281

自動車重量税法……………………53
自動車税………………………11, 296
自動的情報交換……………………267
自動的に確定………………………311
使途秘匿金………………17, 183, 184
「しなければならない」…………415
自発的…………………………………3
自発的情報交換……………………267
支払確定日…………………………246
支払調書……………………………153
支払配当の損金算入………………160
私法……………………………………35
司法救済（訴訟）………………34, 384
司法権………………………………392
死亡退職金…………………………207
死亡届………………………………205
私法との関係………………………34
死亡保険金…………………………207
資本金………………………………163
資本金の額…………………………184
資本等取引………………170, 172, 174
資本持分……………………………261
資本割………………………………294
事務運営指針…………………………63
社員総会……………………………187
シャウプ勧告…16, 27, 114, 158, 365, 375
社会政策……………………………139
社会政策的配慮……………………121
社会保険事務所……………………367
社会保険庁…………………………367
社会保険料…………………………367
社会保険料控除……………………139
社会保障………………………………8
借用概念………………………………78

借用概念の解釈………………………79
社債、株式又は出資………………264
社債発行差益………………………164
収益事業……………………………167
収益事業から生じた所得…………168
収益の額……………………………172
重加算税…………………………36, 342
従価税…………………………………15
従価税率……………………………404
衆議院…………………………………29
衆議院先議………………………29, 33
重罪……………………………………37
私有財産………………………………50
自由裁量………………………………60
自由人…………………………………40
自由心証主義…………………………99
修正申告……………………314, 315, 349
修正申告書…………………………315
収奪……………………………………3
収得税…………………………………14
収入割………………………………294
州法に準拠して設立された法人……161
住民税………………………………289
従量税…………………………………15
従量税率……………………………404
縮小解釈………………………………94
主計局………………………………366
趣旨規定………………………………84
酒税………………………………11, 274
主税局………………………………366
酒税の税率…………………………275
酒税法…………………………………53
受託…………………………………367
出国時の譲渡所得課税の特例………269

出国税 ……………………………269

出張旅費等 ……………………121

出入国管理法 …………………263

受動的所得 ……………251, 253

受動的所得の合算課税 ……253, 255

取得者の一生を通ずる累積課税方式
　………………………………193

受忍義務 ………………………325

守秘義務 ………………………330

種別割 …………………………296

主要国における相続税と贈与税
　との調整 ……………………195

主要国における配偶者の存在を考慮
　した税制上の仕組み等の概要 ……114

主要国の付加価値税の概要 ………217

主要税目別税収見積りと構成比………11

準確定申告 ……………………205

純資産増加説 …………………118

純支払利子 ……………………261

純損失 …………………………138

純損失の繰戻し還付 …………131

純損失又は雑損失の繰越控除 ………131

準備金………………………17, 178

「準用する」……………………413

上位法令優先の原則 ……………69, 71

上院（Senate）…………………32, 33

上院財政委員会（Senate Finance
　Committee）…………………32

荘園………………………………28

障害者控除 ……………139, 203, 207

障害者等の保護 ………………121

小規模企業共済等掛金控除 ………139

小規模法人企業等 ……………161

償却の特例制度…………………178

償却費 …………………………171

上下両院…………………………33

上告 ……………………………395

上場株式等に係る配当所得等の金額
　………………………………154

少数意見…………………………93

醸造酒類 ………………………275

譲渡 ………………………………35

譲渡所得 ………………………119, 134

譲渡担保…………………………94

「譲渡」の時期 …………………77

譲渡割 …………………………304, 305

消費税……………………9, 11, 14, 25, 214

消費税額と納付回数 ……………232

消費税室 ………………………369

消費税の確定申告の期限 …………231

消費税法…………………………53

商法………………………………35

情報公開法………………………68

情報交換 ………………………236

正味課税遺産額 …………………207

定免法……………………………28

使用目的…………………………93

剰余金の配当 …………………221

譲与税……………………………18

将来の税 …………………………6

条理解釈…………………………90

蒸留酒類 ………………………275

使用料等…………………238, 242

省令（施行規則）………………54

条例………………………58, 286

所管事項の原則…………………69

所管法令優先の原則 …………69, 70

所見（observations）…………248

所在地国基準 ……………………253, 255
所掌事務……………………………62
除斥期間 ……………………………323
除斥期間の種類 ……………………323
ジョゼフ・E.スティグリッツ ………20
職権審理 ……………………………388
所得課税……………………………13
所得稼得者単位課税 ………………114
所得基準 ……………………………294
所得金額 ……………………………131
所得源泉地 …………………………167
所得控除 ……………………………138
所得（財産）の総合 ………………191
所得税 ……………………11, 25, 111
所得税額 ……………………………130
所得税速算表 ………………………141
所得税の補完機能 …………………191
所得税法……………………………53
所得税率表 …………………………141
所得に対する税……………………25
所得相応性基準 ……………259, 270
所得の海外移転 ……………………256
所得の還流 …………………………244
所得の帰属 …………………………127
所得の金額 …………………………169
所得の再分配………………………39
所得の総合 …………………119, 191
所得割 ……………291, 294, 298
所得割額 ……………………………290
所得割税額 …………………………303
初七日法要 …………………………205
処分 …………………………………319
処分の取消しの訴え ………………393
処分理由 ……………………………319

書類の添付 …………………………244
自力執行権 …………………………323
仕訳帳 ………………………………378
人格（persons）………………………4
人格のない社団……………………80
人格のない社団等…………………80, 167
信義誠実の原則……………………35, 103
新規設立法人 ………………………224
信義則 ………………………………103
信義則違反 …………………………105
人口算定……………………………49
申告 ……………144, 186, 204, 211, 231
申告がない者 ………………………323
申告期限の延長 ……………………187
申告調整 ……………………………174
申告納税制度 ………………204, 211
申告納税方式 ………………144, 311
審査請求書 …………………………386
審査請求人 …………………………388
人事課 ………………………………368
伸縮性………………………………23
新設法人 ……………………223, 232
人税…………………………………16
親族…………………………………80
信託業 ………………………………253
人的役務の提供事業 ………………238
人的役務の提供事業の対価 ……238, 242
人的会社 ……………………………161
人的支配関係 ………………………256
人的適用範囲………………………75
人的範囲……………………………75
臣民（議会）………………………50
信用金庫 ……………………………350
森林環境税 …………………………285

す

水運業 ……………………………253
推計課税 …………………107, 322
推計の必要性 ……………………322
随時税………………………………76
推定規定……………………………84
「推定する」………………………410
助郷役………………………………28
スケジュール方式 ………………120
スティグリッツの5特徴 ………20, 23
ストック・オプション……………35
スピリッツ ………………………275
「する」……………………………412
「することができる」……………417

せ

「税」…………………………………6
税関 …………………………365, 366
請求棄却 …………………………395
請求書等保存方式 ………………230
請求認容 …………………………395
税源…………………………22, 403
制限解釈 ……………………94, 96
税源浸食 …………………………269
制限税率 …………………………288
制限納税義務者 …………………197
税源流出と利益移転（B. E. P. S）……25
税効果会計…………………………36
税込経理方式 ……………………228
政策手段……………………………23
政策的判断…………………………96
清算人………………………………89
政治的責任…………………………23
清酒 ………………………………275

税収見積り …………………………10
性状…………………………………93
税制調査会…………………………30
製造業者……………………………13
製造業者売上税 …………………215
製造原価 …………………………257
税と社会保険料の賦課徴収 ……367
税に関する訴訟 ……………………5
税抜経理方式 ……………………228
「税」の意義…………………………3
税の機能……………………………24
税の減免……………………………52
税の特色……………………………25
税引手取額 ………………………146
政府（government）………………4
政府案………………………………29
政府税制調査会……………………29
税負担の公平 ……………………176
政府提案……………………………30
成文法 …………………………66, 68
税法科目……………………………36
税法上のペナルティ………………36
税務会計……………………………36
税務行政……………………………26
税務行政上の原則 …………20, 22
税務署………………………366, 373
税務署長の処分 …………………319
税務争訟 …………………………383, 384
税務訴訟 …………………………393
税務訴訟の特色 …………………393
税務大学校 …………………366, 370
税務代理 …………………………374
税務代理士法 ……………………375
税務代理人 ………………………265

索　引　461

税務調査手続……………………51, 324
税務調整 ……………………………164
税務当局間の情報交換 ……………267
生命保険契約に基づく年金等 …238, 242
生命保険料控除 ……………………139
税理士 ………………………………374
税理士会 ……………………………376
税理士資格 …………………………376
税理士試験…………………………36
税理士制度 …………………………374
税理士分科会 ………………………376
税理士法 ………………………375, 376
税理士法人 …………………………376
税率……………56, 217, 276, 305, 404
政令（施行令）……………………54
政令で定める事実…………………96
関銭…………………………………28
石油ガス税 …………………………278
石油ガス税法………………………53
石油石炭税 …………………………279
石油石炭税法………………………53
世帯単位課税（Ｎ分Ｎ乗方式）………114
世帯別平等割税額 …………………303
絶対的申告調整事項 ………………164
セリグマン …………………………3
ゼロ税率 ……………………………217
「前」………………………………423
全額控除 ……………………………228
全額（単純）累進税率 ……………404
前課税期間 …………………………232
戦国時代……………………………28
専修学校……………………………60
全世界所得課税 ……………………167
全世界所得（財産）課税方式………234

戦争の戦費調達手段 ………………112
専属的立法権………………………50
前転（forward shifting）……………13
専門技術的な判断…………………39
先例…………………………………67

そ

租 ……………………………27, 28
増額更正 ……………………………319
増額更正処分 ………………………257
総勘定元帳 …………………………378
葬儀 …………………………………205
送金 …………………………………124
総合課税……………………………73
総合課税となる譲渡所得 …………147
総合的な政策判断…………………39
総合保税地域 ………………………223
相互協議 …………………236, 257, 260
葬式費用 ……………………………207
総収入金額 …………………131, 133
総所得金額 …………………60, 134
増税の遡及適用……………………76
創設的効力…………………………65
相続…………………………………35
相続開始3年以内の贈与財産 ………207
相続財産の種類別価額の構成割合 …213
相続財産の所在地 …………………264
相続財産の評価方法………………43
相続時精算課税制度 ………189, 195, 205
相続税 …………………………11, 189
相続税の課税方式 …………………194
相続税の申告・納税 ………………205
相続税の総額 ………………201, 207
相続税の納税義務者 ………………197

相続税の納税猶予 ……………359
相続税法…………………………53
相続税率 ………………………202
相続放棄・承認 ………………205
相対的申告調整事項 …………164
送達共助 ………………………268
総務課 …………………………368
総務部 …………………………371
贈与税 …………………………189
贈与税額控除 …………………207
贈与税額の計算 ………………210
贈与税（暦年課税）の税率表 ………209
訴願前置主義……………………34
遡及して立法……………………42
遡及立法禁止の原則……………42
組織再編成 ……………………171
訴訟……………………34, 384, 392, 394
租税……………………………3, 5, 27
租税委員会（Fiscal Committee）…248
租税及び印紙収入 ………………9
租税回避 …………………………25, 35
租税回避行為 …………………104
租税権に基づく徴収 ……………3
租税減免規定……………………96
租税公平主義……………………45
租税債権の徴収 ………………348
租税裁判所 ……………………390
租税実体法………………………51
租税条約…………………59, 235, 247
租税条約実施特例法 …………268
租税条約に基づく情報交換 …………267
租税条約の役割 ………………247
租税条約の歴史 ………………247
租税条約濫用の防止 …………271

租税政策………………………23
租税政策学……………………36
租税争訟 ……………………384
租税争訟関連法……………………34
租税体系 ………………………9
租税手続法 …………………34, 51
租税転嫁論 ……………………3
租税特別措置法 ………………52, 53
租税の確定 …………………309
租税の経済学的側面…………36
租税の徴収 …………………348
租税犯……………………………37
租税犯に対する罰則………………52
租税負担の転嫁 ……………405
租税法………………………51, 54
租税法学者 ……………………4
租税法と隣接科学との関係………34
租税法の解釈適用上の一般原則 ……101
租税法の効力の及ぶ範囲………75
租税法の定立……………………39
租税法の法源 …………………35, 48
租税法の立法プロセス……………29
租税法律主義………38, 48, 53, 91, 94, 103
措置……………………………47
措置の政策目的………………47
その他の金融所得 …………253
その他の国内源泉所得 …………238
その他必要な帳簿 …………378
その年分の課税総所得金額に対する
　税額…………………………143
租・庸・調……………………27, 28
損益計算書 …………………163
損益通算 ……………………134
損益通算のできない損失 …………136

損益通算のできる損失 ……………136
損金算入限度額 ……………………262
損金算入項目 ………………………164
損金の額 ……………………………169
損金不算入額 ………………………262
損金不算入項目 ……………………164
損失 …………………………………131
損失の繰越控除 ……………………138

た

第一義的確定 ………………………314
第1種事業（卸売業）………………231
対応的調整 …………………………260
大化の改新 ………………………27, 28
対価を得て行う取引 ………………221
対価を得る …………………………221
大憲章（マグナ・カルタ）…………38
大綱…………………………………30
太閤検地……………………………28
第5種事業（サービス業等）………231
第三者 ………………………………348
第三者の権利尊重の諸制度 ………359
第三者の権利保護 ……………358, 359
第3種事業（製造業等）……………231
大使館内……………………………75
貸借対照表 …………………………163
代襲相続人 …………………………204
対象外国関係会社 …………………251
対消費者取引 ………………………226
退職所得 ………………………119, 133
退職所得控除額 ……………………133
退職手当金等 ………………………264
大臣官房 ……………………………366
滞調法………………………………71

大統領拒否権………………………32
第二次納税義務 ……………………358
第二次納税義務者 …………………348
第2種事業（小売業）………………231
滞納国税 ……………………………355
滞納者 ………………………………329
滞納処分 ………………………349, 355
滞納処分と強制執行等との手続の
　調整に関する法律…………………70
滞納処分に当たっての諸措置 ………359
滞納処分に関する権限 ……………357
滞納処分の執行の停止 ……………359
滞納処分の停止 ………………356, 359
代表なければ課税なし（no tax
　without representation）………17, 38
代物弁済 ……………………………221
太平洋戦争…………………………28
第4種事業（その他）………………231
第6種事業（不動産業）……………231
代理人 PE ……………………………262
ダウンロード ………………………265
宝くじの賞金 ………………………221
宝くじの当せん金等 ………………121
多国間協定の開発 …………………272
多国間執行共助条約 ………………268
多国籍企業情報の報告制度 ………259
多国籍企業による国際的租税回避 …267
多数意見……………………………93
「ただし」……………………………418
正しい税種の選択…………………22
多段階課税 …………………………215
タックス・プランニングの報告義務
　………………………………………272
タックス・ヘイブン対策税制 ………251

脱税…………………………………25
建物及びその附属設備………………95
棚卸資産 ……………………………171
棚卸資産の譲渡等……………………77
他人の所有物…………………………41
たばこ税 …………………11, 15, 283
たばこ税法……………………………53
短期の譲渡所得 ……………………140
単式蒸留焼酎………………………275
単純平均法……………………………56
担税者…………………………14, 405
担税力…………………………………47
担税力の減殺 ………………………139
担当審判官 …………………………388
担保提供 ……………………………355

ち

近い将来回復の可能性のないこと……95
地価税 ………………………………277
地価税法………………………………53
地球温暖化対策 ……………………297
地租改正 …………………………27, 28
秩序犯 ………………………………346
地方揮発油税 ………………………277
地方揮発油税法………………………53
地方公共団体…………………………58
地方交付税交付金等 …………………8
地方債 …………………………………6
地方消費税…………………………11, 304
地方譲与税……………………………18
地方税……………………9, 71, 229, 286
地方税に関する不服申立制度 ………390
地方税法……………………………51, 287
地方税法施行規則……………………72

地方税法施行令……………………72
地方税ポータルシステム（eLTAX）
　　………………………………318
地方法人税 …………………………283
茶の独占販売権………………………38
中間申告 …………………188, 232, 314
中間納付 ……………………………232
抽象的な納税義務 …………………311
中立性…………………………………23
調……………………………………28
懲役刑…………………………………37
超過差押え及び無益な差押えの
　禁止 ……………………………358, 360
超過所得 ……………………………114
超過累進税率 ……119, 140, 191, 209, 404
長官官房 ……………………………368
長期キャピタル・ゲイン …………120
調査課 ………………………………369
調査結果の説明 ……………………321
調査査察部 ……………………369, 372
徴収 …………………………………354
徴収課 ………………………………369
徴収共助 …………………………236, 268
徴収共助条約 ………………………247
徴収共助・送達共助に関する国内法
　の整備 ……………………………268
徴収権の時効 ………………………323
徴収・納税の猶予……………………51
徴収納付 ……………………………351
徴収納付義務者 ……………………351
徴収の緩和の制度 …………………359
徴収の繰上げ ………………………354
徴収の猶予 …………………………359
徴収部 …………………………369, 371

徴収面における納税者の保護 ………359
徴税コスト………………………………21
調整所得金額 …………………………143
調整所得金額に対する税額 …………143
調整法 …………………………………357
徴税費 …………………………………296
帳簿及び請求書等保存方式 …………215
帳簿調査 ………………………………329
直接因果関係のある費用 ……………132
直接課税形態……………………………18
直接税…………………………10, 13, 15
著作権の使用料 ………………………143
貯蓄奨励策 ……………………………121
直間比率の比較…………………………13
直系尊属 ………………………………212
直系卑属 ………………………………204
地理的範囲………………………………75

つ

通行税 …………………………………215
通算 ……………………………………119
通達………………………………………60
通達の特色………………………………64
「……次による」………………………433
積立金基準額 …………………………184
通夜 ……………………………………205

て

定額基準額 ……………………………184
低額譲渡 ………………………………209
低価販売 ………………………………257
定義規定…………………………………82
定期積金 ………………………………242
定期積金の給付補塡金等 ………238, 242

提供者 ……………………………………3
訂正申告 …………………………314, 316
低率課税 ………………………………168
適正な課税 ……………………………176
「適用」…………………………………426
「適用する」……………………………413
適用対象金額 …………………………254
適用の終了期限…………………………76
テクニカル・アドバイス ………………57
手続充足原則……………………………42
デリバティブ取引………………36, 171
デリバティブ取引損益 ………………253
転嫁（shifting）…………………………13
電気自動車 ………………………281, 297
電気税 …………………………………215
電源開発促進税…………………14, 280
電源開発促進税法………………………53
電子商取引課税 ………………………271
電子申告 ………………………………318
電磁的記録………………………………37
田畑永代売買禁止令……………………28

と

ドイツ旧租税調整法 …………………101
ドイツ連邦共和国基本法………………50
統一説……………………………………79
当該職員 ………………………………325
投下資本の早期回収 …………………178
当局による確定 ………………………319
当局への開示 …………………………106
同居親族合算課税 ……………………114
動産 ……………………………………264
投資事業有限責任組合 ………………166

投資事業有限責任組合契約に関する
　法律 ……………………………………166
投資信託及び投資法人に関する
　法律 ……………………………………166
投資法人 ……………………………160, 166
同族会社の行為計算否認規定…………42
到達ベース ………………………………323
道府県間の清算 …………………………305
道府県税…………………………9, 11, 289
道府県たばこ税 …………………………295
道府県民税………………………9, 11, 289
「同様とする」 …………………………414
登録免許税 ………………………………282
登録免許税法……………………………53
「時」 ……………………………………421
「とき」 …………………………………421
特異の性状、機能………………………93
独自性……………………………………25
独占販売権………………………………38
督促 ………………………354, 355, 356
特定外国関係会社 …………251, 252, 255
特定外国関係会社等合算税制 ………254
特定組合員 ………………………………136
特定支出 …………………………………133
特定支出控除 ……………………………133
特定同族会社 ……………………………184
特定納税義務者 …………………197, 263
特定納税義務者を除く …………………263
特定目的会社 …………………160, 166
特別控除 …………………………………132
特別裁判所 ………………………………392
特別償却…………………………17, 178
特別所得金額 ……………………………143
特別所得金額に対する税額 …………143

特別調査 …………………………………329
特別徴収義務者 …………………………291
特別土地保有税……………………18, 302
特別とん税………………………18, 282
特別法……………………………………73
特別法人事業税 …………………………284
特別法優先の原則 ………………69, 73
匿名組合（商法535）…………35, 78, 166
匿名組合契約 ……………………………242
匿名組合契約等に基づく利益の
　分配 ……………………………238, 242
独立価格比準法 …………………………258
独立企業間価格（Arm's Length
　Price） …………………………………256
独立税……………………………………16
独立説……………………………………79
独立代理人 ………………………………262
特例（申告期限の延長）………………187
特例公債 …………………………………9
都市計画税………………………14, 302
図書費 ……………………………………133
「とする」 ………………………………412
「……とする」 …………………………431
土地等の譲渡損に係る損益通算………76
土地等の譲渡対価 ………………………238
土地などを譲渡した場合の申告分離
　課税 ……………………………………147
届出義務 …………………………………233
富の再分配………………………………24
都民税 ……………………………………289
留置き ……………………………………326
トラスト …………………………………4
トランプ類税 ……………………………215
「取り扱う」 ……………………………438

「取り扱うことに留意する」…………438

「取締規定」……………………409

取締役……………………89, 163

取締役会 ……………………163

取引支配関係 ………………256

取引高税…………………215

取引単位営業利益法 ……………258

度量衡………………………28

とん税 ……………………282

な

内閣 ………………………33, 366

内閣総理大臣……………………29

内閣の職務 …………………55

内閣法…………………………55

内閣法制局……………………29

内国歳入通達…………………57

内国歳入手続…………………57

内国歳入手続規則……………………57

内国歳入法…………………57

内国消費税……………………10

内国税……………………10, 365

内国法人に係る特定外国子会社等の

　課税対象金額の益金算入 …………171

内部部局 ……………………368

「並びに」……………………419

南北戦争……………………10

に

二重課税の調整 ………………254

二重課税の調整措置 ……………158

二重課税排除 ………………236

日本親法人 ………………246

日本銀行………………164, 348

日本国が締結した条約………………71

日本国憲法……………………49

日本国籍 ………………263

日本臣民……………………49

日本年金機構 …………………367

日本の旧取引高税 ……………215

日本の消費税 ……………215

日本払 ………………124

日本版 L. L. P ………………166

入場税 ………………215

入湯税 ………………302

「……による」……………433

任意組合（民667）………………35, 166

任意調査 ………………325

認識………………………77

認識のタイミング………………77

認知の訴え…………………74

認容 ………………389

ね

年金制度改革 …………………367

年金の保険料 …………………367

年貢 ………………27, 28

の

納期限…………………56, 349, 353

納期限の延長 ………………232, 355

納期の特例 …………………353

納税環境整備小委員会 ……………108

納税緩和制度 ………………355

納税義務者……………………

　56, 122, 166, 197, 208, 220, 222, 223, 274,

　289, 304, 351

納税義務なし …………………168

納税義務の拡張 ……………………358
納税義務の確定 ……………………311
納税義務の確定手続 ………………321
納税義務の成立 ……………………309
納税義務の成立・確定………………51
納税義務の成立時期 ………………309
納税告知…………86, 321, 349, 353, 354
納税者の権利章典（Taxpayer's Bill
　of Rights）………………………108
納税者の権利章典（Taxpayers
　Charter）…………………………383
納税者の権利保護 …………………383
納税者の自発的協力（Voluntary
　Compliance）……………………312
納税者の事務負担 …………………305
納税者の保護 ………………………357
納税者の利益に変更…………………42
納税主体 ……………………………404
納税申告 ……………………………314
納税申告書 …………………………315
納税申告の性格 ……………………316
納税地 ………………………………128
納税なき仕入税額控除 ……………265
納税の猶予 ……………269, 310, 355
納税報奨金 …………………………107
納税猶予の特例 ……………………211
農地の生前一括贈与 ………………211
納付…………51, 144, 186, 204, 211, 348
納付手段 ……………………………349
納付書 ………………………………349
納付の請求 …………………………354
納付の方法…………………………56, 349
納付場所 ……………………………350
ノーベル経済学賞 ……………………3

ノーベル賞等 ………………………121
のりの採取から生じる所得 ………143

は

「場合」………………………………421
排気量 ………………………………301
配偶者…………………………………79
配偶者控除 …………………………139
配偶者控除の特例 …………………211
配偶者特別控除 ……………………139
配偶者の税額軽減 …………………207
配当 …………………………………253
配当可能利益 ………………………176
配当控除………………………………73
配当所得 ………………………119, 133
配当税額控除 ………………114, 158
配当等 …………………………238, 242
売買 …………………………………35
ハイブリッド車 ……………………281
ハイブリッド・ミスマッチ ………271
破産法 ………………………………357
パス・スルー課税 …………………160
罰金 …………………………………3
罰金刑………………………………37
発効…………………………………33
罰則 ………………………153, 325, 345
罰則規定……………………………37
発展途上国…………………………26
発泡酒 ………………………………275
発泡性酒類 …………………………275
犯則嫌疑者…………………………37
犯則調査 …………………………37, 328
反対解釈……………………………96
反対給付……………………………4, 221

判断のメルクマール……………………47
販売経費 ………………………………257
販売費 …………………………………170
反面調査 …………………………107, 329
判例………………………………………66

ひ

ビール …………………………………275
非永住者 …………………………122, 124
東日本大震災 …………………………288
非課税 ……………………………199, 217
非課税貨物 ……………………………226
非課税財産 ………………………207, 210
非課税所得 ……………………………126
非課税取引 ………………………225, 226
非関連者基準 ……………………253, 255
引当金 …………………………………171
非居住者 …………………………122, 236
非居住者に対する課税関係 …………238
非居住制限納税義務者 ………………263
非居住無制限納税義務者 ……………263
非事業用貸金の利子 …………………134
批准 ……………………………………33
非常勤役員 ……………………………440
被相続人 ………………………………204
被相続人の死亡から申告、納付まで
　の流れ ………………………………205
必要経費 ………………………………132
ひとり親控除 …………………………139
被保険者均等割税額 …………………303
評価減………………………………………96
評価困難な無形資産取引 ……………270
評価損………………………………………96
評価損の計上………………………………95

評価対象………………………………………56
評価方法………………………………………56
費用最小………………………………………23
標準税率 …………………………217, 288
比例税率 ………………………………404

ふ

夫婦単位課税 …………………………114
夫婦別産制 ……………………………114
賦課課税方式（Assessment by the
　Government 又は Assessment
　Method）……………………………312
付加価値額 ……………………………293
付加価値税 ………………………215, 229
付加価値税率の国際比較 ……………229
付加価値割 ……………………………294
賦課期日 ………………………………290
賦課金（imposition）……………………4
賦課決定 ………………………………321
付加税……………………………………16
不課税取引 ……………………………224
不課税（課税の対象外）取引 ………227
賦課徴収 ………………………………49
負債の利子 ……………………………133
不作為 …………………………………318
不作為についての不服申立て ………386
不消印印紙 ……………………………344
附則………………………………………53
附帯税 …………………………………331
付託……………………………………32
負担軽減措置 …………………………288
負担付き贈与 …………………………221
普通乗用自動車………………………………93
普通乗用車………………………………82

普通所得 …………………………114
普通税……………………………14
普通税率課税 …………………168
普通法人 …………………166, 168
物権……………………………35
物税……………………………16
物納 ………………7, 205, 350
（物品）検査法 ………………49
物品税 …………………………215
不動産……………………80, 264
不動産取得税 …………………295
不動産所得 ……………119, 133
不動産の貸付け …………………133
不動産の賃貸料等 ………238, 242
部内職員を拘束……………………99
不納付加算税 …………………341
不服審査 ………………………384
不服申立て …………318, 321, 359
不服申立てができる者 …………385
不服申立前置主義………34, 384, 387, 393
不服申立てと原処分の執行 ………390
不服申立てに係る審理手続 ………388
不服申立ての前置 ………………393
部分対象外国関係会社 ………251, 255
不平等条約………………………10
夫役……………………………28
富裕層による国際的租税回避 ………267
扶養控除 ………………………139
扶養親族の名義 ………………129
プライベート・レター・ルーリング ……57
フランス革命……………………50
フランス第五共和国憲法……………50
ブランデー ……………………275
フリーライダー（ただ乗り）…………3

不利益処分の理由附記 …………387
プロ野球選手の契約金 …………143
分割基準 …………………292, 293
文教及び科学振興 …………………8
文書化 …………………………259
粉飾決算 ………………………320
文書税 …………………………276
分地制限令………………………28
粉末酒 …………………………275
文明の対価 ………………………5
文理解釈……………………………87
分離課税……………………73, 140, 145
分離主義 ………………………186

へ

平安京遷都…………………………28
併科………………………………37
平均課税 …………………142, 143
平均課税対象金額 ………………143
平均負債残高 …………………261
米国憲法第16次修正第10条…………52
米国大統領…………………………32
米国内国歳入庁（I.R.S）……………5
米国における租税法の立法過程………31
米国における納税者権利救済制度の
　概要……………………402
米国の納税者権利章典 …………399
米国の法律・規則・通達等…………57
米国連邦最高裁 ……………………5
平城京遷都…………………………28
ヘッジ処理 ……………………171
別段の定め ………………164, 170
ペーパーカンパニー ………251, 253

便宜の原則（levied at the time, in the manner, most likely to be convenient)…………………19, 22
変更解釈…………………98
変動所得…………………142
偏在是正措置…………………10

ほ

防衛…………………8
包括委任…………………57
法規的解釈…………………81
封建制…………………28
法源性…………………64
法人課税課…………………369
法人課税信託…………………166
法人がその役員に対して資産を贈与…………………221
法人擬制説…………………158
法人実効税率…………………180
法人住民税…………………292, 299
法人税…………………25, 156
法人税の帰着…………………14
法人税法…………………53
法人税法上の所得金額…………………170
法人税率…………………180
法人税割…………………298
法人の種類…………………168
法人の種類と納税義務の範囲………168
法人の能力…………………35
法定申告期限…………………315
法定相続人…………………201
法定相続分…………………201
法定納期限…………………353
法的安定性…………………103

法的確信…………………66
法的拘束力…………………383
法の下の平等…………………46, 48
法律解釈規則…………………57
法律上の権限（legislative authority)…………………4
法律・租税条約と政令・省令との関係…………………56
法律的帰属説…………………128
法律適用規則…………………57
法律の委任…………………54, 55
法律の定める要件…………………60
法律の範囲内…………………58
法令解釈通達…………………62, 63
法令の間の矛盾抵触…………………69
法令の所管事項の原則…………………70
簿記論…………………36
保険業…………………253
保険金…………………264
保険所得…………………253
補佐人…………………34
補佐人制度…………………376
補助金…………………221
ボストン茶会事件（Boston Tea Party 1773年12月)…………………38
保税…………………223
保税工場…………………223
保税蔵置場…………………223
保税地域…………………223
保税展示場…………………223
ほ脱犯…………………36
保有期間…………………246
本税…………………16
本則…………………53

本年貢……………………………28
本来の贈与財産 …………………210

ま

マグナ・カルタ…………………40
孫養子 ……………………………204
マスグレイブ……………………14
マスグレイブの6条件 …………20, 23
マスターファイル ………………270
マスターファイル（Master File）
　（事業概況報告事項）…………259
「又は」……………………………420
マルサ ……………………………328

み

未成年者控除 ……………………203, 207
みつぎ……………………………27
みつぎ・えだち…………………28
密造酒 ……………………………313
みなし規定………………………83
みなし仕入率 ……………………231
みなし譲渡 ………………………221
みなし譲渡益課税制度 …………268
みなし相続財産 …………………199
みなし贈与財産 …………………210
「みなす」…………………………410
「未満」……………………………423
冥加………………………………28
みりん ……………………………275
民事訴訟法………………………34
民事の強制執行…………………70
民衆訴訟 …………………………393
民法………………………………35

む

無形資産 …………………………272
無形資産等の譲渡 ………………253
無形資産等の使用料 ……………253
無償による資産の譲受け ………170, 172
無申告加算税 ……………………340
無制限納税義務者 ………………197, 263
棟別銭……………………………28
無予告 ……………………………329
無予告現況 ………………………107
村請制……………………………28
室町幕府…………………………28

め

明確性 ……………………………20, 23
明確の原則（certain and not arbitrary）
　…………………………………19, 22
明治維新…………………………27, 28
免税事業者 ………………………224
免税所得 …………………………117
免税点制度 ………………………224
免税取引 …………………………226

も

木材引取税 ………………………215
目的規定…………………………84
目的税……………………………14
目的論的解釈……………………90
「若しくは」………………………420
持株割合 …………………………246
もちろん解釈……………………98
モデル条約 ………………………248
「者」………………………………421
「物」………………………………421

「もの」…………………………421
「ものとする」…………………415
「……ものとする」……………433
「……ものとすることができる」……434

や

役員…………………………………88
役員給与…………………………171
役員の職務執行状況 ……………163
家賃………………………………117

ゆ

有害税制への対抗 ………………271
有害な税の競争……………………25
有価証券の貸付対価 ……………253
有価証券の譲渡損益 …………171,253
有価証券の評価損…………………95
有限会社 …………………………161
有限責任会社（LLC）……………160
有限責任事業組合 …………136,166
有限責任事業組合契約に関する
　　法律 …………………………166
有償又は無償による役務の
　　提供 ………………………170,172
有償又は無償による資産の
　　譲渡 ………………………170,172
郵便局……………………………350
輸出 ………………………………256
輸出の許可を受けた貨物 ………223
輸出物品販売場 …………………265
輸出免税…………………………217,265
輸入 ………………………………256
輸入取引 …………………………226

よ

庸……………………………………28
要綱………………………………30
養殖から生じる所得 ……………143
要請に基づく情報交換 …………267
預金及び利息の帰属 ……………129
予算関連法案………………………29
予測可能性………………………42,103
予定納税 ………………………144,153
予定納税額 ………………………155
「読み替える」…………………413

ら

楽市・楽座の制……………………28
濫訴………………………………390

り

リース取引…………………………36
利益移転 …………………………269
利益移転行動計画 ………………269
利益額又は損失額の計上時期等 ……171
利益積立金額 ……………………184
利益の配当…………………………79
利益分割法（Profit Split Method）…258
リキュール ………………………275
理事…………………………………89
利子所得……………………74,119,133
利子税 ……………………………336
利子等 ……………………………238,253
利子等の損金算入を通じた税源浸食
　　の制限 ………………………271
利子付加税 ………………………158
利子付加税課税 …………………114
利子割額 …………………………290

リスク …………………………272
リストアップ …………………106
リチャード・マスグレイブ…………20
立案作業…………………………29
立証責任 ………………………394
立法機関…………………………29
立法趣旨説………………………79
立法府の政策的、技術的な判断………39
立法プロセス……………………26
律令制度…………………………28
リバースチャージ（reverse charge）
　方式 …………………………221
「留意する」……………………437
流通課税…………………………13
流通税……………………………14
留保（reservations）……………248
留保控除額 ……………………184
留保利益 ………………………158
領域主義課税方式 ……………234
両院協議会（Conference Committee）
　……………………29, 31, 32
領事館内………………………75

る

累進税率 ………………………404
類推解釈…………………………97
累積課税方式 …………………193
累積型 …………………………215
累積排除型 ……………………215
累退税率 ………………………404

れ

例規通達…………………………62
例示………………………………85

「例による」……………………414
レーシング・カー…………………93
連結親法人 ……………………187
連結納税 ………………………187
連続式蒸留焼酎 ………………275
連帯保証人 ……………………348
連邦議会…………………12, 31, 49
連邦憲法 Art．1．Sec 7（1）……32
連邦憲法 Art．1．Sec 7（2）……32
連邦憲法12条2（2）……………33
連邦修正（1913年確定）憲法第16条…31
連邦修正憲法……………………31
連邦修正憲法第10条……………51
連邦所得税………………………12
連邦制……………………………25
連邦制国家………………………51
連邦政府 ……………………25, 51
連邦馬車税………………………12

ろ

労役税……………………………27
ローカルファイル（Local File）
　……………………………259, 270
論理解釈…………………………90
論理解釈の指導原理……………90

わ

わが国課税権の範囲 …………167
わが国が締結した租税条約 …………249
ワグナーの4大原則と9原則 ……20, 22
割引現在価値……………………258
割増税率…………………………217

を

「……をいう」 ……………………432

〔アルファベット索引〕

A

A. C. Harberger ………………14
AOA 原則 ……………………237
Arm's Length Price …………256
Assessment by the Government …312
Assessment Method …………312
Authorized OECD Approach………237

B

BEPS 防止措置規制条約（MLI）……262
BEPS プロジェクト行動計画
　……………………269, 271, 272
Bill of Rights…………………38, 52
B to B 取引（企業間取引）…………226
B to C 取引（対消費者取引）………226

C

cbc レポート ……………………260
closed rule ……………………31
Commensurate With Income
　Standard ……………………259
Comparable Uncontrolled Price
　Method ……………………258
Comparative Interpretation…………97
Conference Committee …………31, 32
Cost Plus Method…………………258
Crypto Currency ………………147
customs duty ……………………10

D

Deemed Clause …………………83
Definition Clause ………………83
DOTAS ……………………106
due process ……………………42

E

EC 指令 ……………………217, 233
Economic Substance Doctrine ……101
equity………………………24
（EU 型）付加価値税 ……………215
EU 諸国等の付加価値税 …………215
EU 諸国の旧取引高税 …………215
Exchange of Notes ……………249
Extensive Interpretation …………92

F

Felony（重罪）……………………37
Fiscal Committee ………………248

G

GATS………………………25
GATT ……………………15, 25
Grammatical Interpretation…………98

H

House………………………32
Hylton V. US …………………12

I

ICT ……………………345
imputed income…………………117
incidence ……………………14
Internal Revenue Code …………44, 57

Interpretation Clause······················83
Interpretation of Law ··················81
Interpretive regulations ···········57
IRS ······································57, 399
IRS パブリケーション ···············399

J
J.E. スティグリッツ ···············3, 20

L
Legislative regulations ··················57
Limited Liability Company ········160
Literal Interpretation ···············87
Logical Interpretation ················90

M
Marian Krzyzaniak ·····················14
Martin Ferdstein························14
MLI ····································262

N
National Accounts ·····················12

O
OECD ················12, 13, 236, 237, 248
OECD Model Tax Commentary ···248
OECD 租税委員会 ·················271, 272
OECD で承認された原則 ············237
OECD モデル条約 ···················248
override··································31

P
PE································237, 241
PE 帰属所得 ·························237

Petition of Rights ···················38, 50
Private Letter Rulings ················57
Procedural Regulations·················57
Profit Split Method ················258
Proposed Regulations ···············57
Protocol ································249
Public Hearing ·······················31

R
Rational Interpretation ················90
Resale Price Method ···············258
Restrictive Interpretation·············94
Revenue Procedure ··················44
Revenue Procedures ··················57
Revenue Rulings ················44, 57
Revenue Statistics 1965-2021 ···12, 13
Richard A. Musgrave··················14

S
Senate ·································32
Strict Interpretation ··················94
Substance Over Form ···············102

T
Taxpayer's Bill of Rights ···········108
Technical Advice Memoranda ······57
Temporary Regulations ··············57
Territorial Taxation System ······234
TNMM 法（Transactional Net
　Margine Method)··················258
Treasury Regulation ···············44

U
Unrestrictive Interpretation··········98

W

Worldwide Taxation System ……234

WTO ……………………………………25

判例・裁決例索引

判決・裁決年月日	裁判所等	公刊判例集等	掲載頁
明治36年 5 月21日	大審院	刑録 9 輯874頁	41
昭和15年 8 月22日	大審院	刑集19巻540頁	41
昭和30年 3 月23日	最高裁（大）	民集 9 巻 3 号336頁	41
昭和30年 7 月19日	京都地裁	行集 6 巻 7 号1708頁	129
昭和32年 1 月31日	東京地裁	行集 3 巻 1 号108頁	129
昭和33年 3 月28日	最高裁	民集12巻 4 号624頁	100
昭和35年10月 7 日	最高裁（二小）	民集14巻12号2420頁	79
昭和36年 3 月16日	大阪地裁	昭和32年（行）14号	65、100
昭和36年 5 月19日	長崎地裁	昭和35年（行） 5 号	101
昭和36年 9 月19日	大阪地裁	行集12巻 9 号180頁	79
昭和36年10月27日	最高裁（二小）	民集15巻 9 号2357頁	78、80
昭和37年 3 月29日	最高裁（二小）	民集16巻 3 号643頁	80
昭和37年 4 月19日	福岡高裁	昭和36年（ネ）489号	101
昭和37年 6 月29日	最高裁	税資39号 1 頁	101
昭和38年 3 月 3 日	最高裁	訟務月報 9 巻 5 号658頁	394
昭和39年10月15日	最高裁（一小）	民集18巻 8 号1671頁	80
昭和39年12月27日	佐賀地裁	昭和38年（行） 4 号	100
昭和40年 5 月26日	東京地裁	行集16巻 6 号1033頁	105
昭和40年10月28日	最高裁（一小）	税資49号1204頁	346
昭和43年 6 月28日	大阪高裁	高民19巻 6 号1130頁	61
昭和45年 7 月13日	東京高裁	昭和44年（行コ）40号	95

昭和45年11月30日	東京地裁	判例タイムズ259号283頁	355
昭和48年 3 月12日	東京高裁	税資69号634頁	43
昭和48年 5 月 1 日	東京地裁	判例時報721号43頁	107
昭和48年 7 月10日	最高裁（三小）	刑集27巻 7 号1205頁	324
昭和49年 6 月28日	最高裁（三小）	税資75号1123頁	43
昭和49年11月15日	東京地裁	訟務月報20巻10号139頁	94
昭和50年 3 月20日	東京高裁	訟務月報21巻 6 号1315頁	106
昭和52年11月 4 日	札幌地裁	訟務月報22巻 1 号1978頁	105
昭和53年 4 月21日	最高裁（二小）	税資24巻 8 号694頁	42
昭和55年 6 月16日	東京高裁	税資113号645頁	42
昭和57年 7 月 2 日	最高裁（二小）	税資127号80頁	389
昭和59年 3 月27日	最高裁（三小）	刑集35巻 5 号2037頁	37
昭和60年 3 月27日	最高裁（大）	民集39巻 2 号247頁	39、41、45
昭和62年10月30日	最高裁	訟務月報34巻 4 号853頁	105
昭和62年12月16日	東京地裁	判例時報1268号22頁	80
昭和63年 1 月27日	仙台高裁	訟務月報34巻 8 号1753頁	394
昭和63年 6 月30日	大阪高裁	税資164号1055頁	94
昭和63年10月26日	大阪高裁	税資166号358頁	94
平成元年 7 月16日	最高裁（一小）	税資173号17頁	322
平成 2 年 7 月16日	岐阜地裁	税資180号58頁	106
平成 2 年 7 月18日	福岡高裁	昭和59年（行コ）4 号	80
平成 3 年 4 月11日	最高裁（二小）	平成 2 年（行ツ）191号	90、97
平成 4 年 8 月 6 日	広島地裁	税資192号324頁	106
平成 6 年 3 月30日	東京高裁	行集46巻 2 、 3 号	394

平成 7 年 7 月13日	静岡地裁	税資213号20頁	106
平成 8 年 9 月10日	前橋地裁	判例タイムズ937号129頁	58
平成 8 年10月 2 日	宇都宮地裁	平成 8 年（行ウ） 4 号	98
平成 9 年11月11日	最高裁（三小）	訟務月報45巻 2 号421頁	93
平成 9 年12月25日	東京地裁	平成 8 年下民集11360号	98
平成11年 2 月26日	大阪地裁	訟務月報47巻 5 号977頁	61
平成11年 4 月12日	高松高裁	税資242号114頁	92
平成13年 5 月18日	大阪地裁	平成 9 年（行ウ） 47、48号	96
平成14年 6 月18日	国税不服審判所	Tains コード：F0-3-043	66
平成14年 7 月11日	東京地裁	平成 9 年（行ウ） 125号	93
平成17年12月19日	最高裁（二小）	平成15年（行ヒ） 215号	95
平成18年 2 月23日	最高裁（一小）	平成16年（行ヒ） 326号	95
平成19年 6 月20日	福岡高裁	平成19年（行コ） 7 号	187
平成23年 2 月18日	最高裁（二小）	平成20年（行ヒ） 139号	78

〔著者略歴〕

川田　　剛（かわだ　ごう）

茨城県筑西市出身

東京大学農学部農業経済学科卒業

昭和49年 7 月	大阪国税局柏原税務署長
昭和53年 4 月	在サンフランシスコ総領事館領事
昭和58年 7 月	仙台国税局調査査察部長
昭和62年11月	国税庁国際業務室長
平成 3 年 7 月	東京国税局徴収部長
平成 4 年 7 月	国税庁徴収部徴収課長
平成 5 年 7 月	関東信越国税局総務部長
平成 6 年 7 月	国税庁徴収部管理課長
平成 7 年 5 月	仙台国税局長
平成 9 年 4 月	国士舘大学教授
平成10年 9 月	税務大学校国際租税セミナー講師
平成11年 4 月〜	明治大学商学部大学院講師
平成12年 4 月	学習院大学法学部講師
平成15年 4 月	国学院大学教授
平成16年 4 月	明治大学大学院グローバルビジネス研究科教授
平成26年 4 月	大原大学院大学客員教授

　他に、日本公認会計士協会租税相談員等

二十訂版　租税法入門

令和 6 年 3 月25日　初版印刷
令和 6 年 4 月17日　初版発行

不　許
複　製

著　者　　川　田　　　　剛

（一財）大蔵財務協会　理事長
発行者　　木　村　幸　俊

発行所　　一般財団法人　　大 蔵 財 務 協 会

〔郵便番号 130-8585〕
東京都墨田区東駒形 1 丁目14番 1 号
（販　売　部）TEL 03(3829)4141・FAX 03(3829)4001
（出版編集部）TEL 03(3829)4142・FAX 03(3829)4005
http://www.zaikyo.or.jp

落丁・乱丁はお取替えいたします。　　　　印刷　三松堂(株)
ISBN 978-4-7547-3216-5